OEUVRES

DE

VOLTAIRE.

—

TOME XXXIII.

DE L'IMPRIMERIE DE A. FIRMIN-DIDOT,
RUE JACOB, N° 24.

ŒUVRES

DE

VOLTAIRE

AVEC

PRÉFACES, AVERTISSEMENTS,
NOTES, ETC.

PAR M. BEUCHOT.

TOME XXXIII.

ROMANS. — TOME I.

A PARIS,

CHEZ LEFÈVRE, LIBRAIRE,
RUE DE L'ÉPERON, N° 6.

WERDET ET LEQUIEN FILS,
RUE DU BATTOIR, N° 20.

M DCCC XXIX.

PRÉFACE
DU NOUVEL ÉDITEUR.

Les éditions in-4° et encadrée des *OEuvres de Voltaire*, données du vivant de l'auteur, présentent rassemblées celles de ses compositions qu'on désigne sous le nom de *Romans*, ou *Contes en prose*. Je n'ai pas changé cette disposition conservée dans les éditions de Kehl, et qui doit être agréable à un très grand nombre de lecteurs : mais j'ai, dans ma classification, suivi, autant que cela m'a été possible, l'ordre chronologique; et c'est dans cet ordre que je vais parler des romans de Voltaire.

Le premier en date serait le *Voyage de Gangan*, dont il est question dans une lettre de Voltaire à Frédéric, du mois de mai ou juin 1739, et dans la réponse du prince en date du 7 juillet. Mais cet ouvrage est perdu.

1746.

Le Monde comme il va.
Le Crocheteur borgne.
Cosi-Sancta.

Longchamp, secrétaire de Voltaire de 1746 à 1754, dit dans ses *Mémoires*[1] que *Babouc, ou le Monde comme il va*, fut composé en 1746, pendant la retraite de Voltaire à Sceaux; et je n'ai rien trouvé qui contredise Longchamp. La plus ancienne édition que je connaisse est celle de 1748, dans le tome VIII de l'édition faite à Dresde des *OEuvres de Voltaire*. Ce conte fait aussi par-

[1] *Mémoires sur Voltaire*, etc., 1826, 2 vol. in-8°; voyez tom. II, p. 240.

tie du *Recueil de pièces en vers et en prose, par l'auteur de la tragédie de Sémiramis*, 1750, in-12.

C'est une imitation de *Babouc*, ou du moins de son titre, qu'a faite l'auteur inconnu d'une brochure intitulée : *La Lune comme elle va*, M DCC LXXXI, in-8°, de trente-six pages ; brochure au-dessous de la critique, et relative aux discussions entre Joseph II et les Hollandais pour l'ouverture de l'Escaut.

La révolution française a fait naître trois imitations de *Babouc* : I. *Le Retour de Babouc à Persépolis, ou la suite du Monde comme il va*, 1789, in-8°, a eu deux éditions ; c'est un opuscule de trente pages : je n'ai pu en découvrir l'auteur. II. *Le Fils de Babouc à Persépolis, ou le Monde nouveau*, Paris, décembre, 1790, in-8°, de cent vingt-quatre pages. III. *Nouvelle Vision de Babouc, ou la Perse comme elle va*, 1796, in-8°, de cent douze pages, contenant seulement la première partie, et l'annonce de la seconde. Je ne crois pas que la seconde partie ait paru. L'auteur s'appelait Bunel.

Les éditeurs de Kehl, qui les premiers comprirent le *Crocheteur borgne* dans les *OEuvres de Voltaire*, mirent en note :

<blockquote>
Ce conte, ainsi que le suivant, n'a jamais été imprimé. M. de Voltaire attachait peu de prix à ces amusements de société. Il sentait très bien que le plus joli roman ne pourrait jamais être ni aussi curieux, ni aussi instructif pour les hommes éclairés que le texte même de la *Cité de Dieu* d'où il avait tiré *Cosi-Sancta*. Quant au *Crocheteur borgne*, c'est le même sujet que celui du conte intitulé *le Blanc et le Noir*. L'idée est prise des contes orientaux, où l'on voit souvent ainsi tantôt un rêve pris pour la réalité, tantôt des aventures réelles, mais arrangées d'une manière bizarre, prises pour un rêve par celui qui les éprouve. Le but de ces contes est de montrer que la vie ne diffère point d'un songe un peu suivi ; ils conviennent à des peuples dont le repos est le plus grand des biens, et qui cher-
</blockquote>

chent dans la philosophie des motifs de ne point agir, et de s'abandonner aux événements. Ces deux petits romans sont de la jeunesse de M. de Voltaire, et fort antérieurs à ce qu'il a fait depuis dans ce genre.

Mais dans l'*errata* mis à la fin du tome LXX de leur collection, ces éditeurs disaient :

Nous avons reconnu que le roman intitulé *le Crocheteur borgne*, donné par un homme en place comme une production de Voltaire, est de M. Bordes, de Lyon. On l'avait aussi faussement attribué à M. de Boufflers.

J'ai déjà dit que cet *errata* de l'édition de Kehl était l'ouvrage de M. Decroix ; je tiens de ce même M. Decroix la note que voici :

Dans l'édition de Kehl, tome LXX, page 544, on a dit que le roman intitulé *le Crocheteur borgne* est de M. Bordes, de Lyon. Des recherches ultérieures nous ont persuadés qu'il n'est pas de lui. Imprimé en 1784 sous le nom de Voltaire, dans l'édition de Kehl, il ne fut point revendiqué par les héritiers de M. Bordes, ni joint à l'édition de ses œuvres complètes, qu'ils publièrent à Lyon, en quatre volumes, 1783. Il ne le fut pas davantage par M. le chevalier de Boufflers, à qui on l'avait aussi attribué, ni par d'autres gens de lettres. D'un autre côté, on n'a trouvé aucune trace de cet ouvrage dans les écrits de M. de Voltaire. La copie en avait été donnée à feu M. Panckoucke, par une personne qui ne s'est point nommée. On voit que l'auteur anonyme a tâché d'y prendre la manière d'un grand peintre, et son petit tableau est en général fort agréable ; mais on y découvre certaine affectation dans le style et quelques disparates, qui ne sauraient appartenir à l'auteur de *Candide* et de *Zadig*.

Cependant le *Crocheteur borgne* avait été imprimé dès 1774, c'est-à-dire du vivant de l'auteur, dans le *Journal des dames*, de mars 1774, pages 11-24. Madame de Princen (depuis madame de Montanclos), éditeur de ce journal, l'avait fait précéder de la note que voici :

J'insère ici un petit conte qui est l'ouvrage d'un homme très cé-

lèbre, qui ne l'a jamais fait imprimer. Il fut fait dans la société d'une princesse qui réunissait chez elle les talents qu'elle protégeait. Toute faute, dans cette société, devait être réparée par un conte fait sur-le-champ; c'était une espèce de *pensum*. On sait que le pensum de la société de Boileau était la lecture de quelques vers de Chapelain. J'ai cru que la lecture de celui-ci serait agréable par la gaîté qui règne dans les idées et dans la manière dont elles sont rendues.

C'est donc à l'époque de la retraite de Voltaire chez la duchesse du Maine qu'appartient le *Crocheteur borgne*. L'édition de 1774 présente des variantes que j'ai cru devoir recueillir. La première est même tellement importante, que j'ai été tenté de l'admettre dans le texte. Dans deux endroits que j'indique, j'ai préféré la version de 1774 à celle de l'édition de Kehl.

« Madame la duchesse du Maine avait imaginé une
« loterie de titres de différents genres d'ouvrages en vers
« et en prose; chacune des personnes qui tiraient ces
« billets était obligée de faire l'ouvrage qui s'y trouvait
« porté. Madame de Montauban ayant tiré pour son
« lot *Une Nouvelle*, elle pria M. de Voltaire d'en faire
« une pour elle; et il lui donna le conte suivant. »

Ce peu de mots composant l'*Avertissement* mis par les éditeurs de Kehl en tête de *Cosi-Sancta*, est ma seule autorité pour placer ce roman à l'année 1746.

1747.

ZADIG.

Je possède un volume petit in-8°, intitulé : *Memnon, histoire orientale*, Londres (Paris), 1747. Ce volume, réimprimé sous le même titre, en 1748, contient quinze chapitres, qui font partie de *Zadig, ou la Destinée, histoire orientale*, 1748, in-12. *Zadig* a de plus que *Memnon* trois chapitres, qui sont aujourd'hui les XIIe, XIIIe et XVIIe. L'édition encadrée de 1775 est la première

qui contienne le chapitre vii. Deux autres chapitres, les xiv[e] et xv[e], et des additions au chapitre vi, parurent pour la première fois dans les éditions de Kehl. Colini, secrétaire de Voltaire en 1753, raconte[2] que les additions faites alors à *Zadig*, « les calomnies et les mé-
« chancetés des courtisans, la fausse interprétation don-
« née par ceux-ci à des demi-vers trouvés dans un
« buisson, la disgrace du héros, sont autant d'allégories
« dont l'explication se présente naturellement. » Cependant, dès l'édition de 1747, le chapitre iv contient les demi-vers; les chapitres xiv et xv n'ont été, comme je l'ai dit, ajoutés qu'en 1785; les chapitres xii, xiii et xvii sont, comme on l'a vu, de 1748. Ce serait donc au chapitre vii que se borneraient les additions faites en 1753; et ce chapitre n'a été publié qu'en 1775.

A l'occasion de *Zadig*, Longchamp raconte que Voltaire desirant faire imprimer ce roman pour son compte, mais craignant que les imprimeurs n'en tirassent des exemplaires au-delà du nombre convenu, et que le livre ne fût répandu dans le public avant que l'auteur l'eût offert à ses amis, eut recours au moyen suivant, pour parer aux inconvénients qu'il redoutait. Il fit venir l'imprimeur Prault, et lui demanda quel serait le prix d'une édition tirée à mille exemplaires. Le prix parut trop élevé à Voltaire; mais, dès le lendemain, Prault vint de lui-même proposer une diminution d'un tiers dans le prix, et *Voltaire lui donna la première moitié du roman de Zadig, qui était écrit sur des cahiers détachés, dont le dernier se terminait avec la fin d'un chapitre,* annonçant que pendant que cette partie serait sous presse, il reverrait l'autre. Voltaire fit avertir Machuel, libraire de Rouen, momentanément à Paris, et après les con-

[2] *Mon séjour auprès de Voltaire*, page 61.

ventions sur le prix, lui remit la fin de l'ouvrage, en indiquant à quelle page il devait commencer. Lorsque tout fut terminé, Voltaire fit brocher les exemplaires qu'il destinait à ses amis, en fit faire la distribution, et répondit aux plaintes des imprimeurs par l'exposé des craintes qu'il avait eues.

J'ai abrégé le récit de Longchamp, sans le rendre plus vrai. Je ne connais aucune édition de *Zadig* qui le confirme, aucune dont une feuille se *termine avec la fin d'un chapitre*.

<center>1750.</center>

Memnon.
Bababec et les Fakirs.

Longchamp dit que *Memnon* est de 1746; mais on a vu que c'était d'abord sous ce titre qu'avait été imprimé *Zadig*; et il est à croire que Longchamp, qui n'a rédigé ses *Mémoires* que long-temps après, aura confondu les deux ouvrages. Par la raison même que Voltaire avait donné en 1747 un *Memnon*, il est à présumer que ce n'est pas immédiatement après qu'il aura publié un autre ouvrage sous le même titre. En admettant la nécessité de l'intervalle entre deux ouvrages différents du même auteur, mais ayant le même titre, cet intervalle ne peut s'étendre au-delà de 1750, puisque c'est la date que porte le tome IX de l'édition de Dresde des *OEuvres de Voltaire*. C'est sous la même date qu'a été publié le *Recueil de pièces en vers et en prose, par l'auteur de la tragédie de Sémiramis*, 1750, in-12. P. Clément, auteur des *Cinq Années littéraires*, dit dans sa quarante-sixième lettre, datée du 13 janvier 1750, qu'il n'y a pas quinze jours que le petit conte de *Memnon* est échappé à son auteur.

Bababec est aussi imprimé dans le tome IX de l'édi-

tion de Dresde, mais sous le titre de : *Lettre d'un Turc sur les Fakirs et sur son ami Bababec.* Cette pièce est citée par Diderot au mot BRAMINE, dans le tome II de l'*Encyclopédie*, publié en 1751, imprimé en 1750.

1752.

L'immense correspondance de Voltaire ne contient pas un mot qui puisse faire connaître l'époque de la publication de *Micromégas.* L'édition que je crois l'originale est sans millésime et avec un titre gravé. L'abbé Trublet, dans ses *Mémoires sur Fontenelle*[3], n'hésite pas à dire que *Micromégas* est dirigé contre Fontenelle; mais il ne parle pas de la date de sa publication. J'ai donc conservé celle que donnent les éditions de Kehl. Il existe cependant de *Micromégas* une édition portant la date de 1750. Cette date est-elle authentique? je n'oserais l'affirmer; loin de là. J'ai donc suivi les éditions de Kehl, où *Micromégas* est précédé de l'*Avertissement* que voici :

Ce roman peut être regardé comme une imitation d'un des voyages de Gulliver. Il contient plusieurs allusions. Le nain de Saturne est M. de Fontenelle. Malgré sa douceur, sa circonspection, sa philosophie, qui devait lui faire aimer celle de M. de Voltaire, il s'était lié avec les ennemis de ce grand homme, et avait paru partager, sinon leur haine, du moins leurs préventions. Il fut fort blessé du rôle qu'il jouait dans ce roman, et d'autant plus peut-être que la critique était juste, quoique sévère, et que les éloges qui s'y mêlaient y donnaient encore plus de poids. Le mot qui termine l'ouvrage n'adoucit point la blessure, et le bien qu'on dit du secrétaire de l'académie de Paris ne consola point M. de Fontenelle des plaisanteries qu'on se permettait sur celui de l'académie de Saturne.

1756.

LES DEUX CONSOLÉS.
HISTOIRE DES VOYAGES DE SCARMENTADO.
LE SONGE DE PLATON.

[3] Page 137.

Le prospectus des frères Cramer, pour leur édition de 1756, comprend ces trois romans au nombre des *morceaux neufs* qu'ils allaient publier.

Cependant la table chronologique qui est dans le tome LXX de l'édition in-8° de Kehl range les *Voyages de Scarmentado* à l'année 1747. Longchamp[4] dit qu'ils furent composés en octobre 1746, avec plusieurs autres romans, pendant la retraite de Voltaire à Sceaux. S'il fallait en croire Colini[5], Voltaire aurait écrit les *Voyages de Scarmentado* après l'aventure de *Francfort*, en 1753. « Encore froissé des injustices qu'il venait d'é-
« prouver, il composa les *Voyages de Scarmentado*,
« conte ingénieux, qui renferme des allusions visible-
« ment applicables aux événements dans lesquels il avait
« figuré. » C'est au lecteur à prononcer si ce roman contient les *allusions* dont parle Colini. Pour moi, je ne les y ai point aperçues.

Une édition de la *Princesse de Babylone*, qui parut en 1768, est présentée comme une *Suite des Voyages de Scarmentado*.

Le *Songe de Platon* a été réimprimé dans le volume intitulé : *Le secret de l'Église trahi, ou le Catéchumène, ouvrage peu connu, d'un des plus grands philosophes de nos jours*, an III (de la République), in-18, de cent huit pages. Les pages 100 à 108 contiennent le *Songe de Platon*, du même auteur. Les deux ouvrages cependant ne sont pas de la même main. Le *Secret de l'Église* n'est autre que le *Catéchumène*, 1768, réimprimé aussi sous le titre de l'*Américain sensé par hasard*. Le *Catéchumène* a été reproduit dans la onzième partie, autrement onzième volume des *Nouveaux Mélanges*, fe-

[4] *Mémoires*, etc., page 140. — [5] *Mon séjour*, etc., page 61.

sant partie des *OEuvres de Voltaire*, imprimées chez les frères Cramer. Il n'est pas de Voltaire, mais de Bordes, dans les œuvres duquel toutefois on ne le trouve pas.

1759.

CANDIDE.
HISTOIRE D'UN BON BRAMIN.

Candide parut au plus tard en mars 1759. Le roi de Prusse en accuse réception par sa lettre du 28 du mois d'avril.

Voltaire en avait envoyé le manuscrit à la duchesse de La Vallière, qui lui fit répondre qu'il aurait pu se passer d'y mettre tant d'indécences, et qu'un écrivain tel que lui n'avait pas besoin d'avoir recours à cette ressource pour se procurer des lecteurs.

Beaucoup d'autres personnes furent scandalisées de *Candide*, et Voltaire désavoua cet ouvrage, qu'il appelle lui-même une coïonnerie. Il ne faut pas, au reste, prendre à la lettre son titre d'optimisme. L'optimisme, dit-il ailleurs [6], n'est qu'une fatalité désespérante.

Voltaire écrivit, sous le nom de Mead, une lettre relative à Candide, qui fut insérée dans le *Journal encyclopédique*, du 15 juillet 1759 : on la trouvera dans les *Mélanges*, à cette date.

C'est à Thorel de Campigneulles, mort en 1809, qu'on attribue une *Seconde partie* de *Candide*, publiée en 1761, et plusieurs fois réimprimée à la suite de l'ouvrage de Voltaire, comme étant de lui. On l'a même admise dans une édition intitulée : *Collection complète des OEuvres de M. de Voltaire*, 1764, in-12. L'édition de *Candide*, 1778, avec des figures dessinées et gravées par Daniel Chodowicky, contient les deux parties.

[6] *Homélie sur l'athéisme.* Voyez les *Mélanges*, année 1767; et aussi, tome XII, une des notes du troisième *Discours sur l'homme*.

Le *Remercîment de Candide à M. de Voltaire* (par Marconnay) est de 1760.

Linguet publia, en 1766, la *Cacomonade, histoire politique et morale, traduite de l'allemand, du docteur Pangloss, par le docteur lui-même, depuis son retour de Constantinople*, 1766, in-12; nouvelle édition, augmentée d'une lettre du même auteur, 1766, in-12. Un arrêt de la cour royale de Paris, du 16 novembre 1822 (inséré dans le *Moniteur* du 26 mars 1825), ordonne la destruction de la *Canonnade, ou Histoire du Mal de Naples, par Linguet*. Ce n'est pas la première fois que les ouvrages condamnés sont mal désignés dans les jugements. L'arrêt de la cour du parlement, du 6 août 1761, ordonne de lacérer et brûler le tome XIII du *Commentaire de Salmeron*, qui n'a que quatre volumes.

Candide en Danemarck, ou l'Optimisme des honnêtes gens, est d'un auteur qu'on ne connaît pas.

Antoine Bernard et Rosalie, ou le Petit Candide, a paru en 1796, un volume in-18.

Le *Voyage de Candide fils au pays d'Eldorado, vers la fin du dix-huitième siècle, pour servir de suite aux aventures de M. son père*, an XI-1803, a deux volumes in-8°.

Le chapitre XXVI de *Candide* a été imité, en 1815, par Lemontey, dans un article intitulé : *Le Carnaval de Venise*. J'ai renoncé à reproduire ce petit morceau, lorsque j'ai vu l'annonce des *OEuvres de Lemontey*, où sans doute on le trouvera.

J.-J. Rousseau prétendait[7] que c'est sa *Lettre sur la Providence* qui a donné naissance à *Candide* ; *Candide* en est la réponse. Voltaire en avait fait une de deux pages où il bat la campagne, et *Candide* parut dix mois après.

[7] Lettre de J. J. Rousseau au prince de Wirtemberg, du 11 mars 1764.

Ce que Rousseau appelle sa *Lettre sur la Providence*, est sa lettre à Voltaire du 18 août 1756 ; la réponse de Voltaire est du 21 septembre 1756 ; *Candide* ne vit le jour que vingt-sept à vingt-neuf mois plus tard.

L'*Histoire d'un bon Bramin* est le morceau que Voltaire appelle la *Parabole du Bramin*, dans sa lettre à madame Du Deffand, du 13 octobre 1759.

1764.

LE BLANC ET LE NOIR.
JEANNOT ET COLIN.

Ces deux contes font partie du volume qui parut, en 1764, sous le titre de *Contes de Guillaume Vadé*.

C'est à l'année 1764 qu'appartient le *Pot-Pourri*, qui, dans l'édition de 1775, ou encadrée, des *OEuvres de Voltaire*, se trouve parmi les *Romans*, mais que les éditeurs de Kehl ont mis dans les *Mélanges littéraires*, où il me semble plus convenablement placé.

1767.

L'INGÉNU, *histoire véritable, tirée des manuscrits du P. Quesnel*, 1767, deux parties, petit in-8°, fut, dans quelques éditions, intitulé : *Le Huron, ou l'Ingénu*.

L'ouvrage se vendait publiquement en septembre 1767, mais au bout de huit ou dix jours il fut saisi ; et le prix, qui était de trois livres, monta à vingt-quatre [8].

Trois ans après, on vit paraître l'*Ingénue, ou l'Encensoir des dames, par la nièce à mon oncle*, Genève et Paris, chez Desventes, 1770, in-12.

1768.

L'HOMME AUX QUARANTE ÉCUS.
LA PRINCESSE DE BABYLONE.

[8] *Mémoires secrets*, du 13 septembre 1767.

Dans l'*Homme aux quarante écus*, Voltaire attaque la *Richesse de l'État* (par Roussel de La Tour), 1763, in-8° et in-4°, et l'*Ordre naturel et essentiel des sociétés politiques* (par Lemercier de La Rivière), 1767, in-4°, ou deux volumes in-12.

L'*Homme aux quarante écus* parut en février 1768. Parmi les nombreuses réimpressions qui en furent faites, il en est une qui porte cette adresse singulière: *Rome, avec la permission de la docte chambre syndicale et de messeigneurs les gras fermiers-généraux.*

Jean-Baptiste Josserand, garçon épicier, Jean Lecuyer, brocanteur, et Marie Suisse, sa femme, furent, le 24 septembre, condamnés, les deux premiers, à la marque et aux galères, la dernière, à cinq ans de détention à la Salpêtrière, pour avoir vendu le *Christianisme dévoilé*, *Éricée, ou la Vestale*, et l'*Homme aux quarante écus*; ces trois ouvrages furent condamnés au feu. Pendant qu'on les brûlait à Paris, on en réimprimait à Paris, avec approbation et privilége, des fragments dans le *Mercure*, juillet et août 1768. La condamnation, à Rome, de l'*Homme aux quarante écus*, est du 29 novembre 1771.

Chinki, histoire cochinchinoise, qui peut servir à d'autres pays, parut la même année que l'*Homme aux quarante écus*, et a été attribué à Voltaire, parceque sur le titre d'une édition on avait ajouté: *Seconde partie de l'Homme aux quarante écus*. On sait que *Chinki* est de l'abbé Coyer; c'est une satire piquante contre les maîtrises: aussi l'a-t-on réimprimé à Lyon, en 1824 (in-8°, de quarante-quatre pages); quelques personnes espéraient alors, tandis que d'autres craignaient le prochain rétablissement des corporations.

Naru, fils de Chinki, histoire cochinchinoise, qui peut servir à d'autres pays, et de suite à celle de Chinki, son

père, 1776, in-8°, est aussi anonyme; l'auteur est Duvicquet d'Ordre.

L'*Homme au latin, ou la Destinée des savants, histoire sans vraisemblance*, 1769, in-8°, est de Siret.

L'*Homme aux trente-six fortunes*, 1769, est in-8°.

L'*Homme aux portions, ou Conversations philosophiques et politiques*, publiées par J.-J. Jazy, Paris, 1821, in-12, est une imitation de l'*Homme aux quarante écus*.

M. de Saint-Chamans a publié *Le Petit-fils de l'Homme aux quarante écus*, Paris, 1823, in-8°.

La *Princesse de Babylone* suivit de près l'*Homme aux quarante écus*; car il en est question dans la lettre à madame Du Deffand, du 3 mars 1768. Il en parut plusieurs éditions la même année. L'une, en cent quatre pages, porte cette adresse: *à Rome, avec la permission du saint Père*. C'est dans celle en cent quarante-quatre pages, et qui contient la *Lettre de l'archevêque de Cantorbéry*, que j'ai pris la variante de la fin du chapitre ou paragraphe 7. Une édition en cent cinquante-six pages est intitulée: *Voyages et Aventures d'une princesse babylonienne, pour servir de suite à ceux de Scarmentado, par un vieux philosophe qui ne radote pas toujours*. Elle a cela de particulier, qu'elle est divisée en vingt-deux chapitres, *avec sommaires*. Après avoir été annoncée avec éloge dans le *Mercure* de novembre 1768, page 93, elle est signalée comme infidèle dans le volume de décembre, page 55.

1769.

Les Lettres d'Amabed, traduites par l'abbé Tamponet, parurent en mai 1769 (voyez la lettre à madame de Choiseul, du 20 mai). Outre l'édition qu'il en donna séparément, Voltaire les fit entrer dans le tome Ier du recueil qu'il a intitulé: *Les choses utiles et agréables*. Ces

deux éditions, que je crois faites sur la même composition, contiennent des notes que j'ai rétablies.

L'abbé Tamponet, docteur de Sorbonne, avait été censeur de l'*Encyclopédie*. C'était déjà sous ce nom que Voltaire avait publié les *Questions de Zapata* (voyez les *Mélanges*, année 1767).

1773.

C'est d'après la dernière phrase de l'AVENTURE DE LA MÉMOIRE que je place ce conte à l'année 1773. Cette phrase prouve, ce me semble, que le conte est du même temps que le *Discours de l'avocat Belleguier*: voyez les *Mélanges*, année 1773.

1774.

LE TAUREAU BLANC, traduit du syriaque.
ÉLOGE HISTORIQUE DE LA RAISON.

Le *Taureau blanc*, écrit en 1773 (voyez la lettre à La Harpe, du 20 septembre), circulait encore manuscrit en février 1774. J'en ai vu six éditions de la même année : trois sont sans nom d'auteur ou traducteur ; une porte celui de *M. Mamaki, interprète du roi d'Angleterre pour les langues orientales ;* deux sont de *Dom Calmet*. C'est dans les dernières que j'ai trouvé quelques phrases du chapitre 1er, que j'ai rétablies.

L'*Éloge historique de la Raison*, prononcé dans une *académie de province, par M. Chambon*, fut composé en 1774, et publié en 1775 à la suite de *Dom Pèdre*. Voltaire y date l'Éloge, de 1774, et le fait précéder d'un *Avis de l'éditeur*, ainsi conçu : « Nous ajoutons ce petit « ouvrage de M. de Chambon, si connu dans la répu- « blique des lettres, à la tragédie de *Dom Pèdre*, pour « en faire un juste volume. » C'était déjà sous le nom de Chambon que Voltaire avait donné son *Éloge de*

Louis XV: voyez les lettres à Richelieu, du 31 mai; à D'Alembert, du 15 juin 1774.

Dans sa lettre au roi de Prusse, du 4 février 1775, Voltaire intitule cet écrit: *Voyage de la Raison et de la Vérité;* et le titre de *Voyage* est celui sous lequel il est imprimé dans l'édition de Kehl. Le texte même de l'ouvrage me fesait un devoir de rétablir le premier titre. Ce texte porte: *Érasme fit au seizième siècle l*'Éloge de la Folie; *Vous m'ordonnez de vous faire l*'Éloge de la Raison, etc.

1775.

HISTOIRE DE JENNY, *ou le Sage et l'Athée*, par M. Sterloc, traduit par M. de La Caille.

LES OREILLES DU COMTE DE CHESTERFIELD, *et le chapelain Goudman*.

Les éditeurs de Kehl datent l'*Histoire de Jenny* de 1769. Je la crois de 1775. C'est sous la date du 13 décembre de cette année que les *Mémoires secrets* en parlent; et s'il ne faut pas toujours ajouter foi à ce piquant recueil, on peut s'en rapporter à lui pour les dates, lorsque rien ne les contredit.

Chesterfield est mort le 24 mars 1773, à soixante et dix-neuf ans. C'est donc postérieurement à cette date qu'il faut classer les *Oreilles du comte de Chesterfield*, puisqu'au chapitre 1er il est question de la mort de Chesterfield.

A la fin du chapitre v, Voltaire parle du chevalier Hamilton, qui a fait connaître aux Napolitains étonnés l'Histoire naturelle de leur mont Vésuve. Dès 1766, on trouve dans les *Transactions philosophiques* et dans l'*Annual register*, des observations d'Hamilton. Ce ne fut qu'en 1772 qu'il fit imprimer ses *Observations sur le Vésuve*, etc., 1772, in-8°. Voltaire lui écrivit le 17 juin 1773.

D'après ces indications, on peut croire que les *Oreilles du comte de Chesterfield* peuvent être de 1773; mais ces raisons, suffisantes pour ne pas placer ce conte avant 1773, ne le sont pas pour changer la date de 1775, donnée par les éditeurs de Kehl.

Sans date.

AVENTURE INDIENNE.
AVEUGLES JUGES DES COULEURS.

Ces deux romans ont paru pour la première fois dans les éditions de Kehl. Leur peu d'étendue me porterait à croire qu'ils ont été composés dans la société de la duchesse du Maine, c'est-à-dire en 1746. Mais cette conjecture n'a pas assez de probabilités pour me les faire placer à cette année, et j'ai pris le parti, en ne leur assignant aucune date, de les mettre les derniers.

Il est peu de romans de Voltaire qui n'aient fourni le sujet de pièces de théâtre. J'ai eu un instant l'intention de donner la liste de toutes ces pièces; j'y aurais compris même les pièces non imprimées: j'y ai renoncé dans la crainte de fatiguer par trop de détails bibliographiques.

Les notes sans signature, et qui sont indiquées par des lettres, sont de Voltaire.

Les notes signées d'un K sont des éditeurs de Kehl, MM. Condorcet et Decroix. Il est impossible de faire rigoureusement la part de chacun.

Les additions que j'ai faites aux notes de Voltaire ou aux notes des éditeurs de Kehl, en sont séparées par un —, et sont, comme mes notes, signées de l'initiale de mon nom.

<div style="text-align:right">BEUCHOT.</div>

4 octobre 1829.

LE MONDE

COMME IL VA,

VISION DE BABOUC.

1746[1].

[1] Voyez ma préface en tête de ce volume. B.

LE MONDE

COMME IL VA,

VISION DE BABOUC.

I. Parmi les génies qui président aux empires du monde, Ituriel tient un des premiers rangs, et il a le département de la Haute-Asie. Il descendit un matin dans la demeure du Scythe Babouc, sur le rivage de l'Oxus, et lui dit : Babouc, les folies et les excès des Perses ont attiré notre colère : il s'est tenu hier une assemblée des génies de la Haute-Asie pour savoir si on châtierait Persépolis, ou si on la détruirait. Va dans cette ville, examine tout ; tu reviendras m'en rendre un compte fidèle, et je me déterminerai sur ton rapport à corriger la ville, ou à l'exterminer. Mais, seigneur, dit humblement Babouc, je n'ai jamais été en Perse ; je n'y connais personne. Tant mieux, dit l'ange, tu ne seras point partial ; tu as reçu du ciel le discernement [1], et j'y ajoute le don d'inspirer la confiance ; marche, regarde, écoute, observe, et ne crains rien ; tu seras partout bien reçu.

Babouc monta sur son chameau, et partit avec ses

[1] L'édition de 1750, dont j'ai parlé dans ma préface, porte de plus ces mots : « C'est un assez beau présent. » B.

serviteurs. Au bout de quelques journées, il rencontra vers les plaines de Sennaar l'armée persane, qui allait combattre l'armée indienne. Il s'adressa d'abord à un soldat qu'il trouva écarté. Il lui parla, et lui demanda quel était le sujet de la guerre. Par tous les dieux, dit le soldat, je n'en sais rien; ce n'est pas mon affaire; mon métier est de tuer et d'être tué pour gagner ma vie; il n'importe qui je serve. Je pourrais bien même dès demain passer dans le camp des Indiens; car on dit qu'ils donnent près d'une demi-drachme de cuivre par jour à leurs soldats de plus que nous n'en avons dans ce maudit service de Perse. Si vous voulez savoir pourquoi on se bat, parlez à mon capitaine.

Babouc ayant fait un petit présent au soldat entra dans le camp. Il fit bientôt connaissance avec le capitaine, et lui demanda le sujet de la guerre. Comment voulez-vous que je le sache? dit le capitaine, et que m'importe ce beau sujet? J'habite à deux cents lieues de Persépolis; j'entends dire que la guerre est déclarée; j'abandonne aussitôt ma famille, et je vais chercher, selon notre coutume, la fortune ou la mort, attendu que je n'ai rien à faire. Mais vos camarades, dit Babouc, ne sont-ils pas un peu plus instruits que vous? Non, dit l'officier; il n'y a guère que nos principaux satrapes qui savent bien précisément pourquoi on s'égorge.

Babouc étonné s'introduisit chez les généraux; il entra dans leur familiarité. L'un d'eux lui dit enfin : La cause de cette guerre, qui désole depuis vingt ans l'Asie, vient originairement d'une querelle entre un eunuque d'une femme du grand roi de Perse, et un

commis d'un bureau du grand roi des Indes. Il s'agissait d'un droit qui revenait à peu près à la trentième partie d'une darique ¹. Le premier ministre des Indes et le nôtre soutinrent dignement les droits de leurs maîtres. La querelle s'échauffa. On mit de part et d'autre en campagne une armée d'un million de soldats. Il faut recruter cette armée tous les ans de plus de quatre cent mille hommes. Les meurtres, les incendies, les ruines, les dévastations se multiplient, l'univers souffre, et l'acharnement continue. Notre premier ministre et celui des Indes protestent souvent qu'ils n'agissent que pour le bonheur du genre humain; et à chaque protestation il y a toujours quelques villes détruites et quelque province ravagée.

Le lendemain, sur un bruit qui se répandit que la paix allait être conclue, le général persan et le général indien s'empressèrent de donner bataille; elle fut sanglante. Babouc en vit toutes les fautes et toutes les abominations; il fut témoin des manœuvres des principaux satrapes, qui firent ce qu'ils purent pour faire battre leur chef. Il vit des officiers tués par leurs propres troupes; il vit des soldats qui achevaient d'égorger leurs camarades expirants, pour leur arracher quelques lambeaux sanglants, déchirés et couverts de fange. Il entra dans les hôpitaux où l'on transportait les blessés, dont la plupart expiraient par la négligence inhumaine de ceux mêmes que le roi de Perse payait chèrement pour les secourir. Sont-ce là des hommes, s'écria Babouc, ou des bêtes féroces? Ah! je vois bien que Persépolis sera détruite.

¹ La darique vaut vingt-quatre francs: voyez tome XXXII, page 494. B.

Occupé de cette pensée, il passa dans le camp des Indiens; il y fut aussi bien reçu que dans celui des Perses, selon ce qui lui avait été prédit; mais il y vit tous les mêmes excès qui l'avaient saisi d'horreur. Oh, oh! dit-il en lui-même, si l'ange Ituriel veut exterminer les Persans, il faut donc que l'ange des Indes détruise aussi les Indiens. S'étant ensuite informé plus en détail de ce qui s'était passé dans l'une et l'autre armée, il apprit des actions de générosité, de grandeur d'ame, d'humanité, qui l'étonnèrent et le ravirent. Inexplicables humains, s'écria-t-il, comment pouvez-vous réunir tant de bassesse et de grandeur, tant de vertus et de crimes?

Cependant la paix fut déclarée. Les chefs des deux armées, dont aucun n'avait remporté la victoire, mais qui, pour leur seul intérêt, avaient fait verser le sang de tant d'hommes, leurs semblables, allèrent briguer dans leurs cours des récompenses. On célébra la paix dans des écrits publics, qui n'annonçaient que le retour de la vertu et de la félicité sur la terre. Dieu soit loué! dit Babouc; Persépolis sera le séjour de l'innocence épurée; elle ne sera point détruite, comme le voulaient ces vilains génies : courons sans tarder dans cette capitale de l'Asie.

II. Il arriva dans cette ville immense par l'ancienne entrée, qui était toute barbare, et dont la rusticité dégoûtante offensait les yeux [1]. Toute cette partie de la ville se ressentait du temps où elle avait été bâtie; car,

[1] Persépolis étant Paris, l'entrée toute barbare est celle du faubourg Saint-Marceau : voyez le chapitre XXII de *Candide*. B.

malgré l'opiniâtreté des hommes à louer l'antique aux dépens du moderne, il faut avouer qu'en tout genre les premiers essais sont toujours grossiers.

Babouc se mêla dans la foule d'un peuple composé de ce qu'il y avait de plus sale et de plus laid dans les deux sexes. Cette foule se précipitait d'un air hébété dans un enclos vaste et sombre. Au bourdonnement continuel, au mouvement qu'il remarqua, à l'argent que quelques personnes donnaient à d'autres pour avoir droit de s'asseoir, il crut être dans un marché où l'on vendait des chaises de paille; mais bientôt, voyant que plusieurs femmes se mettaient à genoux, en fesant semblant de regarder fixement devant elles, et en regardant les hommes de côté, il s'aperçut qu'il était dans un temple. Des voix aigres, rauques, sauvages, discordantes, fesaient retentir la voûte de sons mal articulés, qui fesaient le même effet que les voix des onagres quand elles répondent, dans les plaines des Pictaves [1], au cornet à bouquin qui les appelle. Il se bouchait les oreilles; mais il fut près de se boucher encore les yeux et le nez, quand il vit entrer dans ce temple des ouvriers avec des pinces et des pelles. Ils remuèrent une large pierre, et jetèrent à droite et à gauche une terre dont s'exhalait une odeur empestée; ensuite on vint poser un mort dans cette ouverture, et on remit la pierre par-dessus. Quoi! s'écria Babouc, ces peuples enterrent leurs morts dans les mêmes lieux où ils adorent la Divinité! Quoi! leurs temples sont pavés de cadavres! Je ne m'étonne plus de ces maladies pestilentielles qui désolent souvent Persépolis.

[1] Les Pictaves sont les Poitevins, habitants du Poitou. B.

La pourriture des morts, et celle de tant de vivants rassemblés et pressés dans le même lieu, est capable d'empoisonner le globe terrestre. Ah! la vilaine ville que Persépolis! Apparemment que les anges veulent la détruire pour en rebâtir une plus belle, et la peupler d'habitants moins malpropres, et qui chantent mieux. La Providence peut avoir ses raisons; laissons-la faire.

III. Cependant le soleil approchait du haut de sa carrière. Babouc devait aller dîner à l'autre bout de la ville, chez une dame pour laquelle son mari, officier de l'armée, lui avait donné des lettres. Il fit d'abord plusieurs tours dans Persépolis; il vit d'autres temples mieux bâtis et mieux ornés, remplis d'un peuple poli, et retentissant d'une musique harmonieuse; il remarqua des fontaines publiques, lesquelles, quoique mal placées[1], frappaient les yeux par leur beauté; des places où semblaient respirer en bronze les meilleurs rois[2] qui avaient gouverné la Perse; d'autres places où il entendait le peuple s'écrier: Quand verrons-nous ici le maître que nous chérissons? Il admira les ponts

[1] C'est de Paris que Voltaire parle, sous le nom de *Persépolis*: les fontaines mal placées sont la fontaine de la rue de Grenelle, faubourg Saint-Germain, et la fontaine des Innocents, qui était alors au coin des rues aux Fers et de Saint-Denis. C'est de 1788 que date la construction de cette dernière fontaine telle qu'elle est aujourd'hui. Voyez, dans le tome XIX, la liste des *Artistes célèbres du Siècle de Louis XIV* (après l'article Mansard). B.

[2] Les seuls rois qui eussent des statues étaient Henri IV, Louis XIII, Louis XIV. La statue de Louis XV ne fut érigée que beaucoup plus tard, en 1763: elle avait été votée, en 1748, par le prévôt des marchands et les échevins de la ville de Paris. B.

magnifiques élevés sur le fleuve, les quais superbes et commodes, les palais bâtis à droite et à gauche, une maison immense [1], où des milliers de vieux soldats blessés et vainqueurs rendaient chaque jour graces au Dieu des armées. Il entra enfin chez la dame, qui l'attendait à dîner avec une compagnie d'honnêtes gens. La maison était propre et ornée, le repas délicieux, la dame jeune, belle, spirituelle, engageante, la compagnie digne d'elle; et Babouc disait en lui-même à tout moment: L'ange Ituriel se moque du monde de vouloir détruire une ville si charmante.

IV. Cependant il s'aperçut que la dame, qui avait commencé par lui demander tendrement des nouvelles de son mari, parlait plus tendrement encore, sur la fin du repas, à un jeune mage. Il vit un magistrat qui, en présence de sa femme, pressait avec vivacité une veuve; et cette veuve indulgente [2] avait une main passée autour du cou du magistrat, tandis qu'elle tendait l'autre à un jeune citoyen très beau et très modeste. La femme du magistrat se leva de table la première, pour aller entretenir dans un cabinet voisin son directeur qui arrivait trop tard, et qu'on avait attendu à dîner; et le directeur, homme éloquent, lui parla dans ce cabinet avec tant de véhémence et d'onction, que la dame avait quand elle revint les yeux humides, les joues enflammées, la démarche mal assurée, la parole tremblante.

[1] L'Hôtel des Invalides. B.
[2] L'édition de 1750 porte : « Cette veuve indulgente lorgnait vivement « le magistrat tandis qu'elle tendait la main à un jeune citoyen, etc. » B.

Alors Babouc commença à craindre que le génie Ituriel n'eût raison. Le talent qu'il avait d'attirer la confiance le mit dès le jour même dans les secrets de la dame : elle lui confia son goût pour le jeune mage, l'assura que dans toutes les maisons de Persépolis il trouverait l'équivalent de ce qu'il avait vu dans la sienne. Babouc conclut qu'une telle société ne pouvait subsister; que la jalousie, la discorde, la vengeance, devaient désoler toutes les maisons; que les larmes et le sang devaient couler tous les jours; que certainement les maris tueraient les galants de leurs femmes, ou en seraient tués; et qu'enfin Ituriel ferait fort bien de détruire tout d'un coup une ville abandonnée à de continuels désordres.

V. Il était plongé dans ces idées funestes, quand il se présenta à la porte un homme grave, en manteau noir, qui demanda humblement à parler au jeune magistrat. Celui-ci, sans se lever, sans le regarder, lui donna fièrement, et d'un air distrait, quelques papiers, et le congédia. Babouc demanda quel était cet homme. La maîtresse de la maison lui dit tout bas : C'est un des meilleurs avocats de la ville; il y a cinquante ans qu'il étudie les lois. Monsieur, qui n'a que vingt-cinq ans, et qui est satrape[1] de loi depuis deux jours, lui donne à faire l'extrait d'un procès qu'il doit juger demain; et qu'il n'a pas encore examiné. Ce jeune étourdi fait sagement, dit Babouc, de deman-

[1] Satrape de loi signifie ici conseiller au parlement. Il arrivait souvent aux conseillers-rapporteurs de charger quelque avocat de faire les extraits des procès à juger. B.

der conseil à un vieillard; mais pourquoi n'est-ce pas ce vieillard qui est juge? Vous vous moquez, lui dit-on; jamais ceux qui ont vieilli dans les emplois laborieux et subalternes ne parviennent aux dignités. Ce jeune homme a une grande charge, parceque son père est riche, et qu'ici le droit de rendre la justice s'achète comme une métairie [1]. O mœurs! ô malheureuse ville! s'écria Babouc; voilà le comble du désordre; sans doute, ceux qui ont ainsi acheté le droit de juger vendent leurs jugements : je ne vois ici que des abîmes d'iniquité.

Comme il marquait ainsi sa douleur et sa surprise, un jeune guerrier, qui était revenu ce jour même de l'armée, lui dit: Pourquoi ne voulez-vous pas qu'on achète les emplois de la robe? j'ai bien acheté, moi, le droit d'affronter la mort à la tête de deux mille hommes que je commande; il m'en a coûté quarante mille dariques d'or cette année, pour coucher sur la terre trente nuits de suite en habit rouge, et pour recevoir ensuite deux bons coups de flèches dont je me sens encore. Si je me ruine pour servir l'empereur persan que je n'ai jamais vu, M. le satrape de robe peut bien payer quelque chose pour avoir le plaisir de donner audience à des plaideurs. Babouc indigné ne put s'empêcher de condamner dans son cœur un pays où l'on mettait à l'encan les dignités de la paix

[1] Voltaire n'a cessé de s'élever contre la vénalité des offices de judicature; et c'est la suppression de la vénalité qui l'avait rendu partisan des mesures prises en 1771. Voyez l'*Histoire du parlement*, chapitre LXIX, tome XXII, pages 366-67; dans les *Mélanges*, année 1771, différentes pièces relatives au parlement Maupeou; dans la *Correspondance*, la lettre à madame de Florian, du 1er avril 1771, et autres lettres. B.

et de la guerre; il conclut précipitamment que l'on y devait ignorer absolument la guerre et les lois, et que, quand même Ituriel n'exterminerait pas ces peuples, ils périraient par leur détestable administration.

Sa mauvaise opinion augmenta encore à l'arrivée d'un gros homme, qui, ayant salué très familièrement toute la compagnie, s'approcha du jeune officier, et lui dit : Je ne peux vous prêter que cinquante mille dariques d'or; car, en vérité, les douanes de l'empire ne m'en ont rapporté que trois cent mille cette année. Babouc s'informa quel était cet homme qui se plaignait de gagner si peu; il apprit qu'il y avait dans Persépolis quarante[1] rois plébéiens qui tenaient à bail l'empire de Perse, et qui en rendaient quelque chose au monarque.

VI. Après dîner il alla dans un des plus superbes temples de la ville; il s'assit au milieu d'une troupe de femmes et d'hommes qui étaient venus là pour passer le temps. Un mage parut dans une machine élevée, qui parla long-temps du vice et de la vertu. Ce mage divisa en plusieurs parties ce qui n'avait pas besoin d'être divisé; il prouva méthodiquement tout ce qui était clair; il enseigna tout ce qu'on savait. Il se passionna froidement; et sortit suant et hors d'haleine. Toute l'assemblée alors se réveilla, et crut avoir assisté à une instruction. Babouc dit : Voilà

[1] *Quarante* est ce qu'on lit dans les éditions depuis 1756. Les éditions de 1748 et 1750 portent, *soixante et douze*. Le nombre des fermiers-généraux a varié. Louis XV, en 1755, avait créé vingt nouvelles places. Voyez, tome XXI, le chapitre xxxi du *Précis du Siècle de Louis XV*. B.

un homme qui a fait de son mieux pour ennuyer deux ou trois cents de ses concitoyens; mais son intention était bonne : il n'y a pas là de quoi détruire Persépolis.

Au sortir de cette assemblée, on le mena voir une fête publique qu'on donnait tous les jours de l'année; c'était dans une espèce de basilique, au fond de laquelle on voyait un palais. Les plus belles citoyennes de Persépolis, les plus considérables satrapes rangés avec ordre formaient un spectacle si beau, que Babouc crut d'abord que c'était là toute la fête. Deux ou trois personnes, qui paraissaient des rois et des reines, parurent bientôt dans le vestibule de ce palais; leur langage était très différent de celui du peuple; il était mesuré, harmonieux, et sublime. Personne ne dormait, on écoutait dans un profond silence, qui n'était interrompu que par les témoignages de la sensibilité et de l'admiration publique. Le devoir des rois, l'amour de la vertu, les dangers des passions étaient exprimés par des traits si vifs et si touchants, que Babouc versa des larmes. Il ne douta pas que ces héros et ces héroïnes, ces rois et ces reines qu'il venait d'entendre, ne fussent les prédicateurs de l'empire. Il se proposa même d'engager Ituriel à les venir entendre; bien sûr qu'un tel spectacle le réconcilierait pour jamais avec la ville.

Dès que cette fête fut finie, il voulut voir la principale reine qui avait débité dans ce beau palais une morale si noble et si pure; il se fit introduire chez sa majesté; on le mena par un petit escalier, au second étage, dans un appartement mal meublé, où il trouva

une femme mal vêtue, qui lui dit d'un air noble et pathétique : Ce métier-ci ne me donne pas de quoi vivre; un des princes que vous avez vus m'a fait un enfant; j'accoucherai bientôt; je manque d'argent, et sans argent on n'accouche point. Babouc lui donna cent dariques d'or, en disant : S'il n'y avait que ce mal-là dans la ville, Ituriel aurait tort de se tant fâcher.

De là il alla passer sa soirée chez des marchands de magnificences inutiles. Un homme intelligent, avec lequel il avait fait connaissance, l'y mena; il acheta ce qui lui plut, et on le lui vendit avec politesse beaucoup plus qu'il ne valait. Son ami, de retour chez lui, lui fit voir combien on le trompait. Babouc mit sur ses tablettes le nom du marchand, pour le faire distinguer par Ituriel au jour de la punition de la ville. Comme il écrivait, on frappa à sa porte; c'était le marchand lui-même qui venait lui rapporter sa bourse, que Babouc avait laissée par mégarde sur son comptoir. Comment se peut-il, s'écria Babouc, que vous soyez si fidèle et si généreux, après n'avoir pas eu honte [1] de me vendre des colifichets quatre fois au-dessus de leur valeur? Il n'y a aucun négociant un peu connu dans cette ville, lui répondit le marchand, qui ne fût venu vous rapporter votre bourse; mais on vous a trompé quand on vous a dit que je vous avais vendu ce que vous avez pris chez moi

[1] On lit *de honte* dans l'édition de 1748, faite à Dresde; mais l'édition de 1750, faite probablement sous les yeux de l'auteur, quoique portant l'adresse d'Amsterdam, porte seulement : *eu honte*. B.

quatre fois plus qu'il ne vaut, je vous l'ai vendu dix fois davantage : et cela est si vrai, que si dans un mois vous voulez le revendre, vous n'en aurez pas même ce dixième. Mais rien n'est plus juste; c'est la fantaisie passagère[1] des hommes qui met le prix à ces choses frivoles; c'est cette fantaisie qui fait vivre cent ouvriers que j'emploie; c'est elle qui me donne une belle maison, un char commode, des chevaux; c'est elle qui excite l'industrie, qui entretient le goût, la circulation, et l'abondance.

Je vends aux nations voisines les mêmes bagatelles plus chèrement qu'à vous, et par là je suis utile à l'empire. Babouc, après avoir un peu rêvé, le raya de ses tablettes[2]; car enfin, disait-il, les arts du luxe ne sont en grand nombre dans un empire que quand tous les arts nécessaires sont exercés, et que la nation est nombreuse et opulente. Ituriel me paraît un peu sévère.

VII. Babouc, fort incertain sur ce qu'il devait penser de Persépolis, résolut de voir les mages et les lettrés; car les uns étudient la sagesse, et les autres la religion; et il se flatta que ceux-là obtiendraient grace pour le reste du peuple. Dès le lendemain matin il se transporta dans un collége de mages. L'archimandrite lui avoua qu'il avait cent mille écus de rente pour avoir fait vœu de pauvreté, et qu'il exerçait un empire assez étendu en vertu de son vœu d'humilité;

[1] C'est d'après l'édition de 1750 que j'ai ajouté le mot *passagère*. B.
[2] C'est aussi d'après l'édition de 1750 que je rétablis la fin de cet alinéa. B.

après quoi il laissa Babouc entre les mains d'un petit frère qui lui fit les honneurs.

Tandis que ce frère lui montrait les magnificences de cette maison de pénitence, un bruit se répandit qu'il était venu pour réformer toutes ces maisons. Aussitôt il reçut des mémoires de chacune d'elles; et les mémoires disaient tous en substance : «Conser-« vez-nous, et détruisez toutes les autres. » A entendre leurs apologies, ces sociétés étaient toutes nécessaires; à entendre leurs accusations réciproques, elles méritaient toutes d'être anéanties. Il admirait comme il n'y avait aucune d'elles qui, pour édifier l'univers, ne voulût en avoir l'empire. Alors il se présenta un petit homme qui était un demi-mage, et qui lui dit : Je vois bien que l'œuvre va s'accomplir; car Zerdust est revenu sur la terre; les petites filles prophétisent, en se fesant donner des coups de pincettes par-devant et le fouet par-derrière[1]. Ainsi nous vous demandons votre protection contre le grand-lama. Comment! dit Babouc, contre ce pontife-roi qui réside au Thibet? — Contre lui-même. — Vous lui faites donc la guerre, et vous levez contre lui des armées?

[1] Tel est le texte de 1748 et de toutes les autres éditions. Mais l'édition de 1750, que j'aurais peut-être dû suivre, porte :

« ... par-derrière. Il est évident que le monde va finir : ne pourriez-vous
« point, avant cette belle époque, nous protéger contre le grand-lama? —
« Quel galimatias, dit Babouc, contre le grand-lama? contre ce pontife-
« roi qui réside au Thibet? — Oui, dit le petit demi-mage avec un air opi-
« niâtre, contre lui-même. — Vous lui faites donc la guerre, vous avez donc
« des armées? dit Babouc. — Non, dit l'autre, mais nous avons écrit contre
« lui trois ou quatre mille gros livres qu'on ne lit point, et autant de
« brochures, que nous fesons lire par des femmes : à peine a-t-il enten-
« du, etc. » B.

— Non; mais il dit que l'homme est libre; et nous n'en croyons rien; nous écrivons contre lui de petits livres qu'il ne lit pas : à peine a-t-il entendu parler de nous, il nous a seulement fait condamner, comme un maître ordonne qu'on échenille les arbres de ses jardins. Babouc frémit de la folie de ces hommes qui fesaient profession de sagesse, des intrigues de ceux qui avaient renoncé au monde, de l'ambition et de la convoitise orgueilleuse de ceux qui enseignaient l'humilité et le désintéressement; il conclut qu'Ituriel avait de bonnes raisons pour détruire toute cette engeance.

VIII. Retiré chez lui, il envoya chercher des livres nouveaux pour adoucir son chagrin, et il pria quelques lettrés à dîner pour se réjouir. Il en vint deux fois plus qu'il n'en avait demandé, comme les guêpes que le miel attire. Ces parasites se pressaient de manger et de parler; ils louaient deux sortes de personnes, les morts et eux-mêmes, et jamais leurs contemporains, excepté le maître de la maison. Si quelqu'un d'eux disait un bon mot, les autres baissaient les yeux et se mordaient les lèvres de douleur de ne l'avoir pas dit. Ils avaient moins de dissimulation que les mages, parcequ'ils n'avaient pas de si grands objets d'ambition. Chacun d'eux briguait une place de valet et une réputation de grand homme; ils se disaient en face des choses insultantes, qu'ils croyaient des traits d'esprit. [1] Ils avaient eu quelque connaissance de la mission de

[1] Cette phrase et la suivante furent ajoutées en 1756. Les éditions de 1748 et 1750 portent : « traits d'esprit. Le repas fini, etc. » B.

Babouc. L'un d'eux le pria tout bas d'exterminer un auteur qui ne l'avait pas assez loué il y avait cinq ans; un autre demanda la perte d'un citoyen qui n'avait jamais ri à ses comédies; un troisième demanda l'extinction de l'académie, parcequ'il n'avait jamais pu parvenir à y être admis. Le repas fini, chacun d'eux s'en alla seul, car il n'y avait pas dans toute la troupe deux hommes qui pussent se souffrir, ni même se parler ailleurs que chez les riches qui les invitaient à leur table. Babouc jugea qu'il n'y aurait pas grand mal quand cette vermine périrait dans la destruction générale.

IX. Dès qu'il se fut défait d'eux, il se mit à lire quelques livres nouveaux. Il y reconnut l'esprit de ses convives. Il vit surtout avec indignation ces gazettes de la médisance, ces archives du mauvais goût, que l'envie, la bassesse et la faim ont dictées; ces lâches satires où l'on ménage le vautour, et où l'on déchire la colombe; ces romans dénués d'imagination, où l'on voit tant de portraits de femmes que l'auteur ne connaît pas.

Il jeta au feu tous ces détestables écrits, et sortit pour aller le soir à la promenade. On le présenta à un vieux lettré qui n'était point venu grossir le nombre de ses parasites. Ce lettré fuyait toujours la foule, connaissait les hommes, en fesait usage, et se communiquait avec discrétion. Babouc lui parla avec douleur de ce qu'il avait lu et de ce qu'il avait vu.

Vous avez lu des choses bien méprisables, lui dit le sage lettré; mais dans tous les temps, dans tous les

pays, et dans tous les genres, le mauvais fourmille, et le bon est rare. Vous avez reçu chez vous le rebut de la pédanterie, parceque, dans toutes les professions, ce qu'il y a de plus indigne de paraître est toujours ce qui se présente avec le plus d'impudence. Les véritables sages vivent entre eux retirés et tranquilles ; il y a encore parmi nous des hommes et des livres dignes de votre attention. Dans le temps qu'il parlait ainsi, un autre lettré les joignit ; leurs discours furent si agréables et si instructifs, si élevés au-dessus des préjugés et si conformes à la vertu, que Babouc avoua n'avoir jamais rien entendu de pareil. Voilà des hommes, disait-il tout bas, à qui l'ange Ituriel n'osera toucher, ou il sera bien impitoyable.

Raccommodé avec les lettrés, il était toujours en colère contre le reste de la nation. Vous êtes étranger, lui dit l'homme judicieux qui lui parlait ; les abus se présentent à vos yeux en foule ; et le bien qui est caché, et qui résulte quelquefois de ces abus mêmes, vous échappe. [1] Alors il apprit que parmi les lettrés il y en avait quelques uns qui n'étaient pas envieux, et que parmi les mages même il y en avait de vertueux. Il

[1] Ce texte est de 1756. Dans les éditions de 1748 et 1750, on lit :

« vous échappe. Alors ils le menèrent chez le principal mage, qu'on « appelait le surveillant. Babouc vit dans ce mage un homme digne d'être à « la tête des justes ; il sut qu'il y en avait beaucoup qui lui ressemblaient. Il « conçut même que ces grands corps, etc. »

Le mot évêque, en latin *episcopus*, vient du grec *episcopos*, qui veut dire inspecteur. En 1748 et 1750 l'archevêque de Paris était Christophe de Beaumont, alors récemment nommé, mais qui se rendit bientôt *ridicule et odieux à tout Paris* (voyez tome XXII, page 339). Beaumont, vingt-cinq ans après, ne permit pas qu'à la mort de Voltaire on fît le service d'usage jusque-là pour chaque membre de l'académie française. B.

conçut à la fin que ces grands corps, qui semblaient en se choquant préparer leurs communes ruines, étaient au fond des institutions salutaires; que chaque société de mages était un frein à ses rivales; que si ces émules différaient dans quelques opinions, ils enseignaient tous la même morale, qu'ils instruisaient le peuple, et qu'ils vivaient soumis aux lois; semblables aux précepteurs qui veillent sur le fils de la maison, tandis que le maître veille sur eux-mêmes. Il en pratiqua plusieurs, et vit des ames célestes. Il apprit même que parmi les fous [1] qui prétendaient faire la guerre au grand-lama, il y avait eu de très grands hommes. Il soupçonna enfin qu'il pourrait bien en être des mœurs de Persépolis comme des édifices, dont les uns lui avaient paru dignes de pitié, et les autres l'avaient ravi en admiration.

X. Il dit à son lettré : Je conçois très bien que ces mages, que j'avais crus si dangereux, sont en effet très utiles, surtout quand un gouvernement sage les empêche de se rendre trop nécessaires; mais vous m'avouerez au moins que vos jeunes magistrats, qui achètent une charge de juge dès qu'ils ont appris à monter à cheval, doivent étaler dans les [2] tribunaux tout ce que l'impertinence a de plus ridicule, et tout ce que l'iniquité a de plus pervers; il vaudrait mieux sans doute donner ces places gratuitement à ces vieux jurisconsultes qui ont passé toute leur vie à peser le pour et le contre.

Le lettré lui répliqua : Vous avez vu notre armée

[1] Les jansénistes. B. — [2] L'édition de 1750 porte : *leurs.* B.

avant d'arriver à Persépolis; vous savez que nos jeunes officiers se battent très bien, quoiqu'ils aient acheté leurs charges : peut-être verrez-vous que nos jeunes magistrats ne jugent pas mal, quoiqu'ils aient payé pour juger.

Il le mena le lendemain au grand tribunal, où l'on devait rendre un arrêt important. La cause était connue de tout le monde. Tous ces vieux avocats qui en parlaient étaient flottants dans leurs opinions; ils alléguaient cent lois, dont aucune n'était applicable au fond de la question ; ils regardaient l'affaire par cent côtés, dont aucun n'était dans son vrai jour : les juges décidèrent plus vite que les avocats ne doutèrent. Leur jugement fut presque unanime; ils jugèrent bien, parcequ'ils suivaient les lumières de la raison; et les autres avaient opiné mal, parcequ'ils n'avaient consulté que leurs livres.

....Babouc conclut qu'il y avait souvent de très bonnes choses dans les abus. Il vit dès le jour même que les richesses des financiers, qui l'avaient tant révolté, pouvaient produire un effet excellent, car l'empereur ayant eu besoin d'argent, il trouva en une heure, par leur moyen, ce qu'il n'aurait pas eu en six mois par les voies ordinaires; il vit que ces gros nuages, enflés de la rosée de la terre, lui rendaient en pluie ce qu'ils en recevaient[1]. D'ailleurs les enfants de ces hommes nouveaux, souvent mieux élevés que ceux des familles plus anciennes, valaient quelquefois beaucoup mieux; car

[1] Voyez dans les *Mélanges*, année 1749, le morceau intitulé : *Embellissements de Paris*. B.

rien n'empêche qu'on ne soit un bon juge, un brave guerrier, un homme d'état habile, quand on a eu un père bon calculateur.

XI. Insensiblement Babouc fesait grace à l'avidité du financier, qui n'est pas au fond plus avide que les autres hommes, et qui est nécessaire [1]. Il excusait la folie de se ruiner pour juger et pour se battre, folie qui produit de grands magistrats et des héros. Il pardonnait à l'envie des lettrés, parmi lesquels il se trouvait des hommes qui éclairaient le monde; il se réconciliait avec les mages ambitieux et intrigants, chez lesquels il y avait plus de grandes vertus encore que de petits vices; mais il lui restait bien des griefs, et surtout les galanteries des dames; et les désolations qui en devaient être la suite le remplissaient d'inquiétude et d'effroi.

Comme il voulait pénétrer dans toutes les conditions humaines, il se fit mener chez un ministre; mais il tremblait toujours en chemin que quelque femme ne fût assassinée en sa présence par son mari. Arrivé chez l'homme d'état, il resta deux heures dans l'antichambre sans être annoncé, et deux heures encore après l'avoir été. Il se promettait bien dans cet intervalle de recommander à l'ange Ituriel et le ministre et ses insolents huissiers. L'antichambre était remplie de dames de tout étage, de mages de toutes couleurs, de juges, de marchands, d'officiers, de pédants; tous se plaignaient du ministre. L'avare et l'usurier disaient : Sans doute cet homme-là pille les provinces; le capri-

[1] 1750 porte : « très nécessaire. » B.

cieux lui reprochait d'être bizarre; le voluptueux disait: Il ne songe qu'à ses plaisirs; l'intrigant se flattait de le voir bientôt perdu par une cabale; les femmes espéraient qu'on leur donnerait bientôt un ministre plus jeune.

Babouc entendait leurs discours; il ne put s'empêcher de dire : Voilà un homme bien heureux, il a tous ses ennemis dans son antichambre; il écrase de son pouvoir ceux qui l'envient; il voit à ses pieds ceux qui le détestent. Il entra enfin; il vit un petit vieillard courbé sous le poids des années et des affaires, mais encore vif et plein d'esprit [1].

Babouc lui plut, et il parut à Babouc un homme estimable. La conversation devint intéressante. Le ministre lui avoua qu'il était un homme très malheureux, qu'il passait pour riche, et qu'il était pauvre; qu'on le croyait tout puissant, et qu'il était toujours contredit; qu'il n'avait guère obligé que des ingrats, et que dans un travail continuel de quarante années il avait eu à peine un moment de consolation. Babouc en fut touché, et pensa que, si cet homme avait fait des fautes, et si l'ange Ituriel voulait le punir, il ne fallait pas l'exterminer, mais seulement lui laisser sa place.

XII. Tandis qu'il parlait au ministre entre brusquement la belle dame chez qui Babouc avait dîné; on voyait dans ses yeux et sur son front les symptômes de la douleur et de la colère. Elle éclata en reproches

[1] C'est le cardinal de Fleuri que Voltaire désigne ici; il en fait encore l'éloge dans le *Panégyrique de Louis XV* (voyez les *Mélanges*, année 1748). B.

contre l'homme d'état, elle versa des larmes; elle se plaignit avec amertume de ce qu'on avait refusé à son mari une place où sa naissance lui permettait d'aspirer, et que ses services et ses blessures méritaient; elle s'exprima avec tant de force, elle mit tant de graces dans ses plaintes, elle détruisit les objections avec tant d'adresse; elle fit valoir les raisons avec tant d'éloquence, qu'elle ne sortit point de la chambre sans avoir fait la fortune de son mari.

Babouc lui donna la main : Est-il possible, madame, lui dit-il, que vous vous soyez donné toute cette peine pour un homme que vous n'aimez point, et dont vous avez tout à craindre? Un homme que je n'aime point ! s'écria-t-elle: sachez que mon mari est le meilleur ami que j'aie au monde, qu'il n'y a rien que je ne lui sacrifie, hors mon amant; et qu'il ferait tout pour moi, hors de quitter sa maîtresse. Je veux vous la faire connaître; c'est une femme charmante, pleine d'esprit, et du meilleur caractère du monde; nous soupons ensemble ce soir avec mon mari et mon petit mage; venez partager notre joie.

La dame mena Babouc chez elle. Le mari, qui était enfin arrivé plongé dans la douleur, revit sa femme avec des transports d'allégresse et de reconnaissance: il embrassait tour-à-tour sa femme, sa maîtresse, le petit mage, et Babouc. L'union, la gaieté, l'esprit, et les graces, furent l'ame de ce repas. Apprenez, lui dit la belle dame chez laquelle il soupait, que celles qu'on appelle quelquefois de malhonnêtes femmes ont presque toujours le mérite d'un très honnête homme; et pour vous en convaincre, venez demain dîner avec

moi chez la belle Téone[1]. Il y a quelques vieilles vestales qui la déchirent; mais elle fait plus de bien qu'elles toutes ensemble. Elle ne commettrait pas une légère injustice pour le plus grand intérêt; elle ne donne à son amant que des conseils généreux; elle n'est occupée que de sa gloire : il rougirait devant elle, s'il avait laissé échapper une occasion de faire du bien; car rien n'encourage plus aux actions vertueuses que d'avoir pour témoin et pour juge de sa conduite une maîtresse dont on veut mériter l'estime.

Babouc ne manqua pas au rendez-vous. Il vit une maison où régnaient tous les plaisirs. Téone régnait sur eux; elle savait parler à chacun son langage. Son esprit naturel mettait à son aise celui des autres; elle plaisait sans presque le vouloir; elle était aussi aimable que bienfesante; et, ce qui augmentait le prix de toutes ses bonnes qualités, elle était belle.

Babouc, tout Scythe et tout envoyé qu'il était d'un génie, s'aperçut que, s'il restait encore à Persépolis, il oublierait Ituriel pour Téone. Il s'affectionnait à la ville, dont le peuple était poli, doux, et bienfesant, quoique léger, médisant, et plein de vanité. Il craignait que Persépolis ne fût condamnée; il craignait même le compte qu'il allait rendre.

Voici comme il s'y prit pour rendre ce compte. Il fit faire par le meilleur fondeur de la ville une petite statue composée de tous les métaux, des terres et des

[1] On a prétendu que sous le nom de Téone Voltaire désignait madame du Châtelet; ce serait plutôt la marquise de Pompadour. B.

pierres les plus précieuses et les plus viles ; il la porta à Ituriel : Casserez-vous, dit-il, cette jolie statue, parcequé tout n'y est pas or et diamants? Ituriel entendit à demi-mot ; il résolut de ne pas même songer à corriger Persépolis, et de laisser aller *le monde comme il va ;* car, dit-il, *si tout n'est pas bien, tout est passable* [1]. On laissa donc subsister Persépolis, et Babouc fut bien loin de se plaindre, comme Jonas, qui se fâcha de ce qu'on ne détruisait pas Ninive [2]. Mais quand on a été trois jours dans le corps d'une baleine, on n'est pas de si bonne humeur que quand on a été à l'opéra, à la comédie, et qu'on a soupé en bonne compagnie.

[1] Fin du chapitre en 1748 et 1750. Le reste fut ajouté en 1756. B.
[2] Voyez, dans la Bible, le chapitre iv de *Jonas.* B.

FIN DE LA VISION DE BABOUC.

LE
CROCHETEUR BORGNE.

1746[1].

[1] Voyez ma préface en tête de ce volume. B.

LE CROCHETEUR BORGNE.

Nos deux yeux ne rendent pas notre condition meilleure ; l'un nous sert à voir les biens, et l'autre, les maux de la vie ; bien des gens ont la mauvaise habitude de fermer le premier, et bien peu ferment le second : voilà pourquoi il y a tant de gens qui aimeraient mieux être aveugles que de voir tout ce qu'ils voient. Heureux les borgnes qui ne sont privés que de ce mauvais œil qui gâte tout ce qu'on regarde ! Mesrour en est un exemple.

Il aurait fallu être aveugle pour ne pas voir que Mesrour était borgne. Il l'était de naissance ; mais c'était un borgne si content de son état, qu'il ne s'était jamais avisé de desirer un autre œil ; ce n'étaient point les dons de la fortune qui le consolaient des torts de la nature, car il était simple crocheteur, et n'avait d'autre trésor que ses épaules ; mais il était heureux, et il montrait qu'un œil de plus et de la peine de moins contribuent bien peu au bonheur : l'argent et l'appétit lui venaient toujours en proportion de l'exercice qu'il fesait ; il travaillait le matin, mangeait et buvait le soir, dormait la nuit, et regardait tous ses jours comme autant de vies séparées ; en sorte que le soin de l'avenir ne le troublait jamais dans la jouissance du présent.

Il était, comme vous le voyez, tout à-la-fois borgne, crocheteur, et philosophe.

Il vit par hasard [1] passer dans un char brillant une grande princesse qui avait un œil de plus que lui, ce qui ne l'empêcha pas de la trouver fort belle; et, comme les borgnes ne diffèrent des autres hommes qu'en ce qu'ils ont un œil de moins, il en devint éperdument amoureux. On dira peut-être que, quand on est crocheteur et borgne, il ne faut point être amoureux, surtout d'une grande princesse, et, qui plus est, d'une princesse qui a deux yeux. Je conviens qu'on a [2] bien à craindre de ne pas plaire; cependant, comme il n'y a point d'amour sans espérance, et que notre crocheteur aimait, il espéra. Comme il avait plus de jambes que d'yeux, et qu'elles étaient bonnes, il suivit l'espace de quatre lieues le char de sa déesse [3], que six grands chevaux blancs traînaient avec une grande rapidité. La mode dans ce temps-là, parmi les dames, était de voyager sans laquais et sans cocher, et de se mener elles-mêmes; les maris voulaient qu'elles

[1] L'édition de 1774, dont j'ai parlé dans la préface de ce volume, présente une grande variante; on y lit :

« Un jour qu'il s'était levé plus matin qu'à son ordinaire, parceque certaine liqueur, qui lui était familière, l'avait forcé de se coucher la veille un peu plus tôt que de coutume, il aperçut au crépuscule (car d'un seul œil on l'aperçoit) quelque chose qui luisait parmi des chiffons. Tout est sujet d'espoir pour un pauvre crocheteur; Mesrour crut avoir trouvé la fortune même, quand il eut ramassé un anneau d'or sur lequel étaient gravés des caractères inconnus pour lui, et qui l'eussent été pour bien d'autres. A peine eut-il mis cet anneau à son doigt qu'il vit passer dans un char brillant, etc. » B.

[2] « Qu'il y a bien à craindre. » 1774. B.

[3] « De sa divinité. » 1774. B.

fussent toujours toutes seules afin d'être plus sûrs de leur vertu, ce qui est directement opposé au sentiment des moralistes, qui disent qu'il n'y a point de vertu dans la solitude. Mesrour courait toujours à côté des roues du char, tournant son bon œil du côté de la dame, qui était étonnée de voir un borgne de cette agilité. Pendant qu'il prouvait ainsi qu'on est infatigable pour ce qu'on aime, une bête fauve, poursuivie par des chasseurs, traversa le grand chemin et effraya les chevaux, qui, ayant pris le mors aux dents, entraînaient la belle dans un précipice; son nouvel amant, plus effrayé encore qu'elle, quoiqu'elle le fût beaucoup, coupa les traits avec une adresse merveilleuse; les six chevaux blancs firent seuls le saut périlleux, et la dame, qui n'était pas moins blanche qu'eux, en fut quitte pour la peur. Qui que vous soyez, lui dit-elle, je n'oublierai jamais que je vous dois la vie; demandez-moi tout ce que vous voudrez; tout ce que j'ai est à vous. Ah! je puis avec bien plus de raison, répondit Mesrour, vous en offrir autant; mais, en vous l'offrant, je vous en offrirai toujours moins; car je n'ai qu'un œil, et vous en avez deux : mais un œil qui vous regarde vaut mieux que deux yeux qui ne voient point les vôtres. La dame sourit, car les galanteries d'un borgne sont toujours des galanteries, et les galanteries font toujours sourire. Je voudrais bien pouvoir vous donner un autre œil, lui dit-elle, mais votre mère pouvait seule vous faire ce présent-là : suivez-moi toujours. A ces mots elle descend de son char et continue sa route à pied; son petit chien descendit aussi et marchait à pied à côté d'elle, aboyant après

l'étrange¹ figure de son écuyer. J'ai tort de lui donner le titre d'écuyer, car il eut beau offrir son bras, la dame ne voulut jamais l'accepter, sous prétexte qu'il était trop sale; et vous allez voir qu'elle fut la dupe de sa propreté : elle avait de fort petits pieds, et des souliers encore plus petits que ses pieds, en sorte qu'elle n'était ni faite ni chaussée de manière à soutenir une longue marche. De jolis pieds consolent d'avoir de mauvaises jambes, lorsqu'on passe sa vie sur sa chaise longue au milieu d'une foule de petits-maîtres; mais à quoi servent des souliers brodés en paillettes dans un chemin pierreux, où ils ne peuvent être vus que par un crocheteur, et encore par un crocheteur qui n'a qu'un œil? Mélinade (c'est le nom de la dame, que j'ai eu mes raisons pour ne pas dire jusqu'ici, parcequ'il n'était pas encore fait) avançait comme elle pouvait, maudissant son cordonnier, déchirant ses souliers, écorchant ses pieds, et se donnant des entorses à chaque pas. Il y avait environ une heure et demie qu'elle marchait du train des grandes dames, c'est-à-dire qu'elle avait déjà fait près d'un quart de lieue, lorsqu'elle tomba de fatigue sur la place. Le Mesrour², dont elle avait refusé les secours pendant qu'elle était debout, balançait à les lui offrir, dans la crainte de la salir en la touchant; car il savait bien qu'il n'était pas propre, la dame le lui avait assez clairement fait entendre³, et la comparaison qu'il avait

¹ L'édition de Kehl porte : « étrangère. » Je n'ai pas hésité à suivre ici le texte de 1774. B.

² L'édition de 1774 porte seulement « Mesrour. » B.

³ « Le lui avait fait entendre assez clairement. » 1774. B.

faite en chemin entre lui et sa maîtresse[1] le lui avait fait voir encore plus clairement. Elle avait une robe d'une légère étoffe d'argent, semée de guirlandes de fleurs, qui laissait briller la beauté de sa taille; et lui avait un sarrau brun, taché en mille endroits, troué, et rapiécé en sorte que les pièces étaient à côté des trous, et point dessus, où elles auraient pourtant été plus à leur place; il avait comparé ses mains nerveuses et couvertes de durillons[2] avec deux petites mains plus blanches et plus délicates que les lis; enfin il avait vu les beaux cheveux blonds de Mélinade, qui paraissaient à travers un léger voile de gaze, relevés les uns en tresse et les autres en boucles, et il n'avait à mettre à côté de cela que des crins noirs, hérissés, crépus, et n'ayant pour tout ornement qu'un turban déchiré.

[3] Cependant Mélinade essaie de se relever, mais elle retombe bientôt, et si malheureusement, que ce qu'elle

[1] « Entre lui et la princesse. » 1774. B.

[2] Les éditions de Kehl portent : *nerveuses* et *couverties en durillons*. Ici encore j'ai cru devoir suivre l'édition de 1774. B.

[3] Voici ce qu'on lit dans l'édition de 1774 :

« Mais pendant que nous nous arrêtons à la description des deux personnages, nous oublions que la pauvre Mélinade est à terre très embarrassée. Un sommeil subit, et qui vint pourtant bien à propos, absorba dans un instant les idées fâcheuses que lui donnait sa situation désagréable. La voilà donc endormie, et c'est, comme vous voyez, tant mieux pour elle : la nuit avait étendu ses voiles sur l'horizon : Mesrour ne voyait plus que faiblement l'objet de sa nouvelle ardeur ; et comme il ne l'entendait plus (puisqu'elle ne disait mot), l'illusion allait en diminuant, et l'envie de dormir en augmentant. Plus d'un homme, sans être ni crocheteur, ni borgne, ni philosophe, a connu cet effet de l'obscurité. Aussi ne voit-on que les poëtes chagrins et les amants espagnols chanter les ressources de la nuit. Notre Mesrour n'y entendait point tant de finesse, et croyant seulement qu'il était glorieux d'imiter une grande princesse, il se coucha aussi sur la terre déjà humide de rosée ; mais par un certain respect, dont un crocheteur même ne

laissa voir à Mesrour lui ôta le peu de raison que la vue du visage de la princesse avait pu lui laisser. Il oublia qu'il était crocheteur, qu'il était borgne, et il ne songea plus à la distance que la fortune avait mise entre Mélinade et lui ; à peine se souvint-il qu'il était amant, car il manqua à la délicatesse qu'on dit inséparable d'un véritable amour, et qui en fait quelquefois le charme, et, plus souvent, l'ennui ; il se servit des droits que son état de crocheteur lui donnait à la brutalité, il fut brutal et heureux. La princesse alors était sans doute évanouie, ou bien elle gémissait sur son sort ; mais, comme elle était juste, elle bénissait sûrement le destin de ce que toute infortune porte avec elle sa consolation.

La nuit avait étendu ses voiles sur l'horizon, et elle cachait de son ombre le véritable bonheur de Mesrour, et les prétendus malheurs de Mélinade; Mesrour goûtait les plaisirs des parfaits amants, et il les goûtait en crocheteur, c'est-à-dire (à la honte de l'humanité) de la manière la plus parfaite; les faiblesses de Mélinade lui reprenaient à chaque instant, et à chaque instant son amant reprenait des forces. Puissant Mahomet! dit-il une fois en homme transporté, mais en mauvais catholique, il ne manque à ma félicité que d'être sentie par celle qui la cause; pendant que je suis dans ton paradis, divin prophète, accorde-moi encore une fa-

peut se défendre, il s'éloigna de quelques pas du canapé pierreux qu'avait choisi la belle fatiguée.

« Cependant les génies, amis des hommes, travaillaient au bonheur de notre borgne, ainsi qu'à celui de Mélinade. Cette belle se trouva transportée dans un lieu enchanté avec un jeune homme d'une taille noble, dont le visage ressemblait à l'astre, etc. » B.

veur, c'est d'être aux yeux de Mélinade ce qu'elle serait à mon œil, s'il fesait jour; il finit de prier, et continua de jouir. L'aurore, toujours trop diligente pour les amants, surprit Mesrour et Mélinade dans l'attitude où elle aurait pu être surprise elle-même un moment auparavant avec Tithon : mais quel fut l'étonnement de Mélinade, quand, ouvrant les yeux aux premiers rayons du jour, elle se vit dans un lieu enchanté avec un jeune homme d'une taille noble, dont le visage ressemblait à l'astre dont la terre attendait le retour! Il avait des joues de rose, des lèvres de corail; ses grands yeux tendres et vifs tout à-la-fois exprimaient et inspiraient la volupté[1]; son carquois d'or, orné de pierreries, était suspendu à ses épaules, et le plaisir fesait seul sonner ses flèches; sa longue chevelure, retenue par une attache de diamants, flottait librement sur ses reins, et une étoffe transparente, brodée de perles, lui servait d'habillement, et ne

[1] « Exprimaient et inspiraient le sentiment le plus doux. Son carquois d'or était suspendu à ses épaules, et ses flèches paraissaient autant de traits vainqueurs. Sa longue chevelure, retenue par une attache de diamants, flottait au gré des zéphyrs, et une étoffe transparente, brodée de perles, lui servait d'habillement.

« Où suis-je, et qui êtes-vous? s'écria Mélinade dans l'excès de sa surprise. Vous êtes, répondit le beau jeune homme, avec le misérable qui a eu le bonheur de vous sauver la vie, et qui n'a eu pour récompense que le plaisir de coucher sur la terre humide auprès de vous, tandis que vous dormiez sans vous embarrasser de son sort.

« Mélinade, de plus en plus étonnée, fut pourtant bien aise de la métamorphose du borgne, et sa reconnaissance la fit remercier les dieux des dons qu'ils avaient faits à Mesrour. La princesse avançait toujours pour voir quelle serait la fin de cet enchantement, et de temps en temps jetait un coup d'œil à la dérobée sur son conducteur, qui, n'étant plus borgne, voyait des deux yeux les tendres regards de Mélinade.

« Ils approchent tous deux d'un palais brillant; la princesse y *lit*, etc. » B.

cachait rien de la beauté de son corps. Où suis-je, et qui êtes-vous ? s'écria Mélinade dans l'excès de sa surprise. Vous êtes, répondit-il, avec le misérable qui a eu le bonheur de vous sauver la vie, et qui s'est si bien payé de ses peines. Mélinade, aussi aise qu'étonnée, regretta que la métamorphose de Mesrour n'eût pas commencé plus tôt. Elle s'approche d'un palais brillant qui frappait sa vue, et lit cette inscription sur la porte : Éloignez-vous, profanes; ces portes ne s'ouvriront que pour le maître de l'anneau. Mesrour [1] s'approche à son tour pour lire la même inscription; mais il vit d'autres caractères, et lut ces mots : Frappe sans crainte. Il frappa, et aussitôt les portes s'ouvrirent d'elles-mêmes avec un grand bruit. Les deux amants [2] entrèrent, au son de mille voix et de mille instruments, dans un vestibule de marbre de Paros ; de là ils passèrent dans une salle superbe, où un festin délicieux les attendait depuis [3] douze cent cinquante ans, sans qu'aucun des plats fût encore refroidi [4] : ils se mirent à table, et furent servis chacun par mille esclaves de la plus grande beauté; le repas fut entremêlé de concerts et de danses ; et, quand il fut fini, tous les génies vinrent dans le plus grand ordre, partagés en différentes troupes, avec des habits aussi magnifiques que singuliers, prêter serment de fidé-

[1] « Mesrour lit à son tour ; mais il y voit d'autres caractères : « Frappe « sans crainte, » disait l'inscription. Il frappa, etc. » 1774. B.

[2] « Les deux enchantés. » 1774. B.

[3] « Depuis des siècles, sans, etc. » 1774. B.

[4] « Les génies ont toujours cette sage précaution dans leurs apprêts. Mesrour et Mélinade se mirent à table, et furent servis par mille esclaves, etc. » 1774. B.

lité au maître de l'anneau[1], et baiser le doigt sacré auquel il le portait.

Cependant il y avait à Bagdad un musulman fort dévot qui, ne pouvant aller se laver dans la mosquée, fesait venir l'eau de la mosquée chez lui, moyennant une légère rétribution qu'il payait au prêtre. Il venait de faire la cinquième ablution, pour se disposer à la cinquième prière; et sa servante, jeune étourdie très peu dévote, se débarrassa de l'eau sacrée en la jetant par la fenêtre. Elle tomba sur un malheureux endormi profondément au coin d'une borne qui lui servait de chevet. Il fut inondé, et s'éveilla. C'était le pauvre Mesrour, qui, revenant de son séjour enchanté, avait perdu dans son voyage l'anneau de Salomon. Il avait quitté ses superbes vêtements, et repris son sarrau; son beau carquois d'or était changé en crochets de bois, et il avait[2], pour comble de malheur, laissé un de ses yeux en chemin. Il se ressouvint alors qu'il avait bu la veille une grande quantité d'eau-de-vie qui avait assoupi ses sens et échauffé son imagination. Il avait jusque-là aimé cette liqueur par goût : il commença à l'aimer par reconnaissance, et il retourna avec gaieté

[1] « Au maître de l'anneau. »

« Dans ce même temps, une servante de Bagdad jette une cuvette par la fenêtre ; un malheureux, profondément endormi au coin d'une borne qui lui servait de chevet, fut inondé, et s'éveilla. C'était, etc. » 1774. B.

[2] « Et il avait perdu, pour comble de malheur, un de ses yeux en chemin. Il se ressouvint alors de la quantité de liqueur qu'il avait bue la veille : elle avait assoupi ses sens et échauffé son imagination, au point qu'il avait cru s'être éveillé, avoir trouvé un anneau, et jouir de tout le bonheur dont il conservait le souvenir.

« Il avait jusque-là aimé l'eau-de-vie par goût; il commença à l'aimer, etc. » 1774. B.

à son travail; bien résolu d'en employer le salaire à acheter les moyens de retrouver[1] sa chère Mélinade. Un autre se serait désolé d'être un vilain borgne, après avoir eu deux beaux yeux; d'éprouver les refus[2] des balayeuses du palais, après avoir joui des faveurs d'une princesse plus belle que les maîtresses du calife, et d'être au service de tous les bourgeois de Bagdad, après avoir régné sur tous les génies; mais Mesrour n'avait point l'œil qui voit le mauvais côté des choses[3].

[1] « Revoir. » 1774. B.

[2] « Les rebuts des poissardes, après avoir été regardé favorablement par une grande princesse, et d'être au service, etc. » 1774. B.

[3] L'édition de 1774 est terminée par cette phrase : « Combien de gens se- « raient heureux, s'ils oubliaient aussi facilement les songes agréables que « la fortune leur a fait faire! » B.

FIN DU CROCHETEUR BORGNE.

COSI-SANCTA;

UN PETIT MAL POUR UN GRAND BIEN.

NOUVELLE AFRICAINE.

1746 [1].

[1] Voyez ma préface en tête de ce volume. B.

COSI-SANCTA.

C'est une maxime faussement établie qu'il n'est pas permis de faire un petit mal dont un plus grand bien pourrait résulter. Saint Augustin a été entièrement de cet avis, comme il est aisé de le voir dans le récit de cette petite aventure arrivée dans son diocèse, sous le proconsulat de Septimus Acindynus, et rapportée dans le livre de la *Cité de Dieu*[a].

Il y avait à Hippone un vieux curé, grand inventeur de confréries, confesseur de toutes les jeunes filles du quartier, et qui passait pour un homme inspiré de Dieu, parcequ'il se mêlait de dire la bonne aventure, métier dont il se tirait assez passablement.

On lui amena un jour une jeune fille nommée Cosi-Sancta : c'était la plus belle personne de la province. Elle avait un père et une mère jansénistes qui l'avaient élevée dans les principes de la vertu la plus rigide; et de tous les amants qu'elle avait eus, aucun n'avait pu seulement lui causer, dans ses oraisons, un moment de distraction. Elle était accordée depuis quelques jours à un petit vieillard ratatiné, nommé Capito, conseiller au présidial d'Hippone. C'était un petit homme bourru et chagrin, qui ne manquait pas d'esprit, mais qui était pincé dans la conversation, ricaneur, et assez mauvais plaisant; jaloux d'ailleurs comme un Vénitien, et qui pour rien au monde ne se serait accommodé d'être l'ami des galants de sa femme. La jeune

[a] Voyez Bayle, article ACINDYNUS.

créature fesait tout ce qu'elle pouvait pour l'aimer, parcequ'il devait être son mari; elle y allait de la meilleure foi du monde, et cependant n'y réussissait guère.

Elle alla consulter son curé, pour savoir si son mariage serait heureux. Le bon-homme lui dit d'un ton de prophète : « Ma fille, ta vertu causera bien des mal-« heurs, mais tu seras un jour canonisée pour avoir « fait trois infidélités à ton mari. »

Cet oracle étonna et embarrassa cruellement l'innocence de cette belle fille. Elle pleura : elle en demanda l'explication, croyant que ces paroles cachaient quelque sens mystique; mais toute l'explication qu'on lui donna fut que les trois fois ne devaient point s'entendre de trois rendez-vous avec le même amant, mais de trois aventures différentes.

Alors Cosi-Sancta jeta les hauts cris; elle dit même quelques injures au curé, et jura qu'elle ne serait jamais canonisée. Elle le fut pourtant, comme vous l'allez voir.

Elle se maria bientôt après : la noce fut très galante; elle soutint assez bien tous les mauvais discours qu'elle eut à essuyer, toutes les équivoques fades, toutes les grossièretés assez mal enveloppées dont on embarrasse ordinairement la pudeur des jeunes mariées[1]. Elle dansa de fort bonne grace avec quelques jeunes gens fort bien faits et très jolis, à qui son mari trouvait le plus mauvais air du monde.

Elle se mit au lit auprès du petit Capito, avec un

[1] C'était encore l'usage dans la jeunesse de M. de Voltaire, même dans la bonne compagnie; mais ce ton n'est plus à la mode, parceque, suivant la remarque de J.-J. Rousseau et de plusieurs auteurs graves, nous avons dégénéré de la pureté de nos anciennes mœurs. K.

peu de répugnance. Elle passa une fort bonne partie de la nuit à dormir, et se réveilla toute rêveuse. Son mari était pourtant moins le sujet de sa rêverie qu'un jeune homme nommé Ribaldos, qui lui avait donné dans la tête sans qu'elle en sût rien. Ce jeune homme semblait formé par les mains de l'Amour; il en avait les graces, la hardiesse, et la friponnerie; il était un peu indiscret, mais il ne l'était qu'avec celles qui le voulaient bien : c'était la coqueluche d'Hippone. Il avait brouillé toutes les femmes de la ville les unes contre les autres, et il l'était avec tous les maris et toutes les mères. Il aimait d'ordinaire par étourderie, un peu par vanité; mais il aima Cosi-Sancta par goût, et l'aima d'autant plus éperdument que la conquête en était plus difficile.

Il s'attacha d'abord, en homme d'esprit, à plaire au mari. Il lui fesait mille avances, le louait sur sa bonne mine, et sur son esprit aisé et galant. Il perdait contre lui de l'argent au jeu, et avait tous les jours quelque confidence de rien à lui faire. Cosi-Sancta le trouvait le plus aimable du monde; elle l'aimait déjà plus qu'elle ne croyait; elle ne s'en doutait point, mais son mari s'en douta pour elle. Quoiqu'il eût tout l'amour-propre qu'un petit homme peut avoir, il ne laissa pas de se douter que les visites de Ribaldos n'étaient pas pour lui seul. Il rompit avec lui sur quelque mauvais prétexte, et lui défendit sa maison.

Cosi-Sancta en fut très fâchée, et n'osa le dire; et Ribaldos, devenu plus amoureux par les difficultés, passa tout son temps à épier les moments de la voir. Il se déguisa en moine, en revendeuse à la toilette, en

joueur de marionnettes; mais il n'en fit point assez pour triompher de sa maîtresse, et il en fit trop pour n'être pas reconnu par le mari. Si Cosi-Sancta avait été d'accord avec son amant, ils auraient si bien pris leurs mesures que le mari n'aurait rien pu soupçonner; mais, comme elle combattait son goût, et qu'elle n'avait rien à se reprocher, elle sauvait tout, hors les apparences; et son mari la croyait très coupable.

Le petit bon-homme, qui était très colère, et qui s'imaginait que son honneur dépendait de la fidélité de sa femme, l'outragea cruellement, et la punit de ce qu'on la trouvait belle. Elle se trouva dans la plus horrible situation où une femme puisse être : accusée injustement, et maltraitée par un mari à qui elle était fidèle, et déchirée par une passion violente qu'elle cherchait à surmonter.

Elle crut que, si son amant cessait ses poursuites, son mari pourrait cesser ses injustices, et qu'elle serait assez heureuse pour se guérir d'un amour que rien ne nourrirait plus. Dans cette vue, elle se hasarda d'écrire cette lettre à Ribaldos:

« Si vous avez de la vertu, cessez de me rendre mal« heureuse : vous m'aimez, et votre amour m'expose « aux soupçons et aux violences d'un maître que je me « suis donné pour le reste de ma vie. Plût au ciel que « ce fût encore le seul risque que j'eusse à courir! Par « pitié pour moi, cessez vos poursuites; je vous en con« jure par cet amour même qui fait votre malheur et le « mien, et qui ne peut jamais vous rendre heureux. »

La pauvre Cosi-Sancta n'avait pas prévu qu'une lettre si tendre, quoique si vertueuse, ferait un effet

tout contraire à celui qu'elle espérait. Elle enflamma plus que jamais le cœur de son amant, qui résolut d'exposer sa vie pour voir sa maîtresse.

Capito, qui était assez sot pour vouloir être averti de tout, et qui avait de bons espions, fut averti que Ribaldos s'était déguisé en frère carme quêteur pour demander la charité à sa femme. Il se crut perdu : il imagina que l'habit d'un carme était bien plus dangereux qu'un autre pour l'honneur d'un mari. Il aposta des gens pour étriller frère Ribaldos : il ne fut que trop bien servi. Le jeune homme, en entrant dans la maison, est reçu par ces messieurs ; il a beau crier qu'il est un très honnête carme, et qu'on ne traite point ainsi de pauvres religieux, il fut assommé, et mourut, à quinze jours de là, d'un coup qu'il avait reçu sur la tête. Toutes les femmes de la ville le pleurèrent. Cosi-Sancta en fut inconsolable ; Capito même en fut fâché, mais par une autre raison, car il se trouvait une très méchante affaire sur les bras.

Ribaldos était parent du proconsul Acindynus. Ce Romain voulut faire une punition exemplaire de cet assassinat ; et, comme il avait eu quelques querelles autrefois avec le présidial d'Hippone, il ne fut pas fâché d'avoir de quoi faire pendre un conseiller ; et il fut fort aise que le sort tombât sur Capito, qui était bien le plus vain et le plus insupportable petit robin du pays.

Cosi-Sancta avait donc vu assassiner son amant, et était près de voir pendre son mari ; et tout cela pour avoir été vertueuse ; car, comme je l'ai déjà dit, si elle avait donné ses faveurs à Ribaldos, le mari en eût été bien mieux trompé.

Voilà comme la moitié de la prédiction du curé fut accomplie. Cosi-Sancta se ressouvint alors de l'oracle, elle craignit fort d'en accomplir le reste; mais, ayant bien fait réflexion qu'on ne peut vaincre sa destinée, elle s'abandonna à la Providence, qui la mena au but par les chemins du monde les plus honnêtes.

Le proconsul Acindynus était un homme plus débauché que voluptueux, s'amusant très peu aux préliminaires, brutal, familier, vrai héros de garnison, très craint dans la province, et avec qui toutes les femmes d'Hippone avaient eu affaire uniquement pour ne se pas brouiller avec lui.

Il fit venir chez lui madame Cosi-Sancta : elle arriva en pleurs; mais elle n'en avait que plus de charmes. Votre mari, madame, lui dit-il, va être pendu, et il ne tient qu'à vous de le sauver. Je donnerais ma vie pour la sienne, lui dit la dame. Ce n'est pas cela qu'on vous demande, répliqua le proconsul. Et que faut-il donc faire? dit-elle. Je ne veux qu'une de vos nuits, reprit le proconsul. Elles ne m'appartiennent pas, dit Cosi-Sancta : c'est un bien qui est à mon mari. Je donnerai mon sang pour le sauver, mais je ne puis donner mon honneur. Mais si votre mari y consent? dit le proconsul. Il est le maître, répondit la dame : chacun fait de son bien ce qu'il veut. Mais je connais mon mari, il n'en fera rien; c'est un petit homme têtu, tout propre à se laisser pendre plutôt que de permettre qu'on me touche du bout du doigt. Nous allons voir cela, dit le juge en colère.

Sur-le-champ il fait venir devant lui le criminel; il lui propose ou d'être pendu, ou d'être cocu : il n'y

avait point à balancer. Le petit bon-homme se fit pourtant tirer l'oreille. Il fit enfin ce que tout autre aurait fait à sa place. Sa femme, par charité, lui sauva la vie; et ce fut la première des trois fois.

Le même jour son fils tomba malade d'une maladie fort extraordinaire, inconnue à tous les médecins d'Hippone. Il n'y en avait qu'un qui eût des secrets pour cette maladie; encore demeurait-il à Aquila, à quelques lieues d'Hippone. Il était défendu alors à un médecin établi dans une ville d'en sortir pour aller exercer sa profession dans une autre. Cosi-Sancta fut obligée elle-même d'aller à sa porte à Aquila, avec un frère qu'elle avait, et qu'elle aimait tendrement. Dans les chemins elle fut arrêtée par des brigands. Le chef de ces messieurs la trouva très jolie; et, comme on était prêt de tuer son frère, il s'approcha d'elle, et lui dit que, si elle voulait avoir un peu de complaisance, on ne tuerait point son frère, et qu'il ne lui en coûterait rien. La chose était pressante : elle venait de sauver la vie à son mari qu'elle n'aimait guère; elle allait perdre un frère qu'elle aimait beaucoup; d'ailleurs le danger de son fils l'alarmait; il n'y avait pas de moment à perdre. Elle se recommanda à Dieu, fit tout ce qu'on voulut; et ce fut la seconde des trois fois.

Elle arriva le même jour à Aquila, et descendit chez le médecin. C'était un de ces médecins à la mode que les femmes envoient chercher quand elles ont des vapeurs, ou quand elles n'ont rien du tout. Il était le confident des unes, l'amant des autres; homme poli, complaisant, un peu brouillé d'ailleurs avec la faculté, dont il avait fait de fort bonnes plaisanteries dans l'occasion.

Cosi-Sancta lui exposa la maladie de son fils, et lui offrit un gros sesterce. (Vous remarquerez qu'un gros sesterce fait, en monnaie de France, mille écus et plus.) Ce n'est pas de cette monnaie, madame, que je prétends être payé, lui dit le galant médecin. Je vous offrirais moi-même tout mon bien, si vous étiez dans le goût de vous faire payer des cures que vous pouvez faire : guérissez-moi seulement du mal que vous me faites, et je rendrai la santé à votre fils.

La proposition parut extravagante à la dame ; mais le destin l'avait accoutumée aux choses bizarres. Le médecin était un opiniâtre qui ne voulait point d'autre prix de son remède. Cosi-Sancta n'avait point de mari à consulter ; et le moyen de laisser mourir un fils qu'elle adorait, faute du plus petit secours du monde qu'elle pouvait lui donner ! Elle était aussi bonne mère que bonne sœur. Elle acheta le remède au prix qu'on voulut ; et ce fut la dernière des trois fois.

Elle revint à Hippone avec son frère, qui ne cessait de la remercier, durant le chemin, du courage avec lequel elle lui avait sauvé la vie.

Ainsi Cosi-Sancta, pour avoir été trop sage, fit périr son amant et condamner à mort son mari, et, pour avoir été complaisante, conserva les jours de son frère, de son fils, et de son mari. On trouva qu'une pareille femme était fort nécessaire dans une famille ; on la canonisa après sa mort, pour avoir fait tant de bien à ses parents en se mortifiant, et l'on grava sur son tombeau :

UN PETIT MAL POUR UN GRAND BIEN.

FIN DE L'HISTOIRE DE COSI-SANCTA.

ZADIG,

ou

LA DESTINÉE,

HISTOIRE ORIENTALE.

1747[1].

[1] Voyez ma préface en tête de ce volume. B.

APPROBATION[1].

Je soussigné, qui me suis fait passer pour savant, et même pour homme d'esprit, ai lu ce manuscrit, que j'ai trouvé, malgré moi, curieux, amusant, moral, philosophique, digne de plaire à ceux mêmes qui haïssent les romans. Ainsi je l'ai décrié, et j'ai assuré monsieur le cadi-lesquier que c'est un ouvrage détestable.

[1] Cette plaisanterie était dans l'édition de *Zadig* de 1748. Elle existait encore dans l'édition in-4° (tome XVII, publié en 1771). Mais ayant été omise dans l'édition encadrée de 1775, elle ne fut pas reproduite dans les éditions de Kehl. La première des éditions modernes où on la trouve est celle de M. Lequien, 1823. B.

ÉPITRE DÉDICATOIRE
DE ZADIG
A LA SULTANE SHERAA,
PAR SADI.

Le 10 du mois de schewal, l'an 837 de l'hégire.

Charme des prunelles, tourment des cœurs, lumière de l'esprit, je ne baise point la poussière de vos pieds, parceque vous ne marchez guère, ou que vous marchez sur des tapis d'Iran ou sur des roses. Je vous offre la traduction d'un livre d'un ancien sage qui, ayant le bonheur de n'avoir rien à faire, eut celui de s'amuser à écrire l'histoire de Zadig, ouvrage qui dit plus qu'il ne semble dire. Je vous prie de le lire et d'en juger; car, quoique vous soyez dans le printemps de votre vie, quoique tous les plaisirs vous cherchent, quoique vous soyez belle, et que vos talents ajoutent à votre beauté; quoiqu'on vous loue du soir au matin, et que par toutes ces raisons vous soyez en droit de n'avoir pas le sens commun, cependant vous avez l'esprit très sage et le goût très fin, et je vous ai entendue raisonner mieux que de vieux derviches à longue barbe et à bonnet pointu. Vous êtes discrète et vous n'êtes point défiante; vous êtes douce sans être faible; vous êtes bienfesante avec discernement; vous aimez vos amis, et vous ne vous faites point d'ennemis. Votre esprit

n'emprunte jamais ses agréments des traits de la médisance; vous ne dites de mal ni n'en faites, malgré la prodigieuse facilité que vous y auriez. Enfin votre ame m'a toujours paru pure comme votre beauté. Vous avez même un petit fonds de philosophie qui m'a fait croire que vous prendriez plus de goût qu'une autre à cet ouvrage d'un sage.

Il fut écrit d'abord en ancien chaldéen, que ni vous ni moi n'entendons. On le traduisit en arabe, pour amuser le célèbre sultan Ouloug-beb. C'était du temps où les Arabes et les Persans commençaient à écrire des *Mille et une nuits*, des *Mille et un jours*, etc. Ouloug aimait mieux la lecture de *Zadig;* mais les sultanes aimaient mieux les *Mille et un*. Comment pouvez-vous préférer, leur disait le sage Ouloug, des contes qui sont sans raison, et qui ne signifient rien? C'est précisément pour cela que nous les aimons, répondaient les sultanes.

Je me flatte que vous ne leur ressemblerez pas, et que vous serez un vrai Ouloug. J'espère même que, quand vous serez lasse des conversations générales, qui ressemblent assez aux *Mille et un*, à cela près qu'elles sont moins amusantes, je pourrai trouver une minute pour avoir l'honneur de vous parler raison. Si vous aviez été Thalestris du temps de Scander, fils de Philippe; si vous aviez été la reine de Sabée du temps de Soleiman, c'eussent été ces rois qui auraient fait le voyage.

Je prie les vertus célestes que vos plaisirs soient sans mélange, votre beauté durable, et votre bonheur sans fin.

<div style="text-align: right;">SADI.</div>

ZADIG,

ou

LA DESTINÉE.

CHAPITRE I.

Le borgne.

Du temps du roi Moabdar il y avait à Babylone un jeune homme nommé Zadig, né avec un beau naturel fortifié par l'éducation. Quoique riche et jeune, il savait modérer ses passions ; il n'affectait rien ; il ne voulait point toujours avoir raison, et savait respecter la faiblesse des hommes. On était étonné de voir qu'avec beaucoup d'esprit il n'insultât jamais par des railleries à ces propos si vagues, si rompus, si tumultueux, à ces médisances téméraires, à ces décisions ignorantes, à ces turlupinades grossières, à ce vain bruit de paroles, qu'on appelait *conversation* dans Babylone. Il avait appris, dans le premier livre de Zoroastre, que l'amour-propre est un ballon gonflé de vent, dont il sort des tempêtes quand on lui a fait une piqûre. Zadig surtout ne se vantait pas de mépriser les femmes et de les subjuguer. Il était généreux ; il ne craignait point d'obliger des ingrats, suivant ce grand précepte de Zoroastre, *Quand tu*

manges, donne à manger aux chiens, dussent-ils te mordre. Il était aussi sage qu'on peut l'être; car il cherchait à vivre avec des sages. Instruit dans les sciences des anciens Chaldéens, il n'ignorait pas les principes physiques de la nature, tels qu'on les connaissait alors, et savait de la métaphysique ce qu'on en a su dans tous les âges, c'est-à-dire fort peu de chose. Il était fermement persuadé que l'année était de trois cent soixante et cinq jours et un quart, malgré la nouvelle philosophie de son temps, et que le soleil était au centre du monde; et quand les principaux mages lui disaient, avec une hauteur insultante, qu'il avait de mauvais sentiments, et que c'était être ennemi de l'état que de croire que le soleil tournait sur lui-même, et que l'année avait douze mois, il se taisait sans colère et sans dédain.

Zadig, avec de grandes richesses, et par conséquent avec des amis, ayant de la santé, une figure aimable, un esprit juste et modéré, un cœur sincère et noble, crut qu'il pouvait être heureux. Il devait se marier à Sémire, que sa beauté, sa naissance, et sa fortune, rendaient le premier parti de Babylone. Il avait pour elle un attachement solide et vertueux, et Sémire l'aimait avec passion. Ils touchaient au moment fortuné qui allait les unir, lorsque, se promenant ensemble vers une porte de Babylone, sous les palmiers qui ornaient le rivage de l'Euphrate, ils virent venir à eux des hommes armés de sabres et de flèches. C'étaient les satellites du jeune Orcan, neveu d'un ministre, à qui les courtisans de son oncle avaient fait accroire que tout lui était permis. Il n'avait au-

CHAPITRE I.

cune des graces ni des vertus de Zadig ; mais, croyant valoir beaucoup mieux, il était désespéré de n'être pas préféré. Cette jalousie, qui ne venait que de sa vanité, lui fit penser qu'il aimait éperdument Sémire. Il voulait l'enlever. Les ravisseurs la saisirent, et dans les emportements de leur violence ils la blessèrent, et firent couler le sang d'une personne dont la vue aurait attendri les tigres du mont Imaüs. Elle perçait le ciel de ses plaintes. Elle s'écriait, Mon cher époux! on m'arrache à ce que j'adore. Elle n'était point occupée de son danger; elle ne pensait qu'à son cher Zadig. Celui-ci, dans le même temps, la défendait avec toute la force que donnent la valeur et l'amour. Aidé seulement de deux esclaves, il mit les ravisseurs en fuite, et ramena chez elle Sémire évanouie et sanglante, qui en ouvrant les yeux vit son libérateur. Elle lui dit : O Zadig! je vous aimais comme mon époux, je vous aime comme celui à qui je dois l'honneur et la vie. Jamais il n'y eut un cœur plus pénétré que celui de Sémire; jamais bouche plus ravissante n'exprima des sentiments plus touchants par ces paroles de feu qu'inspirent le sentiment du plus grand des bienfaits et le transport le plus tendre de l'amour le plus légitime. Sa blessure était légère; elle guérit bientôt. Zadig était blessé plus dangereusement; un coup de flèche reçu près de l'œil lui avait fait une plaie profonde. Sémire ne demandait aux dieux que la guérison de son amant. Ses yeux étaient nuit et jour baignés de larmes : elle attendait le moment où ceux de Zadig pourraient jouir de ses regards; mais un abcès survenu à l'œil blessé fit tout craindre. On envoya

jusqu'à Memphis chercher le grand médecin Hermès, qui vint avec un nombreux cortége. Il visita le malade, et déclara qu'il perdrait l'œil; il prédit même le jour et l'heure où ce funeste accident devait arriver. Si c'eût été l'œil droit, dit-il, je l'aurais guéri ; mais les plaies de l'œil gauche sont incurables. Tout Babylone, en plaignant la destinée de Zadig, admira la profondeur de la science d'Hermès. Deux jours après l'abcès perça de lui-même; Zadig fut guéri parfaitement. Hermès écrivit un livre où il lui prouva qu'il n'avait pas dû guérir. Zadig ne le lut point; mais, dès qu'il put sortir, il se prépara à rendre visite à celle qui fesait l'espérance du bonheur de sa vie, et pour qui seule il voulait avoir des yeux. Sémire était à la campagne depuis trois jours. Il apprit en chemin que cette belle dame, ayant déclaré hautement qu'elle avait une aversion insurmontable pour les borgnes, venait de se marier à Orcan la nuit même. A cette nouvelle il tomba sans connaissance; sa douleur le mit au bord du tombeau; il fut long-temps malade, mais enfin la raison l'emporta sur son affliction; et l'atrocité de ce qu'il éprouvait servit même à le consoler.

Puisque j'ai essuyé, dit-il, un si cruel caprice d'une fille élevée à la cour, il faut que j'épouse une citoyenne. Il choisit Azora, la plus sage et la mieux née de la ville; il l'épousa, et vécut un mois avec elle dans les douceurs de l'union la plus tendre. Seulement il remarquait en elle un peu de légèreté, et beaucoup de penchant à trouver toujours que les jeunes gens les mieux faits étaient ceux qui avaient le plus d'esprit et de vertu.

CHAPITRE II[1].

Le nez.

Un jour Azora revint d'une promenade, tout en colère, et fesant de grandes exclamations. Qu'avez-vous, lui dit-il, ma chère épouse? qui vous peut mettre ainsi hors de vous-même? Hélas! dit-elle, vous seriez indigné comme moi, si vous aviez vu le spectacle dont je viens d'être témoin. J'ai été consoler la jeune veuve Cosrou, qui vient d'élever, depuis deux jours, un tombeau à son jeune époux auprès du ruisseau qui borde cette prairie. Elle a promis aux dieux, dans sa douleur, de demeurer auprès de ce tombeau tant que l'eau de ce ruisseau coulerait auprès. Eh bien! dit Zadig, voilà une femme estimable qui aimait véritablement son mari! Ah! reprit Azora, si vous saviez à quoi elle s'occupait quand je lui ai rendu visite! A quoi donc, belle Azora? Elle fesait détourner le ruisseau. Azora se répandit en des invectives si longues, éclata en reproches si violents contre la jeune veuve, que ce faste de vertu ne plut pas à Zadig.

Il avait un ami, nommé Cador, qui était un de ces jeunes gens à qui sa femme trouvait plus de probité et de mérite qu'aux autres : il le mit dans sa confidence,

[1] Ce chapitre est imité d'un conte chinois, que Durand a réimprimé, en 1803, sous le titre de, *La Matrone chinoise,* à la suite de sa traduction de la *Satire de Pétrone*, et que Du Halde avait déjà imprimé dans le tome III de sa *Description de la Chine.* B.

et s'assura, autant qu'il le pouvait, de sa fidélité par un présent considérable. Azora ayant passé deux jours chez une de ses amies à la campagne, revint le troisième jour à la maison. Des domestiques en pleurs lui annoncèrent que son mari était mort subitement, la nuit même, qu'on n'avait pas osé lui porter cette funeste nouvelle, et qu'on venait d'ensevelir Zadig dans le tombeau de ses pères, au bout du jardin. Elle pleura, s'arracha les cheveux, et jura de mourir. Le soir, Cador lui demanda la permission de lui parler, et ils pleurèrent tous deux. Le lendemain ils pleurèrent moins, et dînèrent ensemble. Cador lui confia que son ami lui avait laissé la plus grande partie de son bien, et lui fit entendre qu'il mettrait son bonheur à partager sa fortune avec elle. La dame pleura, se fâcha, s'adoucit; le souper fut plus long que le dîner; on se parla avec plus de confiance. Azora fit l'éloge du défunt; mais elle avoua qu'il avait des défauts dont Cador était exempt.

Au milieu du souper, Cador se plaignit d'un mal de rate violent; la dame, inquiète et empressée, fit apporter toutes les essences dont elle se parfumait, pour essayer s'il n'y en avait pas quelqu'une qui fût bonne pour le mal de rate; elle regretta beaucoup que le grand Hermès ne fût pas encore à Babylone; elle daigna même toucher le côté où Cador sentait de si vives douleurs. Êtes-vous sujet à cette cruelle maladie? lui dit-elle avec compassion. Elle me met quelquefois au bord du tombeau, lui répondit Cador, et il n'y a qu'un seul remède qui puisse me soulager : c'est de m'appliquer sur le côté le nez d'un homme qui soit mort la veille. Voilà un étrange remède, dit Azora. Pas plus étrange,

répondit-il, que les sachets du sieur Arnoult[a] contre l'apoplexie. Cette raison, jointe à l'extrême mérite du jeune homme, détermina enfin la dame. Après tout, dit-elle, quand mon mari passera du monde d'hier dans le monde du lendemain sur le pont Tchinavar, l'ange Asraël lui accordera-t-il moins le passage parceque son nez sera un peu moins long dans la seconde vie que dans la première? Elle prit donc un rasoir; elle alla au tombeau de son époux, l'arrosa de ses larmes, et s'approcha pour couper le nez à Zadig, qu'elle trouva tout étendu dans la tombe. Zadig se relève en tenant son nez d'une main, et arrêtant le rasoir de l'autre. Madame, lui dit-il, ne criez plus tant contre la jeune Cosrou; le projet de me couper le nez vaut bien celui de détourner un ruisseau.

CHAPITRE III.

Le chien et le cheval.

Zadig éprouva que le premier mois du mariage, comme il est écrit dans le livre du Zend, est la lune du miel, et que le second est la lune de l'absinthe. Il fut quelque temps après obligé de répudier Azora, qui était devenue trop difficile à vivre, et il chercha son

[a] Il y avait dans ce temps un Babylonien, nommé Arnoult, qui guérissait et prévenait toutes les apoplexies, dans les gazettes, avec un sachet pendu au cou. — Cette note est de 1748; on y lit, ainsi que dans le texte, *Arnou*. Mais l'édition de 1747, sous le titre de *Memnon*, dont j'ai parlé dans ma préface de ce volume, porte *Arnoult*, qui est le véritable nom : voyez tome XXVI, page 186. B.

bonheur dans l'étude de la nature. Rien n'est plus heureux, disait-il, qu'un philosophe qui lit dans ce grand livre que Dieu a mis sous nos yeux. Les vérités qu'il découvre sont à lui : il nourrit et il élève son ame, il vit tranquille ; il ne craint rien des hommes, et sa tendre épouse ne vient point lui couper le nez.

Plein de ces idées, il se retira dans une maison de campagne sur les bords de l'Euphrate. Là il ne s'occupait pas à calculer combien de pouces d'eau coulaient en une seconde sous les arches d'un pont, ou s'il tombait une ligne cube de pluie dans le mois de la souris plus que dans le mois du mouton. Il n'imaginait point de faire de la soie avec des toiles d'araignée, ni de la porcelaine avec des bouteilles cassées; mais il étudia surtout les propriétés des animaux et des plantes, et il acquit bientôt une sagacité qui lui découvrait mille différences où les autres hommes ne voient rien que d'uniforme.

[1] Un jour, se promenant auprès d'un petit bois, il vit accourir à lui un eunuque de la reine, suivi de plusieurs officiers qui paraissaient dans la plus grande inquiétude, et qui couraient çà et là comme des hommes égarés qui cherchent ce qu'ils ont perdu de plus précieux. Jeune homme, lui dit le premier eunuque, n'avez-vous point vu le chien de la reine? Zadig répondit modestement, C'est une chienne, et non pas un chien. Vous avez raison, reprit le premier eunuque. C'est

[1] L'*Année littéraire*, 1767, I, 145 et suiv., reproche à Voltaire d'avoir pris l'idée de ce chapitre au chevalier de Mailly, auteur anonyme de *Le Voyage et les Aventures des trois princes de Sarendip*, traduits du persan, 1719 (et non 1716), in-12. B.

une épagneule très petite, ajouta Zadig; elle a fait depuis peu des chiens; elle boite du pied gauche de devant, et elle a les oreilles très longues. Vous l'avez donc vue? dit le premier eunuque tout essoufflé. Non, répondit Zadig, je ne l'ai jamais vue, et je n'ai jamais su si la reine avait une chienne.

Précisément dans le même temps, par une bizarrerie ordinaire de la fortune, le plus beau cheval de l'écurie du roi s'était échappé des mains d'un palefrenier dans les plaines de Babylone. Le grand-veneur et tous les autres officiers couraient après lui avec autant d'inquiétude que le premier eunuque après la chienne. Le grand-veneur s'adressa à Zadig, et lui demanda s'il n'avait point vu passer le cheval du roi. C'est, répondit Zadig, le cheval qui galope le mieux; il a cinq pieds de haut, le sabot fort petit; il porte une queue de trois pieds et demi de long; les bossettes de son mors sont d'or à vingt-trois carats; ses fers sont d'argent à onze deniers. Quel chemin a-t-il pris? où est-il? demanda le grand-veneur. Je ne l'ai point vu, répondit Zadig, et je n'en ai jamais entendu parler.

Le grand-veneur et le premier eunuque ne doutèrent pas que Zadig n'eût volé le cheval du roi et la chienne de la reine; ils le firent conduire devant l'assemblée du grand Desterham, qui le condamna au knout, et à passer le reste de ses jours en Sibérie. A peine le jugement fut-il rendu qu'on retrouva le cheval et la chienne. Les juges furent dans la douloureuse nécessité de réformer leur arrêt; mais ils condamnèrent Zadig à payer quatre cents onces d'or, pour avoir dit qu'il n'avait point vu ce qu'il avait vu. Il fallut d'abord payer

cette amende; après quoi il fut permis à Zadig de plaider sa cause au conseil du grand Desterham ; il parla en ces termes :

« Étoiles de justice, abîmes de science, miroirs de vérité, qui avez la pesanteur du plomb, la dureté du fer, l'éclat du diamant, et beaucoup d'affinité avec l'or, puisqu'il m'est permis de parler devant cette auguste assemblée, je vous jure par Orosmade, que je n'ai jamais vu la chienne respectable de la reine, ni le cheval sacré du roi des rois. Voici ce qui m'est arrivé : Je me promenais vers le petit bois où j'ai rencontré depuis le vénérable eunuque et le très illustre grand-veneur. J'ai vu sur le sable les traces d'un animal, et j'ai jugé aisément que c'étaient celles d'un petit chien. Des sillons légers et longs, imprimés sur de petites éminences de sable entre les traces des pattes, m'ont fait connaître que c'était une chienne dont les mamelles étaient pendantes, et qu'ainsi elle avait fait des petits il y a peu de jours. D'autres traces en un sens différent, qui paraissaient toujours avoir rasé la surface du sable à côté des pattes de devant, m'ont appris qu'elle avait les oreilles très longues; et comme j'ai remarqué que le sable était toujours moins creusé par une patte que par les trois autres, j'ai compris que la chienne de notre auguste reine était un peu boiteuse, si je l'ose dire.

« A l'égard du cheval du roi des rois, vous saurez que, me promenant dans les routes de ce bois, j'ai aperçu les marques des fers d'un cheval ; elles étaient toutes à égales distances. Voilà, ai-je dit, un cheval qui a un galop parfait. La poussière des arbres, dans

une route étroite qui n'a que sept pieds de large, était un peu enlevée à droite et à gauche, à trois pieds et demi du milieu de la route. Ce cheval, ai-je dit, a une queue de trois pieds et demi, qui, par ses mouvements de droite et de gauche, a balayé cette poussière. J'ai vu sous les arbres qui formaient un berceau de cinq pieds de haut, les feuilles des branches nouvellement tombées; et j'ai connu que ce cheval y avait touché, et qu'ainsi il avait cinq pieds de haut. Quant à son mors, il doit être d'or à vingt-trois carats; car il en a frotté les bossettes contre une pierre que j'ai reconnue être une pierre de touche, et dont j'ai fait l'essai. J'ai jugé enfin par les marques que ses fers ont laissées sur des cailloux d'une autre espèce, qu'il était ferré d'argent à onze deniers de fin. »

Tous les juges admirèrent le profond et subtil discernement de Zadig; la nouvelle en vint jusqu'au roi et à la reine. On ne parlait que de Zadig dans les antichambres, dans la chambre, et dans le cabinet; et quoique plusieurs mages opinassent qu'on devait le brûler comme sorcier, le roi ordonna qu'on lui rendît l'amende des quatre cents onces d'or à laquelle il avait été condamné. Le greffier, les huissiers, les procureurs, vinrent chez lui en grand appareil lui rapporter ses quatre cents onces; ils en retinrent seulement trois cent quatre-vingt-dix-huit pour les frais de justice, et leurs valets demandèrent des honoraires.

Zadig vit combien il était dangereux quelquefois d'être trop savant, et se promit bien, à la première occasion, de ne point dire ce qu'il avait vu.

Cette occasion se trouva bientôt. Un prisonnier d'é-

tat s'échappa ; il passa sous les fenêtres de sa maison. On interrogea Zadig, il ne répondit rien ; mais on lui prouva qu'il avait regardé par la fenêtre. Il fut condamné pour ce crime à cinq cents onces d'or, et il remercia ses juges de leur indulgence, selon la coutume de Babylone.

Grand Dieu ! dit-il en lui-même, qu'on est à plaindre quand on se promène dans un bois où la chienne de la reine et le cheval du roi ont passé ! qu'il est dangereux de se mettre à la fenêtre ! et qu'il est difficile d'être heureux dans cette vie !

CHAPITRE IV.

L'envieux.

Zadig voulut se consoler, par la philosophie et par l'amitié, des maux que lui avait faits la fortune. Il avait, dans un faubourg de Babylone, une maison ornée avec goût, où il rassemblait tous les arts et tous les plaisirs dignes d'un honnête homme. Le matin sa bibliothèque était ouverte à tous les savants ; le soir, sa table l'était à la bonne compagnie ; mais il connut bientôt combien les savants sont dangereux ; il s'éleva une grande dispute sur une loi de Zoroastre, qui défendait de manger du griffon. Comment défendre le griffon, disaient les uns, si cet animal n'existe pas ? Il faut bien qu'il existe, disaient les autres, puisque Zoroastre ne veut pas qu'on en mange. Zadig voulut les accorder, en leur disant, S'il y a des griffons, n'en man-

geons point; s'il n'y en a point, nous en mangerons encore moins; et par là nous obéirons tous à Zoroastre.

Un savant qui avait composé treize volumes sur les propriétés du griffon, et qui de plus était grand théurgite, se hâta d'aller accuser Zadig devant un archimage nommé Yébor[1], le plus sot des Chaldéens, et partant le plus fanatique. Cet homme aurait fait empaler Zadig pour la plus grande gloire du soleil, et en aurait récité le bréviaire de Zoroastre d'un ton plus satisfait. L'ami Cador (un ami vaut mieux que cent prêtres) alla trouver le vieux Yébor, et lui dit :

Vivent le soleil et les griffons! gardez-vous bien de punir Zadig : c'est un saint; il a des griffons dans sa basse-cour, et il n'en mange point; et son accusateur est un hérétique qui ose soutenir que les lapins ont le pied fendu, et ne sont point immondes. Eh bien ! dit Yébor en branlant sa tête chauve, il faut empaler Zadig pour avoir mal pensé des griffons, et l'autre pour avoir mal parlé des lapins. Cador apaisa l'affaire par le moyen d'une fille d'honneur à laquelle il avait fait un enfant, et qui avait beaucoup de crédit dans le collége des mages. Personne ne fut empalé; de quoi plusieurs docteurs murmurèrent, et en présagèrent la décadence de Babylone. Zadig s'écria : A quoi tient le

[1] Anagramme de Boyer, théatin, confesseur de dévotes titrées, évêque par leurs intrigues, qui n'avaient pu réussir à le faire supérieur de son couvent; puis précepteur du dauphin, et enfin ministre de la feuille, par le conseil du cardinal de Fleury, qui, comme tous les hommes médiocres, aimait à faire donner les places à des hommes incapables de les remplir, mais aussi incapables de se rendre dangereux. Ce Boyer était un fanatique imbécile qui persécuta M. de Voltaire dans plus d'une occasion. K.

bonheur! tout me persécute dans ce monde, jusqu'aux êtres qui n'existent pas. Il maudit les savants, et ne voulut plus vivre qu'en bonne compagnie.

Il rassemblait chez lui les plus honnêtes gens de Babylone, et les dames les plus aimables; il donnait des soupers délicats, souvent précédés de concerts, et animés par des conversations charmantes dont il avait su bannir l'empressement de montrer de l'esprit, qui est la plus sûre manière de n'en point avoir, et de gâter la société la plus brillante. Ni le choix de ses amis, ni celui des mets, n'étaient faits par la vanité; car en tout il préférait l'être au paraître, et par là il s'attirait la considération véritable à laquelle il ne prétendait pas.

Vis-à-vis sa maison demeurait Arimaze, personnage dont la méchante ame était peinte sur sa grossière physionomie. Il était rongé de fiel et bouffi d'orgueil, et pour comble, c'était un bel esprit ennuyeux. N'ayant jamais pu réussir dans le monde, il se vengeait par en médire[1]. Tout riche qu'il était, il avait de la peine à rassembler chez lui des flatteurs. Le bruit des chars qui entraient le soir chez Zadig l'importunait, le bruit de ses louanges l'irritait davantage. Il allait quelquefois chez Zadig, et se mettait à table sans être prié: il y corrompait toute la joie de la société, comme on dit que les harpies infectent les viandes qu'elles touchent. Il lui arriva un jour de vouloir donner une fête à une dame qui, au lieu de la recevoir, alla souper chez Zadig. Un autre jour, causant avec lui dans le

[1] Imitation d'une phrase de Montaigne, citée p. 119 du tome XXVII. B.

palais, ils abordèrent un ministre qui pria Zadig à souper, et ne pria point Arimaze. Les plus implacables haines n'ont pas souvent des fondements plus importants. Cet homme, qu'on appelait l'*Envieux* dans Babylone, voulut perdre Zadig, parcequ'on l'appelait l'*Heureux*. L'occasion de faire du mal se trouve cent fois par jour, et celle de faire du bien, une fois dans l'année, comme dit Zoroastre.

L'Envieux alla chez Zadig, qui se promenait dans ses jardins avec deux amis et une dame à laquelle il disait souvent des choses galantes, sans autre intention que celle de les dire. La conversation roulait sur une guerre que le roi venait de terminer heureusement contre le prince d'Hyrcanie, son vassal. Zadig, qui avait signalé son courage dans cette courte guerre, louait beaucoup le roi, et encore plus la dame. Il prit ses tablettes, et écrivit quatre vers qu'il fit sur-le-champ, et qu'il donna à lire à cette belle personne. Ses amis le prièrent de leur en faire part : la modestie, ou plutôt un amour-propre bien entendu, l'en empêcha. Il savait que des vers impromptus ne sont jamais bons que pour celle en l'honneur de qui ils sont faits : il brisa en deux la feuille des tablettes sur laquelle il venait d'écrire, et jeta les deux moitiés dans un buisson de roses, où on les chercha inutilement. Une petite pluie survint; on regagna la maison. L'Envieux, qui resta dans le jardin, chercha tant, qu'il trouva un morceau de la feuille. Elle avait été tellement rompue, que chaque moitié de vers qui remplissait la ligne fesait un sens, et même un vers d'une plus petite mesure; mais, par un hasard encore

plus étrange, ces petits vers se trouvaient former un sens qui contenait les injures les plus horribles contre le roi; on y lisait :

> Par les plus grands forfaits
> Sur le trône affermi,
> Dans la publique paix
> C'est le seul ennemi.

L'Envieux fut heureux pour la première fois de sa vie. Il avait entre les mains de quoi perdre un homme vertueux et aimable. Plein de cette cruelle joie, il fit parvenir jusqu'au roi cette satire écrite de la main de Zadig : on le fit mettre en prison, lui, ses deux amis, et la dame. Son procès lui fut bientôt fait, sans qu'on daignât l'entendre. Lorsqu'il vint recevoir sa sentence, l'Envieux se trouva sur son passage, et lui dit tout haut que ses vers ne valaient rien. Zadig ne se piquait pas d'être bon poëte; mais il était au désespoir d'être condamné comme criminel de lèse-majesté, et de voir qu'on retînt en prison une belle dame et deux amis pour un crime qu'il n'avait pas fait. On ne lui permit pas de parler, parceque ses tablettes parlaient. Telle était la loi de Babylone. On le fit donc aller au supplice à travers une foule de curieux dont aucun n'osait le plaindre, et qui se précipitaient pour examiner son visage, et pour voir s'il mourrait avec bonne grâce. Ses parents seulement étaient affligés, car ils n'héritaient pas. Les trois quarts de son bien étaient confisqués au profit du roi, et l'autre quart au profit de l'Envieux.

Dans le temps qu'il se préparait à la mort, le perroquet du roi s'envola de son balcon, et s'abattit dans le

CHAPITRE IV.

jardin de Zadig sur un buisson de roses. Une pêche y avait été portée d'un arbre voisin par le vent; elle était tombée sur un morceau de tablettes à écrire auquel elle s'était collée. L'oiseau enleva la pêche et la tablette, et les porta sur les genoux du monarque. Le prince curieux y lut des mots qui ne formaient aucun sens, et qui paraissaient des fins de vers. Il aimait la poésie, et il y a toujours de la ressource avec les princes qui aiment les vers : l'aventure de son perroquet le fit rêver. La reine, qui se souvenait de ce qui avait été écrit sur une pièce de la tablette de Zadig, se la fit apporter.

On confronta les deux morceaux, qui s'ajustaient ensemble parfaitement; on lut alors les vers tels que Zadig les avait faits :

> Par les plus grands forfaits j'ai vu troubler la terre.
> Sur le trône affermi le roi sait tout dompter.
> Dans la publique paix l'amour seul fait la guerre :
> C'est le seul ennemi qui soit à redouter.

Le roi ordonna aussitôt qu'on fît venir Zadig devant lui, et qu'on fît sortir de prison ses deux amis et la belle dame. Zadig se jeta le visage contre terre, aux pieds du roi et de la reine : il leur demanda très humblement pardon d'avoir fait de mauvais vers : il parla avec tant de grace, d'esprit, et de raison, que le roi et la reine voulurent le revoir. Il revint, et plut encore davantage. On lui donna tous les biens de l'Envieux, qui l'avait injustement accusé : mais Zadig les rendit tous; et l'Envieux ne fut touché que du plaisir de ne pas perdre son bien. L'estime du roi s'accrut de jour en jour pour Zadig. Il le mettait de tous ses plaisirs,

et le consultait dans toutes ses affaires. La reine l[e] regarda dès-lors avec une complaisance qui pouvai[t] devenir dangereuse pour elle, pour le roi son august[e] époux, pour Zadig, et pour le royaume. Zadig com[-]mençait à croire qu'il n'est pas si difficile d'êtr[e] heureux.

CHAPITRE V.

Les généreux.

Le temps arriva où l'on célébrait une grande fête qu[i] revenait tous les cinq ans. C'était la coutume à Baby-lone de déclarer solennellement, au bout de cinq an-nées, celui des citoyens qui avait fait l'action la plus généreuse. Les grands et les mages étaient les juges. Le premier satrape, chargé du soin de la ville, expo-sait les plus belles actions qui s'étaient passées sous son gouvernement. On allait aux voix : le roi pronon-çait le jugement. On venait à cette solennité des extré-mités de la terre. Le vainqueur recevait des mains du monarque une coupe d'or garnie de pierreries, et le roi lui disait ces paroles : « Recevez ce prix de la gé-« nérosité, et puissent les dieux me donner beaucoup « de sujets qui vous ressemblent ! »

Ce jour mémorable venu, le roi parut sur son trône, environné des grands, des mages, et des députés de toutes les nations, qui venaient à ces jeux où la gloire s'acquérait, non par la légèreté des chevaux, non par la force du corps, mais par la vertu. Le premier satrape

CHAPITRE V.

rapporta à haute voix les actions qui pouvaient mériter à leurs auteurs ce prix inestimable. Il ne parla point de la grandeur d'ame avec laquelle Zadig avait rendu à l'Envieux toute sa fortune : ce n'était pas une action qui méritât de disputer le prix.

Il présenta d'abord un juge qui, ayant fait perdre un procès considérable à un citoyen, par une méprise dont il n'était pas même responsable, lui avait donné tout son bien, qui était la valeur de ce que l'autre avait perdu [1].

Il produisit ensuite un jeune homme qui, étant éperdument épris d'une fille qu'il allait épouser, l'avait cédée à un ami près d'expirer d'amour pour elle, et qui avait encore payé la dot en cédant la fille.

Ensuite il fit paraître un soldat qui, dans la guerre d'Hyrcanie, avait donné encore un plus grand exemple de générosité. Des soldats ennemis lui enlevaient sa maîtresse, et il la défendait contre eux : on vint lui dire que d'autres Hyrcaniens enlevaient sa mère à quelques pas de là : il quitta en pleurant sa maîtresse, et courut délivrer sa mère : il retourna ensuite vers celle qu'il aimait, et la trouva expirante. Il voulut se tuer ; sa mère lui remontra qu'elle n'avait que lui pour tout secours, et il eut le courage de souffrir la vie.

Les juges penchaient pour ce soldat. Le roi prit la parole, et dit : Son action et celles des autres sont belles, mais elles ne m'étonnent point ; hier Zadig en

[1] C'est à peu près le trait de Des Barreaux. Voyez, tome XIX, le *Catalogue des écrivains*, en tête du *Siècle de Louis XIV*; et dans les *Mélanges*, année 1767, la septième des *Lettres à S. A. monseigneur le prince de*****. B.

a fait une qui m'a étonné. J'avais disgracié depuis q[ue]-ques jours mon ministre et mon favori Coreb. Je [me] plaignais de lui avec violence, et tous mes courtis[ans] m'assuraient que j'étais trop doux ; c'était à qui dirait le plus de mal de Coreb. Je demandai à Zadi[g ce] qu'il en pensait, et il osa en dire du bien. J'avoue [que] j'ai vu, dans nos histoires, des exemples qu'on a p[ayé] de son bien une erreur, qu'on a cédé sa maîtres[se,] qu'on a préféré une mère à l'objet de son amour; m[ais] je n'ai jamais lu qu'un courtisan ait parlé avantag[eu]-sement d'un ministre disgracié contre qui son sou[ve]-rain était en colère. Je donne vingt mille pièces d'o[r à] chacun de ceux dont on vient de réciter les actio[ns] généreuses ; mais je donne la coupe à Zadig.

Sire, lui dit-il, c'est votre majesté seule qui mér[ite] la coupe, c'est elle qui a fait l'action la plus inouï[e,] puisque étant roi vous ne vous êtes point fâché cont[re] votre esclave, lorsqu'il contredisait votre passion. [On] admira le roi et Zadig. Le juge qui avait donné s[on] bien, l'amant qui avait marié sa maîtresse à son am[i,] le soldat qui avait préféré le salut de sa mère à cel[ui] de sa maîtresse, reçurent les présents du monarqu[e;] ils virent leurs noms écrits dans le livre des génére[ux.] Zadig eut la coupe. Le roi acquit la réputation d'[un] bon prince, qu'il ne garda pas long-temps. Ce jo[ur] fut consacré par des fêtes plus longues que la loi n[e] le portait. La mémoire s'en conserve encore dans l'A[-] sie. Zadig disait : Je suis donc enfin heureux ! Mais se trompait.

CHAPITRE VI.

Le ministre.

Le roi avait perdu son premier ministre. Il choisit Zadig pour remplir cette place. Toutes les belles dames de Babylone applaudirent à ce choix, car depuis la fondation de l'empire il n'y avait jamais eu de ministre si jeune. Tous les courtisans furent fâchés; l'Envieux en eut un crachement de sang, et le nez lui enfla prodigieusement. Zadig ayant remercié le roi et la reine, alla remercier aussi le perroquet : Bel oiseau, lui dit-il, c'est vous qui m'avez sauvé la vie, et qui m'avez fait premier ministre : la chienne et le cheval de leurs majestés m'avaient fait beaucoup de mal, mais vous m'avez fait du bien. Voilà donc de quoi dépendent les destins des hommes! Mais, ajouta-t-il, un bonheur si étrange sera peut-être bientôt évanoui. Le perroquet répondit, Oui. Ce mot frappe Zadig. Cependant, comme il était bon physicien, et qu'il ne croyait pas que les perroquets fussent prophètes, il se rassura bientôt; il se mit à exercer son ministère de son mieux.

Il fit sentir à tout le monde le pouvoir sacré des lois, et ne fit sentir à personne le poids de sa dignité. Il ne gêna point les voix du divan, et chaque vizir pouvait avoir un avis sans lui déplaire. Quand il jugeait une affaire, ce n'était pas lui qui jugeait, c'était la loi; mais quand elle était trop sévère, il la tempé-

rait ; et quand on manquait de lois, son équité en fesait qu'on aurait prises pour celles de Zoroastre.

C'est de lui que les nations tiennent ce grand principe, Qu'il vaut mieux hasarder de sauver un coupable que de condamner un innocent. Il croyait que les lois étaient faites pour secourir les citoyens autant que pour les intimider. Son principal talent était de démêler la vérité, que tous les hommes cherchent à obscurcir. Dès les premiers jours de son administration il mit ce grand talent en usage. Un fameux négociant de Babylone était mort aux Indes ; il avait fait ses héritiers ses deux fils par portions égales, après avoir marié leur sœur, et il laissait un présent de trente mille pièces d'or à celui de ses deux fils qui serait jugé l'aimer davantage. L'aîné lui bâtit un tombeau, le second augmenta d'une partie de son héritage la dot de sa sœur; chacun disait : C'est l'aîné qui aime le mieux son père, le cadet aime mieux sa sœur ; c'est à l'aîné qu'appartiennent les trente mille pièces.

Zadig les fit venir tous deux l'un après l'autre. Il dit à l'aîné : Votre père n'est point mort, il est guéri de sa dernière maladie, il revient à Babylone. Dieu soit loué, répondit le jeune homme ; mais voilà un tombeau qui m'a coûté bien cher ! Zadig dit ensuite la même chose au cadet. Dieu soit loué ! répondit-il, je vais rendre à mon père tout ce que j'ai ; mais je voudrais qu'il laissât à ma sœur ce que je lui ai donné. Vous ne rendrez rien, dit Zadig, et vous aurez les trente mille pièces ; c'est vous qui aimez le mieux votre père.

Une fille fort riche avait fait une promesse de ma-

riage à deux mages, et, après avoir reçu quelques mois des instructions de l'un et de l'autre, elle se trouva grosse. Ils voulaient tous deux l'épouser. Je prendrai pour mon mari, dit-elle, celui des deux qui m'a mise en état de donner un citoyen à l'empire. C'est moi qui ai fait cette bonne œuvre, dit l'un. C'est moi qui ai eu cet avantage, dit l'autre. Eh bien! répondit-elle, je reconnais pour père de l'enfant celui des deux qui lui pourra donner la meilleure éducation. Elle accoucha d'un fils. Chacun des mages veut l'élever. La cause est portée devant Zadig. Il fait venir les deux mages. Qu'enseigneras-tu à ton pupille? dit-il au premier. Je lui apprendrai, dit le docteur, les huit parties d'oraison, la dialectique, l'astrologie, la démonomanie; ce que c'est que la substance et l'accident, l'abstrait et le concret, les monades et l'harmonie préétablie. Moi, dit le second, je tâcherai de le rendre juste et digne d'avoir des amis. Zadig prononça : Que tu sois son père ou non, tu épouseras sa mère.

[1] Il venait tous les jours des plaintes à la cour contre l'itimadoulet de Médie, nommé *Irax*. C'était un grand seigneur dont le fonds n'était pas mauvais, mais qui était corrompu par la vanité et par la volupté. Il souffrait rarement qu'on lui parlât, et jamais qu'on l'osât contredire. Les paons ne sont pas plus vains, les colombes ne sont pas plus voluptueuses, les tortues ont moins de paresse; il ne respirait que la fausse

[1] Toute la fin de ce chapitre a paru pour la première fois dans les éditions de Kehl. B.

gloire et les faux plaisirs : Zadig entreprit de le corriger.

Il lui envoya de la part du roi un maître de musique avec douze voix et vingt-quatre violons, un maître-d'hôtel avec six cuisiniers et quatre chambellans, qui ne devaient pas le quitter. L'ordre du roi portait que l'étiquette suivante serait inviolablement observée; et voici comme les choses se passèrent.

Le premier jour, dès que le voluptueux Irax fut éveillé, le maître de musique entra, suivi des voix et des violons : on chanta une cantate qui dura deux heures, et, de trois minutes en trois minutes, le refrain était :

> Que son mérite est extrême !
> Que de graces ! que de grandeur !
> Ah ! combien monseigneur
> Doit être content de lui-même !

Après l'exécution de la cantate un chambellan lui fit une harangue de trois quarts d'heure, dans laquelle on le louait expressément de toutes les bonnes qualités qui lui manquaient. La harangue finie, on le conduisit à table au son des instruments. Le dîner dura trois heures; dès qu'il ouvrit la bouche pour parler, le premier chambellan dit : Il aura raison. A peine eut-il prononcé quatre paroles que le second chambellan s'écria : Il a raison ! Les deux autres chambellans firent de grands éclats de rire des bons mots qu'Irax avait dits ou qu'il avait dû dire. Après dîner on lui répéta la cantate.

Cette première journée lui parut délicieuse, il crut que le roi des rois l'honorait selon ses mérites; la se-

conde lui parut moins agréable; la troisième fut gênante; la quatrième fut insupportable; la cinquième fut un supplice : enfin, outré d'entendre toujours chanter,

> Ah! combien monseigneur
> Doit être content de lui-même !

d'entendre toujours dire qu'il avait raison, et d'être harangué chaque jour à la même heure, il écrivit en cour pour supplier le roi qu'il daignât rappeler ses chambellans, ses musiciens, son maître-d'hôtel; il promit d'être désormais moins vain et plus appliqué; il se fit moins encenser, eut moins de fêtes, et fut plus heureux; car, comme dit le Sadder[1], toujours du plaisir n'est pas du plaisir.

CHAPITRE VII.

Les disputes et les audiences.

C'est ainsi que Zadig montrait tous les jours la subtilité de son génie et la bonté de son ame; on l'admirait, et cependant on l'aimait. Il passait pour le plus fortuné de tous les hommes, tout l'empire était rempli de son nom; toutes les femmes le lorgnaient; tous les citoyens célébraient sa justice; les savants le regardaient comme leur oracle; les prêtres même avouaient

[1] Sur le Sadder, voyez tome XV, pages 309-314; et dans les *Mélanges*, année 1777, la *troisième niaiserie*, fesant partie de : *Un chrétien contre six Juifs*. B.

qu'il en savait plus que le vieux archimage Yébor. On était bien loin alors de lui faire des procès sur les griffons ; on ne croyait que ce qui lui semblait croyable.

Il y avait une grande querelle dans Babylone qui durait depuis quinze cents années, et qui partageait l'empire en deux sectes opiniâtres : l'une prétendait qu'il ne fallait jamais entrer dans le temple de Mithra que du pied gauche ; l'autre avait cette coutume en abomination, et n'entrait jamais que du pied droit. On attendait le jour de la fête solennelle du feu sacré pour savoir quelle secte serait favorisée par Zadig. L'univers avait les yeux sur ses deux pieds, et toute la ville était en agitation et en suspens. Zadig entra dans le temple en sautant à pieds joints, et il prouva ensuite, par un discours éloquent, que le Dieu du ciel et de la terre, qui n'a acception de personne, ne fait pas plus de cas de la jambe gauche que de la jambe droite. L'Envieux et sa femme prétendirent que dans son discours il n'y avait pas assez de figures, qu'il n'avait pas fait assez danser les montagnes et les collines [1]. Il est sec et sans génie, disaient-ils ; on ne voit chez lui ni la mer s'enfuir [2], ni les étoiles tomber [3], ni le soleil se fondre comme de la cire [4] : il n'a point le bon style oriental. Zadig se contentait d'avoir le style de la raison. Tout le monde fut pour lui, non pas parcequ'il était dans le bon chemin, non pas parce-

[1] Allusion aux versets 4 et 6 du psaume CXIII. B.
[2] Versets 3 et 5 du même psaume. B.
[3] Verset 12 du chapitre XIV d'Isaïe. B.
[4] On lit dans l'*Exode*, XVI, 21 : *Cumque incaluisset sol, liquefiebat ;* et dans *Judith*, XVI, 18 : *Petræ, sicut cera, liquescent.* B.

qu'il était raisonnable, non pas parcequ'il était aimable, mais parcequ'il était premier vizir.

Il termina aussi heureusement le grand procès entre les mages blancs et les mages noirs. Les blancs soutenaient que c'était une impiété de se tourner, en priant Dieu, vers l'orient d'hiver; les noirs assuraient que Dieu avait en horreur les prières des hommes qui se tournaient vers le couchant d'été. Zadig ordonna qu'on se tournât comme on voudrait.

Il trouva ainsi le secret d'expédier le matin les affaires particulières et les générales : le reste du jour il s'occupait des embellissements de Babylone : il fesait représenter des tragédies où l'on pleurait, et des comédies où l'on riait; ce qui était passé de mode depuis long-temps, et ce qu'il fit renaître parcequ'il avait du goût. Il ne prétendait pas en savoir plus que les artistes; il les récompensait par des bienfaits et des distinctions, et n'était point jaloux en secret de leurs talents. Le soir il amusait beaucoup le roi, et surtout la reine. Le roi disait : Le grand ministre ! la reine disait : L'aimable ministre ! et tous deux ajoutaient : C'eût été grand dommage qu'il eût été pendu.

Jamais homme en place ne fut obligé de donner tant d'audiences aux dames. La plupart venaient lui parler des affaires qu'elles n'avaient point, pour en avoir une avec lui. La femme de l'Envieux s'y présenta des premières; elle lui jura par Mithra, par le Zenda-Vesta, et par le feu sacré, qu'elle avait détesté la conduite de son mari; elle lui confia ensuite que ce mari était un jaloux, un brutal; elle lui fit entendre que les dieux le punissaient, en lui refusant les pré-

cieux effets de ce feu sacré par lequel seul l'homme est semblable aux immortels : elle finit par laisser tomber sa jarretière ; Zadig la ramassa avec sa politesse ordinaire ; mais il ne la rattacha point au genou de la dame ; et cette petite faute, si c'en est une, fut la cause des plus horribles infortunes. Zadig n'y pensa pas, et la femme de l'Envieux y pensa beaucoup.

D'autres dames se présentaient tous les jours. Les annales secrètes de Babylone prétendent qu'il succomba une fois, mais qu'il fut tout étonné de jouir sans volupté, et d'embrasser son amante avec distraction. Celle à qui il donna, sans presque s'en apercevoir, des marques de sa protection, était une femme de chambre de la reine Astarté. Cette tendre Babylonienne se disait à elle-même pour se consoler : Il faut que cet homme-là ait prodigieusement d'affaires dans la tête, puisqu'il y songe encore même en fesant l'amour. Il échappa à Zadig, dans les instants où plusieurs personnes ne disent mot, et où d'autres ne prononcent que des paroles sacrées, de s'écrier tout d'un coup : La reine ! La Babylonienne crut qu'enfin il était revenu à lui dans un bon moment, et qu'il lui disait : Ma reine. Mais Zadig, toujours très distrait, prononça le nom d'Astarté. La dame, qui dans ces heureuses circonstances interprétait tout à son avantage, s'imagina que cela voulait dire : Vous êtes plus belle que la reine Astarté. Elle sortit du sérail de Zadig avec de très beaux présents. Elle alla conter son aventure à l'Envieuse, qui était son amie intime ; celle-ci fut cruellement piquée de la préférence. Il n'a pas

daigné seulement, dit-elle, me rattacher cette jarretière que voici, et dont je ne veux plus me servir. Oh! oh! dit la fortunée à l'Envieuse, vous portez les mêmes jarretières que la reine! Vous les prenez donc chez la même feseuse? L'Envieuse rêva profondément, ne répondit rien, et alla consulter son mari l'Envieux.

Cependant Zadig s'apercevait qu'il avait toujours des distractions quand il donnait des audiences, et quand il jugeait: il ne savait à quoi les attribuer; c'était là sa seule peine.

Il eut un songe: il lui semblait qu'il était couché d'abord sur des herbes sèches, parmi lesquelles il y en avait quelques unes de piquantes qui l'incommodaient; et qu'ensuite il reposait mollement sur un lit de roses, dont il sortait un serpent qui le blessait au cœur de sa langue acérée et envenimée. Hélas! disait-il, j'ai été long-temps couché sur ces herbes sèches et piquantes, je suis maintenant sur le lit de roses; mais quel sera le serpent?

CHAPITRE VIII.

La jalousie.

Le malheur de Zadig vint de son bonheur même, et surtout de son mérite. Il avait tous les jours des entretiens avec le roi et avec Astarté, son auguste épouse. Les charmes de sa conversation redoublaient encore par cette envie de plaire qui est à l'esprit ce que la

parure est à la beauté ; sa jeunesse et ses graces firent insensiblement sur Astarté une impression dont elle ne s'aperçut pas d'abord. Sa passion croissait dans le sein de l'innocence. Astarté se livrait sans scrupule et sans crainte au plaisir de voir et d'entendre un homme cher à son époux et à l'état ; elle ne cessait de le vanter au roi ; elle en parlait à ses femmes, qui enchérissaient encore sur ses louanges ; tout servait à enfoncer dans son cœur le trait qu'elle ne sentait pas. Elle fesait des présents à Zadig, dans lesquels il entrait plus de galanterie qu'elle ne pensait ; elle croyait ne lui parler qu'en reine contente de ses services, et quelquefois ses expressions étaient d'une femme sensible.

Astarté était beaucoup plus belle que cette Sémire qui haïssait tant les borgnes, et que cette autre femme qui avait voulu couper le nez à son époux. La familiarité d'Astarté, ses discours tendres, dont elle commençait à rougir, ses regards, qu'elle voulait détourner, et qui se fixaient sur les siens, allumèrent dans le cœur de Zadig un feu dont il s'étonna. Il combattit ; il appela à son secours la philosophie, qui l'avait toujours secouru ; il n'en tira que des lumières, et n'en reçut aucun soulagement. Le devoir, la reconnaissance, la majesté souveraine violée, se présentaient à ses yeux comme des dieux vengeurs ; il combattait, il triomphait ; mais cette victoire, qu'il fallait remporter à tout moment, lui coûtait des gémissements et des larmes. Il n'osait plus parler à la reine avec cette douce liberté qui avait eu tant de charmes pour tous deux : ses yeux se couvraient d'un nuage ; ses discours étaient contraints et sans suite : il baissait la vue ; et

quand, malgré lui, ses regards se tournaient vers Astarté, ils rencontraient ceux de la reine mouillés de pleurs, dont il partait des traits de flamme; ils semblaient se dire l'un à l'autre : Nous nous adorons, et nous craignons de nous aimer; nous brûlons tous deux d'un feu que nous condamnons.

Zadig sortait d'auprès d'elle égaré, éperdu, le cœur surchargé d'un fardeau qu'il ne pouvait plus porter : dans la violence de ses agitations, il laissa pénétrer son secret à son ami Cador, comme un homme qui, ayant soutenu long-temps les atteintes d'une vive douleur, fait enfin connaître son mal par un cri qu'un redoublement aigu lui arrache, et par la sueur froide qui coule sur son front.

Cador lui dit : J'ai déjà démêlé les sentiments que vous vouliez vous cacher à vous-même; les passions ont des signes auxquels on ne peut se méprendre. Jugez, mon cher Zadig, puisque j'ai lu dans votre cœur, si le roi n'y découvrira pas un sentiment qui l'offense. Il n'a d'autre défaut que celui d'être le plus jaloux des hommes. Vous résistez à votre passion avec plus de force que la reine ne combat la sienne, parceque vous êtes philosophe, et parceque vous êtes Zadig. Astarté est femme; elle laisse parler ses regards avec d'autant plus d'imprudence qu'elle ne se croit pas encore coupable. Malheureusement rassurée sur son innocence, elle néglige des dehors nécessaires. Je tremblerai pour elle, tant qu'elle n'aura rien à se reprocher. Si vous étiez d'accord l'un et l'autre, vous sauriez tromper tous les yeux : une passion naissante et combattue éclate; un amour satisfait sait se cacher.

6.

Zadig frémit à la proposition de trahir le roi, son bienfaiteur; et jamais il ne fut plus fidèle à son prince que quand il fut coupable envers lui d'un crime involontaire. Cependant la reine prononçait si souvent le nom de Zadig, son front se couvrait de tant de rougeur en le prononçant, elle était tantôt si animée, tantôt si interdite, quand elle lui parlait en présence du roi; une rêverie si profonde s'emparait d'elle quand il était sorti, que le roi fut troublé. Il crut tout ce qu'il voyait, et imagina tout ce qu'il ne voyait point. Il remarqua surtout que les babouches de sa femme étaient bleues, et que les babouches de Zadig étaient bleues, que les rubans de sa femme étaient jaunes, et que le bonnet de Zadig était jaune; c'étaient là de terribles indices pour un prince délicat. Les soupçons se tournèrent en certitude dans son esprit aigri.

Tous les esclaves des rois et des reines sont autant d'espions de leurs cœurs. On pénétra bientôt qu'Astarté était tendre, et que Moabdar était jaloux. L'Envieux engagea l'Envieuse à envoyer au roi sa jarretière, qui ressemblait à celle de la reine. Pour surcroît de malheur, cette jarretière était bleue. Le monarque ne songea plus qu'à la manière de se venger. Il résolut une nuit d'empoisonner la reine, et de faire mourir Zadig par le cordeau au point du jour. L'ordre en fut donné à un impitoyable eunuque, exécuteur de ses vengeances. Il y avait alors dans la chambre du roi un petit nain qui était muet, mais qui n'était pas sourd. On le souffrait toujours: il était témoin de ce qui se passait de plus secret, comme un animal domestique. Ce petit muet était très attaché à la reine et à Zadig.

CHAPITRE VIII.

Il entendit, avec autant de surprise que d'horreur, donner l'ordre de leur mort. Mais comment faire pour prévenir cet ordre effroyable, qui allait s'exécuter dans peu d'heures? Il ne savait pas écrire; mais il avait appris à peindre, et savait surtout faire ressembler. Il passa une partie de la nuit à crayonner ce qu'il voulait faire entendre à la reine. Son dessin représentait le roi agité de fureur, dans un coin du tableau, donnant des ordres à son eunuque; un cordeau bleu et un vase sur une table, avec des jarretières bleues et des rubans jaunes; la reine, dans le milieu du tableau, expirante entre les bras de ses femmes; et Zadig étranglé à ses pieds. L'horizon représentait un soleil levant pour marquer que cette horrible exécution devait se faire aux premiers rayons de l'aurore. Dès qu'il eut fini cet ouvrage, il courut chez une femme d'Astarté, la réveilla, et lui fit entendre qu'il fallait dans l'instant même porter ce tableau à la reine.

Cependant, au milieu de la nuit, on vient frapper à la porte de Zadig; on le réveille; on lui donne un billet de la reine; il doute si c'est un songe; il ouvre la lettre d'une main tremblante. Quelle fut sa surprise, et qui pourrait exprimer la consternation et le désespoir dont il fut accablé quand il lut ces paroles: « Fuyez dans l'instant même, ou l'on va vous arra-« cher la vie! Fuyez, Zadig; je vous l'ordonne au nom « de notre amour et de mes rubans jaunes. Je n'étais « point coupable; mais je sens que je vais mourir « criminelle. »

Zadig eut à peine la force de parler. Il ordonna qu'on fît venir Cador; et, sans lui rien dire, il lui

donna ce billet. Cador le força d'obéir, et de prendre sur-le-champ la route de Memphis. Si vous osez aller trouver la reine, lui dit-il, vous hâtez sa mort; si vous parlez au roi, vous la perdez encore. Je me charge de sa destinée; suivez la vôtre. Je répandrai le bruit que vous avez pris la route des Indes. Je viendrai bientôt vous trouver, et je vous apprendrai ce qui se sera passé à Babylone.

Cador, dans le moment même, fit placer deux dromadaires des plus légers à la course vers une porte secrète du palais : il y fit monter Zadig, qu'il fallut porter, et qui était près de rendre l'ame. Un seul domestique l'accompagna; et bientôt Cador, plongé dans l'étonnement et dans la douleur, perdit son ami de vue.

Cet illustre fugitif, arrivé sur le bord d'une colline dont on voyait Babylone, tourna la vue sur le palais de la reine, et s'évanouit; il ne reprit ses sens que pour verser des larmes, et pour souhaiter la mort. Enfin, après s'être occupé de la destinée déplorable de la plus aimable des femmes et de la première reine du monde, il fit un moment[1] de retour sur lui-même, et s'écria : Qu'est-ce donc que la vie humaine ? O vertu ! à quoi m'avez-vous servi ? Deux femmes m'ont indignement trompé; la troisième, qui n'est point coupable, et qui est plus belle que les autres, va mourir ! Tout ce que j'ai fait de bien a toujours été pour moi une source de malédictions, et je n'ai été élevé au comble de la grandeur que pour tomber dans le plus horrible précipice de l'infortune. Si j'eusse été méchant

[1] L'erratum de l'édition de Kehl dit de mettre, *un mouvement de retour*. J'ai suivi le texte de 1747, 1748, etc. B.

comme tant d'autres, je serais heureux comme eux. Accablé de ces réflexions funestes, les yeux chargés du voile de la douleur, la pâleur de la mort sur le visage, et l'âme abîmée dans l'excès d'un sombre désespoir, il continuait son voyage vers l'Égypte.

CHAPITRE IX.

La femme battue.

Zadig dirigeait sa route sur les étoiles. La constellation d'Orion et le brillant astre de Sirius le guidaient vers le port[1] de Canope. Il admirait ces vastes globes de lumière qui ne paraissent que de faibles étincelles à nos yeux, tandis que la terre, qui n'est en effet qu'un point imperceptible dans la nature, paraît à notre cupidité quelque chose de si grand et de si noble. Il se figurait alors les hommes tels qu'ils sont en effet, des insectes se dévorant les uns les autres sur un petit atome de boue. Cette image vraie semblait anéantir ses malheurs, en lui retraçant le néant de son être et celui de Babylone. Son ame s'élançait jusque dans l'infini, et contemplait, détachée de ses sens, l'ordre immuable de l'univers. Mais lorsque ensuite, rendu à lui-même et rentrant dans son cœur, il pensait qu'Astarté était peut-être morte pour lui,

[1] C'est d'après un erratum manuscrit de feu Decroix que j'ai mis *port*. Les éditions que j'ai vues portent toutes, sans exception, *le pôle de Canope*. Voltaire a dit, dans le chapitre v du *Taureau blanc* (tome XXXIV) : *Je m'en vais auprès du lac de Sirbon, par Canope.* B.

l'univers disparaissait à ses yeux, et il ne voyait dans la nature entière qu'Astarté mourante et Zadig infortuné. Comme il se livrait à ce flux et à ce reflux de philosophie sublime et de douleur accablante, il avançait vers les frontières de l'Égypte ; et déjà son domestique fidèle était dans la première bourgade, où il lui cherchait un logement. Zadig cependant se promenait vers les jardins qui bordaient ce village. Il vit, non loin du grand chemin, une femme éplorée qui appelait le ciel et la terre à son secours, et un homme furieux qui la suivait. Elle était déjà atteinte par lui, elle embrassait ses genoux. Cet homme l'accablait de coups et de reproches. Il jugea, à la violence de l'Égyptien et aux pardons réitérés que lui demandait la dame, que l'un était un jaloux, et l'autre une infidèle ; mais quand il eut considéré cette femme, qui était d'une beauté touchante, et qui même ressemblait un peu à la malheureuse Astarté, il se sentit pénétré de compassion pour elle, et d'horreur pour l'Égyptien. Secourez-moi, s'écria-t-elle à Zadig avec des sanglots ; tirez-moi des mains du plus barbare des hommes, sauvez-moi la vie ! A ces cris, Zadig courut se jeter entre elle et ce barbare. Il avait quelque connaissance de la langue égyptienne. Il lui dit en cette langue : Si vous avez quelque humanité, je vous conjure de respecter la beauté et la faiblesse. Pouvez-vous outrager ainsi un chef-d'œuvre de la nature, qui est à vos pieds, et qui n'a pour sa défense que des larmes ? Ah ! ah ! lui dit cet emporté, tu l'aimes donc aussi ! et c'est de toi qu'il faut que je me venge. En disant ces paroles, il laisse la dame, qu'il tenait d'une main par les che-

veux, et, prenant sa lance, il veut en percer l'étranger. Celui-ci, qui était de sang-froid, évita aisément le coup d'un furieux. Il se saisit de la lance près du fer dont elle est armée. L'un veut la retirer, l'autre l'arracher. Elle se brise entre leurs mains. L'Égyptien tire son épée; Zadig s'arme de la sienne. Ils s'attaquent l'un l'autre. Celui-là porte cent coups précipités; celui-ci les pare avec adresse. La dame, assise sur un gazon, rajuste sa coiffure, et les regarde. L'Égyptien était plus robuste que son adversaire, Zadig était plus adroit. Celui-ci se battait en homme dont la tête conduisait le bras, et celui-là comme un emporté dont une colère aveugle guidait les mouvements au hasard. Zadig passe à lui, et le désarme; et tandis que l'Égyptien, devenu plus furieux, veut se jeter sur lui, il le saisit, le presse, le fait tomber en lui tenant l'épée sur la poitrine; il lui offre de lui donner la vie. L'Égyptien hors de lui tire son poignard; il en blesse Zadig dans le temps même que le vainqueur lui pardonnait. Zadig indigné lui plonge son épée dans le sein. L'Égyptien jette un cri horrible, et meurt en se débattant. Zadig alors s'avança vers la dame, et lui dit d'une voix soumise : Il m'a forcé de le tuer : je vous ai vengée; vous êtes délivrée de l'homme le plus violent que j'aie jamais vu. Que voulez-vous maintenant de moi, madame? Que tu meures, scélérat, lui répondit-elle; que tu meures ! tu as tué mon amant; je voudrais pouvoir déchirer ton cœur. En vérité, madame, vous aviez là un étrange homme pour amant, lui répondit Zadig; il vous battait de toutes ses forces, et il voulait m'arracher la vie parceque

vous m'avez conjuré de vous secourir. Je voudrais qu'il me battît encore, reprit la dame en poussant des cris. Je le méritais bien, je lui avais donné de la jalousie. Plût au ciel qu'il me battît, et que tu fusses à sa place! Zadig, plus surpris et plus en colère qu'il ne l'avait été de sa vie, lui dit: Madame, toute belle que vous êtes, vous mériteriez que je vous battisse à mon tour, tant vous êtes extravagante; mais je n'en prendrai pas la peine. Là-dessus il remonta sur son chameau, et avança vers le bourg. A peine avait-il fait quelques pas qu'il se retourne au bruit que fesaient quatre courriers de Babylone. Ils venaient à toute bride. L'un d'eux, en voyant cette femme, s'écria: C'est elle-même! elle ressemble au portrait qu'on nous en a fait. Ils ne s'embarrassèrent pas du mort, et se saisirent incontinent de la dame. Elle ne cessait de crier à Zadig: Secourez-moi encore une fois, étranger généreux! je vous demande pardon de m'être plainte de vous: secourez-moi, et je suis à vous jusqu'au tombeau! L'envie avait passé à Zadig de se battre désormais pour elle. A d'autres, répond-il; vous ne m'y attraperez plus. D'ailleurs il était blessé, son sang coulait, il avait besoin de secours; et la vue des quatre Babyloniens, probablement envoyés par le roi Moabdar, le remplissait d'inquiétude. Il s'avance en hâte vers le village, n'imaginant pas pourquoi quatre courriers de Babylone venaient prendre cette Égyptienne, mais encore plus étonné du caractère de cette dame.

CHAPITRE X.

L'esclavage.

Comme il entrait dans la bourgade égyptienne, il se vit entouré par le peuple. Chacun criait: Voilà celui qui a enlevé la belle Missouf, et qui vient d'assassiner Clétofis! Messieurs, dit-il, Dieu me préserve d'enlever jamais votre belle Missouf! elle est trop capricieuse; et, à l'égard de Clétofis, je ne l'ai point assassiné; je me suis défendu seulement contre lui. Il voulait me tuer, parceque je lui avais demandé très humblement grace pour la belle Missouf, qu'il battait impitoyablement. Je suis un étranger qui vient chercher un asile dans l'Égypte; et il n'y a pas d'apparence qu'en venant demander votre protection, j'aie commencé par enlever une femme, et par assassiner un homme.

Les Égyptiens étaient alors justes et humains. Le peuple conduisit Zadig à la maison de ville. On commença par le faire panser de sa blessure, et ensuite on l'interrogea, lui et son domestique séparément, pour savoir la vérité. On reconnut que Zadig n'était point un assassin; mais il était coupable du sang d'un homme: la loi le condamnait à être esclave. On vendit au profit de la bourgade ses deux chameaux; on distribua aux habitants tout l'or qu'il avait apporté; sa personne fut exposée en vente dans la place publique, ainsi que celle de son compagnon de voyage. Un marchand arabe, nommé Sétoc, y mit l'enchère; mais le valet, plus propre à la fatigue, fut vendu bien plus chère-

ment que le maître. On ne fesait pas de comparaison entre ces deux hommes. Zadig fut donc esclave subordonné à son valet : on les attacha ensemble avec une chaîne qu'on leur passa aux pieds, et en cet état ils suivirent le marchand arabe dans sa maison. Zadig, en chemin, consolait son domestique, et l'exhortait à la patience ; mais, selon sa coutume, il fesait des réflexions sur la vie humaine. Je vois, lui disait-il, que les malheurs de ma destinée se répandent sur la tienne. Tout m'a tourné jusqu'ici d'une façon bien étrange. J'ai été condamné à l'amende pour avoir vu passer une chienne ; j'ai pensé être empalé pour un griffon ; j'ai été envoyé au supplice parceque j'avais fait des vers à la louange du roi ; j'ai été sur le point d'être étranglé parceque la reine avait des rubans jaunes, et me voici esclave avec toi parcequ'un brutal a battu sa maîtresse. Allons, ne perdons point courage ; tout ceci finira peut-être ; il faut bien que les marchands arabes aient des esclaves ; et pourquoi ne le serais-je pas comme un autre, puisque je suis homme comme un autre ? Ce marchand ne sera pas impitoyable ; il faut qu'il traite bien ses esclaves, s'il en veut tirer des services. Il parlait ainsi, et dans le fond de son cœur il était occupé du sort de la reine de Babylone.

Sétoc, le marchand, partit deux jours après pour l'Arabie déserte avec ses esclaves et ses chameaux. Sa tribu habitait vers le désert d'Horeb. Le chemin fut long et pénible. Sétoc, dans la route, fesait bien plus de cas du valet que du maître, parceque le premier chargeait bien mieux les chameaux ; et toutes les petites distinctions furent pour lui.

CHAPITRE X.

Un chameau mourut à deux journées d'Horeb : on répartit sa charge sur le dos de chacun des serviteurs ; Zadig en eut sa part. Sétoc se mit à rire en voyant tous ses esclaves marcher courbés. Zadig prit la liberté de lui en expliquer la raison, et lui apprit les lois de l'équilibre. Le marchand étonné commença à le regarder d'un autre œil. Zadig, voyant qu'il avait excité sa curiosité, la redoubla en lui apprenant beaucoup de choses qui n'étaient point étrangères à son commerce ; les pesanteurs spécifiques des métaux et des denrées sous un volume égal ; les propriétés de plusieurs animaux utiles ; le moyen de rendre tels ceux qui ne l'étaient pas ; enfin il lui parut un sage. Sétoc lui donna la préférence sur son camarade, qu'il avait tant estimé. Il le traita bien, et n'eut pas sujet de s'en repentir.

Arrivé dans sa tribu, Sétoc commença par redemander cinq cents onces d'argent à un Hébreu auquel il les avait prêtées en présence de deux témoins ; mais ces deux témoins étaient morts, et l'Hébreu, ne pouvant être convaincu, s'appropriait l'argent du marchand, en remerciant Dieu de ce qu'il lui avait donné le moyen de tromper un Arabe. Sétoc confia sa peine à Zadig, qui était devenu son conseil. En quel endroit, demanda Zadig, prêtâtes-vous vos cinq cents onces à cet infidèle ? Sur une large pierre, répondit le marchand, qui est auprès du mont Horeb. Quel est le caractère de votre débiteur ? dit Zadig. Celui d'un fripon, reprit Sétoc. Mais je vous demande si c'est un homme vif ou flegmatique, avisé ou imprudent. C'est de tous les mauvais payeurs, dit Sétoc, le plus vif que je con-

naisse. Eh bien! insista Zadig, permettez que je plaide votre cause devant le juge. En effet il cita l'Hébreu au tribunal, et il parla ainsi au juge : Oreiller du trône d'équité, je viens redemander à cet homme, au nom de mon maître, cinq cents onces d'argent qu'il ne veut pas rendre. Avez-vous des témoins? dit le juge. Non, ils sont morts; mais il reste une large pierre sur laquelle l'argent fut compté; et s'il plaît à votre grandeur d'ordonner qu'on aille chercher la pierre, j'espère qu'elle portera témoignage; nous resterons ici l'Hébreu et moi, en attendant que la pierre vienne; je l'enverrai chercher aux dépens de Sétoc, mon maître. Très volontiers, répondit le juge; et il se mit à expédier d'autres affaires.

A la fin de l'audience : Eh bien! dit-il à Zadig, votre pierre n'est pas encore venue? L'Hébreu, en riant, répondit : Votre grandeur resterait ici jusqu'à demain que la pierre ne serait pas encore arrivée; elle est à plus de six milles d'ici, et il faudrait quinze hommes pour la remuer. Eh bien! s'écria Zadig, je vous avais bien dit que la pierre porterait témoignage; puisque cet homme sait où elle est, il avoue donc que c'est sur elle que l'argent fut compté. L'Hébreu déconcerté fut bientôt contraint de tout avouer. Le juge ordonna qu'il serait lié à la pierre, sans boire ni manger, jusqu'à ce qu'il eût rendu les cinq cents onces, qui furent bientôt payées.

L'esclave Zadig et la pierre furent en grande recommandation dans l'Arabie.

CHAPITRE XI.

Le bûcher.

Sétoc enchanté fit de son esclave son ami intime. Il ne pouvait pas plus se passer de lui qu'avait fait le roi de Babylone; et Zadig fut heureux que Sétoc n'eût point de femme. Il découvrait dans son maître un naturel porté au bien, beaucoup de droiture et de bon sens. Il fut fâché de voir qu'il adorait l'armée céleste, c'est-à-dire le soleil, la lune, et les étoiles, selon l'ancien usage d'Arabie. Il lui en parlait quelquefois avec beaucoup de discrétion. Enfin il lui dit que c'étaient des corps comme les autres, qui ne méritaient pas plus son hommage qu'un arbre ou un rocher. Mais, disait Sétoc, ce sont des êtres éternels dont nous tirons tous nos avantages; ils animent la nature; ils règlent les saisons; ils sont d'ailleurs si loin de nous qu'on ne peut pas s'empêcher de les révérer. Vous recevez plus d'avantages, répondit Zadig, des eaux de la mer Rouge, qui porte vos marchandises aux Indes. Pourquoi ne serait-elle pas aussi ancienne que les étoiles? Et si vous adorez ce qui est éloigné de vous, vous devez adorer la terre des Gangarides, qui est aux extrémités du monde. Non, disait Sétoc, les étoiles sont trop brillantes pour que je ne les adore pas. Le soir venu, Zadig alluma un grand nombre de flambeaux dans la tente où il devait souper avec Sétoc; et dès que son patron parut, il se jeta à genoux devant ces cires allumées, et leur dit: Éternelles et brillantes

clartés, soyez-moi toujours propices ! Ayant proféré ces paroles, il se mit à table sans regarder Sétoc. Que faites-vous donc? lui dit Sétoc étonné. Je fais comme vous, répondit Zadig ; j'adore ces chandelles, et je néglige leur maître et le mien. Sétoc comprit le sens profond de cet apologue. La sagesse de son esclave entra dans son ame ; il ne prodigua plus son encens aux créatures, et adora l'Être éternel qui les a faites.

Il y avait alors dans l'Arabie une coutume affreuse, venue originairement de Scythie, et qui, s'étant établie dans les Indes par le crédit des brachmanes, menaçait d'envahir tout l'orient. Lorsqu'un homme marié était mort, et que sa femme bien-aimée voulait être sainte, elle se brûlait en public sur le corps de son mari. C'était une fête solennelle qui s'appelait *le bûcher du veuvage*. La tribu dans laquelle il y avait eu le plus de femmes brûlées était la plus considérée. Un Arabe de la tribu de Sétoc étant mort, sa veuve, nommée *Almona*, qui était fort dévote, fit savoir le jour et l'heure où elle se jetterait dans le feu au son des tambours et des trompettes. Zadig remontra à Sétoc combien cette horrible coutume était contraire au bien du genre humain ; qu'on laissait brûler tous les jours de jeunes veuves qui pouvaient donner des enfants à l'état, ou du moins élever les leurs ; et il le fit convenir qu'il fallait, si on pouvait, abolir un usage si barbare. Sétoc répondit : Il y a plus de mille ans que les femmes sont en possession de se brûler. Qui de nous osera changer une loi que le temps a consacrée? Y a-t-il rien de plus respectable qu'un ancien abus? La raison est plus ancienne, reprit Zadig. Par-

lez aux chefs des tribus, et je vais trouver la jeune veuve.

Il se fit présenter à elle; et après s'être insinué dans son esprit par des louanges sur sa beauté, après lui avoir dit combien c'était dommage de mettre au feu tant de charmes, il la loua encore sur sa constance et sur son courage. Vous aimiez donc prodigieusement votre mari? lui dit-il. Moi? point du tout, répondit la dame arabe. C'était un brutal, un jaloux, un homme insupportable; mais je suis fermement résolue de me jeter sur son bûcher. Il faut, dit Zadig, qu'il y ait apparemment un plaisir bien délicieux à être brûlée vive. Ah! cela fait frémir la nature, dit la dame; mais il faut en passer par là. Je suis dévote; je serais perdue de réputation, et tout le monde se moquerait de moi si je ne me brûlais pas. Zadig, l'ayant fait convenir qu'elle se brûlait pour les autres et par vanité, lui parla long-temps d'une manière à lui faire aimer un peu la vie, et parvint même à lui inspirer quelque bienveillance pour celui qui lui parlait. Que feriez-vous enfin, lui dit-il, si la vanité de vous brûler ne vous tenait pas? Hélas! dit la dame, je crois que je vous prierais de m'épouser.

Zadig était trop rempli de l'idée d'Astarté pour ne pas éluder cette déclaration; mais il alla dans l'instant trouver les chefs des tribus, leur dit ce qui s'était passé, et leur conseilla de faire une loi par laquelle il ne serait permis à une veuve de se brûler qu'après avoir entretenu un jeune homme tête à tête pendant une heure entière. Depuis ce temps, aucune dame ne se brûla en Arabie. On eut au seul Zadig l'obligation

d'avoir détruit en un jour une coutume si cruelle, qui durait depuis tant de siècles. Il était donc le bienfaiteur de l'Arabie.

CHAPITRE XII.

Le souper.

Sétoc, qui ne pouvait se séparer de cet homme en qui habitait la sagesse, le mena à la grande foire de Bassora, où devaient se rendre les plus grands négociants de la terre habitable. Ce fut pour Zadig une consolation sensible de voir tant d'hommes de diverses contrées réunis dans la même place. Il lui paraissait que l'univers était une grande famille qui se rassemblait à Bassora. Il se trouva à table dès le second jour avec un Égyptien, un Indien gangaride, un habitant du Cathay, un Grec, un Celte, et plusieurs autres étrangers qui, dans leurs fréquents voyages vers le golfe Arabique, avaient appris assez d'arabe pour se faire entendre. L'Égyptien paraissait fort en colère. Quel abominable pays que Bassora! disait-il; on m'y refuse mille onces d'or sur le meilleur effet du monde. Comment donc, dit Sétoc, sur quel effet vous a-t-on refusé cette somme? Sur le corps de ma tante, répondit l'Égyptien; c'était la plus brave femme d'Égypte. Elle m'accompagnait toujours; elle est morte en chemin; j'en ai fait une des plus belles momies que nous ayons; et je trouverais dans mon pays tout ce que je voudrais en la mettant en gage.

Il est bien étrange qu'on ne veuille pas seulement me donner ici mille onces d'or sur un effet si solide. Tout en se courrouçant, il était prêt de manger d'une excellente poule boüillie, quand l'Indien, le prenant par la main, s'écria avec douleur : Ah! qu'allez-vous faire? Manger de cette poule, dit l'homme à la momie. Gardez-vous-en bien, dit le Gangaride; il se pourrait faire que l'ame de la défunte fût passée dans le corps de cette poule, et vous ne voudriez pas vous exposer à manger votre tante. Faire cuire des poules, c'est outrager manifestement la nature. Que voulez-vous dire avec votre nature et vos poules? reprit le colérique Égyptien; nous adorons un bœuf, et nous en mangeons bien. Vous adorez un bœuf! est-il possible? dit l'homme du Gange. Il n'y a rien de si possible, repartit l'autre; il y a cent trente-cinq mille ans que nous en usons ainsi, et personne parmi nous n'y trouve à redire. Ah! cent trente-cinq mille ans! dit l'Indien, ce compte est un peu exagéré; il n'y en a que quatre-vingt mille que l'Inde est peuplée, et assurément nous sommes vos anciens; et Brama nous avait défendu de manger des bœufs avant que vous vous fussiez avisés de les mettre sur les autels et à la broche. Voilà un plaisant animal que votre Brama, pour le comparer à Apis! dit l'Égyptien; qu'a donc fait votre Brama de si beau? Le bramin répondit : C'est lui qui a appris aux hommes à lire et à écrire, et à qui toute la terre doit le jeu des échecs. Vous vous trompez, dit un Chaldéen qui était auprès de lui; c'est le poisson Oannès à qui on doit de si grands bienfaits, et il est juste de ne rendre qu'à lui ses hommages.

7.

Tout le monde vous dira que c'était un être divin, qu'il avait la queue dorée, avec une belle tête d'homme, et qu'il sortait de l'eau pour venir prêcher à terre trois heures par jour. Il eut plusieurs enfants qui furent tous rois, comme chacun sait. J'ai son portrait chez moi, que je révère comme je le dois. On peut manger du bœuf tant qu'on veut; mais c'est assurément une très grande impiété de faire cuire du poisson; d'ailleurs vous êtes tous deux d'une origine trop peu noble et trop récente pour me rien disputer. La nation égyptienne ne compte que cent trente-cinq mille ans, et les Indiens ne se vantent que de quatre-vingt mille, tandis que nous avons des almanachs de quatre mille siècles. Croyez-moi, renoncez à vos folies, et je vous donnerai à chacun un beau portrait d'Oannès.

L'homme de Cambalu, prenant la parole, dit : Je respecte fort les Égyptiens, les Chaldéens, les Grecs, les Celtes, Brama, le bœuf Apis, le beau poisson Oannès; mais peut-être que le Li ou le Tien[a], comme on voudra l'appeler, vaut bien les bœufs et les poissons. Je ne dirai rien de mon pays; il est aussi grand que la terre d'Égypte, la Chaldée, et les Indes ensemble. Je ne dispute pas d'antiquité, parcequ'il suffit d'être heureux, et que c'est fort peu de chose d'être ancien; mais, s'il fallait parler d'almanachs, je dirais que toute l'Asie prend les nôtres, et que nous en avions de fort bons avant qu'on sût l'arithmétique en Chaldée.

Vous êtes de grands ignorants tous tant que vous êtes! s'écria le Grec : est-ce que vous ne savez pas que

[a] Mots chinois qui signifient proprement : *li*, la lumière naturelle, la raison ; et *tien*, le ciel ; et qui signifient aussi Dieu.

CHAPITRE XII.

le chaos est le père de tout, et que la forme et la matière ont mis le monde dans l'état où il est? Ce Grec parla long-temps; mais il fut enfin interrompu par le Celte, qui, ayant beaucoup bu pendant qu'on disputait, se crut alors plus savant que tous les autres, et dit en jurant qu'il n'y avait que Teutath et le gui de chêne qui valussent la peine qu'on en parlât; que, pour lui, il avait toujours du gui dans sa poche; que les Scythes, ses ancêtres, étaient les seules gens de bien qui eussent jamais été au monde; qu'ils avaient, à la vérité, quelquefois mangé des hommes, mais que cela n'empêchait pas qu'on ne dût avoir beaucoup de respect pour sa nation; et qu'enfin, si quelqu'un parlait mal de Teutath, il lui apprendrait à vivre. La querelle s'échauffa pour lors, et Sétoc vit le moment où la table allait être ensanglantée. Zadig, qui avait gardé le silence pendant toute la dispute, se leva enfin : il s'adressa d'abord au Celte, comme au plus furieux; il lui dit qu'il avait raison, et lui demanda du gui; il loua le Grec sur son éloquence, et adoucit tous les esprits échauffés. Il ne dit que très peu de chose à l'homme du Cathay, parcequ'il avait été le plus raisonnable de tous. Ensuite il leur dit : Mes amis, vous allez vous quereller pour rien, car vous êtes tous du même avis. A ce mot, ils se récrièrent tous. N'est-il pas vrai, dit-il au Celte, que vous n'adorez pas ce gui, mais celui qui a fait le gui et le chêne? Assurément, répondit le Celte. Et vous, monsieur l'Égyptien, vous révérez apparemment dans un certain bœuf celui qui vous a donné les bœufs? Oui, dit l'Égyptien. Le poisson Oannès, continua-t-il, doit céder à celui qui a fait la mer et les poissons. D'accord, dit le Chal-

déen. L'Indien, ajouta-t-il, et le Cathayen, reconnaissent comme vous un premier principe; je n'ai pas trop bien compris les choses admirables que le Grec a dites, mais je suis sûr qu'il admet aussi un Être supérieur, de qui la forme et la matière dépendent. Le Grec qu'on admirait, dit que Zadig avait très bien pris sa pensée. Vous êtes donc tous de même avis, répliqua Zadig, et il n'y a pas là de quoi se quereller. Tout le monde l'embrassa. Sétoc, après avoir vendu fort cher ses denrées, reconduisit son ami Zadig dans sa tribu. Zadig apprit en arrivant qu'on lui avait fait son procès en son absence, et qu'il allait être brûlé à petit feu.

CHAPITRE XIII.

Le rendez-vous.

Pendant son voyage à Bassora, les prêtres des étoiles avaient résolu de le punir. Les pierreries et les ornements des jeunes veuves qu'ils envoyaient au bûcher leur appartenaient de droit; c'était bien le moins qu'ils fissent brûler Zadig pour le mauvais tour qu'il leur avait joué. Ils accusèrent donc Zadig d'avoir des sentiments erronés sur l'armée céleste; ils déposèrent contre lui, et jurèrent qu'ils lui avaient entendu dire que les étoiles ne se couchaient pas dans la mer. Ce blasphème effroyable fit frémir les juges; ils furent prêts de déchirer leurs vêtements, quand ils ouïrent ces paroles impies, et ils l'auraient fait, sans doute, si Zadig avait eu de quoi les payer; mais, dans l'excès de

CHAPITRE XIII.

leur douleur, ils se contentèrent de le condamner à être brûlé à petit feu. Sétoc, désespéré, employa en vain son crédit pour sauver son ami; il fut bientôt obligé de se taire. La jeune veuve Almona, qui avait pris beaucoup de goût à la vie, et qui en avait obligation à Zadig, résolut de le tirer du bûcher, dont il lui avait fait connaître l'abus. Elle roula son dessein dans sa tête, sans en parler à personne. Zadig devait être exécuté le lendemain; elle n'avait que la nuit pour le sauver : voici comme elle s'y prit en femme charitable et prudente.

Elle se parfuma; elle releva sa beauté par l'ajustement le plus riche et le plus galant, et alla demander une audience secrète au chef des prêtres des étoiles. Quand elle fut devant ce vieillard vénérable, elle lui parla en ces termes : Fils aîné de la grande Ourse, frère du Taureau, cousin du grand Chien (c'étaient les titres de ce pontife), je viens vous confier mes scrupules. J'ai bien peur d'avoir commis un péché énorme, en ne me brûlant pas dans le bûcher de mon cher mari. En effet qu'avais-je à conserver? une chair périssable, et qui est déjà toute flétrie. En disant ces paroles elle tira de ses longues manches de soie, ses bras nus d'une forme admirable et d'une blancheur éblouissante. Vous voyez, dit-elle, le peu que cela vaut. Le pontife trouva dans son cœur que cela valait beaucoup. Ses yeux le dirent, et sa bouche le confirma; il jura qu'il n'avait vu de sa vie de si beaux bras. Hélas! lui dit la veuve, les bras peuvent être un peu moins mal que le reste; mais vous m'avouerez que la gorge n'était pas digne de mes attentions. Alors elle laissa voir le sein le plus

charmant que la nature eût jamais formé. Un bouton de rose sur une pomme d'ivoire n'eût paru auprès que de la garance sur du buis, et les agneaux sortant du lavoir auraient semblé d'un jaune brun. Cette gorge, ses grands yeux noirs qui languissaient en brillant doucement d'un feu tendre, ses joues animées de la plus belle pourpre mêlée au blanc de lait le plus pur; son nez, qui n'était pas comme la tour du mont Liban; ses lèvres, qui étaient comme deux bordures de corail renfermant les plus belles perles de la mer d'Arabie, tout cela ensemble fit croire au vieillard qu'il avait vingt ans. Il fit en bégayant une déclaration tendre. Almona le voyant enflammé lui demanda la grace de Zadig. Hélas! dit-il, ma belle dame, quand je vous accorderais sa grace, mon indulgence ne servirait de rien; il faut qu'elle soit signée de trois autres de mes confrères. Signez toujours, dit Almona. Volontiers, dit le prêtre, à condition que vos faveurs seront le prix de ma facilité. Vous me faites trop d'honneur, dit Almona; ayez seulement pour agréable de venir dans ma chambre après que le soleil sera couché, et dès que la brillante étoile *Sheat* sera sur l'horizon, vous me trouverez sur un sofa couleur de rose, et vous en userez comme vous pourrez avec votre servante. Elle sortit alors, emportant avec elle la signature, et laissa le vieillard plein d'amour et de défiance de ses forces. Il employa le reste du jour à se baigner; il but une liqueur composée de la cannelle de Ceylan, et des précieuses épices de Tidor et de Ternate, et attendit avec impatience que l'étoile *Sheat* vînt à paraître.

Cependant la belle Almona alla trouver le second

pontife. Celui-ci l'assura que le soleil, la lune, et tous les feux du firmament, n'étaient que des feux follets en comparaison de ses charmes. Elle lui demanda la même grace, et on lui proposa d'en donner le prix. Elle se laissa vaincre, et donna rendez-vous au second pontife au lever de l'étoile *Algénib*. De là elle passa chez le troisième et chez le quatrième prêtre, prenant toujours une signature, et donnant un rendez-vous d'étoile en étoile. Alors elle fit avertir les juges de venir chez elle pour une affaire importante. Ils s'y rendirent : elle leur montra les quatre noms, et leur dit à quel prix les prêtres avaient vendu la grace de Zadig. Chacun d'eux arriva à l'heure prescrite ; chacun fut bien étonné d'y trouver ses confrères, et plus encore d'y trouver les juges devant qui leur honte fut manifestée. Zadig fut sauvé. Sétoc fut si charmé de l'habileté d'Almona, qu'il en fit sa femme [1].

[1] Dans l'édition de 1748 et dans toutes celles qui l'ont suivie, jusques à l'édition de Kehl exclusivement, ce chapitre se terminait ainsi : « Zadig « partit après s'être jeté aux pieds de sa belle libératrice. Sétoc et lui se « quittèrent en pleurant, en se jurant une amitié éternelle, et en se pro- « mettant que le premier des deux qui ferait une grande fortune en ferait « part à l'autre.

« Zadig marcha du côté de la Syrie, toujours pensant à la malheureuse « Astarté, et toujours réfléchissant sur le sort qui s'obstinait à se jouer de lui « et à le persécuter. Quoi ! disait-il, quatre cents onces d'or pour avoir vu « passer une chienne ! condamné à être décapité pour quatre mauvais vers « à la louange du roi ! prêt à être étranglé parceque la reine avait des ba- « bouches de la couleur de mon bonnet ! réduit en esclavage pour avoir se- « couru une femme qu'on battait ; et sur le point d'être brûlé pour avoir « sauvé la vie à toutes les jeunes veuves arabes ! »

Venait ensuite ce qui forme aujourd'hui le chapitre xvi. B.

CHAPITRE XIV.

La danse.

Sétoc devait aller, pour les affaires de son commerce, dans l'île de Serendib; mais le premier mois de son mariage, qui est, comme on sait, la lune du Miel, ne lui permettait ni de quitter sa femme, ni de croire qu'il pût jamais la quitter : il pria son ami Zadig de faire pour lui le voyage. Hélas! disait Zadig, faut-il que je mette encore un plus vaste espace entre la belle Astarté et moi? mais il faut servir mes bienfaiteurs : il dit, il pleura, et il partit.

Il ne fut pas long-temps dans l'île de Serendib, sans y être regardé comme un homme extraordinaire. Il devint l'arbitre de tous les différents entre les négociants, l'ami des sages, le conseil du petit nombre de gens qui prennent conseil. Le roi voulut le voir et l'entendre. Il connut bientôt tout ce que valait Zadig; il eut confiance en sa sagesse, et en fit son ami. La familiarité et l'estime du roi fit trembler Zadig. Il était nuit et jour pénétré du malheur que lui avaient attiré les bontés de Moabdar. Je plais au roi, disait-il, ne serai-je pas perdu? Cependant il ne pouvait se dérober aux caresses de sa majesté; car il faut avouer que Nabussan, roi de Serendib, fils de Nussanab, fils de Nabassun, fils de Sanbusna, était un des meilleurs princes de l'Asie; et quand on lui parlait il était difficile de ne le pas aimer.

Ce bon prince était toujours loué, trompé, et volé : c'était à qui pillerait ses trésors. Le receveur-général de l'île de Serendib donnait toujours cet exemple fidèlement suivi par les autres. Le roi le savait ; il avait changé de trésorier plusieurs fois ; mais il n'avait pu changer la mode établie de partager les revenus du roi en deux moitiés inégales, dont la plus petite revenait toujours à sa majesté, et la plus grosse aux administrateurs.

Le roi Nabussan confia sa peine au sage Zadig. Vous qui savez tant de belles choses, lui dit-il, ne sauriez-vous pas le moyen de me faire trouver un trésorier qui ne me vole point ? Assurément, répondit Zadig, je sais une façon infaillible de vous donner un homme qui ait les mains nettes. Le roi charmé lui demanda, en l'embrassant, comment il fallait s'y prendre. Il n'y a, dit Zadig, qu'à faire danser tous ceux qui se présenteront pour la dignité de trésorier, et celui qui dansera avec le plus de légèreté sera infailliblement le plus honnête homme. Vous vous moquez, dit le roi ; voilà une plaisante façon de choisir un receveur de mes finances ! Quoi ! vous prétendez que celui qui fera le mieux un entrechat sera le financier le plus intègre et le plus habile ! Je ne vous réponds pas qu'il sera le plus habile, repartit Zadig ; mais je vous assure que ce sera indubitablement le plus honnête homme. Zadig parlait avec tant de confiance, que le roi crut qu'il avait quelque secret surnaturel pour connaître les financiers. Je n'aime pas le surnaturel, dit Zadig ; les gens et les livres à prodiges m'ont toujours déplu : si votre majesté veut me laisser faire l'épreuve que je lui propose, elle

sera bien convaincue que mon secret est la chose la plus simple et la plus aisée. Nabussan, roi de Serendib, fut bien plus étonné d'entendre que ce secret était simple, que si on le lui avait donné pour un miracle : Or bien, dit-il, faites comme vous l'entendrez. Laissez-moi faire, dit Zadig, vous gagnerez à cette épreuve plus que vous ne pensez. Le jour même il fit publier, au nom du roi, que tous ceux qui prétendaient à l'emploi de haut receveur des deniers de sa gracieuse majesté Nabussan, fils de Nussanab, eussent à se rendre, en habits de soie légère, le premier de la lune du Crocodile, dans l'antichambre du roi. Ils s'y rendirent au nombre de soixante et quatre. On avait fait venir des violons dans un salon voisin; tout était préparé pour le bal; mais la porte de ce salon était fermée, et il fallait, pour y entrer, passer par une petite galerie assez obscure. Un huissier vint chercher et introduire chaque candidat, l'un après l'autre, par ce passage dans lequel on le laissait seul quelques minutes. Le roi, qui avait le mot, avait étalé tous ses trésors dans cette galerie. Lorsque tous les prétendants furent arrivés dans le salon, sa majesté ordonna qu'on les fît danser. Jamais on ne dansa plus pesamment et avec moins de grace; ils avaient tous la tête baissée, les reins courbés, les mains collées à leurs côtés ? Quels fripons! disait tout bas Zadig. Un seul d'entre eux formait des pas avec agilité, la tête haute, le regard assuré, les bras étendus, le corps droit, le jarret ferme. Ah! l'honnête homme! le brave homme! disait Zadig. Le roi embrassa ce bon danseur, le déclara trésorier, et tous les autres furent punis et taxés avec la plus grande

justice du monde; car chacun, dans le temps qu'il avait été dans la galerie, avait rempli ses poches, et pouvait à peine marcher. Le roi fut fâché pour la nature humaine que de ces soixante et quatre danseurs il y eût soixante et trois filous. La galerie obscure fut appelée *le corridor de la Tentation.* On aurait en Perse empalé ces soixante et trois seigneurs; en d'autres pays on eût fait une chambre de justice qui eût consommé en frais le triple de l'argent volé, et qui n'eût rien remis dans les coffres du souverain; dans un autre royaume, ils se seraient pleinement justifiés, et auraient fait disgracier ce danseur si léger: à Serendib, ils ne furent condamnés qu'à augmenter le trésor public, car Nabussan était fort indulgent.

Il était aussi fort reconnaissant; il donna à Zadig une somme d'argent plus considérable qu'aucun trésorier n'en avait jamais volé au roi son maître. Zadig s'en servit pour envoyer des exprès à Babylone, qui devaient l'informer de la destinée d'Astarté. Sa voix trembla en donnant cet ordre, son sang reflua vers son cœur, ses yeux se couvrirent de ténèbres, son ame fut prête à l'abandonner. Le courrier partit, Zadig le vit embarquer; il rentra chez le roi, ne voyant personne, croyant être dans sa chambre, et prononçant le nom d'amour. Ah! l'amour, dit le roi; c'est précisément ce dont il s'agit; vous avez deviné ce qui fait ma peine. Que vous êtes un grand homme! j'espère que vous m'apprendrez à connaître une femme à toute épreuve, comme vous m'avez fait trouver un trésorier désintéressé. Zadig, ayant repris ses sens,

lui promit de le servir en amour comme en finance, quoique la chose parût plus difficile encore.

CHAPITRE XV.

Les yeux bleus.

Le corps et le cœur, dit le roi à Zadig.... A ces mots le Babylonien ne put s'empêcher d'interrompre sa majesté. Que je vous sais bon gré, dit-il, de n'avoir point dit *l'esprit et le cœur!* car on n'entend que ces mots dans les conversations de Babylone : on ne voit que des livres où il est question du cœur et de l'esprit[1], composés par des gens qui n'ont ni de l'un ni de l'autre; mais, de grace, sire, poursuivez. Nabussan continua ainsi : Le corps et le cœur sont chez moi destinés à aimer; la première de ces deux puissances a tout lieu d'être satisfaite. J'ai ici cent femmes à mon service, toutes belles, complaisantes, prévenantes, voluptueuses même, ou feignant de l'être avec moi. Mon cœur n'est pas à beaucoup près si heureux. Je n'ai que trop éprouvé qu'on caresse beaucoup le roi de Serendib, et qu'on se soucie fort peu de Nabussan. Ce n'est pas que je croie mes femmes infidèles; mais je voudrais trouver une ame qui fût à moi; je donnerais pour un pa-

[1] Ce trait porte surtout contre Rollin, qui emploie souvent ces expressions dans son *Traité des études*. Voltaire y revient souvent : voyez, dans le présent volume, le chapitre 1er de *Micromégas*, et dans le tome XXXIV, le chapitre xi de l'*Homme aux quarante écus*, le chapitre ix du *Taureau blanc*; et tome XI, le second vers du chant viii de *la Pucelle*. B.

reil trésor les cent beautés dont je possède les charmes : voyez si, sur ces cent sultanes, vous pouvez m'en trouver une dont je sois sûr d'être aimé.

Zadig lui répondit comme il avait fait sur l'article des financiers : Sire, laissez-moi faire ; mais permettez d'abord que je dispose de ce que vous aviez étalé dans la galerie de la Tentation ; je vous en rendrai bon compte, et vous n'y perdrez rien. Le roi le laissa le maître absolu. Il choisit dans Serendib trente-trois petits bossus des plus vilains qu'il put trouver, trente-trois pages des plus beaux, et trente-trois bonzes des plus éloquents et des plus robustes. Il leur laissa à tous la liberté d'entrer dans les cellules des sultanes ; chaque petit bossu eut quatre mille pièces d'or à donner ; et dès le premier jour tous les bossus furent heureux. Les pages, qui n'avaient rien à donner qu'eux-mêmes, ne triomphèrent qu'au bout de deux ou trois jours. Les bonzes eurent un peu plus de peine ; mais enfin trente-trois dévotes se rendirent à eux. Le roi, par des jalousies qui avaient vue sur toutes les cellules, vit toutes ces épreuves, et fut émerveillé. De ses cent femmes, quatre-vingt-dix-neuf succombèrent à ses yeux. Il en restait une toute jeune, toute neuve, de qui sa majesté n'avait jamais approché. On lui détacha un, deux, trois bossus, qui lui offrirent jusqu'à vingt mille pièces ; elle fut incorruptible, et ne put s'empêcher de rire de l'idée qu'avaient ces bossus de croire que de l'argent les rendrait mieux faits. On lui présenta les deux plus beaux pages ; elle dit qu'elle trouvait le roi encore plus beau. On lui lâcha le plus éloquent des bonzes, et ensuite le plus intrépide ;

elle trouva le premier un bavard, et ne daigna pas même soupçonner le mérite du second. Le cœur fait tout, disait-elle; je ne céderai jamais ni à l'or d'un bossu, ni aux graces d'un jeune homme, ni aux séductions d'un bonze : j'aimerai uniquement Nabussan, fils de Nussanab, et j'attendrai qu'il daigne m'aimer. Le roi fut transporté de joie, d'étonnement, et de tendresse. Il reprit tout l'argent qui avait fait réussir les bossus, et en fit présent à la belle Falide; c'était le nom de cette jeune personne. Il lui donna son cœur : elle le méritait bien. Jamais la fleur de la jeunesse ne fut si brillante; jamais les charmes de la beauté ne furent si enchanteurs. La vérité de l'histoire ne permet pas de taire qu'elle fesait mal la révérence, mais elle dansait comme les fées, chantait comme les sirènes, et parlait comme les Graces : elle était pleine de talents et de vertus.

Nabussan aimé l'adora : mais elle avait les yeux bleus, et ce fut la source des plus grands malheurs. Il y avait une ancienne loi qui défendait aux rois d'aimer une de ces femmes que les Grecs ont appelées depuis βοῶπις. Le chef des bonzes avait établi cette loi il y avait plus de cinq mille ans; c'était pour s'approprier la maîtresse du premier roi de l'île de Serendib que ce premier bonze avait fait passer l'anathème des yeux bleus en constitution fondamentale d'état. Tous les ordres de l'empire vinrent faire à Nabussan des remontrances. On disait publiquement que les derniers jours du royaume étaient arrivés, que l'abomination était à son comble, que toute la nature était menacée d'un événement sinistre; qu'en un mot Na-

bussan, fils de Nussanab, aimait deux grands yeux bleus. Les bossus, les financiers, les bonzes, et les brunes, remplirent le royaume de leurs plaintes.

Les peuples sauvages qui habitent le nord de Serendib profitèrent de ce mécontentement général. Ils firent une irruption dans les états du bon Nabussan. Il demanda des subsides à ses sujets; les bonzes, qui possédaient la moitié des revenus de l'état, se contentèrent de lever les mains au ciel, et refusèrent de les mettre dans leurs coffres pour aider le roi. Ils firent de belles prières en musique, et laissèrent l'état en proie aux barbares.

O mon cher Zadig, me tireras-tu encore de cet horrible embarras? s'écria douloureusement Nabussan. Très volontiers, répondit Zadig; vous aurez de l'argent des bonzes tant que vous en voudrez. Laissez à l'abandon les terres où sont situés leurs châteaux, et défendez seulement les vôtres. Nabussan n'y manqua pas: les bonzes vinrent se jeter aux pieds du roi, et implorer son assistance. Le roi leur répondit par une belle musique dont les paroles étaient des prières au ciel pour la conservation de leurs terres. Les bonzes enfin donnèrent de l'argent, et le roi finit heureusement la guerre. Ainsi Zadig, par ses conseils sages et heureux, et par les plus grands services, s'était attiré l'irréconciliable inimitié des hommes les plus puissants de l'état; les bonzes et les brunes jurèrent sa perte; les financiers et les bossus ne l'épargnèrent pas; on le rendit suspect au bon Nabussan. Les services rendus restent souvent dans l'antichambre, et les soupçons entrent dans le cabinet, selon la sentence de Zoroastre:

c'était tous les jours de nouvelles accusations ; la première est repoussée, la seconde effleure, la troisième blesse, la quatrième tue.

Zadig intimidé, qui avait bien fait les affaires de son ami Sétoc, et qui lui avait fait tenir son argent, ne songea plus qu'à partir de l'île, et résolut d'aller lui-même chercher des nouvelles d'Astarté ; car, disait-il, si je reste dans Serendib, les bonzes me feront empaler ; mais où aller ? je serai esclave en Égypte, brûlé selon toutes les apparences en Arabie, étranglé à Babylone. Cependant il faut savoir ce qu'Astarté est devenue : partons, et voyons à quoi me réserve ma triste destinée.

CHAPITRE XVI.

Le brigand.

En arrivant aux frontières qui séparent l'Arabie pétrée de la Syrie, comme il passait près d'un château assez fort, des Arabes armés en sortirent. Il se vit entouré ; on lui criait : Tout ce que vous avez nous appartient, et votre personne appartient à notre maître. Zadig, pour réponse, tira son épée ; son valet, qui avait du courage, en fit autant. Ils renversèrent morts les premiers Arabes qui mirent la main sur eux ; le nombre redoubla ; ils ne s'étonnèrent point, et résolurent de périr en combattant. On voyait deux hommes se défendre contre une multitude ; un tel combat ne pouvait durer long-temps. Le maître du château, nommé Ar-

bogad, ayant vu d'une fenêtre les prodiges de valeur que fesait Zadig, conçut de l'estime pour lui. Il descendit en hâte, et vint lui-même écarter ses gens, et délivrer les deux voyageurs. Tout ce qui passe sur mes terres est à moi, dit-il, aussi bien que ce que je trouve sur les terres des autres ; mais vous me paraissez un si brave homme, que je vous exempte de la loi commune. Il le fit entrer dans son château, ordonnant à ses gens de le bien traiter; et le soir Arbogad voulut souper avec Zadig.

Le seigneur du château était un de ces Arabes qu'on appelle *voleurs;* mais il fesait quelquefois de bonnes actions parmi une foule de mauvaises ; il volait avec une rapacité furieuse, et donnait libéralement : intrépide dans l'action, assez doux dans le commerce, débauché à table, gai dans la débauche, et surtout plein de franchise. Zadig lui plut beaucoup; sa conversation, qui s'anima, fit durer le repas : enfin Arbogad lui dit: Je vous conseille de vous enrôler sous moi, vous ne sauriez mieux faire ; ce métier-ci n'est pas mauvais ; vous pourrez un jour devenir ce que je suis. Puis-je vous demander, dit Zadig, depuis quel temps vous exercez cette noble profession? Dès ma plus tendre jeunesse, reprit le seigneur. J'étais valet d'un Arabe assez habile ; ma situation m'était insupportable. J'étais au désespoir de voir que, dans toute la terre qui appartient également aux hommes, la destinée ne m'eût pas réservé ma portion. Je confiai mes peines à un vieil Arabe qui me dit: Mon fils, ne désespérez pas; il y avait autrefois un grain de sable qui se lamentait d'être un atome ignoré dans les déserts; au bout de quelques

années il devint diamant, et il est à présent le plus bel ornement de la couronne du roi des Indes. Ce discours me fit impression; j'étais le grain de sable, je résolus de devenir diamant. Je commençai par voler deux chevaux; je m'associai des camarades; je me mis en état de voler de petites caravanes : ainsi je fis cesser peu-à-peu la disproportion qui était d'abord entre les hommes et moi. J'eus ma part aux biens de ce monde, et je fus même dédommagé avec usure : on me considéra beaucoup; je devins seigneur brigand; j'acquis ce château par voie de fait. Le satrape de Syrie voulut m'en déposséder; mais j'étais déjà trop riche pour avoir rien à craindre; je donnai de l'argent au satrape, moyennant quoi je conservai ce château, et j'agrandis mes domaines; il me nomma même trésorier des tributs que l'Arabie pétrée payait au roi des rois. Je fis ma charge de receveur, et point du tout celle de payeur.

Le grand desterham de Babylone envoya ici, au nom du roi Moabdar, un petit satrape, pour me faire étrangler. Cet homme arriva avec son ordre : j'étais instruit de tout; je fis étrangler en sa présence les quatre personnes qu'il avait amenées avec lui pour serrer le lacet; après quoi je lui demandai ce que pouvait lui valoir la commission de m'étrangler. Il me répondit que ses honoraires pouvaient aller à trois cents pièces d'or. Je lui fis voir clair qu'il y aurait plus à gagner avec moi. Je le fis sous-brigand; il est aujourd'hui un de mes meilleurs officiers, et des plus riches. Si vous m'en croyez, vous réussirez comme lui. Jamais la saison de voler n'a été meilleure, depuis

que Moabdar est tué, et que tout est en confusion dans Babylone.

Moabdar est tué! dit Zadig; et qu'est devenue la reine Astarté? Je n'en sais rien, reprit Arbogad; tout ce que je sais, c'est que Moabdar est devenu fou, qu'il a été tué, que Babylone est un grand coupe-gorge, que tout l'empire est désolé, qu'il y a de beaux coups à faire encore, et que pour ma part j'en ai fait d'admirables. Mais la reine, dit Zadig; de grace, ne savez-vous rien de la destinée de la reine? On m'a parlé d'un prince d'Hyrcanie, reprit-il; elle est probablement parmi ses concubines, si elle n'a pas été tuée dans le tumulte; mais je suis plus curieux de butin que de nouvelles. J'ai pris plusieurs femmes dans mes courses, je n'en garde aucune; je les vends cher quand elles sont belles, sans m'informer de ce qu'elles sont. On n'achète point le rang; une reine qui serait laide ne trouverait pas marchand; peut-être ai-je vendu la reine Astarté, peut-être est-elle morte; mais peu m'importe, et je pense que vous ne devez pas vous en soucier plus que moi. En parlant ainsi il buvait avec tant de courage, il confondait tellement toutes les idées, que Zadig n'en put tirer aucun éclaircissement.

Il restait interdit, accablé, immobile. Arbogad buvait toujours, fesait des contes, répétait sans cesse qu'il était le plus heureux de tous les hommes, exhortant Zadig à se rendre aussi heureux que lui. Enfin doucement assoupi par les fumées du vin, il alla dormir d'un sommeil tranquille. Zadig passa la nuit dans l'agitation la plus violente. Quoi, disait-il, le roi est devenu fou! il est tué! Je ne puis m'empêcher de le plaindre.

L'empire est déchiré, et ce brigand est heureux : ô fortune! ô destinée! un voleur est heureux, et ce que la nature a fait de plus aimable a péri peut-être d'une manière affreuse, ou vit dans un état pire que la mort. O Astarté! qu'êtes-vous devenue?

Dès le point du jour il interrogea tous ceux qu'il rencontrait dans le château; mais tout le monde était occupé, personne ne lui répondit : on avait fait pendant la nuit de nouvelles conquêtes, on partageait les dépouilles. Tout ce qu'il put obtenir dans cette confusion tumultueuse, ce fut la permission de partir. Il en profita sans tarder, plus abîmé que jamais dans ses réflexions douloureuses.

Zadig marchait inquiet, agité, l'esprit tout occupé de la malheureuse Astarté, du roi de Babylone, de son fidèle Cador, de l'heureux brigand Arbogad, de cette femme si capricieuse que des Babyloniens avaient enlevée sur les confins de l'Égypte, enfin de tous les contre-temps et de toutes les infortunes qu'il avait éprouvées.

CHAPITRE XVII.

Le pêcheur.

A quelques lieues du château d'Arbogad, il se trouva sur le bord d'une petite rivière, toujours déplorant sa destinée, et se regardant comme le modèle du malheur. Il vit un pêcheur couché sur la rive, tenant à peine d'une main languissante son filet, qu'il semblait abandonner, et levant les yeux vers le ciel.

CHAPITRE XVII.

Je suis certainement le plus malheureux de tous les hommes, disait le pêcheur. J'ai été, de l'aveu de tout le monde, le plus célèbre marchand de fromages à la crème dans Babylone, et j'ai été ruiné. J'avais la plus jolie femme qu'homme pût posséder, et j'en ai été trahi. Il me restait une chétive maison, je l'ai vue pillée et détruite. Réfugié dans une cabane, je n'ai de ressource que ma pêche, et je ne prends pas un poisson. O mon filet! je ne te jetterai plus dans l'eau, c'est à moi de m'y jeter. En disant ces mots il se lève, et s'avance dans l'attitude d'un homme qui allait se précipiter et finir sa vie.

Eh quoi! se dit Zadig à lui-même, il y a donc des hommes aussi malheureux que moi! L'ardeur de sauver la vie au pêcheur fut aussi prompte que cette réflexion. Il court à lui, il l'arrête, il l'interroge d'un air attendri et consolant. On prétend qu'on en est moins malheureux quand on ne l'est pas seul : mais, selon Zoroastre, ce n'est pas par malignité, c'est par besoin. On se sent alors entraîné vers un infortuné comme vers son semblable. La joie d'un homme heureux serait une insulte ; mais deux malheureux sont comme deux arbrisseaux faibles qui, s'appuyant l'un sur l'autre, se fortifient contre l'orage.

Pourquoi succombez-vous à vos malheurs? dit Zadig au pêcheur. C'est, répondit-il, parceque je n'y vois pas de ressource. J'ai été le plus considéré du village de Derlback auprès de Babylone, et je fesais, avec l'aide de ma femme, les meilleurs fromages à la crème de l'empire. La reine Astarté et le fameux ministre Zadig les aimaient passionnément. J'avais fourni

à leurs maisons six cents fromages. J'allai un jour à la ville pour être payé ; j'appris en arrivant dans Babylone que la reine et Zadig avaient disparu. Je courus chez le seigneur Zadig, que je n'avais jamais vu ; je trouvai les archers du grand desterham, qui, munis d'un papier royal, pillaient sa maison loyalement et avec ordre. Je volai aux cuisines de la reine ; quelques uns des seigneurs de la bouche me dirent qu'elle était morte ; d'autres dirent qu'elle était en prison ; d'autres prétendirent qu'elle avait pris la fuite ; mais tous m'assurèrent qu'on ne me paierait point mes fromages. J'allai avec ma femme chez le seigneur Orcan, qui était une de mes pratiques : nous lui demandâmes sa protection dans notre disgrace. Il l'accorda à ma femme, et me la refusa. Elle était plus blanche que ces fromages à la crème qui commencèrent mon malheur ; et l'éclat de la pourpre de Tyr n'était pas plus brillant que l'incarnat qui animait cette blancheur. C'est ce qui fit qu'Orcan la retint, et me chassa de sa maison. J'écrivis à ma chère femme la lettre d'un désespéré. Elle dit au porteur : Ah, ah ! oui ! je sais quel est l'homme qui m'écrit, j'en ai entendu parler : on dit qu'il fait des fromages à la crème excellents ; qu'on m'en apporte, et qu'on les lui paie.

Dans mon malheur, je voulus m'adresser à la justice. Il me restait six onces d'or : il fallut en donner deux onces à l'homme de loi que je consultai, deux au procureur qui entreprit mon affaire, deux au secrétaire du premier juge. Quand tout cela fut fait, mon procès n'était pas encore commencé, et j'avais déjà dépensé plus d'argent que mes fromages et ma

femme ne valaient. Je retournai à mon village dans l'intention de vendre ma maison pour avoir ma femme.

Ma maison valait bien soixante onces d'or; mais on me voyait pauvre et pressé de vendre. Le premier à qui je m'adressai m'en offrit trente onces; le second, vingt; et le troisième, dix. J'étais prêt enfin de conclure, tant j'étais aveuglé, lorsqu'un prince d'Hyrcanie vint à Babylone, et ravagea tout sur son passage. Ma maison fut d'abord saccagée, et ensuite brûlée.

Ayant ainsi perdu mon argent, ma femme, et ma maison, je me suis retiré dans ce pays où vous me voyez; j'ai tâché de subsister du métier de pêcheur. Les poissons se moquent de moi comme les hommes; je ne prends rien, je meurs de faim; et sans vous, auguste consolateur, j'allais mourir dans la rivière.

Le pêcheur ne fit point ce récit tout de suite; car à tout moment Zadig ému et transporté lui disait: Quoi! vous ne savez rien de la destinée de la reine ? Non, seigneur, répondait le pêcheur; mais je sais que la reine et Zadig ne m'ont point payé mes fromages à la crème, qu'on a pris ma femme, et que je suis au désespoir. Je me flatte, dit Zadig, que vous ne perdrez pas tout votre argent. J'ai entendu parler de ce Zadig; il est honnête homme; et s'il retourne à Babylone, comme il l'espère, il vous donnera plus qu'il ne vous doit; mais pour votre femme, qui n'est pas si honnête, je vous conseille de ne pas chercher à la reprendre. Croyez-moi, allez à Babylone; j'y serai avant vous, parceque je suis à cheval, et que vous

êtes à pied. Adressez-vous à l'illustre Cador; dites-lui que vous avez rencontré son ami; attendez-moi chez lui; allez; peut-être ne serez-vous pas toujours malheureux.

O puissant Orosmade! continua-t-il, vous vous servez de moi pour consoler cet homme; de qui vous servirez-vous pour me consoler? En parlant ainsi il donnait au pêcheur la moitié de tout l'argent qu'il avait apporté d'Arabie, et le pêcheur, confondu et ravi, baisait les pieds de l'ami de Cador, et disait: Vous êtes un ange sauveur.

Cependant Zadig demandait toujours des nouvelles, et versait des larmes. Quoi! seigneur, s'écria le pêcheur, vous seriez donc aussi malheureux, vous qui faites du bien? Plus malheureux que toi cent fois, répondait Zadig. Mais comment se peut-il faire, disait le bon-homme, que celui qui donne soit plus à plaindre que celui qui reçoit? C'est que ton plus grand malheur, reprit Zadig, était le besoin, et que je suis infortuné par le cœur. Orcan vous aurait-il pris votre femme? dit le pêcheur. Ce mot rappela dans l'esprit de Zadig toutes ses aventures; il répétait la liste de ses infortunes, à commencer depuis la chienne de la reine jusqu'à son arrivée chez le brigand Arbogad. Ah! dit-il au pêcheur, Orcan mérite d'être puni. Mais d'ordinaire ce sont ces gens-là qui sont les favoris de la destinée. Quoi qu'il en soit, va chez le seigneur Cador, et attends-moi. Ils se séparèrent: le pêcheur marcha en remerciant son destin, et Zadig courut en accusant toujours le sien.

CHAPITRE XVIII.

Le basilic.

Arrivé dans une belle prairie, il y vit plusieurs femmes qui cherchaient quelque chose avec beaucoup d'application. Il prit la liberté de s'approcher de l'une d'elles, et de lui demander s'il pouvait avoir l'honneur de les aider dans leurs recherches. Gardez-vous-en bien, répondit la Syrienne; ce que nous cherchons ne peut être touché que par des femmes. Voilà qui est bien étrange, dit Zadig; oserai-je vous prier de m'apprendre ce que c'est qu'il n'est permis qu'aux femmes de toucher? C'est un basilic, dit-elle. Un basilic, madame! et pour quelle raison, s'il vous plaît, cherchez-vous un basilic? C'est pour notre seigneur et maître Ogul, dont vous voyez le château sur le bord de cette rivière, au bout de la prairie. Nous sommes ses très humbles esclaves; le seigneur Ogul est malade; son médecin lui a ordonné de manger un basilic cuit dans l'eau rose; et comme c'est un animal fort rare, et qui ne se laisse jamais prendre que par des femmes, le seigneur Ogul a promis de choisir pour sa femme bien-aimée celle de nous qui lui apporterait un basilic : laissez-moi chercher, s'il vous plaît : car vous voyez ce qu'il m'en coûterait si j'étais prévenue par mes compagnes.

Zadig laissa cette Syrienne et les autres chercher leur basilic, et continua de marcher dans la prairie.

Quand il fut au bord d'un petit ruisseau, il y trouva une autre dame couchée sur le gazon, et qui ne cherchait rien. Sa taille paraissait majestueuse, mais son visage était couvert d'un voile. Elle était penchée vers le ruisseau; de profonds soupirs sortaient de sa bouche. Elle tenait en main une petite baguette, avec laquelle elle traçait des caractères sur un sable fin qui se trouvait entre le gazon et le ruisseau. Zadig eut la curiosité de voir ce que cette femme écrivait; il s'approcha, il vit la lettre Z, puis un A; il fut étonné; puis parut un D; il tressaillit. Jamais surprise ne fut égale à la sienne, quand il vit les deux dernières lettres de son nom. Il demeura quelque temps immobile : enfin rompant le silence d'une voix entrecoupée : O généreuse dame! pardonnez à un étranger, à un infortuné, d'oser vous demander par quelle aventure étonnante je trouve ici le nom de ZADIG tracé de votre main divine? A cette voix, à ces paroles, la dame releva son voile d'une main tremblante, regarda Zadig, jeta un cri d'attendrissement, de surprise, et de joie, et succombant sous tous les mouvements divers qui assaillaient à-la-fois son ame, elle tomba évanouie entre ses bras. C'était Astarté elle-même, c'était la reine de Babylone, c'était celle que Zadig adorait, et qu'il se reprochait d'adorer; c'était celle dont il avait tant pleuré et tant craint la destinée. Il fut un moment privé de l'usage de ses sens; et quand il eut attaché ses regards sur les yeux d'Astarté, qui se rouvraient avec une langueur mêlée de confusion et de tendresse: O puissances immortelles! s'écria-t-il, qui présidez aux destins des faibles humains, me rendez-vous As-

tarté? En quel temps, en quels lieux, en quel état la revois-je? Il se jeta à genoux devant Astarté, et il attacha son front à la poussière de ses pieds. La reine de Babylone le relève, et le fait asseoir auprès d'elle sur le bord de ce ruisseau; elle essuyait à plusieurs reprises ses yeux dont les larmes recommençaient toujours à couler. Elle reprenait vingt fois des discours que ses gémissements interrompaient; elle l'interrogeait sur le hasard qui les rassemblait, et prévenait soudain ses réponses par d'autres questions. Elle entamait le récit de ses malheurs, et voulait savoir ceux de Zadig. Enfin tous deux ayant un peu apaisé le tumulte de leurs ames, Zadig lui conta en peu de mots par quelle aventure il se trouvait dans cette prairie. Mais, ô malheureuse et respectable reine! comment vous retrouvé-je en ce lieu écarté, vêtue en esclave, et accompagnée d'autres femmes esclaves qui cherchent un basilic pour le faire cuire dans de l'eau rose par ordonnance du médecin?

Pendant qu'elles cherchent leur basilic, dit la belle Astarté, je vais vous apprendre tout ce que j'ai souffert, et tout ce que je pardonne au ciel depuis que je vous revois. Vous savez que le roi mon mari trouva mauvais que vous fussiez le plus aimable de tous les hommes; et ce fut pour cette raison qu'il prit une nuit la résolution de vous faire étrangler et de m'empoisonner. Vous savez comme le ciel permit que mon petit muet m'avertît de l'ordre de sa sublime majesté. A peine le fidèle Cador vous eut-il forcé de m'obéir et de partir, qu'il osa entrer chez moi au milieu de la nuit par une issue secrète. Il m'enleva, et me conduisit dans

le temple d'Orosmade, où le mage, son frère, m'enferma dans une statue colossale dont la base touche aux fondements du temple, et dont la tête atteint la voûte. Je fus là comme ensevelie, mais servie par le mage, et ne manquant d'aucune chose nécessaire. Cependant au point du jour l'apothicaire de sa majesté entra dans ma chambre avec une potion mêlée de jusquiame, d'opium, de ciguë, d'ellébore noir, et d'aconit; et un autre officier alla chez vous avec un lacet de soie bleue. On ne trouva personne. Cador, pour mieux tromper le roi, feignit de venir nous accuser tous deux. Il dit que vous aviez pris la route des Indes, et moi celle de Memphis : on envoya des satellites après vous et après moi.

Les courriers qui me cherchaient ne me connaissaient pas. Je n'avais presque jamais montré mon visage qu'à vous seul, en présence et par ordre de mon époux. Ils coururent à ma poursuite, sur le portrait qu'on leur fesait de ma personne : une femme de la même taille que moi, et qui peut-être avait plus de charmes, s'offrit à leurs regards sur les frontières de l'Égypte. Elle était éplorée, errante; ils ne doutèrent pas que cette femme ne fût la reine de Babylone; ils la menèrent à Moabdar. Leur méprise fit entrer d'abord le roi dans une violente colère; mais bientôt ayant considéré de plus près cette femme, il la trouva très belle, et fut consolé. On l'appelait Missouf. On m'a dit depuis que ce nom signifie en langue égyptienne *la belle capricieuse*. Elle l'était en effet; mais elle avait autant d'art que de caprice. Elle plut à Moabdar. Elle le subjugua au point de se faire déclarer sa femme. Alors

son caractère se développa tout entier : elle se livra sans crainte à toutes les folies de son imagination. Elle voulut obliger le chef des mages, qui était vieux et goutteux, de danser devant elle; et sur le refus du mage, elle le persécuta violemment. Elle ordonna à son grand-écuyer de lui faire une tourte de confitures. Le grand-écuyer eut beau lui représenter qu'il n'était point pâtissier, il fallut qu'il fît la tourte; et on le chassa, parcequ'elle était trop brûlée. Elle donna la charge de grand-écuyer à son nain, et la place de chancelier à un page. C'est ainsi qu'elle gouverna Babylone. Tout le monde me regrettait. Le roi, qui avait été assez honnête homme jusqu'au moment où il avait voulu m'empoisonner et vous faire étrangler, semblait avoir noyé ses vertus dans l'amour prodigieux qu'il avait pour la belle capricieuse. Il vint au temple le grand jour du feu sacré. Je le vis implorer les dieux pour Missouf aux pieds de la statue où j'étais renfermée. J'élevai la voix ; je lui criai : « Les dieux « refusent les vœux d'un roi devenu tyran, qui a voulu « faire mourir une femme raisonnable pour épouser « une extravagante. » Moabdar fut confondu de ces paroles au point que sa tête se troubla. L'oracle que j'avais rendu, et la tyrannie de Missouf, suffisaient pour lui faire perdre le jugement. Il devint fou en peu de jours.

Sa folie, qui parut un châtiment du ciel, fut le signal de la révolte. On se souleva, on courut aux armes. Babylone, si long-temps plongée dans une mollesse oisive, devint le théâtre d'une guerre civile affreuse. On me tira du creux de ma statue, et on me

mit à la tête d'un parti. Cador courut à Memphis, pour vous ramener à Babylone. Le prince d'Hyrcanie, apprenant ces funestes nouvelles, revint avec son armée faire un troisième parti dans la Chaldée. Il attaqua le roi, qui courut au-devant de lui avec son extravagante Égyptienne. Moabdar mourut percé de coups. Missouf tomba aux mains du vainqueur. Mon malheur voulut que je fusse prise moi-même par un parti hyrcanien, et qu'on me menât devant le prince précisément dans le temps qu'on lui amenait Missouf. Vous serez flatté, sans doute, en apprenant que le prince me trouva plus belle que l'Égyptienne; mais vous serez fâché d'apprendre qu'il me destina à son sérail. Il me dit fort résolument que, dès qu'il aurait fini une expédition militaire qu'il allait exécuter, il viendrait à moi. Jugez de ma douleur. Mes liens avec Moabdar étaient rompus, je pouvais être à Zadig; et je tombais dans les chaînes de ce barbare! Je lui répondis avec toute la fierté que me donnaient mon rang et mes sentiments. J'avais toujours entendu dire que le ciel attachait aux personnes de ma sorte un caractère de grandeur qui d'un mot et d'un coup d'œil fesait rentrer dans l'abaissement du plus profond respect les téméraires qui osaient s'en écarter. Je parlai en reine, mais je fus traitée en demoiselle suivante. L'Hyrcanien, sans daigner seulement m'adresser la parole, dit à son eunuque noir que j'étais une impertinente, mais qu'il me trouvait jolie. Il lui ordonna d'avoir soin de moi et de me mettre au régime des favorites, afin de me rafraîchir le teint, et de me rendre plus digne de ses faveurs, pour le jour où il aurait la commo-

dité de m'en honorer. Je lui dis que je me tuerais : il répliqua, en riant, qu'on ne se tuait point, qu'il était fait à ces façons-là, et me quitta comme un homme qui vient de mettre un perroquet dans sa ménagerie. Quel état pour la première reine de l'univers, et, je dirai plus, pour un cœur qui était à Zadig !

A ces paroles il se jeta à ses genoux, et les baigna de larmes. Astarté le releva tendrement, et elle continua ainsi : Je me voyais au pouvoir d'un barbare, et rivale d'une folle avec qui j'étais renfermée. Elle me raconta son aventure d'Égypte. Je jugeai par les traits dont elle vous peignait, par le temps, par le dromadaire sur lequel vous étiez monté, par toutes les circonstances, que c'était Zadig qui avait combattu pour elle. Je ne doutai pas que vous ne fussiez à Memphis ; je pris la résolution de m'y retirer. Belle Missouf, lui dis-je, vous êtes beaucoup plus plaisante que moi, vous divertirez bien mieux que moi le prince d'Hyrcanie. Facilitez-moi les moyens de me sauver ; vous régnerez seule ; vous me rendrez heureuse, en vous débarrassant d'une rivale. Missouf concerta avec moi les moyens de ma fuite. Je partis donc secrètement avec une esclave égyptienne.

J'étais déjà près de l'Arabie, lorsqu'un fameux voleur, nommé Arbogad, m'enleva, et me vendit à des marchands qui m'ont amenée dans ce château, où demeure le seigneur Ogul. Il m'a achetée sans savoir qui j'étais. C'est un homme voluptueux qui ne cherche qu'à faire grande chère, et qui croit que Dieu l'a mis au monde pour tenir table. Il est d'un embonpoint excessif, qui est toujours prêt à le suffoquer.

Son médecin, qui n'a que peu de crédit auprès de lui quand il digère bien, le gouverne despotiquement quand il a trop mangé. Il lui a persuadé qu'il le guérirait avec un basilic cuit dans de l'eau rose. Le seigneur Ogul a promis sa main à celle de ses esclaves qui lui apporterait un basilic. Vous voyez que je les laisse s'empresser à mériter cet honneur, et je n'ai jamais eu moins d'envie de trouver ce basilic que depuis que le ciel a permis que je vous revisse.

Alors Astarté et Zadig se dirent tout ce que des sentiments long-temps retenus, tout ce que leurs malheurs et leurs amours pouvaient inspirer aux cœurs les plus nobles et les plus passionnés; et les génies qui président à l'amour portèrent leurs paroles jusqu'à la sphère de Vénus.

Les femmes rentrèrent chez Ogul sans avoir rien trouvé. Zadig se fit présenter à lui, et lui parla en ces termes : Que la santé immortelle descende du ciel pour avoir soin de tous vos jours! Je suis médecin, j'ai accouru vers vous sur le bruit de votre maladie, et je vous ai apporté un basilic cuit dans de l'eau rose. Ce n'est pas que je prétende vous épouser : je ne vous demande que la liberté d'une jeune esclave de Babylone que vous avez depuis quelques jours; et je consens de rester en esclavage à sa place, si je n'ai pas le bonheur de guérir le magnifique seigneur Ogul.

La proposition fut acceptée. Astarté partit pour Babylone avec le domestique de Zadig, en lui promettant de lui envoyer incessamment un courrier, pour l'instruire de tout ce qui se serait passé. Leurs adieux

furent aussi tendres que l'avait été leur reconnaissance. Le moment où l'on se retrouve, et celui où l'on se sépare, sont les deux plus grandes époques de la vie, comme dit le grand livre du Zend. Zadig aimait la reine autant qu'il le jurait, et la reine aimait Zadig plus qu'elle ne le lui disait.

Cependant Zadig parla ainsi à Ogul : Seigneur, on ne mange point mon basilic, toute sa vertu doit entrer chez vous par les pores. Je l'ai mis dans une petite outre bien enflée et couverte d'une peau fine : il faut que vous poussiez cette outre de toute votre force, et que je vous la renvoie à plusieurs reprises; et en peu de jours de régime vous verrez ce que peut mon art. Ogul dès le premier jour fut tout essoufflé, et crut qu'il mourrait de fatigue. Le second il fut moins fatigué, et dormit mieux. En huit jours il recouvra toute la force, la santé, la légèreté, et la gaieté de ses plus brillantes années. Vous avez joué au ballon, et vous avez été sobre, lui dit Zadig : apprenez qu'il n'y a point de basilic dans la nature, qu'on se porte toujours bien avec de la sobriété et de l'exercice, et que l'art de faire subsister ensemble l'intempérance et la santé est un art aussi chimérique que la pierre philosophale, l'astrologie judiciaire, et la théologie des mages.

Le premier médecin d'Ogul, sentant combien cet homme était dangereux pour la médecine, s'unit avec l'apothicaire du corps pour envoyer Zadig chercher des basilics dans l'autre monde. Ainsi, après avoir été toujours puni pour avoir bien fait, il était près de périr pour avoir guéri un seigneur gourmand. On l'invita à un excellent dîner. Il devait être empoisonné au se-

cond service; mais il reçut un courrier de la belle Astarté au premier. Il quitta la table, et partit. Quand on est aimé d'une belle femme, dit le grand Zoroastre, on se tire toujours d'affaire dans ce monde.

CHAPITRE XIX.

Les combats.

La reine avait été reçue à Babylone avec les transports qu'on a toujours pour une belle princesse qui a été malheureuse. Babylone alors paraissait être plus tranquille. Le prince d'Hyrcanie avait été tué dans un combat. Les Babyloniens vainqueurs déclarèrent qu'Astarté épouserait celui qu'on choisirait pour souverain. On ne voulut point que la première place du monde, qui serait celle de mari d'Astarté et de roi de Babylone, dépendît des intrigues et des cabales. On jura de reconnaître pour roi le plus vaillant et le plus sage. Une grande lice, bordée d'amphithéâtres magnifiquement ornés, fut formée à quelques lieues de la ville. Les combattants devaient s'y rendre armés de toutes pièces. Chacun d'eux avait derrière les amphithéâtres un appartement séparé, où il ne devait être vu ni connu de personne. Il fallait courir quatre lances. Ceux qui seraient assez heureux pour vaincre quatre chevaliers devaient combattre ensuite les uns contre les autres; de façon que celui qui resterait le dernier maître du camp serait proclamé le vainqueur des jeux. Il devait revenir quatre jours après avec les

mêmes armes, et expliquer les énigmes proposées par les mages. S'il n'expliquait point les énigmes, il n'était point roi, et il fallait recommencer à courir des lances, jusqu'à ce qu'on trouvât un homme qui fût vainqueur dans ces deux combats; car on voulait absolument pour roi le plus vaillant et le plus sage. La reine, pendant tout ce temps, devait être étroitement gardée : on lui permettait seulement d'assister aux jeux, couverte d'un voile; mais on ne souffrait pas qu'elle parlât à aucun des prétendants, afin qu'il n'y eût ni faveur ni injustice.

Voilà ce qu'Astarté fesait savoir à son amant, espérant qu'il montrerait pour elle plus de valeur et d'esprit que personne. Il partit, et pria Vénus de fortifier son courage et d'éclairer son esprit. Il arriva sur le rivage de l'Euphrate, la veille de ce grand jour. Il fit inscrire sa devise parmi celles des combattants, en cachant son visage et son nom, comme la loi l'ordonnait, et alla se reposer dans l'appartement qui lui échut par le sort. Son ami Cador, qui était revenu à Babylone, après l'avoir inutilement cherché en Égypte, fit porter dans sa loge une armure complète que la reine lui envoyait. Il lui fit amener aussi de sa part le plus beau cheval de Perse. Zadig reconnut Astarté à ces présents : son courage et son amour en prirent de nouvelles forces et de nouvelles espérances.

Le lendemain la reine étant venue se placer sous un dais de pierreries, et les amphithéâtres étant remplis de toutes les dames et de tous les ordres de Babylone, les combattants parurent dans le cirque. Cha-

cun d'eux vint mettre sa devise aux pieds du grand-mage. On tira au sort les devises; celle de Zadig fut la dernière. Le premier qui s'avança était un seigneur très riche, nommé Itobad, fort vain, peu courageux, très maladroit, et sans esprit. Ses domestiques l'avaient persuadé qu'un homme comme lui devait être roi ; il leur avait répondu : Un homme comme moi doit régner; ainsi on l'avait armé de pied en cap. Il portait une armure d'or émaillée de vert, un panache vert, une lance ornée de rubans verts. On s'aperçut d'abord, à la manière dont Itobad gouvernait son cheval, que ce n'était pas *un homme comme lui à qui le ciel* réservait le sceptre de Babylone. Le premier chevalier qui courut contre lui le désarçonna ; le second le renversa sur la croupe de son cheval, les deux jambes en l'air et les bras étendus. Itobad se remit, mais de si mauvaise grace que tout l'amphithéâtre se mit à rire. Un troisième ne daigna pas se servir de sa lance; mais en lui fesant une passe, il le prit par la jambe droite, et lui fesant faire un demi-tour, il le fit tomber sur le sable : les écuyers des jeux accoururent à lui en riant, et le remirent en selle. Le quatrième combattant le prend par la jambe gauche, et le fait tomber de l'autre côté. On le conduisit avec des huées à sa loge, où il devait passer la nuit selon la loi; et il disait en marchant à peine : Quelle aventure pour un homme comme moi !

Les autres chevaliers s'acquittèrent mieux de leur devoir. Il y en eut qui vainquirent deux combattants de suite; quelques uns allèrent jusqu'à trois. Il n'y eut que le prince Otame qui en vainquit quatre. Enfin

CHAPITRE XIX.

Zadig combattit à son tour : il désarçonna quatre cavaliers de suite avec toute la grace possible. Il fallut donc voir qui serait vainqueur d'Otame ou de Zadig. Le premier portait des armes bleues et or, avec un panache de même; celles de Zadig étaient blanches. Tous les vœux se partageaient entre le chevalier bleu et le chevalier blanc. La reine, à qui le cœur palpitait, fesait des prières au ciel pour la couleur blanche.

Les deux champions firent des passes et des voltes avec tant d'agilité, ils se donnèrent de si beaux coups de lance, ils étaient si fermes sur leurs arçons, que tout le monde, hors la reine, souhaitait qu'il y eût deux rois dans Babylone. Enfin, leurs chevaux étant lassés et leurs lances rompues, Zadig usa de cette adresse : il passe derrière le prince bleu, s'élance sur la croupe de son cheval, le prend par le milieu du corps, le jette à terre, se met en selle à sa place, et caracole autour d'Otame étendu sur la place. Tout l'amphithéâtre crie : Victoire au chevalier blanc! Otame indigné se relève, tire son épée; Zadig saute de cheval, le sabre à la main. Les voilà tous deux sur l'arène, livrant un nouveau combat, où la force et l'agilité triomphent tour-à-tour. Les plumes de leur casque, les clous de leurs brassards, les mailles de leur armure sautent au loin sous mille coups précipités. Ils frappent de pointe et de taille, à droite, à gauche, sur la tête, sur la poitrine; ils reculent, ils avancent, ils se mesurent, ils se rejoignent, ils se saisissent, ils se replient comme des serpents, ils s'attaquent comme des lions; le feu jaillit à tout moment des coups qu'ils se portent. Enfin Zadig ayant un mo-

ment repris ses esprits s'arrête, fait une feinte, passe sur Otame, le fait tomber, le désarme, et Otame s'écrie : O chevalier blanc ! c'est vous qui devez régner sur Babylone. La reine était au comble de la joie. On reconduisit le chevalier bleu et le chevalier blanc chacun à leur loge, ainsi que tous les autres, selon ce qui était porté par la loi. Des muets vinrent les servir et leur apporter à manger. On peut juger si le petit muet de la reine ne fut pas celui qui servit Zadig. Ensuite on les laissa dormir seuls jusqu'au lendemain matin, temps où le vainqueur devait apporter sa devise au grand-mage, pour la confronter et se faire reconnaître.

Zadig dormit, quoique amoureux, tant il était fatigué. Itobad, qui était couché auprès de lui, ne dormit point. Il se leva pendant la nuit, entra dans sa loge, prit les armes blanches de Zadig avec sa devise, et mit son armure verte à la place. Le point du jour étant venu, il alla fièrement au grand-mage déclarer qu'un homme comme lui était vainqueur. On ne s'y attendait pas; mais il fut proclamé pendant que Zadig dormait encore. Astarté surprise, et le désespoir dans le cœur, s'en retourna dans Babylone. Tout l'amphithéâtre était déjà presque vide, lorsque Zadig s'éveilla; il chercha ses armes, et ne trouva que cette armure verte. Il était obligé de s'en couvrir, n'ayant rien autre chose auprès de lui. Étonné et indigné, il les endosse avec fureur, il avance dans cet équipage.

Tout ce qui était encore sur l'amphithéâtre et dans le cirque le reçut avec des huées. On l'entourait; on

CHAPITRE XIX.

lui insultait en face. Jamais homme n'essuya des mortifications si humiliantes. La patience lui échappa; il écarta à coups de sabre la populace qui osait l'outrager; mais il ne savait quel parti prendre. Il ne pouvait voir la reine; il ne pouvait réclamer l'armure blanche qu'elle lui avait envoyée; c'eût été la compromettre : ainsi, tandis qu'elle était plongée dans la douleur, il était pénétré de fureur et d'inquiétude. Il se promenait sur les bords de l'Euphrate, persuadé que son étoile le destinait à être malheureux sans ressource, repassant dans son esprit toutes ses disgraces depuis l'aventure de la femme qui haïssait les borgnes, jusqu'à celle de son armure. Voilà ce que c'est, disait-il, de m'être éveillé trop tard; si j'avais moins dormi, je serais roi de Babylone, je posséderais Astarté. Les sciences, les mœurs, le courage, n'ont donc jamais servi qu'à mon infortune. Il lui échappa enfin de murmurer contre la Providence, et il fut tenté de croire que tout était gouverné par une destinée cruelle qui opprimait les bons et qui fesait prospérer les chevaliers verts. Un de ses chagrins était de porter cette armure verte qui lui avait attiré tant de huées. Un marchand passa, il la lui vendit à vil prix, et prit du marchand une robe et un bonnet long. Dans cet équipage, il côtoyait l'Euphrate, rempli de désespoir, et accusant en secret la Providence qui le persécutait toujours.

CHAPITRE XX.

L'ermite[1].

Il rencontra en marchant un ermite, dont la barbe blanche et vénérable lui descendait jusqu'à la ceinture. Il tenait en main un livre qu'il lisait attentivement. Zadig s'arrêta, et lui fit une profonde inclination. L'ermite le salua d'un air si noble et si doux, que Zadig eut la curiosité de l'entretenir. Il lui demanda quel livre il lisait. C'est le livre des destinées, dit l'ermite; voulez-vous en lire quelque chose? Il mit le livre dans les mains de Zadig, qui, tout instruit qu'il était dans plusieurs langues, ne put déchiffrer un seul caractère du livre. Cela redoubla encore sa curiosité. Vous me paraissez bien chagrin, lui dit ce bon père. Hélas! que j'en ai sujet! dit Zadig. Si vous permettez que je vous accompagne, repartit le vieillard, peut-être vous serai-je utile: j'ai quelquefois répandu des sentiments de consolation dans l'ame des malheureux. Zadig se sentit du respect pour l'air, pour la barbe, et pour le livre de l'ermite. Il lui trouva dans la conversation des lumières supérieures.

[1] Fréron (*Année littéraire*, 1767, I, 30 et suiv.), reproche à Voltaire d'avoir tiré presque mot pour mot ce chapitre d'une pièce de cent cinquante vers, intitulée *The hermite* (l'ermite), par Th. Parnell. Avant Parnell, plusieurs auteurs avaient traité le même sujet, et entre autres l'auteur français, Bluet d'Arbères, comte de Permission, dans le livre CV de ses *OEuvres;* c'est en 1604 qu'avaient paru les livres CIV et CXIII, dont on ne connait encore qu'un seul exemplaire, découvert en 1824. B.

L'ermite parlait de la destinée, de la justice, de la morale, du souverain bien, de la faiblesse humaine, des vertus, et des vices, avec une éloquence si vive et si touchante, que Zadig se sentit entraîné vers lui par un charme invincible. Il le pria avec instance de ne le point quitter, jusqu'à ce qu'ils fussent de retour à Babylone. Je vous demande moi-même cette grace, lui dit le vieillard ; jurez-moi par Orosmade que vous ne vous séparerez point de moi d'ici à quelques jours, quelque chose que je fasse. Zadig jura, et ils partirent ensemble.

Les deux voyageurs arrivèrent le soir à un château superbe. L'ermite demanda l'hospitalité pour lui et pour le jeune homme qui l'accompagnait. Le portier, qu'on aurait pris pour un grand seigneur, les introduisit avec une espèce de bonté dédaigneuse. On les présenta à un principal domestique, qui leur fit voir les appartements magnifiques du maître. Ils furent admis à sa table au bas bout, sans que le seigneur du château les honorât d'un regard ; mais ils furent servis comme les autres avec délicatesse et profusion. On leur donna ensuite à laver dans un bassin d'or garni d'émeraudes et de rubis. On les mena coucher dans un bel appartement, et le lendemain matin un domestique leur apporta à chacun une pièce d'or, après quoi on les congédia.

Le maître de la maison, dit Zadig en chemin, me paraît être un homme généreux, quoique un peu fier ; il exerce noblement l'hospitalité. En disant ces paroles, il aperçut qu'une espèce de poche très large que portait l'ermite paraissait tendue et enflée : il y vit le

bassin d'or garni de pierreries, que celui-ci avait volé. Il n'osa d'abord en rien témoigner; mais il était dans une étrange surprise.

Vers le midi, l'ermite se présenta à la porte d'une maison très petite, où logeait un riche avare; il y demanda l'hospitalité pour quelques heures. Un vieux valet mal habillé le reçut d'un ton rude, et fit entrer l'ermite et Zadig dans l'écurie, où on leur donna quelques olives pourries, de mauvais pain, et de la bière gâtée. L'ermite but et mangea d'un air aussi content que la veille; puis s'adressant à ce vieux valet qui les observait tous deux pour voir s'ils ne volaient rien, et qui les pressait de partir, il lui donna les deux pièces d'or qu'il avait reçues le matin, et le remercia de toutes ses attentions. Je vous prie, ajouta-t-il, faites-moi parler à votre maître. Le valet étonné introduisit les deux voyageurs : Magnifique seigneur, dit l'ermite, je ne puis que vous rendre de très humbles graces de la manière noble dont vous nous avez reçus: daignez accepter ce bassin d'or comme un faible gage de ma reconnaissance. L'avare fut près de tomber à la renverse. L'ermite ne lui donna pas le temps de revenir de son saisissement, il partit au plus vite avec son jeune voyageur. Mon père, lui dit Zadig, qu'est-ce que tout ce que je vois? Vous ne me paraissez ressembler en rien aux autres hommes : vous volez un bassin d'or garni de pierreries à un seigneur qui vous reçoit magnifiquement, et vous le donnez à un avare qui vous traite avec indignité. Mon fils, répondit le vieillard, cet homme magnifique, qui ne reçoit les étrangers que par vanité, et pour faire admirer ses

CHAPITRE XX.

richesses, deviendra plus sage; l'avare apprendra à exercer l'hospitalité : ne vous étonnez de rien, et suivez-moi. Zadig ne savait encore s'il avait affaire au plus fou ou au plus sage de tous les hommes; mais l'ermite parlait avec tant d'ascendant, que Zadig, lié d'ailleurs par son serment, ne put s'empêcher de le suivre.

Ils arrivèrent le soir à une maison agréablement bâtie, mais simple, où rien ne sentait ni la prodigalité ni l'avarice. Le maître était un philosophe retiré du monde, qui cultivait en paix la sagesse et la vertu, et qui cependant ne s'ennuyait pas. Il s'était plu à bâtir cette retraite dans laquelle il recevait les étrangers avec une noblesse qui n'avait rien de l'ostentation. Il alla lui-même au-devant des deux voyageurs, qu'il fit reposer d'abord dans un appartement commode. Quelque temps après, il les vint prendre lui-même pour les inviter à un repas propre et bien entendu, pendant lequel il parla avec discrétion des dernières révolutions de Babylone. Il parut sincèrement attaché à la reine, et souhaita que Zadig eût paru dans la lice pour disputer la couronne; mais les hommes, ajouta-t-il, ne méritent pas d'avoir un roi comme Zadig. Celui-ci rougissait, et sentait redoubler ses douleurs. On convint dans la conversation que les choses de ce monde n'allaient pas toujours au gré des plus sages. L'ermite soutint toujours qu'on ne connaissait pas les voies de la Providence, et que les hommes avaient tort de juger d'un tout dont ils n'apercevaient que la plus petite partie.

On parla des passions. Ah! qu'elles sont funestes!

disait Zadig. Ce sont les vents qui enflent les voiles du vaisseau, repartit l'ermite : elles le submergent quelquefois; mais sans elles il ne pourrait voguer. La bile rend colère et malade; mais sans la bile l'homme ne saurait vivre. Tout est dangereux ici-bas, et tout est nécessaire.

On parla de plaisir, et l'ermite prouva que c'est un présent de la Divinité; car, dit-il, l'homme ne peut se donner ni sensation ni idées, il reçoit tout; la peine et le plaisir lui viennent d'ailleurs comme son être.

Zadig admirait comment un homme qui avait fait des choses si extravagantes pouvait raisonner si bien. Enfin, après un entretien aussi instructif qu'agréable, l'hôte reconduisit ses deux voyageurs dans leur appartement, en bénissant le ciel qui lui avait envoyé deux hommes si sages et si vertueux. Il leur offrit de l'argent d'une manière aisée et noble qui ne pouvait déplaire. L'ermite le refusa, et lui dit qu'il prenait congé de lui, comptant partir pour Babylone avant le jour. Leur séparation fut tendre, Zadig surtout se sentait plein d'estime et d'inclination pour un homme si aimable.

Quand l'ermite et lui furent dans leur appartement, ils firent long-temps l'éloge de leur hôte. Le vieillard au point du jour éveilla son camarade. Il faut partir, dit-il; mais tandis que tout le monde dort encore, je veux laisser à cet homme un témoignage de mon estime et de mon affection. En disant ces mots, il prit un flambeau, et mit le feu à la maison. Zadig épouvanté jeta des cris, et voulut l'empêcher de commettre une action si affreuse. L'ermite l'en-

traînait par une force supérieure; la maison était enflammée. L'ermite, qui était déjà assez loin avec son compagnon, la regardait brûler tranquillement. Dieu merci! dit-il, voilà la maison de mon cher hôte détruite de fond en comble! L'heureux homme! A ces mots Zadig fut tenté à-la-fois d'éclater de rire, de dire des injures au révérend père, de le battre, et de s'enfuir; mais il ne fit rien de tout cela, et toujours subjugué par l'ascendant de l'ermite, il le suivit malgré lui à la dernière couchée.

Ce fut chez une veuve charitable et vertueuse qui avait un neveu de quatorze ans, plein d'agréments et son unique espérance. Elle fit du mieux qu'elle put les honneurs de sa maison. Le lendemain, elle ordonna à son neveu d'accompagner les voyageurs jusqu'à un pont qui, étant rompu depuis peu, était devenu un passage dangereux. Le jeune homme empressé marche au-devant d'eux. Quand ils furent sur le pont: Venez, dit l'ermite au jeune homme, il faut que je marque ma reconnaissance à votre tante. Il le prend alors par les cheveux, et le jette dans la rivière. L'enfant tombe, reparaît un moment sur l'eau, et est engouffré dans le torrent. O monstre! ô le plus scélérat de tous les hommes! s'écria Zadig. Vous m'aviez promis plus de patience, lui dit l'ermite en l'interrompant: apprenez que sous les ruines de cette maison où la Providence a mis le feu, le maître a trouvé un trésor immense: apprenez que ce jeune homme dont la Providence a tordu le cou aurait assassiné sa tante dans un an, et vous dans deux. Qui te l'a dit, barbare? cria Zadig; et quand tu aurais lu cet événement dans ton livre des destinées,

t'est-il permis de noyer un enfant qui ne t'a point fait de mal?

Tandis que le Babylonien parlait, il aperçut que le vieillard n'avait plus de barbe, que son visage prenait les traits de la jeunesse. Son habit d'ermite disparut; quatre belles ailes couvraient un corps majestueux et resplendissant de lumière. O envoyé du ciel! ô ange divin! s'écria Zadig en se prosternant, tu es donc descendu de l'empyrée pour apprendre à un faible mortel à se soumettre aux ordres éternels? Les hommes, dit l'ange Jesrad, jugent de tout sans rien connaître : tu étais celui de tous les hommes qui méritait le plus d'être éclairé. Zadig lui demanda la permission de parler. Je me défie de moi-même, dit-il; mais oserai-je te prier de m'éclaircir un doute : ne vaudrait-il pas mieux avoir corrigé cet enfant, et l'avoir rendu vertueux, que de le noyer? Jesrad reprit: S'il avait été vertueux, et s'il eût vécu, son destin était d'être assassiné lui-même avec la femme qu'il devait épouser, et le fils qui en devait naître. Mais quoi! dit Zadig, il est donc nécessaire qu'il y ait des crimes et des malheurs? et les malheurs tombent sur les gens de bien! Les méchants, répondit Jesrad, sont toujours malheureux : ils servent à éprouver un petit nombre de justes répandus sur la terre, et il n'y a point de mal dont il ne naisse un bien. Mais, dit Zadig, s'il n'y avait que du bien, et point de mal? Alors, reprit Jesrad, cette terre serait une autre terre, l'enchaînement des événements serait un autre ordre de sagesse; et cet ordre, qui serait parfait, ne peut être que dans la demeure éternelle de l'Être suprême, de qui le mal ne peut approcher. Il a créé des

millions de mondes, dont aucun ne peut ressembler à l'autre. Cette immense variété est un attribut de sa puissance immense. Il n'y a ni deux feuilles d'arbre sur la terre, ni deux globes dans les champs infinis du ciel, qui soient semblables, et tout ce que tu vois sur le petit atome où tu es né devait être dans sa place et dans son temps fixe, selon les ordres immuables de celui qui embrasse tout. Les hommes pensent que cet enfant qui vient de périr est tombé dans l'eau par hasard, que c'est par un même hasard que cette maison est brûlée : mais il n'y a point de hasard; tout est épreuve, ou punition, ou récompense, ou prévoyance. Souviens-toi de ce pêcheur qui se croyait le plus malheureux de tous les hommes. Orosmade t'a envoyé pour changer sa destinée. Faible mortel! cesse de disputer contre ce qu'il faut adorer. Mais, dit Zadig.... Comme il disait *mais*, l'ange prenait déjà son vol vers la dixième sphère. Zadig à genoux adora la Providence, et se soumit. L'ange lui cria du haut des airs : Prends ton chemin vers Babylone.

CHAPITRE XXI.

Les énigmes.

Zadig hors de lui-même, et comme un homme auprès de qui est tombé le tonnerre, marchait au hasard. Il entra dans Babylone le jour où ceux qui avaient combattu dans la lice étaient déjà assemblés dans le grand vestibule du palais pour expliquer les énigmes, et pour répondre aux questions du grand-mage. Tous les ché-

valiers étaient arrivés, excepté l'armure verte. Dès que Zadig parut dans la ville, le peuple s'assembla autour de lui; les yeux ne se rassasiaient point de le voir, les bouches de le bénir, les cœurs de lui souhaiter l'empire. L'Envieux le vit passer, frémit, et se détourna; le peuple le porta jusqu'au lieu de l'assemblée. La reine, à qui on apprit son arrivée, fut en proie à l'agitation de la crainte et de l'espérance; l'inquiétude la dévorait: elle ne pouvait comprendre, ni pourquoi Zadig était sans armes, ni comment Itobad portait l'armure blanche. Un murmure confus s'éleva à la vue de Zadig. On était surpris et charmé de le revoir; mais il n'était permis qu'aux chevaliers qui avaient combattu de paraître dans l'assemblée.

J'ai combattu comme un autre, dit-il; mais un autre porte ici mes armes; et en attendant que j'aie l'honneur de le prouver, je demande la permission de me présenter pour expliquer les énigmes. On alla aux voix: sa réputation de probité était encore si fortement imprimée dans les esprits, qu'on ne balança pas à l'admettre.

Le grand-mage proposa d'abord cette question: Quelle est de toutes les choses du monde la plus longue et la plus courte, la plus prompte et la plus lente, la plus divisible et la plus étendue, la plus négligée et la plus regrettée, sans qui rien ne se peut faire, qui dévore tout ce qui est petit, et qui vivifie tout ce qui est grand?

C'était à Itobad à parler. Il répondit qu'un homme comme lui n'entendait rien aux énigmes, et qu'il lui suffisait d'avoir vaincu à grands coups de lance. Les

uns dirent que le mot de l'énigme était la fortune; d'autres la terre, d'autres la lumière. Zadig dit que c'était le temps : Rien n'est plus long, ajouta-t-il, puisqu'il est la mesure de l'éternité; rien n'est plus court, puisqu'il manque à tous nos projets; rien n'est plus lent pour qui attend; rien de plus rapide pour qui jouit; il s'étend jusqu'à l'infini en grand; il se divise jusque dans l'infini en petit; tous les hommes le négligent, tous en regrettent la perte; rien ne se fait sans lui; il fait oublier tout ce qui est indigne de la postérité, et il immortalise les grandes choses. L'assemblée convint que Zadig avait raison.

On demanda ensuite : Quelle est la chose qu'on reçoit sans remercier, dont on jouit sans savoir comment, qu'on donne aux autres quand on ne sait où l'on en est, et qu'on perd sans s'en apercevoir?

Chacun dit son mot : Zadig devina seul que c'était la vie. Il expliqua toutes les autres énigmes avec la même facilité. Itobad disait toujours que rien n'était plus aisé, et qu'il en serait venu à bout tout aussi facilement, s'il avait voulu s'en donner la peine. On proposa des questions sur la justice, sur le souverain bien, sur l'art de régner. Les réponses de Zadig furent jugées les plus solides. C'est bien dommage, disait-on, qu'un si bon esprit soit un si mauvais cavalier.

Illustres seigneurs, dit Zadig, j'ai eu l'honneur de vaincre dans la lice. C'est à moi qu'appartient l'armure blanche. Le seigneur Itobad s'en empara pendant mon sommeil : il jugea apparemment qu'elle lui siérait mieux que la verte. Je suis prêt à lui prouver d'abord devant vous, avec ma robe et mon épée, contre toute

cette belle armure blanche qu'il m'a prise, que c'est moi qui ai eu l'honneur de vaincre le brave Otame.

Itobad accepta le défi avec la plus grande confiance. Il ne doutait pas qu'étant casqué, cuirassé, brassardé, il ne vînt aisément à bout d'un champion en bonnet de nuit et en robe de chambre. Zadig tira son épée, en saluant la reine qui le regardait, pénétrée de joie et de crainte. Itobad tira la sienne, en ne saluant personne. Il s'avança sur Zadig comme un homme qui n'avait rien à craindre. Il était prêt à lui fendre la tête : Zadig sut parer le coup, en opposant ce qu'on appelle le fort de l'épée au faible de son adversaire, de façon que l'épée d'Itobad se rompit. Alors Zadig saisissant son ennemi au corps le renversa par terre; et lui portant la pointe de son épée au défaut de la cuirasse : Laissez-vous désarmer, dit-il, ou je vous tue. Itobad, toujours surpris des disgraces qui arrivaient à un homme comme lui, laissa faire Zadig, qui lui ôta paisiblement son magnifique casque, sa superbe cuirasse, ses beaux brassards, ses brillants cuissards; s'en revêtit, et courut dans cet équipage se jeter aux génoux d'Astarté. Cador prouva aisément que l'armure appartenait à Zadig. Il fut reconnu roi d'un consentement unanime, et surtout de celui d'Astarté, qui goûtait, après tant d'adversités, la douceur de voir son amant digne aux yeux de l'univers d'être son époux. Itobad alla se faire appeler monseigneur dans sa maison. Zadig fut roi, et fut heureux. Il avait présent à l'esprit ce que lui avait dit l'ange Jesrad. Il se souvenait même du grain de sable devenu diamant. La reine et lui adorèrent la Providence. Zadig laissa la

belle capricieuse Missouf courir le monde. Il envoya chercher le brigand Arbogad, auquel il donna un grade honorable dans son armée, avec promesse de l'avancer aux premières dignités, s'il se comportait en vrai guerrier, et de le faire pendre, s'il fesait le métier de brigand.

Sétoc fut appelé du fond de l'Arabie, avec la belle Almona, pour être à la tête du commerce de Babylone. Cador fut placé et chéri selon ses services; il fut l'ami du roi, et le roi fut alors le seul monarque de la terre qui eût un ami. Le petit muet ne fut pas oublié. On donna une belle maison au pêcheur. Orcan fut condamné à lui payer une grosse somme, et à lui rendre sa femme; mais le pêcheur, devenu sage, ne prit que l'argent.

Ni la belle Sémire ne se consolait d'avoir cru que Zadig serait borgne, ni Azora ne cessait de pleurer d'avoir voulu lui couper le nez. Il adoucit leurs douleurs par des présents. L'Envieux mourut de rage et de honte. L'empire jouit de la paix, de la gloire, et de l'abondance : ce fut le plus beau siècle de la terre; elle était gouvernée par la justice et par l'amour. On bénissait Zadig, et Zadig bénissait le ciel[a].

[a] C'est ici que finit le manuscrit qu'on a retrouvé de l'histoire de Zadig. On sait qu'il a essuyé bien d'autres aventures qui ont été fidèlement écrites. On prie messieurs les interprètes des langues orientales de les communiquer, si elles parviennent jusqu'à eux.—Cette note de Voltaire parut pour la première fois dans les éditions de Kehl. B.

FIN DE L'HISTOIRE DE ZADIG.

MEMNON,

ou

LA SAGESSE HUMAINE.

1750[1].

[1] Voyez ma préface en tête de ce volume. B.

AVERTISSEMENT DE L'AUTEUR[1].

> Nous tromper dans nos entreprises,
> C'est à quoi nous sommes sujets;
> Le matin je fais des projets,
> Et le long du jour, des sottises.

Ces petits vers conviennent assez à un grand nombre de raisonneurs; et c'est une chose assez plaisante de voir un grave directeur d'ames finir par un procès criminel, conjointement avec un banqueroutier[2]. A ce propos, nous réimprimons ici ce petit conte, qui est ailleurs; car il est bon qu'il soit partout.

[1] Voltaire, dans la quatrième partie de ses *Questions sur l'Encyclopédie*, en 1771, avait un article : CONFIANCE EN SOI-MÊME, qui n'était autre chose que le conte de *Memnon*, précédé de quatre vers et de quelques lignes de prose, que les éditeurs de Kehl ont intitulés : *Avertissement de l'auteur*. B.

[2] Billard, et l'abbé Grizel, fameux directeur de consciences. K. — Sur ces deux personnages, voyez la note des *Stances à Saurin* (dans les *Poésies*). B.

MEMNON,

ou

LA SAGESSE HUMAINE.

Memnon conçut un jour le projet insensé d'être parfaitement sage. Il n'y a guère d'hommes à qui cette folie n'ait quelquefois passé par la tête. Memnon se dit à lui-même : Pour être très sage, et par conséquent très heureux, il n'y a qu'à être sans passions; et rien n'est plus aisé, comme on sait. Premièrement je n'aimerai jamais de femme; car, en voyant une beauté parfaite, je me dirai à moi-même : Ces joues-là se rideront un jour; ces beaux yeux seront bordés de rouge; cette gorge ronde deviendra plate et pendante; cette belle tête deviendra chauve. Or je n'ai qu'à la voir à présent des mêmes yeux dont je la verrai alors, et assurément cette tête ne fera pas tourner la mienne.

En second lieu je serai toujours sobre; j'aurai beau être tenté par la bonne chère, par des vins délicieux, par la séduction de la société; je n'aurai qu'à me représenter les suites des excès, une tête pesante, un estomac embarrassé, la perte de la raison, de la santé, et du temps, je ne mangerai alors que pour le besoin; ma santé sera toujours égale, mes idées toujours

pures et lumineuses. Tout cela est si facile, qu'il n'y a aucun mérite à y parvenir.

Ensuite, disait Memnon, il faut penser un peu à ma fortune; mes desirs sont modérés; mon bien est solidement placé sur le receveur-général des finances de Ninive; j'ai de quoi vivre dans l'indépendance: c'est là le plus grand des biens. Je ne serai jamais dans la cruelle nécessité de faire ma cour : je n'envierai personne, et personne ne m'enviera. Voilà qui est encore très aisé. J'ai des amis, continuait-il, je les conserverai, puisqu'ils n'auront rien à me disputer. Je n'aurai jamais d'humeur avec eux, ni eux avec moi; cela est sans difficulté.

Ayant fait ainsi son petit plan de sagesse dans sa chambre, Memnon mit la tête à la fenêtre. Il vit deux femmes qui se promenaient sous des platanes auprès de sa maison. L'une était vieille, et paraissait ne songer à rien; l'autre était jeune, jolie, et semblait fort occupée. Elle soupirait, elle pleurait, et n'en avait que plus de graces. Notre sage fut touché, non pas de la beauté de la dame (il était bien sûr de ne pas sentir une telle faiblesse), mais de l'affliction où il la voyait. Il descendit, il aborda la jeune Ninivienne, dans le dessein de la consoler avec sagesse. Cette belle personne lui conta, de l'air le plus naïf et le plus touchant, tout le mal que lui fesait un oncle qu'elle n'avait point; avec quels artifices il lui avait enlevé un bien qu'elle n'avait jamais possédé, et tout ce qu'elle avait à craindre de sa violence. Vous me paraissez un homme de si bon conseil, lui dit-elle, que si vous aviez la condescendance de venir jusque chez moi, et d'exa-

miner mes affaires, je suis sûre que vous me tireriez du cruel embarras où je suis. Memnon n'hésita pas à la suivre, pour examiner sagement ses affaires, et pour lui donner un bon conseil.

La dame affligée le mena dans une chambre parfumée, et le fit asseoir avec elle poliment sur un large sofa, où ils se tenaient tous deux les jambes croisées vis-à-vis l'un de l'autre. La dame parla en baissant les yeux, dont il échappait quelquefois des larmes, et qui en se relevant rencontraient toujours les regards du sage Memnon. Ses discours étaient pleins d'un attendrissement qui redoublait toutes les fois qu'ils se regardaient. Memnon prenait ses affaires extrêmement à cœur, et se sentait de moment en moment la plus grande envie d'obliger une personne si honnête et si malheureuse. Ils cessèrent insensiblement, dans la chaleur de la conversation, d'être vis-à-vis l'un de l'autre. Leurs jambes ne furent plus croisées. Memnon la conseilla de si près, et lui donna des avis si tendres, qu'ils ne pouvaient ni l'un ni l'autre parler d'affaires, et qu'ils ne savaient plus où ils en étaient.

Comme ils en étaient là, arrive l'oncle, ainsi qu'on peut bien le penser : il était armé de la tête aux pieds; et la première chose qu'il dit fut qu'il allait tuer, comme de raison, le sage Memnon et sa nièce; la dernière qui lui échappa fut qu'il pouvait pardonner pour beaucoup d'argent. Memnon fut obligé de donner tout ce qu'il avait. On était heureux dans ce temps-là d'en être quitte à si bon marché; l'Amérique n'était pas encore découverte, et les dames affligées n'étaient

pas à beaucoup près si dangereuses qu'elles le sont aujourd'hui.

Memnon, honteux et désespéré, rentra chez lui : il y trouva un billet qui l'invitait à dîner avec quelques uns de ses intimes amis. Si je reste seul chez moi, dit-il, j'aurai l'esprit occupé de ma triste aventure, je ne mangerai point; je tomberai malade; il vaut mieux aller faire avec mes amis intimes un repas frugal. J'oublierai, dans la douceur de leur société, la sottise que j'ai faite ce matin. Il va au rendez-vous; on le trouve un peu chagrin. On le fait boire pour dissiper sa tristesse. Un peu de vin pris modérément est un remède pour l'ame et pour le corps. C'est ainsi que pense le sage Memnon; et il s'enivre. On lui propose de jouer après le repas. Un jeu réglé avec des amis est un passe-temps honnête. Il joue; on lui gagne tout ce qu'il a dans sa bourse, et quatre fois autant sur sa parole. Une dispute s'élève sur le jeu, on s'échauffe : l'un de ses amis intimes lui jette à la tête un cornet, et lui crève un œil. On rapporte chez lui le sage Memnon ivre, sans argent, et ayant un œil de moins.

Il cuve un peu son vin; et dès qu'il a la tête plus libre, il envoie son valet chercher de l'argent chez le receveur-général des finances de Ninive, pour payer ses intimes amis : on lui dit que son débiteur a fait le matin une banqueroute frauduleuse qui met en alarme cent familles. Memnon outré va à la cour avec un emplâtre sur l'œil et un placet à la main, pour demander justice au roi contre le banqueroutier. Il rencontre dans un salon plusieurs dames qui portaient toutes

d'un air aisé des cerceaux de vingt-quatre pieds de circonférence. L'une d'elles, qui le connaissait un peu, dit en le regardant de côté: Ah, l'horreur! Une autre, qui le connaissait davantage, lui dit: Bonsoir, monsieur Memnon; mais vraiment, monsieur Memnon, je suis fort aise de vous voir; à propos, monsieur Memnon, pourquoi avez-vous perdu un œil? Et elle passa sans attendre sa réponse. Memnon se cacha dans un coin, et attendit le moment où il pût se jeter aux pieds du monarque. Ce moment arriva. Il baisa trois fois la terre, et présenta son placet. Sa gracieuse majesté le reçut très favorablement, et donna le mémoire à un de ses satrapes pour lui en rendre compte. Le satrape tire Memnon à part, et lui dit d'un air de hauteur, en ricanant amèrement: Je vous trouve un plaisant borgne, de vous adresser au roi plutôt qu'à moi, et encore plus plaisant d'oser demander justice contre un honnête banqueroutier que j'honore de ma protection, et qui est le neveu d'une femme de chambre de ma maîtresse. Abandonnez cette affaire-là, mon ami, si vous voulez conserver l'œil qui vous reste.

Memnon, ayant ainsi renoncé le matin aux femmes, aux excès de table, au jeu, à toute querelle, et surtout à la cour, avait été avant la nuit trompé et volé par une belle dame, s'était enivré, avait joué, avait eu une querelle, s'était fait crever un œil, et avait été à la cour, où l'on s'était moqué de lui.

Pétrifié d'étonnement et navré de douleur, il s'en retourne la mort dans le cœur. Il veut rentrer chez lui; il y trouve des huissiers qui déméublaient sa mai-

son de la part de ses créanciers. Il reste presque évanoui sous un platane; il y rencontre la belle dame du matin, qui se promenait avec son cher oncle, et qui éclata de rire en voyant Memnon avec son emplâtre. La nuit vint; Memnon se coucha sur de la paille auprès des murs de sa maison. La fièvre le saisit; il s'endormit dans l'accès, et un esprit céleste lui apparut en songe.

Il était tout resplendissant de lumière. Il avait six belles ailes, mais ni pieds, ni tête, ni queue, et ne ressemblait à rien. Qui es-tu? lui dit Memnon. Ton bon génie, lui répondit l'autre. Rends-moi donc mon œil, ma santé, ma maison [1], mon bien, ma sagesse, lui dit Memnon. Ensuite il lui conta comment il avait perdu tout cela en un jour. Voilà des aventures qui ne nous arrivent jamais dans le monde que nous habitons, dit l'esprit. Et quel monde habitez-vous? dit l'homme affligé. Ma patrie, répondit-il, est à cinq cents millions de lieues du soleil, dans une petite étoile auprès de Sirius, que tu vois d'ici. Le beau pays! dit Memnon : quoi! vous n'avez point chez vous de coquines qui trompent un pauvre homme, point d'amis intimes qui lui gagnent son argent et qui lui crèvent un œil, point de banqueroutiers, point de satrapes qui se moquent de vous en vous refusant justice? Non, dit l'habitant de l'étoile, rien de tout cela. Nous ne sommes jamais trompés par les femmes, parceque nous n'en avons point; nous ne fesons point d'excès de table, parceque nous ne mangeons point; nous n'avons

[1] C'est d'après les éditions de 1750 que je rétablis ici les mots *ma maison*. B.

point de banqueroutiers, parcequ'il n'y a chez nous ni or ni argent; on ne peut nous crever les yeux, parceque nous n'avons point de corps à la façon des vôtres; et les satrapes ne nous font jamais d'injustice, parce que dans notre petite étoile tout le monde est égal.

Memnon lui dit alors : Monseigneur, sans femme et sans dîner, à quoi passez-vous votre temps? A veiller, dit le génie, sur les autres globes qui nous sont confiés : et je viens pour te consoler. Hélas! reprit Memnon, que ne veniez-vous la nuit passée pour m'empêcher de faire tant de folies? J'étais auprès d'Assàn, ton frère aîné, dit l'être céleste. Il est plus à plaindre que toi. Sa gracieuse majesté le roi des Indes, à la cour duquel il a l'honneur d'être, lui a fait crever les deux yeux pour une petite indiscrétion, et il est actuellement dans un cachot, les fers aux pieds et aux mains. C'est bien la peine, dit Memnon, d'avoir un bon génie dans une famille, pour que de deux frères, l'un soit borgne, l'autre aveugle, l'un couché sur la paille, l'autre en prison. Ton sort changera, reprit l'animal de l'étoile. Il est vrai que tu seras toujours borgne; mais, à cela près, tu seras assez heureux, pourvu que tu ne fasses jamais le sot projet d'être parfaitement sage. C'est donc une chose à laquelle il est impossible de parvenir? s'écria Memnon en soupirant. Aussi impossible, lui répliqua l'autre, que d'être parfaitement habile, parfaitement fort, parfaitement puissant, parfaitement heureux. Nous-mêmes, nous en sommes bien loin. Il y a un globe où tout cela se trouve; mais dans les cent mille millions de mondes qui sont dispersés dans l'é-

tendue tout se suit par degrés. On a moins de sagesse et de plaisir dans le second que dans le premier, moins dans le troisième que dans le second, ainsi du reste jusqu'au dernier, où tout le monde est complètement fou. J'ai bien peur, dit Memnon, que notre petit globe terraqué ne soit précisément les Petites-Maisons de l'univers dont vous me faites l'honneur de me parler. Pas tout-à-fait, dit l'esprit; mais il en approche : il faut que tout soit en sa place. Eh mais! dit Memnon, certains poëtes [1], certains philosophes [2], ont donc grand tort de dire que *tout est bien ?* Ils ont grande raison, dit le philosophe de là-haut, en considérant l'arrangement de l'univers entier. Ah! je ne croirai cela, répliqua le pauvre Memnon, que quand je ne serai plus borgne.

[1] Pope. B. — [2] Platon, Shaftesbury, Bolingbroke, Leibnitz. B.

FIN DE MEMNON.

BABABEC
ET LES FAKIRS.

1750[1].

Lorsque j'étais dans la ville de Bénarès sur le rivage du Gange, ancienne patrie des brachmanes, je tâchai de m'instruire. J'entendais passablement l'indien; j'écoutais beaucoup, et remarquais tout. J'étais logé chez mon correspondant Omri; c'était le plus digne homme que j'aie jamais connu. Il était de la religion des bramins, j'ai l'honneur d'être musulman: jamais nous n'avons eu une parole plus haute que l'autre au sujet de Mahomet et de Brama. Nous fesions nos ablutions chacun de notre côté, nous buvions de la même limonade, nous mangions du même riz, comme deux frères.

Un jour nous allâmes ensemble à la pagode de Gavani. Nous y vîmes plusieurs bandes de fakirs, dont les uns étaient des janguis, c'est-à-dire des fakirs contemplatifs, et les autres, des disciples des anciens gymnosophistes, qui menaient une vie active. Ils ont, comme on sait, une langue savante, qui est celle des plus anciens brachmanes, et, dans cette langue, un livre qu'ils appellent le *Veidam*. C'est assurément le

[1] Voyez ma préface en tête de ce volume. B.

plus ancien livre de toute l'Asie, sans en excepter le *Zenda-Vesta*.

Je passai devant un fakir qui lisait ce livre. Ah! malheureux infidèle! s'écria-t-il, tu m'as fait perdre le nombre des voyelles que je comptais; et de cette affaire-là mon âme passera dans le corps d'un lièvre, au lieu d'aller dans celui d'un perroquet, comme j'avais tout lieu de m'en flatter. Je lui donnai une roupie pour le consoler. A quelques pas de là, ayant eu le malheur d'éternuer, le bruit que je fis réveilla un fakir qui était en extase. Où suis-je? dit-il; quelle horrible chute! je ne vois plus le bout de mon nez : la lumière céleste est disparue*. Si je suis cause, lui dis-je, que vous voyez enfin plus loin que le bout de votre nez, voilà une roupie pour réparer le mal que j'ai fait; reprenez votre lumière céleste.

M'étant ainsi tiré d'affaire discrètement, je passai aux autres gymnosophistes; il y en eut plusieurs qui m'apportèrent de petits clous fort jolis, pour m'enfoncer dans les bras et dans les cuisses en l'honneur de Brama. J'achetai leurs clous, dont j'ai fait clouer mes tapis. D'autres dansaient sur les mains; d'autres voltigeaient sur la corde lâche; d'autres allaient toujours à cloche-pied. Il y en avait qui portaient des chaînes; d'autres, un bât; quelques uns avaient leur tête dans un boisseau; au demeurant les meilleures gens du monde. Mon ami Omri me mena dans la cellule d'un des plus fameux; il s'appelait Bababec : il était nu comme un singe, et avait au cou une grosse

* Quand les fakirs veulent voir la lumière céleste, ce qui est très commun parmi eux, ils tournent les yeux vers le bout de leur nez.

chaîne qui pesait plus de soixante livres. Il était assis sur une chaise de bois, proprement garnie de petites pointes de clous qui lui entraient dans les fesses, et on aurait cru qu'il était sur un lit de satin. Beaucoup de femmes venaient le consulter; il était l'oracle des familles, et on peut dire qu'il jouissait d'une très grande réputation. Je fus témoin du long entretien qu'Omri eut avec lui. Croyez-vous, lui dit-il, mon père, qu'après avoir passé par l'épreuve des sept métempsycoses, je puisse parvenir à la demeure de Brama? C'est selon, dit le fakir; comment vivez-vous? Je tâche, dit Omri, d'être bon citoyen, bon mari, bon père, bon ami; je prête de l'argent sans intérêt aux riches dans l'occasion, j'en donne aux pauvres; j'entretiens la paix parmi mes voisins. Vous mettez-vous quelquefois des clous dans le cul? demanda le bramin. — Jamais, mon révérend père. J'en suis fâché, répliqua le fakir, vous n'irez certainement que dans le dix-neuvième ciel; et c'est dommage. Comment, dit Omri, cela est fort honnête; je suis très content de mon lot; que m'importe du dix-neuvième ou du vingtième, pourvu que je fasse mon devoir dans mon pélerinage, et que je sois bien reçu au dernier gîte? N'est-ce pas assez d'être honnête homme dans ce pays-ci, et d'être ensuite heureux au pays de Brama? Dans quel ciel prétendez-vous donc aller, vous M. Bababec, avec vos clous et vos chaînes? Dans le trente-cinquième, dit Bababec. Je vous trouve plaisant, répliqua Omri, de prétendre être logé plus haut que moi, ce ne peut être assurément que l'effet d'une excessive ambition. Vous condamnez ceux qui recherchent les honneurs dans cette

vie, pourquoi en voulez-vous de si grands dans l'autre? et sur quoi d'ailleurs prétendez-vous être mieux traité que moi? Sachez que je donne plus en aumônes en dix jours que ne vous coûtent en dix ans tous les clous que vous vous enfoncez dans le derrière. Brama a bien à faire que vous passiez la journée tout nu, avec une chaîne au cou; vous rendez là un beau service à la patrie. Je fais cent fois plus de cas d'un homme qui sème des légumes, ou qui plante des arbres, que de tous vos camarades, qui regardent le bout de leur nez, ou qui portent un bât par excès de noblesse d'ame. Ayant parlé ainsi, Omri se radoucit, le caressa, le persuada, l'engagea enfin à laisser là ses clous et sa chaîne, et à venir chez lui mener une vie honnête. On le décrassa, on le frotta d'essences parfumées; on l'habilla décemment; il vécut quinze jours d'une manière fort sage, et avoua qu'il était cent fois plus heureux qu'auparavant. Mais il perdait son crédit dans le peuple; les femmes ne venaient plus le consulter; il quitta Omri, et reprit ses clous pour avoir de la considération.

FIN DE L'HISTOIRE DE BABABEC ET LES FAKIRS.

MICROMÉGAS[1],

HISTOIRE PHILOSOPHIQUE.

[1] Voyez ma préface en tête de ce volume. B.

MICROMÉGAS,

HISTOIRE PHILOSOPHIQUE.

CHAPITRE I.

Voyage d'un habitant du monde de l'étoile Sirius dans la planète de Saturne.

Dans une de ces planètes qui tournent autour de l'étoile nommée Sirius il y avait un jeune homme de beaucoup d'esprit, que j'ai eu l'honneur de connaître dans le dernier voyage qu'il fit sur notre petite fourmilière; il s'appelait Micromégas [1], nom qui convient fort à tous les grands. Il avait huit lieues de haut : j'entends par huit lieues, vingt-quatre mille pas géométriques de cinq pieds chacun.

Quelques géomètres [2], gens toujours utiles au public, prendront sur-le-champ la plume, et trouveront que, puisque M. Micromégas, habitant du pays de Sirius, a de la tête aux pieds vingt-quatre mille pas, qui font cent vingt mille pieds de roi, et que nous autres citoyens de la terre nous n'avons guère que cinq pieds, et que notre globe a neuf mille lieues de tour; ils trouveront, dis-je, qu'il faut absolument que le globe qui l'a produit ait au juste vingt-un mil-

[1] De *micros*, petit, et de *megas*, grand. B.

[2] C'est ainsi qu'on lit dans les premières éditions. D'autres, au lieu de *géomètres*, portent *algébristes*. B.

lions six cent mille fois plus de circonférence que notre petite terre. Rien n'est plus simple et plus ordinaire dans la nature. Les états de quelques souverains d'Allemagne ou d'Italie, dont on peut faire le tour en une demi-heure, comparés à l'empire de Turquie, de Moscovie, ou de la Chine, ne sont qu'une très faible image des prodigieuses différences que la nature a mises dans tous les êtres.

La taille de son excellence étant de la hauteur que j'ai dite, tous nos sculpteurs et tous nos peintres conviendront sans peine que sa ceinture peut avoir cinquante mille pieds de roi de tour; ce qui fait une très jolie proportion. [1] Son nez étant le tiers de son beau visage, et son beau visage étant la septième partie de la hauteur de son beau corps, il faut avouer que le nez du Sirien a six mille trois cent trente-trois pieds de roi plus une fraction; ce qui était à démontrer.

Quant à son esprit, c'est un des plus cultivés que nous ayons; il sait beaucoup de choses; il en a inventé quelques unes : il n'avait pas encore deux cent cinquante ans; et il étudiait, selon la coutume, au collége le plus célèbre [2] de sa planète, lorsqu'il devina, par la force de son esprit, plus de cinquante propositions d'Euclide. C'est dix-huit de plus que Blaise Pascal, lequel, après en avoir deviné trente-deux en se jouant, à ce que dit sa sœur, devint depuis un

[1] Je rétablis cette phrase d'après les premières éditions. B.

[2] Au lieu de *le plus célèbre*, qu'on lit dans la première édition, les éditions postérieures portent : *des jésuites*. B.

géomètre assez médiocre [1], et un fort mauvais métaphysicien. Vers les quatre cent cinquante ans, au sortir de l'enfance, il disséqua beaucoup de ces petits insectes qui n'ont pas cent pieds de diamètre, et qui se dérobent aux microscopes ordinaires ; il en composa un livre fort curieux, mais qui lui fit quelques affaires. Le muphti de son pays, grand vétillard, et fort ignorant, trouva dans son livre des propositions suspectes, malsonnantes, téméraires [2], hérétiques, sentant l'hérésie, et le poursuivit vivement : il s'agissait de savoir si la forme substantielle des puces de Sirius était de même nature que celle des colimaçons. Micromégas se défendit avec esprit ; il mit les femmes de son côté ; le procès dura deux cent vingt ans. Enfin le muphti fit condamner le livre par des jurisconsultes qui ne l'avaient pas lu, et l'auteur eut ordre de ne paraître à la cour de huit cents années [3].

Il ne fut que médiocrement affligé d'être banni d'une cour qui n'était remplie que de tracasseries et de petitesses. Il fit une chanson fort plaisante contre le muphti, dont celui-ci ne s'embarrassa guère ; et il se mit à voyager de planète en planète, pour achever

[1] Pascal devint un très grand géomètre, non dans la classe de ceux qui ont contribué par de grandes découvertes au progrès des sciences, comme Descartes, Newton, mais dans celle des géomètres qui ont montré par leurs ouvrages un génie du premier ordre. K.

[2] L'édition que je crois l'originale, porte : *téméraires, sentant l'hérésie*. Le texte actuel existe dès 1756. B.

[3] M. de Voltaire avait été persécuté par le théatin Boyer, pour avoir dit dans ses *Lettres philosophiques* que les facultés de notre ame se développent en même temps que nos organes, de la même manière que les facultés de l'ame des animaux. K.

de se former *l'esprit et le cœur* [1], comme l'on dit. Ceux qui ne voyagent qu'en chaise de poste ou en berline seront sans doute étonnés des équipages de là-haut; car nous autres, sur notre petit tas de boue, nous ne concevons rien au-delà de nos usages. Notre voyageur connaissait merveilleusement les lois de la gravitation, et toutes les forces attractives et répulsives. Il s'en servait si à propos, que, tantôt à l'aide d'un rayon du soleil, tantôt par la commodité d'une comète, il allait de globe en globe lui et les siens, comme un oiseau voltige de branche en branche. Il parcourut la voie lactée en peu de temps; et je suis obligé d'avouer qu'il ne vit jamais, à travers les étoiles dont elle est semée, ce beau ciel empyrée que l'illustre vicaire Derham [2] se vante d'avoir vu au bout de sa lunette. Ce n'est pas que je prétende que M. Derham ait mal vu, à Dieu ne plaise! mais Micromégas était sur les lieux, c'est un bon observateur, et je ne veux contredire personne. Micromégas, après avoir bien tourné, arriva dans le globe de Saturne. Quelque accoutumé qu'il fût à voir des choses nouvelles, il ne put d'abord, en voyant la petitesse du globe et de ses habitants, se

[1] Voyez ma note, page 110. B.

[2] Savant Anglais, auteur de la *Théologie astronomique*, et de quelques autres ouvrages qui ont pour objet de prouver l'existence de Dieu par le détail des merveilles de la nature : malheureusement lui et ses imitateurs se trompent souvent dans l'exposition de ces merveilles; ils s'extasient sur la sagesse qui se montre dans l'ordre d'un phénomène, et on découvre que ce phénomène est tout différent de ce qu'ils ont supposé; alors c'est ce nouvel ordre qui leur paraît un chef-d'œuvre de sagesse. Ce défaut, commun à tous les ouvrages de ce genre, les a décrédités. On sait trop d'avance que, de quelque manière que les choses soient, l'auteur finira toujours par les admirer. K.

défendre de ce sourire de supériorité qui échappe quelquefois aux plus sages. Car enfin Saturne n'est guère que neuf cents fois plus gros que la terre, et les citoyens de ce pays-là sont des nains qui n'ont que mille toises de haut ou environ. Il s'en moqua un peu d'abord avec ses gens, à peu près comme un musicien italien se met à rire de la musique de Lulli, quand il vient en France. Mais, comme le Sirien avait un bon esprit, il comprit bien vite qu'un être pensant peut fort bien n'être pas ridicule pour n'avoir que six mille pieds de haut. Il se familiarisa avec les Saturniens, après les avoir étonnés. Il lia une étroite amitié avec le secrétaire de l'académie de Saturne, homme de beaucoup d'esprit, qui n'avait, à la vérité, rien inventé, mais qui rendait un fort bon compte des inventions des autres, et qui fesait passablement de petits vers et de grands calculs. Je rapporterai ici, pour la satisfaction des lecteurs, une conversation singulière que Micromégas eut un jour avec M. le secrétaire.

CHAPITRE II.

Conversation de l'habitant de Sirius avec celui de Saturne.

Après que son excellence se fut couchée, et que le secrétaire se fut approché de son visage, Il faut avouer, dit Micromégas, que la nature est bien variée. Oui, dit le Saturnien, la nature est comme un parterre dont les fleurs..... Ah! dit l'autre, laissez là

votre parterre. Elle est, reprit le secrétaire, comme une assemblée de blondes et de brunes, dont les parures.... Eh! qu'ai-je à faire de vos brunes? dit l'autre. Elle est donc comme une galerie de peintures dont les traits..... Eh non! dit le voyageur, encore une fois la nature est comme la nature. Pourquoi lui chercher des comparaisons? Pour vous plaire, répondit le secrétaire. Je ne veux point qu'on me plaise, répondit le voyageur; je veux qu'on m'instruise; commencez d'abord par me dire combien les hommes de votre globe ont de sens. Nous en avons soixante et douze, dit l'académicien; et nous nous plaignons tous les jours du peu. Notre imagination va au-delà de nos besoins; nous trouvons qu'avec nos soixante et douze sens, notre anneau, nos cinq lunes, nous sommes trop bornés; et, malgré toute notre curiosité et le nombre assez grand de passions qui résultent de nos soixante et douze sens, nous avons tout le temps de nous ennuyer. Je le crois bien, dit Micromégas; car dans notre globe nous avons près de mille sens; et il nous reste encore je ne sais quel desir vague, je ne sais quelle inquiétude, qui nous avertit sans cesse que nous sommes peu de chose, et qu'il y a des êtres beaucoup plus parfaits. J'ai un peu voyagé; j'ai vu des mortels fort au-dessous de nous; j'en ai vu de fort supérieurs : mais je n'en ai vu aucuns qui n'aient plus de desirs que de vrais besoins, et plus de besoins que de satisfaction. J'arriverai peut-être un jour au pays où il ne manque rien; mais jusqu'à présent personne ne m'a donné de nouvelles positives de ce pays-là. Le Saturnien et le Sirien s'épuisèrent alors en conjec-

tures; mais, après beaucoup de raisonnements fort ingénieux et fort incertains, il en fallut revenir aux faits. Combien de temps vivez-vous? dit le Sirien. Ah! bien peu, répliqua le petit homme de Saturne. C'est tout comme chez nous, dit le Sirien : nous nous plaignons toujours du peu. Il faut que ce soit une loi universelle de la nature. Hélas! nous ne vivons, dit le Saturnien, que cinq cents grandes révolutions du soleil. (Cela revient à quinze mille ans ou environ, à compter à notre manière.) Vous voyez bien que c'est mourir presque au moment que l'on est né; notre existence est un point, notre durée un instant, notre globe un atome. A peine a-t-on commencé à s'instruire un peu que la mort arrive avant qu'on ait de l'expérience. Pour moi, je n'ose faire aucuns projets; je me trouve comme une goutte d'eau dans un océan immense. Je suis honteux, surtout devant vous, de la figure ridicule que je fais dans ce monde.

Micromégas lui repartit : Si vous n'étiez pas philosophe, je craindrais de vous affliger en vous apprenant que notre vie est sept cents fois plus longue que la vôtre; mais vous savez trop bien que quand il faut rendre son corps aux éléments, et ranimer la nature sous une autre forme, ce qui s'appelle mourir; quand ce moment de métamorphose est venu, avoir vécu une éternité, ou avoir vécu un jour, c'est précisément la même chose. J'ai été dans des pays où l'on vit mille fois plus long-temps que chez moi, et j'ai trouvé qu'on y murmurait encore. Mais il y a partout des gens de bon sens qui savent prendre leur parti et remercier l'Auteur de la nature. Il a répandu sur cet univers

une profusion de variétés avec une espèce d'uniformité admirable. Par exemple tous les êtres pensants sont différents, et tous se ressemblent au fond par le don de la pensée et des desirs. La matière est partout étendue; mais elle a dans chaque globe des propriétés diverses. Combien comptez-vous de ces propriétés diverses dans votre matière? Si vous parlez de ces propriétés, dit le Saturnien, sans lesquelles nous croyons que ce globe ne pourrait subsister tel qu'il est, nous en comptons trois cents, comme l'étendue, l'impénétrabilité, la mobilité, la gravitation, la divisibilité, et le reste. Apparemment, répliqua le voyageur, que ce petit nombre suffit aux vues que le Créateur avait sur votre petite habitation. J'admire en tout sa sagesse; je vois partout des différences, mais aussi partout des proportions. Votre globe est petit, vos habitants le sont aussi; vous avez peu de sensations; votre matière a peu de propriétés; tout cela est l'ouvrage de la Providence. De quelle couleur est votre soleil bien examiné? D'un blanc fort jaunâtre, dit le Saturnien; et quand nous divisons un de ses rayons, nous trouvons qu'il contient sept couleurs. Notre soleil tire sur le rouge, dit le Sirien, et nous avons trente-neuf couleurs primitives. Il n'y a pas un soleil, parmi tous ceux dont j'ai approché, qui se ressemble, comme chez vous il n'y a pas un visage qui ne soit différent de tous les autres.

Après plusieurs questions de cette nature, il s'informa combien de substances essentiellement différentes on comptait dans Saturne. Il apprit qu'on n'en comptait qu'une trentaine, comme Dieu, l'espace, la

matière, les êtres étendus qui sentent, les êtres étendus qui sentent et qui pensent, les êtres pensants qui n'ont point d'étendue; ceux qui se pénètrent, ceux qui ne se pénètrent pas, et le reste. Le Sirien, chez qui on en comptait trois cents, et qui en avait découvert trois mille autres dans ses voyages, étonna prodigieusement le philosophe de Saturne. Enfin, après s'être communiqué l'un à l'autre un peu de ce qu'ils savaient et beaucoup de ce qu'ils ne savaient pas, après avoir raisonné pendant une révolution du soleil, ils résolurent de faire ensemble un petit voyage philosophique.

CHAPITRE III.

Voyage des deux habitants de Sirius et de Saturne.

Nos deux philosophes étaient prêts à s'embarquer dans l'atmosphère de Saturne avec une fort jolie provision d'instruments de mathématiques, lorsque la maîtresse du Saturnien, qui en eut des nouvelles, vint en larmes faire ses remontrances. C'était une jolie petite brune qui n'avait que six cent soixante toises, mais qui réparait par bien des agréments la petitesse de sa taille. Ah! cruel! s'écria-t-elle, après t'avoir résisté quinze cents ans, lorsque enfin je commençais à me rendre, quand j'ai à peine passé cent[1] ans entre tes bras, tu me quittes pour aller voyager

[1] L'édition de 1775 est la première qui porte *cent*; toutes les éditions précédentes portent : *deux cents*. B.

avec un géant d'un autre monde; va, tu n'es qu'un curieux, tu n'as jamais eu d'amour : si tu étais un vrai Saturnien, tu serais fidèle. Où vas-tu courir? que veux-tu? nos cinq lunes sont moins errantes que toi, notre anneau est moins changeant. Voilà qui est fait, je n'aimerai jamais plus personne. Le philosophe l'embrassa, pleura avec elle, tout philosophe qu'il était; et la dame, après s'être pâmée, alla se consoler avec un petit-maître du pays.

Cependant nos deux curieux partirent; ils sautèrent d'abord sur l'anneau, qu'ils trouvèrent assez plat, comme l'a fort bien deviné un illustre habitant de notre petit globe[1]; de là ils allèrent aisément de lune en lune. Une comète passait tout auprès de la dernière; ils s'élancèrent sur elle avec leurs domestiques et leurs instruments. Quand ils eurent fait environ cent cinquante millions de lieues, ils rencontrèrent les satellites de Jupiter. Ils passèrent dans Jupiter même, et y restèrent une année, pendant laquelle ils apprirent de fort beaux secrets qui seraient actuellement sous presse sans messieurs les inquisiteurs, qui ont trouvé quelques propositions un peu dures. Mais j'en ai lu le manuscrit dans la bibliothèque de l'illustre archevêque de...., qui m'a laissé voir ses livres avec cette générosité et cette bonté qu'on ne saurait assez louer. Aussi je lui promets un long article dans la première édition qu'on fera de Moréri, et je n'oublierai pas surtout messieurs ses enfants, qui donnent une si grande espérance de perpétuer la race de leur illustre père.

[1] Huygens. Voyez tome XXVI, page 398. B.

Mais revenons à nos voyageurs. En sortant de Jupiter, ils traversèrent un espace d'environ cent millions de lieues, et ils côtoyèrent la planète de Mars, qui, comme on sait, est cinq fois plus petite que notre petit globe; ils virent deux lunes qui servent à cette planète, et qui ont échappé aux regards de nos astronomes. Je sais bien que le père Castel écrira, et même assez plaisamment, contre l'existence de ces deux lunes; mais je m'en rapporte à ceux qui raisonnent par analogie. Ces bons philosophes-là savent combien il serait difficile que Mars, qui est si loin du soleil, se passât à moins de deux lunes. Quoi qu'il en soit, nos gens trouvèrent cela si petit, qu'ils craignirent de n'y pas trouver de quoi coucher, et ils passèrent leur chemin comme deux voyageurs qui dédaignent un mauvais cabaret de village, et poussent jusqu'à la ville voisine. Mais le Sirien et son compagnon se repentirent bientôt. Ils allèrent long-temps, et ne trouvèrent rien. Enfin ils aperçurent une petite lueur, c'était la terre; cela fit pitié à des gens qui venaient de Jupiter. Cependant, de peur de se repentir une seconde fois, ils résolurent de débarquer. Ils passèrent sur la queue de la comète, et, trouvant une aurore boréale toute prête, ils se mirent dedans, et arrivèrent à terre sur le bord septentrional de la mer Baltique, le cinq juillet mil sept cent trente-sept, nouveau style.

CHAPITRE IV.

Ce qui leur arrive sur le globe de la terre.

Après s'être reposés quelque temps, ils mangèrent à leur déjeuner deux montagnes, que leurs gens leur apprêtèrent assez proprement. Ensuite ils voulurent reconnaître le petit pays où ils étaient. Ils allèrent d'abord du nord au sud. Les pas ordinaires du Sirien et de ses gens étaient d'environ trente mille pieds de roi; le nain de Saturne, dont la taille n'était que de mille toises, suivait de loin en haletant; or il fallait qu'il fît environ douze pas, quand l'autre fesait une enjambée: figurez-vous (s'il est permis de faire de telles comparaisons) un très petit chien de manchon qui suivrait un capitaine des gardes du roi de Prusse.

Comme ces étrangers-là vont assez vite, ils eurent fait le tour du globe en trente-six heures; le soleil, à la vérité, ou plutôt la terre, fait un pareil voyage en une journée; mais il faut songer qu'on va bien plus à son aise quand on tourne sur son axe que quand on marche sur ses pieds. Les voilà donc revenus d'où ils étaient partis, après avoir vu cette mare, presque imperceptible pour eux, qu'on nomme *la Méditerranée*, et cet autre petit étang qui, sous le nom du *grand Océan*, entoure la taupinière. Le nain n'en avait eu jamais qu'à mi-jambe, et à peine l'autre avait-il mouillé son talon. Ils firent tout ce qu'ils purent en allant et en revenant dessus et dessous pour tâcher d'apercevoir

si ce globe était habité ou non. Ils se baissèrent, ils se couchèrent, ils tâtèrent partout; mais leurs yeux et leurs mains n'étant point proportionnés aux petits êtres qui rampent ici, ils ne reçurent pas la moindre sensation qui pût leur faire soupçonner que nous et nos confrères les autres habitants de ce globe avons l'honneur d'exister.

Le nain, qui jugeait quelquefois un peu trop vite, décida d'abord qu'il n'y avait personne sur la terre. Sa première raison était qu'il n'avait vu personne. Micromégas lui fit sentir poliment que c'était raisonner assez mal : car, disait-il, vous ne voyez pas avec vos petits yeux certaines étoiles de la cinquantième grandeur que j'aperçois très distinctement; concluez-vous de là que ces étoiles n'existent pas? Mais, dit le nain, j'ai bien tâté. Mais, répondit l'autre, vous avez mal senti. Mais, dit le nain, ce globe-ci est si mal construit, cela est si irrégulier et d'une forme qui me paraît si ridicule! tout semble être ici dans le chaos : voyez-vous ces petits ruisseaux dont aucun ne va de droit fil, ces étangs qui ne sont ni ronds, ni carrés, ni ovales, ni sous aucune forme régulière; tous ces petits grains pointus dont ce globe est hérissé, et qui m'ont écorché les pieds? (Il voulait parler des montagnes.) Remarquez-vous encore la forme de tout le globe, comme il est plat aux pôles, comme il tourne autour du soleil d'une manière gauche, de façon que les climats des pôles sont nécessairement incultes? En vérité, ce qui fait que je pense qu'il n'y a ici personne, c'est qu'il me paraît que des gens de bon sens ne voudraient pas y demeurer. Eh bien ! dit Micromégas, ce ne sont peut-être pas non

plus des gens de bon sens qui l'habitent. Mais enfin il y a quelque apparence que ceci n'est pas fait pour rien. Tout vous paraît irrégulier ici, dites-vous, parceque tout est tiré au cordeau dans Saturne et dans Jupiter. Eh! c'est peut-être pour[1] cette raison-là même qu'il y a ici un peu de confusion. Ne vous ai-je pas dit que dans mes voyages j'avais toujours remarqué de la variété? Le Saturnien répliqua à toutes ces raisons. La dispute n'eût jamais fini, si par bonheur Micromégas, en s'échauffant à parler, n'eût cassé le fil de son collier de diamants. Les diamants tombèrent; c'étaient de jolis petits carats assez inégaux, dont les plus gros pesaient quatre cents livres, et les plus petits cinquante. Le nain en ramassa quelques uns; il s'aperçut, en les approchant de ses yeux, que ces diamants, de la façon dont ils étaient taillés, étaient d'excellents microscopes. Il prit donc un petit microscope de cent soixante pieds de diamètre, qu'il appliqua à sa prunelle; et Micromégas en choisit un de deux mille cinq cents pieds. Ils étaient excellents; mais d'abord on ne vit rien par leur secours, il fallait s'ajuster. Enfin l'habitant de Saturne vit quelque chose d'imperceptible qui remuait entre deux eaux dans la mer Baltique: c'était une baleine. Il la prit avec le petit doigt fort adroitement; et la mettant sur l'ongle de son pouce, il la fit voir au Sirien, qui se mit à rire pour la seconde fois de l'excès de petitesse dont étaient les habitants de notre globe. Le Saturnien, convaincu que notre monde est habité, s'imagina bien vite qu'il ne l'était que par des baleines; et

[1] Toutes les éditions qui ont précédé celles de Kehl, portent : *par*. B.

comme il était grand raisonneur, il voulut deviner d'où un si petit atome tirait son origine, son mouvement, s'il avait des idées, une volonté, une liberté. Micromégas y fut fort embarrassé ; il examina l'animal fort patiemment, et le résultat de l'examen fut qu'il n'y avait pas moyen de croire qu'une ame fût logée là. Les deux voyageurs inclinaient donc à penser qu'il n'y a point d'esprit dans notre habitation, lorsqu'à l'aide du microscope ils aperçurent quelque chose d'aussi gros qu'une baleine qui flottait sur la mer Baltique. On sait que dans ce temps-là même une volée de philosophes revenait du cercle polaire, sous lequel ils avaient été faire des observations, dont personne ne s'était avisé jusqu'alors. Les gazettes dirent que leur vaisseau échoua aux côtes de Bothnie, et qu'ils eurent bien de la peine à se sauver : mais on ne sait jamais dans ce monde le dessous des cartes. Je vais raconter ingénument comme la chose se passa, sans y rien mettre du mien ; ce qui n'est pas un petit effort pour un historien.

CHAPITRE V.

Expériences et raisonnements des deux voyageurs.

Micromégas étendit la main tout doucement vers l'endroit où l'objet paraissait, et avançant deux doigts, et les retirant par la crainte de se tromper, puis les ouvrant et les serrant, il saisit fort adroitement le vaisseau qui portait ces messieurs, et le mit encore

sur son ongle, sans le trop presser, de peur de l'écraser. Voici un animal bien différent du premier, dit le nain de Saturne ; le Sirien mit le prétendu animal dans le creux de sa main. Les passagers et les gens de l'équipage, qui s'étaient crus enlevés par un ouragan, et qui se croyaient sur une espèce de rocher, se mettent tous en mouvement ; les matelots prennent des tonneaux de vin, les jettent sur la main de Micromégas, et se précipitent après. Les géomètres prennent leurs quarts de cercle, leurs secteurs, deux filles laponnes [1], et descendent sur les doigts du Sirien. Ils en firent tant, qu'il sentit enfin remuer quelque chose qui lui chatouillait les doigts ; c'était un bâton ferré qu'on lui enfonçait d'un pied dans l'index : il jugea, par ce picotement, qu'il était sorti quelque chose du petit animal qu'il tenait ; mais il n'en soupçonna pas d'abord davantage. Le microscope, qui fesait à peine discerner une baleine et un vaisseau, n'avait point de prise sur un être aussi imperceptible que des hommes. Je ne prétends choquer ici la vanité de personne, mais je suis obligé de prier les importants de faire ici une petite remarque avec moi ; c'est qu'en prenant la taille des hommes d'environ cinq pieds, nous ne fesons pas sur la terre une plus grande figure qu'en ferait sur une boule de dix pieds de tour un animal qui aurait à peu près la six cent millième [2] partie d'un pouce en hauteur. Figurez-vous une substance qui pourrait tenir la terre dans sa main, et qui aurait des organes en

[1] Voyez les notes du discours en vers *sur la Modération* (volume XII), et celles du *Russe à Paris* (volume XIV). K.

[2] L'édition que je crois l'originale, porte : *soixante millième*. B.

proportion des nôtres ; et il se peut très bien faire qu'il y ait un grand nombre de ces substances : or concevez, je vous prie, ce qu'elles penseraient de ces batailles qui font gagner au vainqueur un village pour le perdre ensuite.

Je ne doute pas que si quelque capitaine des grands grenadiers lit jamais cet ouvrage, il ne hausse de deux grands pieds au moins les bonnets de sa troupe; mais je l'avertis qu'il aura beau faire, que lui et les siens ne seront jamais que des infiniment petits.

Quelle adresse merveilleuse ne fallut-il donc pas à notre philosophe de Sirius, pour apercevoir les atomes dont je viens de parler? Quand Leuwenhoek et Hartsoëker virent les premiers ou crurent voir la graine dont nous sommes formés, ils ne firent pas, à beaucoup près, une si étonnante découverte. Quel plaisir sentit Micromégas en voyant remuer ces petites machines, en examinant tous leurs tours, en les suivant dans toutes leurs opérations! comme il s'écria! comme il mit avec joie un de ses microscopes dans les mains de son compagnon de voyage! Je les vois, disaient-ils tous deux à-la-fois; ne les voyez-vous pas qui portent des fardeaux, qui se baissent, qui se relèvent. En parlant ainsi, les mains leur tremblaient, par le plaisir de voir des objets si nouveaux, et par la crainte de les perdre. Le Saturnien, passant d'un excès de défiance à un excès de crédulité, crut apercevoir qu'ils travaillaient à la propagation. « Ah! disait-il, j'ai pris la na-
« ture sur le fait[1]. » Mais il se trompait sur les appa-

[1] Expression heureuse et plaisante de Fontenelle, en rendant compte de quelques observations d'histoire naturelle. K.

rences; ce qui n'arrive que trop, soit qu'on se serve ou non du microscope.

CHAPITRE VI.

Ce qui leur arriva avec les hommes.

Micromégas, bien meilleur observateur que son nain, vit clairement que les atomes se parlaient; et il le fit remarquer à son compagnon, qui, honteux de s'être mépris sur l'article de la génération, ne voulut point croire que de pareilles espèces pussent se communiquer des idées. Il avait le don des langues aussi bien que le Sirien; il n'entendait point parler nos atomes, et il supposait qu'ils ne parlaient pas: d'ailleurs comment ces êtres imperceptibles auraient-ils les organes de la voix, et qu'auraient-ils à dire? Pour parler, il faut penser, ou à peu près; mais s'ils pensaient, ils auraient donc l'équivalent d'une ame: or, attribuer l'équivalent d'une ame à cette espèce, cela lui paraissait absurde. Mais, dit le Sirien, vous avez cru tout-à-l'heure qu'ils fesaient l'amour; est-ce que vous croyez qu'on puisse faire l'amour sans penser et sans proférer quelque parole, ou du moins sans se faire entendre? Supposez-vous d'ailleurs qu'il soit plus difficile de produire un argument qu'un enfant? Pour moi l'un et l'autre me paraissent de grands mystères: je n'ose plus ni croire ni nier, dit le nain; je n'ai plus d'opinion; il faut tâcher d'examiner ces insectes,

nous raisonnerons après. C'est fort bien dit, reprit Micromégas; et aussitôt il tira une paire de ciseaux dont il se coupa les ongles, et d'une rognure de l'ongle de son pouce il fit sur-le-champ une espèce de grande trompette parlante, comme un vaste entonnoir, dont il mit le tuyau dans son oreille. La circonférence de l'entonnoir enveloppait le vaisseau et tout l'équipage. La voix la plus faible entrait dans les fibres circulaires de l'ongle; de sorte que, grace à son industrie, le philosophe de là-haut entendit parfaitement le bourdonnement de nos insectes de là-bas. En peu d'heures il parvint à distinguer les paroles, et enfin à entendre le français. Le nain en fit autant, quoique avec plus de difficulté. L'étonnement des voyageurs redoublait à chaque instant. Ils entendaient des mites parler d'assez bon sens : ce jeu de la nature leur paraissait inexplicable. Vous croyez bien que le Sirien et son nain brûlaient d'impatience de lier conversation avec les atomes; le nain craignait que sa voix de tonnerre, et surtout celle de Micromégas, n'assourdît les mites sans en être entendue. Il fallait en diminuer la force. Ils se mirent dans la bouche des espèces de petits cure-dents, dont le bout fort effilé venait donner auprès du vaisseau. Le Sirien tenait le nain sur ses genoux, et le vaisseau avec l'équipage sur un ongle; il baissait la tête et parlait bas. Enfin, moyennant toutes ces précautions et bien d'autres encore, il commença ainsi son discours :

Insectes invisibles, que la main du Créateur s'est plu à faire naître dans l'abîme de l'infiniment petit, je le remercie de ce qu'il a daigné me découvrir des se-

crets qui semblaient impénétrables. Peut-être ne daignerait-on pas vous regarder à ma cour; mais je ne méprise personne, et je vous offre ma protection.

Si jamais il y eut quelqu'un d'étonné, ce furent les gens qui entendirent ces paroles. Ils ne pouvaient deviner d'où elles partaient. L'aumônier du vaisseau récita les prières des exorcismes, les matelots jurèrent, et les philosophes du vaisseau firent des systèmes; mais quelque système qu'ils fissent, ils ne purent jamais deviner qui leur parlait. Le nain de Saturne, qui avait la voix plus douce que Micromégas, leur apprit alors en peu de mots à quelles espèces ils avaient affaire. Il leur raconta le voyage de Saturne, les mit au fait de ce qu'était M. Micromégas; et après les avoir plaints d'être si petits, il leur demanda s'ils avaient toujours été dans ce misérable état si voisin de l'anéantissement, ce qu'ils fesaient dans un globe qui paraissait appartenir à des baleines, s'ils étaient heureux, s'ils multipliaient, s'ils avaient une ame, et cent autres questions de cette nature.

Un raisonneur de la troupe, plus hardi que les autres, et choqué de ce qu'on doutait de son ame, observa l'interlocuteur avec des pinnules braquées sur un quart de cercle, fit deux stations, et à la troisième il parla ainsi : Vous croyez donc, monsieur, parceque vous avez mille toises depuis la tête jusqu'aux pieds, que vous êtes un..... Mille toises! s'écria le nain: juste ciel! d'où peut-il savoir ma hauteur? mille toises! il ne se trompe pas d'un pouce: quoi! cet atome m'a mesuré! il est géomètre, il connaît ma grandeur; et moi, qui ne le vois qu'à travers un microscope, je ne con-

nais pas encore la sienne! Oui, je vous ai mesuré, dit le physicien, et je mesurerai bien encore votre grand compagnon. La proposition fut acceptée; son excellence se coucha de son long; car, s'il se fût tenu debout, sa tête eût été trop au-dessus des nuages. Nos philosophes lui plantèrent un grand arbre dans un endroit que le docteur Swift nommerait, mais que je me garderai bien d'appeler par son nom, à cause de mon grand respect pour les dames. Puis, par une suite de triangles liés ensemble, ils conclurent que ce qu'ils voyaient était en effet un jeune homme de cent vingt mille pieds de roi [1].

Alors Micromégas prononça ces paroles : Je vois plus que jamais qu'il ne faut juger de rien sur sa grandeur apparente. O Dieu! qui avez donné une intelligence à des substances qui paraissent si méprisables, l'infiniment petit vous coûte aussi peu que l'infiniment grand; et s'il est possible qu'il y ait des êtres plus petits que ceux-ci, ils peuvent encore avoir un esprit supérieur à ceux de ces superbes animaux que j'ai vus dans le ciel, dont le pied seul couvrirait le globe où je suis descendu.

Un des philosophes lui répondit qu'il pouvait en toute sûreté croire qu'il est en effet des êtres intelligents beaucoup plus petits que l'homme. Il lui conta, non pas tout ce que Virgile a dit de fabuleux sur les abeilles, mais ce que Swammerdam a découvert, et ce que Réaumur a disséqué. Il lui apprit enfin qu'il y a des animaux qui sont pour les abeilles ce que les

[1] L'édition que je crois l'originale, porte : *un beau jeune... de cent vingt mille pieds de roi.* B.

abeilles sont pour l'homme, ce que le Sirien lui-même était pour ces animaux si vastes dont il parlait, et ce que ces grands animaux sont pour d'autres substances devant lesquelles ils ne paraissent que comme des atomes. Peu-à-peu la conversation devint intéressante, et Micromégas parla ainsi :

CHAPITRE VII.

Conversation avec les hommes.

O atomes intelligents, dans qui l'Être éternel s'est plu à manifester son adresse et sa puissance, vous devez, sans doute, goûter des joies bien pures sur votre globe; car ayant si peu de matière, et paraissant tout esprit, vous devez passer votre vie à aimer et à penser; c'est la véritable vie des esprits. Je n'ai vu nulle part le vrai bonheur, mais il est ici, sans doute. A ce discours, tous les philosophes secouèrent la tête; et l'un d'eux, plus franc que les autres, avoua de bonne foi que, si l'on en excepte un petit nombre d'habitants fort peu considérés, tout le reste est un assemblage de fous, de méchants, et de malheureux. Nous avons plus de matière qu'il ne nous en faut, dit-il, pour faire beaucoup de mal, si le mal vient de la matière; et trop d'esprit, si le mal vient de l'esprit. Savez-vous bien, par exemple, qu'à l'heure que je vous parle[1], il y

[1] On a vu, à la fin du chapitre III, que la scène se passait en 1737. Il s'agit ici de la guerre des Turcs et des Russes, de 1736 à 1739. B.

a cent mille fous de notre espèce, couverts de chapeaux, qui tuent cent mille autres animaux couverts d'un turban, ou qui sont massacrés par eux, et que, presque par toute la terre, c'est ainsi qu'on en use de temps immémorial? Le Sirien frémit, et demanda quel pouvait être le sujet de ces horribles querelles entre de si chétifs animaux. Il s'agit, dit le philosophe, de quelque tas de boue [1] grand comme votre talon. Ce n'est pas qu'aucun de ces millions d'hommes qui se font égorger prétende un fétu sur ce tas de boue. Il ne s'agit que de savoir s'il appartiendra à un certain homme qu'on nomme *Sultan*, ou à un autre qu'on nomme, je ne sais pourquoi, *César*. Ni l'un ni l'autre n'a jamais vu ni ne verra jamais le petit coin de terre dont il s'agit; et presque aucun de ces animaux, qui s'égorgent mutuellement, n'a jamais vu l'animal pour lequel il s'égorge.

Ah! malheureux! s'écria le Sirien avec indignation, peut-on concevoir cet excès de rage forcenée! Il me prend envie de faire trois pas, et d'écraser de trois coups de pied toute cette fourmilière d'assassins ridicules. Ne vous en donnez pas la peine, lui répondit-on; ils travaillent assez à leur ruine. Sachez qu'au bout de dix ans, il ne reste jamais la centième partie de ces misérables; sachez que, quand même ils n'auraient pas tiré l'épée, la faim, la fatigue, ou l'intempérance, les emportent presque tous. D'ailleurs, ce n'est pas eux qu'il faut punir, ce sont ces barbares sédentaires qui du fond de leur cabinet ordonnent, dans le temps de leur digestion, le massacre d'un million d'hommes,

[1] La Crimée, qui toutefois n'a été réunie à la Russie qu'en 1783. B.

et qui ensuite en font remercier Dieu solennellement. Le voyageur se sentait ému de pitié pour la petite race humaine, dans laquelle il découvrait de si étonnants contrastes. Puisque vous êtes du petit nombre des sages, dit-il à ces messieurs, et qu'apparemment vous ne tuez personne pour de l'argent, dites-moi, je vous en prie, à quoi vous vous occupez. Nous disséquons des mouches, dit le philosophe, nous mesurons des lignes, nous assemblons des nombres; nous sommes d'accord sur deux ou trois points que nous entendons, et nous disputons sur deux ou trois mille que nous n'entendons pas. Il prit aussitôt fantaisie au Sirien et au Saturnien d'interroger ces atomes pensants, pour savoir les choses dont ils convenaient. Combien comptez-vous, dit celui-ci, de l'étoile de la Canicule à la grande étoile des Gémeaux? Ils répondirent tous à-la-fois, Trente-deux degrés et demi. Combien comptez-vous d'ici à la lune? Soixante demi-diamètres de la terre en nombre rond. Combien pèse votre air? Il croyait les attraper[1], mais tous lui dirent que l'air pèse environ neuf cents fois moins qu'un pareil volume de l'eau la plus légère, et dix-neuf mille fois moins que l'or de ducat. Le petit nain de Saturne, étonné de leurs réponses, fut tenté de prendre pour des sorciers ces mêmes gens auxquels il avait refusé une ame un quart d'heure auparavant.

Enfin Micromégas leur dit: Puisque vous savez si bien ce qui est hors de vous, sans doute vous savez encore mieux ce qui est en-dedans. Dites-moi ce que

[1] L'édition que je crois l'originale, porte: *effrayer*, au lieu de: *attraper*. B.

c'est que votre ame, et comment vous formez vos idées. Les philosophes parlèrent tous à-la-fois comme auparavant ; mais ils furent tous de différents avis. Le plus vieux citait Aristote, l'autre prononçait le nom de Descartes ; celui-ci, de Malebranche ; cet autre, de Leibnitz ; cet autre, de Locke. Un vieux péripatéticien dit tout haut avec confiance : L'ame est une entéléchie, et une raison par qui elle a la puissance d'être ce qu'elle est. C'est ce que déclare expressément Aristote, page 633 de l'édition du Louvre. Il cita le passage[1]. Je n'entends pas trop bien le grec, dit le géant. Ni moi non plus, dit la mite philosophique. Pourquoi donc, reprit le Sirien, citez-vous un certain Aristote en grec ? C'est, répliqua le savant, qu'il faut bien citer ce qu'on ne comprend point du tout dans la langue qu'on entend le moins.

Le cartésien prit la parole, et dit : L'ame est un esprit pur qui a reçu dans le ventre de sa mère toutes les idées métaphysiques, et qui, en sortant de là, est obligée d'aller à l'école, et d'apprendre tout de nouveau ce qu'elle a si bien su, et qu'elle ne saura plus. Ce n'était donc pas la peine, répondit l'animal de huit lieues, que ton ame fût si savante dans le ventre de ta mère, pour être si ignorante quand tu aurais de la barbe au menton. Mais qu'entends-tu par esprit ? Que me demandez-vous là ? dit le raisonneur ; je n'en ai

[1] Voici ce passage tel qu'il est transcrit dans l'édition datée de 1750 :

Ἐντελέχειά τις ἐςὶ καὶ λόγος τοῦ δύναμιν ἔχοντος τοιουδὶ εἶναι.

Ce passage d'Aristote, de l'Ame, livre II, chapitre II, est ainsi traduit par Casaubon : *Anima quædam perfectio et actus ac ratio est quod potentiam habet ut ejusmodi sit.* B.

point d'idée; on dit que ce n'est pas la matière. — Mais sais-tu au moins ce que c'est que la matière ? Très bien, lui répondit l'homme. Par exemple cette pierre est grise, est d'une telle forme, a ses trois dimensions, elle est pesante et divisible. Eh bien ! dit le Sirien, cette chose qui te paraît être divisible, pesante, et grise, me diras-tu bien ce que c'est ? Tu vois quelques attributs ; mais le fond de la chose, le connais-tu ? Non, dit l'autre. — Tu ne sais donc point ce que c'est que la matière.

Alors M. Micromégas, adressant la parole à un autre sage qu'il tenait sur son pouce, lui demanda ce que c'était que son ame, et ce qu'elle fesait. Rien du tout, dit le philosophe malebranchiste[1] ; c'est Dieu qui fait tout pour moi ; je vois tout en lui, je fais tout en lui ; c'est lui qui fait tout sans que je m'en mêle. Autant vaudrait ne pas être, reprit le sage de Sirius. Et toi, mon ami, dit-il à un Leibnitzien qui était là, qu'est-ce que ton ame ? C'est, répondit le Leibnitzien, une aiguille qui montre les heures pendant que mon corps carillonne ; ou bien, si vous voulez, c'est elle qui carillonne pendant que mon corps montre l'heure ; ou bien mon ame est le miroir de l'univers, et mon corps est la bordure du miroir : tout cela est clair.

Un petit partisan de Locke était là tout auprès ; et quand on lui eut enfin adressé la parole : Je ne sais pas, dit-il, comment je pense, mais je sais que je n'ai jamais pensé qu'à l'occasion de mes sens. Qu'il y ait des substances immatérielles et intelligentes, c'est de

[1] Voyez dans les *Mélanges*, année 1769, l'opuscule intitulé: *Tout en Dieu*. B.

quoi je ne doute pas : mais qu'il soit impossible à Dieu de communiquer la pensée à la matière, c'est de quoi je doute fort. Je révère la puissance éternelle; il ne m'appartient pas de la borner : je n'affirme rien; je me contente de croire qu'il y a plus de choses possibles qu'on ne pense.

L'animal de Sirius sourit : il ne trouva pas celui-là le moins sage; et le nain de Saturne aurait embrassé le sectateur de Locke sans l'extrême disproportion. Mais il y avait là, par malheur, un petit animalcule en bonnet carré qui coupa la parole à tous les autres animalcules philosophes; il dit qu'il savait tout le secret, que tout cela se trouvait dans la *Somme de saint Thomas*; il regarda de haut en bas les deux habitants célestes; il leur soutint que leurs personnes, leurs mondes, leurs soleils, leurs étoiles, tout était fait uniquement pour l'homme. A ce discours, nos deux voyageurs se laissèrent aller l'un sur l'autre en étouffant de ce rire inextinguible qui, selon Homère[1], est le partage des dieux; leurs épaules et leurs ventres allaient et venaient, et dans ces convulsions le vaisseau que le Sirien avait sur son ongle tomba dans une poche de la culotte du Saturnien. Ces deux bonnes gens le cherchèrent long-temps; enfin ils retrouvèrent l'équipage, et le rajustèrent fort proprement. Le Sirien reprit les petites mites; il leur parla encore avec beaucoup de bonté, quoiqu'il fût un peu fâché dans le fond du cœur de voir que les infiniment petits eussent un orgueil presque infiniment grand. Il leur pro-

[1] *Iliade*, I, 599. B.

mit de leur faire un beau livre de philosophie [1], écrit fort menu pour leur usage, et que, dans ce livre, ils verraient le bout des choses. Effectivement, il leur donna ce volume avant son départ : on le porta à Paris à l'académie des sciences ; mais, quand le [2] vieux secrétaire l'eut ouvert, il ne vit rien qu'un livre tout blanc : « Ah ! dit-il, je m'en étais bien douté. »

[1] L'édition que je crois l'originale, et celle qui est datée de 1750, portent : « livre de philosophie, qui leur apprendrait des choses admirables, et qui « leur montrerait le bon des choses. » B.

[2] Quoique la scène se passe en 1737, comme on l'a vu pages 177 et 188, on pouvait donner l'épithète de vieux à Fontenelle, qui avait alors quatre-vingts ans, et qui mourut vingt ans après. Il s'était démis, en 1740, de la place de secrétaire perpétuel. B.

FIN DE L'HISTOIRE DE MICROMÉGAS.

LES DEUX CONSOLÉS.

1756 [1].

Le grand philosophe Citophile disait un jour à une femme désolée, et qui avait juste sujet de l'être : Madame, la reine d'Angleterre, fille du grand Henri IV, a été aussi malheureuse que vous : on la chassa de ses royaumes; elle fut près de périr sur l'océan par les tempêtes; elle vit mourir son royal époux sur l'échafaud. J'en suis fâchée pour elle, dit la dame; et elle se mit à pleurer ses propres infortunes.

Mais, dit Citophile, souvenez-vous de Marie Stuart : elle aimait fort honnêtement un brave musicien qui avait une très belle basse-taille. Son mari tua son musicien à ses yeux; et ensuite sa bonne amie et sa bonne parente, la reine Élisabeth, qui se disait pucelle, lui fit couper le cou sur un échafaud tendu de noir, après l'avoir tenue en prison dix-huit années. Cela est fort cruel, dit la dame; et elle se replongea dans sa mélancolie.

Vous avez peut-être entendu parler, dit le consolateur, de la belle Jeanne de Naples, qui fut prise et étranglée? Je m'en souviens confusément, dit l'affligée.

Il faut que je vous conte, ajouta l'autre, l'aventure d'une souveraine qui fut détrônée de mon temps après souper, et qui est morte dans une île déserte. Je sais toute cette histoire, répondit la dame.

[1] Voyez ma préface en tête de ce volume. B.

Eh bien donc, je vais vous apprendre ce qui est arrivé à une autre grande princesse à qui j'ai montré la philosophie. Elle avait un amant, comme en ont toutes les grandes et belles princesses. Son père entra dans sa chambre, et surprit l'amant, qui avait le visage tout en feu et l'œil étincelant comme une escarboucle; la dame aussi avait le teint fort animé. Le visage du jeune homme déplut tellement au père, qu'il lui appliqua le plus énorme soufflet qu'on eût jamais donné dans sa province. L'amant prit une paire de pincettes et cassa la tête au beau-père, qui guérit à peine, et qui porte encore la cicatrice de cette blessure. L'amante éperdue sauta par la fenêtre et se démit le pied; de manière qu'aujourd'hui elle boite visiblement, quoique d'ailleurs elle ait la taille admirable. L'amant fut condamné à la mort pour avoir cassé la tête à un très grand prince. Vous pouvez juger de l'état où était la princesse quand on menait pendre l'amant. Je l'ai vue long-temps lorsqu'elle était en prison; elle ne me parlait jamais que de ses malheurs.

Pourquoi ne voulez-vous donc pas que je songe aux miens? lui dit la dame. C'est, dit le philosophe, parcequ'il n'y faut pas songer, et que, tant de grandes dames ayant été si infortunées, il vous sied mal de vous désespérer. Songez à Hécube, songez à Niobé. Ah! dit la dame, si j'avais vécu de leur temps, ou de celui de tant de belles princesses, et si pour les consoler vous leur aviez conté mes malheurs, pensez-vous qu'elles vous eussent écouté?

Le lendemain le philosophe perdit son fils unique, et fut sur le point d'en mourir de douleur. La dame

fit dresser une liste de tous les rois qui avaient perdu leurs enfants, et la porta au philosophe; il la lut, la trouva fort exacte, et n'en pleura pas moins. Trois mois après ils se revirent, et furent étonnés de se retrouver d'une humeur très gaie. Ils firent ériger une belle statue au Temps, avec cette inscription :

A CELUI QUI CONSOLE.

FIN DES DEUX CONSOLÉS.

HISTOIRE

DES VOYAGES

DE SCARMENTADO,

ÉCRITE PAR LUI-MÊME.

1756[1].

Je naquis dans la ville de Candie, en 1600. Mon père en était gouverneur; et je me souviens qu'un poëte médiocre, qui n'était pas médiocrement dur, nommé *Iro*[2], fit de mauvais vers à ma louange, dans lesquels il me fesait descendre de Minos en droite ligne; mais mon père ayant été disgracié, il fit d'autres vers où je ne descendais plus que de Pasiphaé et de son amant. C'était un bien méchant homme que cet Iro, et le plus ennuyeux coquin qui fût dans l'île.

Mon père m'envoya, à l'âge de quinze ans, étudier à Rome. J'arrivai dans l'espérance d'apprendre toutes les vérités; car jusque-là on m'avait enseigné tout le contraire, selon l'usage de ce bas monde, depuis la

[1] Voyez ma préface en tête de ce volume. B.

[2] Anagramme de *Roi*, poëte né avec des talents que son penchant pour la satire, les aventures qui en furent la suite, sa jalousie contre les hommes de la littérature qui lui étaient supérieurs, avilirent et rendirent malheureux. Le ballet des *Éléments* et l'opéra de *Callirhoé* sont les seuls de ses ouvrages qui lui aient survécu : il mourut vieux, et avait fini par se faire dévot. K.

Chine jusqu'aux Alpes. Monsignor Profondo, à qui j'étais recommandé, était un homme singulier, et un des plus terribles savants qu'il y eût au monde. Il voulut m'apprendre les catégories d'Aristote, et fut sur le point de me mettre dans la catégorie de ses mignons : je l'échappai belle. Je vis des processions, des exorcismes, et quelques rapines. On disait, mais très faussement, que la signora Olimpia, personne d'une grande prudence, vendait beaucoup de choses qu'on ne doit point vendre. J'étais dans un âge où tout cela me paraissait fort plaisant. Une jeune dame de mœurs très douces, nommée *la signora Fatelo*, s'avisa de m'aimer. Elle était courtisée par le révérend P. *Poignardini*, et par le révérend P. *Aconiti*, jeunes profès d'un ordre qui ne subsiste plus : elle les mit d'accord en me donnant ses bonnes graces ; mais en même temps je courus risque d'être excommunié et empoisonné. Je partis, très content de l'architecture de Saint-Pierre.

Je voyageai en France ; c'était le temps du règne de Louis-le-Juste[1]. La première chose qu'on me demanda, ce fut, Si je voulais à mon déjeuner un petit morceau du maréchal d'Ancre, dont le peuple avait fait rôtir la chair[2], et qu'on distribuait à fort bon compte à ceux qui en voulaient.

Cet état était continuellement en proie aux guerres civiles, quelquefois pour une place au conseil, quel-

[1] Louis XIII eut dès son enfance, dit Voltaire, le surnom de Juste, parcequ'il était né sous le signe de la Balance. Voyez tome XIX, le *Siècle de Louis XIV*, chapitre 2. B.

[2] Voyez tome XVIII, page 177. B.

quefois pour deux pages de controverse. Il y avait plus de soixante ans que ce feu, tantôt couvert et tantôt soufflé avec violence, désolait ces beaux climats. C'étaient là les libertés de l'Église gallicane. Hélas! dis-je, ce peuple est pourtant né doux : qui peut l'avoir tiré ainsi de son caractère ? Il plaisante, et il fait des Saint-Barthélemi. Heureux le temps où il ne fera que plaisanter!

Je passai en Angleterre : les mêmes querelles y excitaient les mêmes fureurs. De saints catholiques avaient résolu, pour le bien de l'Église, de faire sauter en l'air, avec de la poudre, le roi, la famille royale, et tout le parlement, et de délivrer l'Angleterre de ces hérétiques. On me montra la place où la bienheureuse reine Marie, fille de Henri VIII, avait fait brûler plus de cinq cents de ses sujets. Un prêtre ibernois m'assura que c'était une très bonne action : premièrement parceque ceux qu'on avait brûlés étaient Anglais; en second lieu parcequ'ils ne prenaient jamais d'eau bénite, et qu'ils ne croyaient pas au trou de saint Patrice [1]. Il s'étonnait surtout que la reine Marie ne fût pas encore canonisée; mais il espérait qu'elle le serait bientôt, quand le cardinal neveu aurait un peu de loisir.

J'allai en Hollande, où j'espérais trouver plus de tranquillité chez des peuples plus flegmatiques. On coupait la tête à un vieillard vénérable lorsque j'arrivai à La Haye. C'était la tête chauve du premier ministre Barneveldt, l'homme qui avait le mieux mérité

[1] Sur le trou de Saint-Patrice, voyez tome XXXII, page 177; et dans les *Mélanges*, année 1765, la septième des *Lettres sur les miracles*. B.

de la république. Touché de pitié, je demandai quel était son crime, et s'il avait trahi l'état. Il a fait bien pis, me répondit un prédicant à manteau noir; c'est un homme qui croit que l'on peut se sauver par les bonnes œuvres aussi bien que par la foi. Vous sentez bien que, si de telles opinions s'établissaient, une république ne pourrait subsister, et qu'il faut des lois sévères pour réprimer de si scandaleuses horreurs. Un profond politique du pays me dit en soupirant: Hélas! monsieur, le bon temps ne durera pas toujours; ce n'est que par hasard que ce peuple est si zélé; le fond de son caractère est porté au dogme abominable de la tolérance, un jour il y viendra : cela fait frémir. Pour moi, en attendant que ce temps funeste de la modération et de l'indulgence fût arrivé, je quittai bien vite un pays où la sévérité n'était adoucie par aucun agrément, et je m'embarquai pour l'Espagne.

La cour était à Séville, les galions étaient arrivés, tout respirait l'abondance et la joie dans la plus belle saison de l'année. Je vis au bout d'une allée d'orangers et de citronniers une espèce de lice immense entourée de gradins couverts d'étoffes précieuses. Le roi, la reine, les infants, les infantes, étaient sous un dais superbe. Vis-à-vis de cette auguste famille était un autre trône, mais plus élevé. Je dis à un de mes compagnons de voyage : A moins que ce trône ne soit réservé pour Dieu, je ne vois pas à quoi il peut servir. Ces indiscrètes paroles furent entendues d'un grave Espagnol, et me coûtèrent cher. Cependant je m'imaginais que nous allions voir quelque carrousel ou

quelque fête de taureaux, lorsque le grand-inquisiteur parut sur ce trône, d'où il bénit le roi et le peuple.

Ensuite vint une armée de moines défilant deux à deux, blancs, noirs, gris, chaussés, déchaussés, avec barbe, sans barbe, avec capuchon pointu, et sans capuchon ; puis marchait le bourreau ; puis on voyait au milieu des alguazils et des grands environ quarante personnes couvertes de sacs sur lesquels on avait peint des diables et des flammes. C'étaient des juifs qui n'avaient pas voulu renoncer absolument à Moïse, c'étaient des chrétiens qui avaient épousé leurs commères, ou qui n'avaient pas adoré Notre-Dame d'Atocha[1], ou qui n'avaient pas voulu se défaire de leur argent comptant en faveur des frères hiéronymites. On chanta dévotement de très belles prières, après quoi on brûla à petit feu tous les coupables ; de quoi toute la famille royale parut extrêmement édifiée.

Le soir, dans le temps que j'allais me mettre au lit, arrivèrent chez moi deux familiers de l'inquisition avec la sainte Hermandad : ils m'embrassèrent tendrement, et me menèrent, sans me dire un seul mot, dans un cachot très frais, meublé d'un lit de natte et d'un beau crucifix. Je restai là six semaines, au bout desquelles le révérend père inquisiteur m'envoya prier de venir lui parler : il me serra quelque temps entre ses bras, avec une affection toute paternelle ; il me dit qu'il était sincèrement affligé d'avoir appris que je fusse si mal logé ; mais que tous les appartements

[1] Sur Notre-Dame d'Atocha, voyez dans les *Mélanges*, année 1769, une des notes de Voltaire sur son *Extrait d'un journal* (ou Mémoires de Dangeau). B.

de la maison étaient remplis, et qu'une autre fois il espérait que je serais plus à mon aise. Ensuite il me demanda cordialement si je ne savais pas pourquoi j'étais là. Je dis au révérend père que c'était apparemment pour mes péchés. Eh bien ! mon cher enfant, pour quel péché? parlez-moi avec confiance. J'eus beau imaginer, je ne devinai point; il me mit charitablement sur les voies.

Enfin je me souvins de mes indiscrètes paroles. J'en fus quitte pour la discipline et une amende de trente mille réales. On me mena faire la révérence au grand-inquisiteur : c'était un homme poli, qui me demanda comment j'avais trouvé sa petite fête. Je lui dis que cela était délicieux, et j'allai presser mes compagnons de voyage de quitter ce pays, tout beau qu'il est. Ils avaient eu le temps de s'instruire de toutes les grandes choses que les Espagnols avaient faites pour la religion. Ils avaient lu les mémoires du fameux évêque de Chiapa[1], par lesquels il paraît qu'on avait égorgé, ou brûlé, ou noyé dix millions d'infidèles en Amérique pour les convertir. Je crus que cet évêque exagérait ; mais quand on réduirait ces sacrifices à cinq millions de victimes, cela serait encore admirable.

Le desir de voyager me pressait toujours. J'avais compté finir mon tour de l'Europe par la Turquie ; nous en prîmes la route. Je me proposai bien de ne plus dire mon avis sur les fêtes que je verrais. Ces Turcs, dis-je à mes compagnons, sont des mécréants qui n'ont point été baptisés, et qui par conséquent

[1] Las Cases : voyez tome XVII, pages 399, 426 ; et tome XXXII, pages 490-91. B.

seront bien plus cruels que les révérends pères inquisiteurs. Gardons le silence quand nous serons chez les mahométans.

J'allai donc chez eux. Je fus étrangement surpris de voir en Turquie beaucoup plus d'églises chrétiennes qu'il n'y en avait dans Candie. J'y vis jusqu'à des troupes nombreuses de moines qu'on laissait prier la vierge Marie librement, et maudire Mahomet, ceux-ci en grec, ceux-là en latin, quelques autres en arménien [1]. Les bonnes gens que les Turcs ! m'écriai-je. Les chrétiens grecs et les chrétiens latins étaient ennemis mortels dans Constantinople; ces esclaves se persécutaient les uns les autres, comme des chiens qui se mordent dans la rue, et à qui leurs maîtres donnent des coups de bâton pour les séparer. Le grand-vizir protégeait alors les Grecs. Le patriarche grec m'accusa d'avoir soupé chez le patriarche latin, et je fus condamné en plein divan à cent coups de latte sur la plante des pieds, rachetables de cinq cents sequins. Le lendemain le grand-vizir fut étranglé; le surlendemain son successeur, qui était pour le parti des Latins, et qui ne fut étranglé qu'un mois après, me condamna à la même amende, pour avoir soupé chez le patriarche grec. Je fus dans la triste nécessité de ne plus fréquenter ni l'église grecque ni la latine. Pour m'en consoler, je pris à loyer une fort belle Circassienne, qui était la personne la plus tendre dans le tête-à-tête, et la plus dévote à la mosquée. Une nuit, dans les doux transports de son amour, elle s'écria en

[1] Voyez tome XVI, page 493. B.

m'embrassant, *Alla, Illa, Alla!* ce sont les paroles sacramentales des Turcs; je crus que c'étaient celles de l'amour: je m'écriai aussi fort tendrement, *Alla, Illa, Alla!* Ah! me dit-elle, le Dieu miséricordieux soit loué! vous êtes Turc. Je lui dis que je le bénissais de m'en avoir donné la force, et je me crus trop heureux. Le matin l'iman vint pour me circoncire; et, comme je fis quelque difficulté, le cadi du quartier, homme loyal, me proposa de m'empaler: je sauvai mon prépuce et mon derrière avec mille sequins, et je m'enfuis vite en Perse, résolu de ne plus entendre ni messe grecque ni latine en Turquie, et de ne plus crier, *Alla, Illa, Alla,* dans un rendez-vous.

En arrivant à Ispahan on me demanda si j'étais pour le mouton noir ou pour le mouton blanc. Je répondis que cela m'était fort indifférent, pourvu qu'il fût tendre. Il faut savoir que les factions du *mouton blanc* et du *mouton noir*[1] partageaient encore les Persans. On crut que je me moquais des deux partis; de sorte que je me trouvai déjà une violente affaire sur les bras aux portes de la ville: il m'en coûta encore grand nombre de sequins pour me débarrasser des moutons.

Je poussai jusqu'à la Chine avec un interprète, qui m'assura que c'était là le pays où l'on vivait librement et gaiement. Les Tartares s'en étaient rendus maîtres[2], après avoir tout mis à feu et à sang; et les révérends Pères jésuites d'un côté, comme les révérends Pères

[1] Voyez tome XVI, page 478. B.— [2] Voyez tome XVIII, page 457. B.

dominicains de l'autre, disaient qu'ils y gagnaient des ames à Dieu, sans que personne en sût rien. On n'a jamais vu de convertisseurs si zélés; car ils se persécutaient les uns les autres tour-à-tour : ils écrivaient à Rome des volumes de calomnies; ils se traitaient d'infidèles et de prévaricateurs pour une ame. Il y avait surtout une horrible querelle entre eux sur la manière de faire la révérence. Les jésuites voulaient que les Chinois saluassent leurs pères et leurs mères à la mode de la Chine, et les dominicains voulaient qu'on les saluât à la mode de Rome[1]. Il m'arriva d'être pris par les jésuites pour un dominicain. On me fit passer chez sa majesté tartare pour un espion du pape. Le conseil suprême chargea un premier mandarin, qui ordonna à un sergent qui commanda à quatre sbires du pays de m'arrêter et de me lier en cérémonie. Je fus conduit après cent quarante génuflexions devant sa majesté. Elle me fit demander si j'étais l'espion du pape, et s'il était vrai que ce prince dût venir en personne le détrôner. Je lui répondis que le pape était un prêtre de soixante-dix ans[2]; qu'il demeurait à quatre mille lieues de sa sacrée majesté tartaro-chinoise; qu'il avait environ deux mille soldats qui montaient la garde avec un parasol; qu'il ne détrônait personne, et que sa majesté pouvait dormir en sûreté. Ce fut l'aventure la moins funeste de ma vie. On m'envoya à Macao, d'où je m'embarquai pour l'Europe.

[1] Sur les querelles des cérémonies chinoises, voyez, tome XX, le chapitre XXXIX du *Siècle de Louis XIV*. B.
[2] Innocent X, qui a régné de 1644 à 1655. B.

Mon vaisseau eut besoin d'être radoubé vers les côtes de Golconde. Je pris ce temps pour aller voir la cour du grand Aureng-Zeb, dont on disait des merveilles dans le monde : il était alors dans Delhi. J'eus la consolation de l'envisager le jour de la pompeuse cérémonie dans laquelle il reçut le présent céleste que lui envoyait le shérif de la Mecque. C'était le balai avec lequel on avait balayé la maison sainte, le *caaba*, le *beth Alla*. Ce balai est le symbole du balai divin qui balaie toutes les ordures de l'ame. Aureng-Zeb ne paraissait pas en avoir besoin; c'était l'homme le plus pieux de tout l'Indoustan. Il est vrai qu'il avait égorgé un de ses frères et empoisonné son père; vingt raïas et autant d'omras étaient morts dans les supplices; mais cela n'était rien, et on ne parlait que de sa dévotion. On ne lui comparait que la sacrée majesté du sérénissime empereur de Maroc, Muley Ismael [1], qui coupait des têtes tous les vendredis après la prière.

Je ne disais mot; les voyages m'avaient formé, et je sentais qu'il ne m'appartenait pas de décider entre ces deux augustes souverains. Un jeune Français, avec qui je logeais, manqua, je l'avoue, de respect à l'empereur des Indes et à celui de Maroc. Il s'avisa de dire très indiscrètement qu'il y avait en Europe de très pieux souverains qui gouvernaient bien leurs états et qui fréquentaient même les églises, sans pourtant tuer leurs pères et leurs frères, et sans couper les têtes de leurs sujets. Notre interprète transmit en in-

[1] Voltaire a parlé d'Aureng-Zeb et de Muley Ismael, tome XVIII, page 420 ; voyez aussi la table de ce tome XVIII. B.

dou le discours impie de mon jeune homme. Instruit par le passé, je fis vite seller mes chameaux : nous partîmes le Français et moi. J'ai su depuis que la nuit même les officiers du grand Aureng-Zeb étant venus pour nous prendre, ils ne trouvèrent que l'interprète. Il fut exécuté en place publique, et tous les courtisans avouèrent sans flatterie que sa mort était très juste.

Il me restait de voir l'Afrique, pour jouir de toutes les douceurs de notre continent. Je la vis en effet. Mon vaisseau fut pris par des corsaires nègres. Notre patron fit de grandes plaintes, il leur demanda pourquoi ils violaient ainsi les lois des nations. Le capitaine nègre lui répondit : Vous avez le nez long, et nous l'avons plat ; vos cheveux sont tout droits, et notre laine est frisée ; vous avez la peau de couleur de cendre, et nous de couleur d'ébène ; par conséquent nous devons, par les lois sacrées de la nature, être toujours ennemis. Vous nous achetez aux foires de la côte de Guinée, comme des bêtes de somme, pour nous faire travailler à je ne sais quel emploi aussi pénible que ridicule. Vous nous faites fouiller à coups de nerfs de bœuf dans des montagnes, pour en tirer une espèce de terre jaune qui par elle-même n'est bonne à rien, et qui ne vaut pas, à beaucoup près, un bon ognon d'Égypte ; aussi quand nous vous rencontrons, et que nous sommes les plus forts, nous vous fesons labourer nos champs, ou nous vous coupons le nez et les oreilles.

On n'avait rien à répliquer à un discours si sage. J'allai labourer le champ d'une vieille négresse, pour

conserver mes oreilles et mon nez. On me racheta au bout d'un an. J'avais vu tout ce qu'il y a de beau, de bon, et d'admirable sur la terre : je résolus de ne plus voir que mes pénates. Je me mariai chez moi : je fus cocu, et je vis que c'était l'état le plus doux de la vie.

FIN DE L'HISTOIRE DES VOYAGES DE SCARMENTADO.

SONGE DE PLATON.

1756[1].

Platon rêvait beaucoup, et on n'a pas moins rêvé depuis. Il avait songé que la nature humaine était autrefois double, et qu'en punition de ses fautes elle fut divisée en mâle et femelle.

Il avait prouvé qu'il ne peut y avoir que cinq mondes parfaits, parcequ'il n'y a que cinq corps réguliers en mathématiques. Sa république fut un de ses grands rêves. Il avait rêvé encore que le dormir naît de la veille, et la veille du dormir, et qu'on perd sûrement la vue en regardant une éclipse ailleurs que dans un bassin d'eau. Les rêves alors donnaient une grande réputation[2].

[1] Voyez ma préface en tête de ce volume. B.

[2] M. de Voltaire s'est égayé quelquefois sur Platon, dont le galimatias, regardé autrefois comme sublime, a fait plus de mal au genre humain qu'on ne le croit communément.

Il est difficile de comprendre comment un philosophe qui écrivit sur la porte de son école, *Que celui qui ignore la géométrie n'entre point ici;* qui fit lui-même des découvertes dans cette science, dont les premiers disciples inventèrent les sections coniques, dont l'école produisit presque tous les géomètres et les astronomes de la Grèce, qui enfin fut le fondateur d'une secte de sceptiques; comment Platon, en un mot, put débiter si sérieusement tant de rêveries dans ses Dialogues, écrits d'ailleurs avec tant d'éloquence, et où l'on trouve souvent tant d'esprit, de bon sens, et de finesse.

On peut croire qu'effrayé par l'exemple de Socrate, il ne voulut révéler dans ses Dialogues que la demi-philosophie, qu'il croyait à la portée du vulgaire. Il espérait qu'à la faveur de ses systèmes, des tableaux par lesquels il amusait l'imagination, des détours agréables par lesquels il conduisait ses lecteurs, il pourrait faire passer un petit nombre de vérités utiles,

Voici un de ses songes, qui n'est pas un des moins intéressants. Il lui sembla que le grand Demiourgos, l'éternel Géomètre, ayant peuplé l'espace infini de globes innombrables, voulut éprouver la science des génies qui avaient été témoins de ses ouvrages. Il donna à chacun d'entre eux un petit morceau de matière à arranger, à peu près comme Phidias et Zeuxis auraient donné des statues et des tableaux à faire à leurs disciples, s'il est permis de comparer les petites choses aux grandes.

Démogorgon eut en partage le morceau de boue qu'on appelle *la terre*; et, l'ayant arrangé de la manière qu'on le voit aujourd'hui, il prétendait avoir fait un chef-d'œuvre. Il pensait avoir subjugué l'en-

sans s'exposer aux persécutions des prêtres et des aréopagites. Mais, par une fatalité singulière, le sage esprit de doute, ce goût pour l'astronomie et les mathématiques, conservés dans l'école de Platon, tombèrent avec cette école : ses rêveries seules subsistèrent, devinrent des mystères sacrés, et règnent encore sur des esprits auxquels le nom de Platon n'est pas même parvenu.

Aristote, son disciple et son rival, prit une autre route; il se bornait à exposer avec simplicité ce qu'il croyait vrai. Son *Histoire des animaux*, et même sa *Physique*, pouvaient apprendre aux Grecs à connaître la nature et à l'étudier. L'idée de réduire le raisonnement à des formes techniques est une des choses les plus ingénieuses que jamais l'esprit humain ait découvertes. Sa *Morale* est le premier ouvrage où l'on ait essayé d'appuyer les idées de vice, de vertu, de bien et de mal, sur l'observation et sur la nature. Ses ouvrages sur l'éloquence et la poésie renferment des règles puisées dans la raison et dans la connaissance du cœur humain.

Mais, comme Pythagore, il fut trop au-dessus de son siècle. On sait que ce philosophe avait enseigné à ses disciples le vrai système du monde, et que peu de temps après lui cette doctrine fut oubliée par les Grecs, qui ne paraissaient s'en souvenir dans leurs écoles que pour la combattre. Mais les rêveries attribuées à Pythagore eurent des partisans jusqu'à la chute du paganisme. Aristote eut un sort semblable. Sa méthode de philosopher ne passa point à ses disciples; on ne chercha point à étudier la nature, à son

vie, et attendait des éloges même de ses confrères ; il fut bien surpris d'être reçu d'eux avec des huées.

L'un d'eux, qui était un fort mauvais plaisant, lui dit : « Vraiment vous avez fort bien opéré; vous avez « séparé votre monde en deux, et vous avez mis un « grand espace d'eau entre les deux hémisphères, afin « qu'il n'y eût point de communication de l'un à l'autre. « On gèlera de froid sous vos deux pôles, on mourra « de chaud sous votre ligne équinoxiale. Vous avez pru- « demment établi de grands déserts de sables, pour « que les passants y mourussent de faim et de soif. Je « suis assez content de vos moutons, de vos vaches, « et de vos poules ; mais franchement je ne le suis pas « trop de vos serpents et de vos araignées. Vos ognons « et vos artichauts sont de très bonnes choses, mais « je ne vois pas quelle a été votre idée en couvrant la « terre de tant de plantes venimeuses, à moins que « vous n'ayez eu le dessein d'empoisonner ses habi- « tants. Il me paraît d'ailleurs que vous avez formé « une trentaine d'espèces de singes, beaucoup plus « d'espèces de chiens, et seulement quatre ou cinq

exemple, dans les phénomènes qu'elle présente. Quelques subtilités métaphysiques bonnes ou mauvaises, extraites de ses ouvrages, des principes vagues de physique, tribut qu'il avait payé à l'ignorance de son siècle, devinrent le fondement d'une secte qui, s'étendant des Arabes aux chrétiens, régna souverainement pendant quelques siècles dans les écoles de l'Europe, n'ayant plus rien de commun avec Aristote que son nom.

Ainsi Platon et Aristote, après avoir été long-temps l'objet d'une espèce de culte, durent devenir presque ridicules aux premières lueurs de la vraie philosophie. On ne les connaissait plus que par leurs erreurs et par quelques rêveries qui servaient de base à des sottises sans nombre. C'est contre ces rêveries seules que M. de Voltaire s'est permis de s'élever quelquefois, et aux dépens desquelles il ne croyait pas que le respect qu'on doit au génie de Platon ou d'Aristote dût l'empêcher de faire rire ses lecteurs. K.

« espèces d'hommes : il est vrai que vous avez donné
« à ce dernier animal ce que vous appelez *la raison*;
« mais, en conscience, cette raison-là est trop ridi-
« cule, et approche trop de la folie. Il me paraît d'ail-
« leurs que vous ne faites pas grand cas de cet animal
« à deux pieds, puisque vous lui avez donné tant d'en-
« nemis et si peu de défense, tant de maladies et si
« peu de remèdes, tant de passions et si peu de sa-
« gesse. Vous ne voulez pas apparemment qu'il reste
« beaucoup de ces animaux-là sur terre; car, sans
« compter les dangers auxquels vous les exposez,
« vous avez si bien fait votre compte, qu'un jour la
« petite-vérole emportera tous les ans régulièrement
« la dixième partie de cette espèce, et que la sœur de
« cette petite-vérole empoisonnera la source de la vie
« dans les neuf parties qui resteront : et, comme si ce
« n'était pas encore assez, vous avez tellement disposé
« les choses, que la moitié des survivants sera occu-
« pée à plaider, et l'autre à se tuer; ils vous auront
« sans doute beaucoup d'obligation, et vous avez fait
« là un beau chef-d'œuvre. »

Démogorgon rougit; il sentit bien qu'il y avait du
mal moral et du mal physique dans son affaire; mais
il soutenait qu'il y avait plus de bien que de mal. « Il
« est aisé de critiquer, dit-il; mais pensez-vous qu'il
« soit si facile de faire un animal qui soit toujours rai-
« sonnable, qui soit libre, et qui n'abuse jamais de
« sa liberté? pensez-vous que, quand on a neuf à dix
« mille plantes à faire provigner, on puisse si aisé-
« ment empêcher que quelques unes de ces plantes
« n'aient des qualités nuisibles? Vous imaginez-vous

« qu'avec une certaine quantité d'eau, de sable, de
« fange, et de feu, on puisse n'avoir ni mer ni désert?
« Vous venez, monsieur le rieur, d'arranger la pla-
« nète de Mars; nous verrons comment vous vous en
« êtes tiré avec vos deux grandes bandes, et quel bel
« effet font vos nuits sans lune; nous verrons s'il n'y
« a chez vos gens ni folie ni maladie. »

En effet, les génies examinèrent Mars, et on tomba rudement sur le railleur. Le sérieux génie qui avait pétri Saturne ne fut pas épargné : ses confrères, les fabricateurs de Jupiter, de Mercure, de Vénus, eurent chacun des reproches à essuyer.

On écrivit de gros volumes et des brochures; on dit des bons mots, on fit des chansons, on se donna des ridicules; les partis s'aigrirent; enfin l'éternel Demiourgos leur imposa silence à tous : « Vous avez
« fait, leur dit-il, du bon et du mauvais, parceque
« vous avez beaucoup d'intelligence, et que vous êtes
« imparfaits; vos œuvres dureront seulement quel-
« ques centaines de millions d'années; après quoi,
« étant plus instruits, vous ferez mieux : il n'appar-
« tient qu'à moi de faire des choses parfaites et im-
« mortelles. »

Voilà ce que Platon enseignait à ses disciples. Quand il eut cessé de parler, l'un d'eux lui dit: *Et puis vous vous réveillâtes.*

FIN DU SONGE DE PLATON.

CANDIDE,

OU

L'OPTIMISME,

TRADUIT DE L'ALLEMAND

DE M. LE DOCTEUR RALPH,

AVEC LES ADDITIONS

QU'ON A TROUVÉES DANS LA POCHE DU DOCTEUR, LORSQU'IL MOURUT
A MINDEN, L'AN DE GRACE 1759.

1759[1].

[1] Voyez ma préface en tête de ce volume. B.

CANDIDE,

ou

L'OPTIMISME.

CHAPITRE I.

Comment Candide fut élevé dans un beau château, et comment il fut chassé d'icelui.

Il y avait en Vestphalie, dans le château de M. le baron de Thunder-ten-tronckh, un jeune garçon à qui la nature avait donné les mœurs les plus douces. Sa physionomie annonçait son ame. Il avait le jugement assez droit, avec l'esprit le plus simple; c'est, je crois, pour cette raison qu'on le nommait Candide. Les anciens domestiques de la maison soupçonnaient qu'il était fils de la sœur de monsieur le baron, et d'un bon et honnête gentilhomme du voisinage, que cette demoiselle ne voulut jamais épouser, parcequ'il n'avait pu prouver que soixante et onze quartiers, et que le reste de son arbre généalogique avait été perdu par l'injure du temps.

Monsieur le baron était un des plus puissants seigneurs de la Vestphalie, car son château avait une porte et des fenêtres. Sa grande salle même était ornée d'une tapisserie. Tous les chiens de ses basses-

cours composaient une meute dans le besoin; ses palefreniers étaient ses piqueurs; le vicaire du village était son grand-aumônier. Ils l'appelaient tous Monseigneur, et ils riaient quand il fesait des contes.

Madame la baronne, qui pesait environ trois cent cinquante livres, s'attirait par là une très grande considération, et fesait les honneurs de la maison avec une dignité qui la rendait encore plus respectable. Sa fille Cunégonde, âgée de dix-sept ans, était haute en couleur, fraîche, grasse, appétissante. Le fils du baron paraissait en tout digne de son père. Le précepteur Pangloss [1] était l'oracle de la maison, et le petit Candide écoutait ses leçons avec toute la bonne foi de son âge et de son caractère.

Pangloss enseignait la métaphysico-théologo-cosmolo-nigologie. Il prouvait admirablement qu'il n'y a point d'effet sans cause, et que, dans ce meilleur des mondes possibles, le château de monseigneur le baron était le plus beau des châteaux, et madame la meilleure des baronnes possibles.

Il est démontré, disait-il, que les choses ne peuvent être autrement; car tout étant fait pour une fin, tout est nécessairement pour la meilleure fin. Remarquez bien que les nez ont été faits pour porter des lunettes; aussi avons-nous des lunettes [2]. Les jambes sont visiblement instituées pour être chaussées, et nous avons des chausses. Les pierres ont été formées pour être

[1] De *pan*, tout, et *glossa*, langue. B.

[2] Voyez tome XXVII, page 528; et dans les *Mélanges*, année 1738, le chapitre xi de la troisième partie des *Éléments de la philosophie de Newton*; et année 1768, le chapitre x des *Singularités de la nature*. B.

CHAPITRE I. 219

taillées et pour en faire des châteaux; aussi monseigneur a un très beau château : le plus grand baron de la province doit être le mieux logé; et les cochons étant faits pour être mangés, nous mangeons du porc toute l'année : par conséquent, ceux qui ont avancé que tout est bien, ont dit une sottise; il fallait dire que tout est au mieux.

Candide écoutait attentivement, et croyait innocemment; car il trouvait mademoiselle Cunégonde extrêmement belle, quoiqu'il ne prît jamais la hardiesse de le lui dire. Il concluait qu'après le bonheur d'être né baron de Thunder-ten-tronckh, le second degré de bonheur était d'être mademoiselle Cunégonde; le troisième, de la voir tous les jours; et le quatrième, d'entendre maître Pangloss, le plus grand philosophe de la province, et par conséquent de toute la terre.

Un jour Cunégonde, en se promenant auprès du château, dans le petit bois qu'on appelait parc, vit entre des broussailles le docteur Pangloss qui donnait une leçon de physique expérimentale à la femme de chambre de sa mère, petite brune très jolie et très docile. Comme mademoiselle Cunégonde avait beaucoup de disposition pour les sciences, elle observa, sans souffler, les expériences réitérées dont elle fut témoin; elle vit clairement la raison suffisante du docteur, les effets et les causes, et s'en retourna tout agitée, toute pensive, toute remplie du desir d'être savante, songeant qu'elle pourrait bien être la raison suffisante du jeune Candide, qui pouvait aussi être la sienne.

Elle rencontra Candide en revenant au château, et rougit : Candide rougit aussi. Elle lui dit bonjour d'une voix entrecoupée; et Candide lui parla sans savoir ce qu'il disait. Le lendemain, après le dîner, comme on sortait de table, Cunégonde et Candide se trouvèrent derrière un paravent; Cunégonde laissa tomber son mouchoir, Candide le ramassa; elle lui prit innocemment la main; le jeune homme baisa innocemment la main de la jeune demoiselle avec une vivacité, une sensibilité, une grace toute particulière; leurs bouches se rencontrèrent, leurs yeux s'enflammèrent, leurs genoux tremblèrent, leurs mains s'égarèrent. M. le baron de Thunder-ten-tronckh passa auprès du paravent, et, voyant cette cause et cet effet, chassa Candide du château à grands coups de pied dans le derrière. Cunégonde s'évanouit: elle fut souffletée par madame la baronne dès qu'elle fut revenue à elle-même; et tout fut consterné dans le plus beau et le plus agréable des châteaux possibles.

CHAPITRE II.

Ce que devint Candide parmi les Bulgares.

Candide, chassé du paradis terrestre, marcha longtemps sans savoir où, pleurant, levant les yeux au ciel, les tournant souvent vers le plus beau des châteaux, qui renfermait la plus belle des baronnettes; il se coucha sans souper au milieu des champs entre deux sillons; la neige tombait à gros flocons. Can-

CHAPITRE II.

dide, tout transi, se traîna le lendemain vers la ville voisine, qui s'appelle *Valdberghoff-trarbk-dikdorff*, n'ayant point d'argent, mourant de faim et de lassitude. Il s'arrêta tristement à la porte d'un cabaret. Deux hommes habillés de bleu le remarquèrent : Camarade, dit l'un, voilà un jeune homme très bien fait, et qui a la taille requise; ils s'avancèrent vers Candide, et le prièrent à dîner très civilement. — Messieurs, leur dit Candide avec une modestie charmante, vous me faites beaucoup d'honneur, mais je n'ai pas de quoi payer mon écot. — Ah! monsieur, lui dit un des bleus, les personnes de votre figure et de votre mérite ne paient jamais rien : n'avez-vous pas cinq pieds cinq pouces de haut? — Oui, messieurs, c'est ma taille, dit-il en fesant la révérence. — Ah! monsieur, mettez-vous à table; non seulement nous vous défraierons, mais nous ne souffrirons jamais qu'un homme comme vous manque d'argent; les hommes ne sont faits que pour se secourir les uns les autres. — Vous avez raison, dit Candide; c'est ce que M. Pangloss m'a toujours dit, et je vois bien que tout est au mieux. On le prie d'accepter quelques écus, il les prend et veut faire son billet; on n'en veut point, on se met à table. N'aimez-vous pas tendrement?.... — Oh! oui, répond-il, j'aime tendrement mademoiselle Cunégonde. — Non, dit l'un de ces messieurs, nous vous demandons si vous n'aimez pas tendrement le roi des Bulgares? — Point du tout, dit-il, car je ne l'ai jamais vu. — Comment! c'est le plus charmant des rois, et il faut boire à sa santé. — Oh! très volontiers, messieurs. Et il boit. C'en est assez, lui dit-on,

vous voilà l'appui, le soutien, le défenseur, le héros des Bulgares; votre fortune est faite, et votre gloire est assurée. On lui met sur-le-champ les fers aux pieds, et on le mène au régiment. On le fait tourner à droite, à gauche, hausser la baguette, remettre la baguette, coucher en joue, tirer, doubler le pas, et on lui donne trente coups de bâton; le lendemain, il fait l'exercice un peu moins mal, et il ne reçoit que vingt coups; le surlendemain, on ne lui en donne que dix, et il est regardé par ses camarades comme un prodige.

Candide, tout stupéfait, ne démêlait pas encore trop bien comment il était un héros. Il s'avisa un beau jour de printemps de s'aller promener, marchant tout droit devant lui, croyant que c'était un privilége de l'espèce humaine, comme de l'espèce animale, de se servir de ses jambes à son plaisir. Il n'eut pas fait deux lieues, que voilà quatre autres héros de six pieds qui l'atteignent, qui le lient, qui le mènent dans un cachot. On lui demanda juridiquement ce qu'il aimait le mieux d'être fustigé trente-six fois par tout le régiment, ou de recevoir à-la-fois douze balles de plomb dans la cervelle. Il eut beau dire que les volontés sont libres, et qu'il ne voulait ni l'un ni l'autre, il fallut faire un choix; il se détermina, en vertu du don de Dieu qu'on nomme *liberté*, à passer trente-six fois par les baguettes; il essuya deux promenades. Le régiment était composé de deux mille hommes. Cela lui composa quatre mille coups de baguettes, qui, depuis la nuque du cou jusqu'au cul, lui découvrirent les muscles et les nerfs. Comme on allait procéder à la

troisième course, Candide n'en pouvant plus, demanda en grace qu'on voulût bien avoir la bonté de lui casser la tête; il obtint cette faveur; on lui bande les yeux; on le fait mettre à genoux. Le roi des Bulgares passe dans ce moment, s'informe du crime du patient; et comme ce roi avait un grand génie, il comprit, par tout ce qu'il apprit de Candide, que c'était un jeune métaphysicien fort ignorant des choses de ce monde, et il lui accorda sa grace avec une clémence qui sera louée dans tous les journaux et dans tous les siècles. Un brave chirurgien guérit Candide en trois semaines avec les émollients enseignés par Dioscoride. Il avait déjà un peu de peau, et pouvait marcher, quand le roi des Bulgares livra bataille au roi des Abares.

CHAPITRE III.

Comment Candide se sauva d'entre les Bulgares, et ce qu'il devint.

Rien n'était si beau, si leste, si brillant, si bien ordonné que les deux armées. Les trompettes, les fifres, les hautbois, les tambours, les canons, formaient une harmonie telle qu'il n'y en eut jamais en enfer. Les canons renversèrent d'abord à peu près six mille hommes de chaque côté; ensuite la mousqueterie ôta du meilleur des mondes environ neuf à dix mille coquins qui en infectaient la surface. La baïonnette fut aussi la raison suffisante de la mort de quelques milliers d'hommes. Le tout pouvait bien se monter à une trentaine de mille ames. Candide, qui tremblait

comme un philosophe, se cacha du mieux qu'il put pendant cette boucherie héroïque.

Enfin, tandis que les deux rois fesaient chanter des *Te Deum*, chacun dans son camp, il prit le parti d'aller raisonner ailleurs des effets et des causes. Il passa par-dessus des tas de morts et de mourants, et gagna d'abord un village voisin ; il était en cendres : c'était un village abare que les Bulgares avaient brûlé, selon les lois du droit public. Ici des vieillards criblés de coups regardaient mourir leurs femmes égorgées, qui tenaient leurs enfants à leurs mamelles sanglantes ; là des filles éventrées, après avoir assouvi les besoins naturels de quelques héros, rendaient les derniers soupirs ; d'autres à demi brûlées criaient qu'on achevât de leur donner la mort. Des cervelles étaient répandues sur la terre à côté de bras et de jambes coupés.

Candide s'enfuit au plus vite dans un autre village : il appartenait à des Bulgares, et les héros abares l'avaient traité de même. Candide, toujours marchant sur des membres palpitants, ou à travers des ruines, arriva enfin hors du théâtre de la guerre, portant quelques petites provisions dans son bissac, et n'oubliant jamais mademoiselle Cunégonde. Ses provisions lui manquèrent quand il fut en Hollande ; mais ayant entendu dire que tout le monde était riche dans ce pays-là, et qu'on y était chrétien, il ne douta pas qu'on ne le traitât aussi bien qu'il l'avait été dans le château de M. le baron, avant qu'il en eût été chassé pour les beaux yeux de mademoiselle Cunégonde.

Il demanda l'aumône à plusieurs graves person-

nages, qui lui répondirent tous, que, s'il continuait à faire ce métier, on l'enfermerait dans une maison de correction pour lui apprendre à vivre.

Il s'adressa ensuite à un homme qui venait de parler tout seul une heure de suite sur la charité dans une grande assemblée. Cet orateur le regardant de travers lui dit : Que venez-vous faire ici ? y êtes-vous pour la bonne cause ? Il n'y a point d'effet sans cause, répondit modestement Candide ; tout est enchaîné nécessairement, et arrangé pour le mieux. Il a fallu que je fusse chassé d'auprès de mademoiselle Cunégonde, que j'aie passé par les baguettes, et il faut que je demande mon pain, jusqu'à ce que je puisse en gagner ; tout cela ne pouvait être autrement. Mon ami, lui dit l'orateur, croyez-vous que le pape soit l'antechrist ? Je ne l'avais pas encore entendu dire, répondit Candide : mais qu'il le soit, ou qu'il ne le soit pas, je manque de pain. Tu ne mérites pas d'en manger, dit l'autre : va, coquin, va, misérable, ne m'approche de ta vie. La femme de l'orateur ayant mis la tête à la fenêtre, et avisant un homme qui doutait que le pape fût antechrist, lui répandit sur le chef un plein..... O ciel ! à quel excès se porte le zèle de la religion dans les dames !

Un homme qui n'avait point été baptisé, un bon anabaptiste, nommé Jacques, vit la manière cruelle et ignominieuse dont on traitait ainsi un de ses frères, un être à deux pieds sans plumes, qui avait une ame ; il l'amena chez lui, le nettoya, lui donna du pain et de la bière, lui fit présent de deux florins, et voulut même lui apprendre à travailler dans ses manufac-

turés aux étoffes de Perse qu'on fabrique en Hollande. Candide se prosternant presque devant lui, s'écriait : Maître Pangloss me l'avait bien dit que tout est au mieux dans ce monde, car je suis infiniment plus touché de votre extrême générosité que de la dureté de ce monsieur à manteau noir, et de madame son épouse.

Le lendemain, en se promenant, il rencontra un gueux tout couvert de pustules, les yeux morts, le bout du nez rongé, la bouche de travers, les dents noires, et parlant de la gorge, tourmenté d'une toux violente, et crachant une dent à chaque effort.

CHAPITRE IV.

Comment Candide rencontra son ancien maître de philosophie, le docteur Pangloss, et ce qui en advint.

Candide, plus ému encore de compassion que d'horreur, donna à cet épouvantable gueux les deux florins qu'il avait reçus de son honnête anabaptiste Jacques. Le fantôme le regarda fixement, versa des larmes, et sauta à son cou. Candide effrayé recule. Hélas ! dit le misérable à l'autre misérable, ne reconnaissez-vous plus votre cher Pangloss ? Qu'entends-je ? vous, mon cher maître ! vous, dans cet état horrible ! quel malheur vous est-il donc arrivé ? pourquoi n'êtes-vous plus dans le plus beau des châteaux ? qu'est devenue mademoiselle Cunégonde, la perle des filles, le chef-d'œuvre de la nature ? Je n'en peux plus, dit Pangloss.

Aussitôt Candide le mena dans l'étable de l'anabaptiste, où il lui fit manger un peu de pain; et quand Pangloss fut refait : Eh bien! lui dit-il, Cunégonde? Elle est morte, reprit l'autre. Candide s'évanouit à ce mot ; son ami rappela ses sens avec un peu de mauvais vinaigre qui se trouva par hasard dans l'étable. Candide rouvre les yeux. Cunégonde est morte! Ah! meilleur des mondes, où êtes-vous? Mais de quelle maladie est-elle morte? ne serait-ce point de m'avoir vu chasser du beau château de monsieur son père à grands coups de pied? Non, dit Pangloss, elle a été éventrée par des soldats bulgares, après avoir été violée autant qu'on peut l'être; ils ont cassé la tête à monsieur le baron qui voulait la défendre; madame la baronne a été coupée en morceaux; mon pauvre pupille traité précisément comme sa sœur; et quant au château, il n'est pas resté pierre sur pierre, pas une grange, pas un mouton, pas un canard, pas un arbre; mais nous avons été bien vengés, car les Abares en ont fait autant dans une baronnie voisine qui appartenait à un seigneur bulgare.

A ce discours, Candide s'évanouit encore; mais revenu à soi, et ayant dit tout ce qu'il devait dire, il s'enquit de la cause et de l'effet, et de la raison suffisante qui avaient mis Pangloss dans un si piteux état. Hélas! dit l'autre, c'est l'amour : l'amour, le consolateur du genre humain, le conservateur de l'univers, l'ame de tous les êtres sensibles, le tendre amour. Hélas! dit Candide, je l'ai connu cet amour, ce souverain des cœurs, cette ame de notre ame; il ne m'a jamais valu qu'un baiser et vingt coups de pied au cul.

Comment cette belle cause a-t-elle pu produire en vous un effet si abominable?

Pangloss répondit en ces termes : O mon cher Candide! vous avez connu Paquette, cette jolie suivante de notre auguste baronne: j'ai goûté dans ses bras les délices du paradis, qui ont produit ces tourments d'enfer dont vous me voyez dévoré ; elle en était infectée, elle en est peut-être morte. Paquette tenait ce présent d'un cordelier très savant qui avait remonté à la source, car il l'avait eu d'une vieille comtesse, qui l'avait reçu d'un capitaine de cavalerie, qui le devait à une marquise, qui le tenait d'un page, qui l'avait reçu d'un jésuite qui, étant novice, l'avait eu en droite ligne d'un des compagnons de Christophe Colomb. Pour moi, je ne le donnerai à personne, car je me meurs.

O Pangloss! s'écria Candide, voilà une étrange généalogie! n'est-ce pas le diable qui en fut la souche? Point du tout, répliqua ce grand homme ; c'était une chose indispensable dans le meilleur des mondes, un ingrédient nécessaire ; car si Colomb n'avait pas attrapé dans une île de l'Amérique cette maladie [1] qui empoisonne la source de la génération, qui souvent même empêche la génération, et qui est évidemment l'opposé du grand but de la nature, nous n'aurions ni le chocolat ni la cochenille; il faut encore observer que jusqu'aujourd'hui, dans notre continent, cette maladie nous est particulière, comme la controverse. Les Turcs, les Indiens, les Persans, les Chinois, les Siamois, les Japonais, ne la connaissent pas encore ; mais il y a une raison suffisante pour qu'ils la con-

[1] Voyez tome XXXI, page 7. B.

naissent à leur tour dans quelques siècles. En attendant elle a fait un merveilleux progrès parmi nous, et surtout dans ces grandes armées composées d'honnêtes stipendiaires bien élevés, qui décident du destin des états; on peut assurer que, quand trente mille hommes combattent en bataille rangée contre des troupes égales en nombre, il y a environ vingt mille vérolés de chaque côté.

Voilà qui est admirable, dit Candide; mais il faut vous faire guérir. Et comment le puis-je? dit Pangloss; je n'ai pas le sou, mon ami, et dans toute l'étendue de ce globe on ne peut ni se faire saigner, ni prendre un lavement sans payer, ou sans qu'il y ait quelqu'un qui paie pour nous.

Ce dernier discours détermina Candide; il alla se jeter aux pieds de son charitable anabaptiste Jacques, et lui fit une peinture si touchante de l'état où son ami était réduit, que le bon-homme n'hésita pas à recueillir le docteur Pangloss; il le fit guérir à ses dépens. Pangloss, dans la cure, ne perdit qu'un œil et une oreille. Il écrivait bien, et savait parfaitement l'arithmétique. L'anabaptiste Jacques en fit son teneur de livres. Au bout de deux mois, étant obligé d'aller à Lisbonne pour les affaires de son commerce, il mena dans son vaisseau ses deux philosophes. Pangloss lui expliqua comment tout était on ne peut mieux. Jacques n'était pas de cet avis. Il faut bien, disait-il, que les hommes aient un peu corrompu la nature, car ils ne sont point nés loups, et ils sont devenus loups. Dieu ne leur a donné ni canons de vingt-quatre, ni baïonnettes, et ils se sont fait des baïonnettes et des canons pour se

détruire. Je pourrais mettre en ligne de compte les banqueroutes, et la justice qui s'empare des biens des banqueroutiers pour en frustrer les créanciers. Tout cela était indispensable, répliquait le docteur borgne, et les malheurs particuliers font le bien général ; de sorte que plus il y a de malheurs particuliers, et plus tout est bien. Tandis qu'il raisonnait, l'air s'obscurcit, les vents soufflèrent des quatre coins du monde, et le vaisseau fut assailli de la plus horrible tempête, à la vue du port de Lisbonne.

CHAPITRE V.

Tempête, naufrage, tremblement de terre, et ce qui advint du docteur Pangloss, de Candide, et de l'anabaptiste Jacques.

La moitié des passagers affaiblis, expirants de ces angoisses inconcevables que le roulis d'un vaisseau porte dans les nerfs et dans toutes les humeurs du corps agitées en sens contraires, n'avait pas même la force de s'inquiéter du danger. L'autre moitié jetait des cris et fesait des prières ; les voiles étaient déchirées, les mâts brisés, le vaisseau entr'ouvert. Travaillait qui pouvait, personne ne s'entendait, personne ne commandait. L'anabaptiste aidait un peu à la manœuvre ; il était sur le tillac ; un matelot furieux le frappe rudement et l'étend sur les planches ; mais du coup qu'il lui donna, il eut lui-même une si violente secousse, qu'il tomba hors du vaisseau, la tête la première. Il restait suspendu et accroché à une partie de

mât rompu. Le bon Jacques court à son secours, l'aide à remonter, et de l'effort qu'il fait, il est précipité dans la mer à la vue du matelot, qui le laissa périr sans daigner seulement le regarder. Candide approche, voit son bienfaiteur qui reparaît un moment, et qui est englouti pour jamais. Il veut se jeter après lui dans la mer : le philosophe Pangloss l'en empêche, en lui prouvant que la rade de Lisbonne avait été formée exprès pour que cet anabaptiste s'y noyât. Tandis qu'il le prouvait *a priori*, le vaisseau s'entr'ouvre, tout périt à la réserve de Pangloss, de Candide, et de ce brutal de matelot qui avait noyé le vertueux anabaptiste; le coquin nagea heureusement jusqu'au rivage, où Pangloss et Candide furent portés sur une planche.

Quand ils furent revenus un peu à eux, ils marchèrent vers Lisbonne; il leur restait quelque argent, avec lequel ils espéraient se sauver de la faim après avoir échappé à la tempête.

A peine ont-ils mis le pied dans la ville, en pleurant la mort de leur bienfaiteur, qu'ils sentent la terre trembler sous leurs pas[1]; la mer s'élève en bouillonnant dans le port, et brise les vaisseaux qui sont à l'ancre. Des tourbillons de flammes et de cendres couvrent les rues et les places publiques; les maisons s'écroulent, les toits sont renversés sur les fondements, et les fondements se dispersent; trente mille habitants de tout âge et de tout sexe sont écrasés sous des ruines. Le matelot disait en sifflant et en jurant : Il y aura quelque chose à gagner ici. Quelle peut être la

[1] Le tremblement de terre de Lisbonne est du 1er novembre 1755. B.

raison suffisante de ce phénomène? disait Pangloss. Voici le dernier jour du monde! s'écriait Candide. Le matelot court incontinent au milieu des débris, affronte la mort pour trouver de l'argent, en trouve, s'en empare, s'enivre, et ayant cuvé son vin, achète les faveurs de la première fille de bonne volonté qu'il rencontre sur les ruines des maisons détruites, et au milieu des mourants et des morts. Pangloss le tirait cependant par la manche: Mon ami, lui disait-il, cela n'est pas bien, vous manquez à la raison universelle, vous prenez mal votre temps. Tête et sang, répondit l'autre, je suis matelot et né à Batavia; j'ai marché quatre fois sur le crucifix dans quatre voyages au Japon[1]; tu as bien trouvé ton homme avec ta raison universelle!

Quelques éclats de pierre avaient blessé Candide; il était étendu dans la rue et couvert de débris. Il disait à Pangloss: Hélas! procure-moi un peu de vin et d'huile; je me meurs. Ce tremblement de terre n'est pas une chose nouvelle, répondit Pangloss; la ville de Lima éprouva les mêmes secousses en Amérique l'année passée; mêmes causes, mêmes effets; il y a certainement une traînée de soufre sous terre depuis Lima jusqu'à Lisbonne. Rien n'est plus probable, dit Candide; mais, pour Dieu, un peu d'huile et de vin. Comment probable? répliqua le philosophe, je soutiens que la chose est démontrée. Candide perdit connaissance, et Pangloss lui apporta un peu d'eau d'une fontaine voisine.

Le lendemain, ayant trouvé quelques provisions

[1] Voyez tome XVIII, page 470. B.

de bouche en se glissant à travers des décombres, ils réparèrent un peu leurs forces. Ensuite ils travaillèrent comme les autres à soulager les habitants échappés à la mort. Quelques citoyens, secourus par eux, leur donnèrent un aussi bon dîner qu'on le pouvait dans un tel désastre : il est vrai que le repas était triste; les convives arrosaient leur pain de leurs larmes; mais Pangloss les consola, en les assurant que les choses ne pouvaient être autrement: Car, dit-il, tout ceci est ce qu'il y a de mieux; car s'il y a un volcan à Lisbonne, il ne pouvait être ailleurs; car il est impossible que les choses ne soient pas où elles sont, car tout est bien.

Un petit homme noir, familier de l'inquisition, lequel était à côté de lui, prit poliment la parole et dit : Apparemment que monsieur ne croit pas au péché originel; car si tout est au mieux, il n'y a donc eu ni chute ni punition.

Je demande très humblement pardon à votre excellence, répondit Pangloss encore plus poliment, car la chute de l'homme et la malédiction entraient nécessairement dans le meilleur des mondes possibles. Monsieur ne croit donc pas à la liberté? dit le familier. Votre excellence m'excusera, dit Pangloss; la liberté peut subsister avec la nécessité absolue; car il était nécessaire que nous fussions libres; car enfin la volonté déterminée...... Pangloss était au milieu de sa phrase, quand le familier fit un signe de tête à son estafier qui lui servait à boire du vin de Porto ou d'Oporto.

CHAPITRE VI.

Comment on fit un bel auto-da-fé pour empêcher les tremblements de terre, et comment Candide fut fessé.

Après le tremblement de terre qui avait détruit les trois quarts de Lisbonne, les sages du pays n'avaient pas trouvé un moyen plus efficace pour prévenir une ruine totale que de donner au peuple un bel auto-da-fé [1]; il était décidé par l'université de Coïmbre que le spectacle de quelques personnes brûlées à petit feu, en grande cérémonie, est un secret infaillible pour empêcher la terre de trembler.

On avait en conséquence saisi un Biscayen convaincu d'avoir épousé sa commère, et deux Portugais qui en mangeant un poulet en avaient arraché le lard : on vint lier après le dîner le docteur Pangloss et son disciple Candide, l'un pour avoir parlé, et l'autre pour l'avoir écouté avec un air d'approbation : tous deux furent menés séparément dans des appartements d'une extrême fraîcheur, dans lesquels on n'était jamais incommodé du soleil : huit jours après ils furent tous deux revêtus d'un san-benito, et on orna leurs têtes de mitres de papier : la mitre et le san-benito de Candide étaient peints de flammes renversées, et de diables qui n'avaient ni queues ni griffes; mais les

[1] Après le tremblement de terre de Lisbonne, on y fit en effet un *auto-da-fé*, le 20 juin 1756; voyez, tome XXI, le chapitre xxxi du *Précis du Siècle de Louis XV*. B.

diables de Pangloss portaient griffes et queues, et les flammes étaient droites. Ils marchèrent en procession ainsi vêtus, et entendirent un sermon très pathétique, suivi d'une belle musique en faux-bourdon. Candide fut fessé en cadence, pendant qu'on chantait; le Biscayen et les deux hommes qui n'avaient point voulu manger de lard furent brûlés, et Pangloss fut pendu, quoique ce ne soit pas la coutume. Le même jour la terre trembla de nouveau avec un fracas épouvantable.

Candide épouvanté, interdit, éperdu, tout sanglant, tout palpitant, se disait à lui-même: Si c'est ici le meilleur des mondes possibles, que sont donc les autres? passe encore si je n'étais que fessé, je l'ai été chez les Bulgares; mais, ô mon cher Pangloss! le plus grand des philosophes, faut-il vous avoir vu pendre, sans que je sache pourquoi! ô mon cher anabaptiste! le meilleur des hommes, faut-il que vous ayez été noyé dans le port! ô mademoiselle Cunégonde! la perle des filles, faut-il qu'on vous ait fendu le ventre!

Il s'en retournait, se soutenant à peine, prêché, fessé, absous, et béni, lorsqu'une vieille l'aborda, et lui dit: Mon fils, prenez courage, suivez-moi.

CHAPITRE VII.

Comment une vieille prit soin de Candide, et comment il retrouva ce qu'il aimait.

Candide ne prit point courage, mais il suivit la vieille dans une masure: elle lui donna un pot de pom-

made pour se frotter, lui laissa à manger et à boire; elle lui montra un petit lit assez propre; il y avait auprès du lit un habit complet. Mangez, buvez, dormez, lui dit-elle, et que Notre-Dame d'Atocha[1], monseigneur saint Antoine de Padoue, et monseigneur saint Jacques de Compostelle prennent soin de vous! je reviendrai demain. Candide, toujours étonné de tout ce qu'il avait vu, de tout ce qu'il avait souffert, et encore plus de la charité de la vieille, voulut lui baiser la main. Ce n'est pas ma main qu'il faut baiser, dit la vieille; je reviendrai demain. Frottez-vous de pommade, mangez et dormez.

Candide, malgré tant de malheurs, mangea et dormit. Le lendemain la vieille lui apporte à déjeuner, visite son dos, le frotte elle-même d'une autre pommade : elle lui apporte ensuite à dîner : elle revient sur le soir et apporte à souper. Le surlendemain elle fit encore les mêmes cérémonies. Qui êtes-vous? lui disait toujours Candide; qui vous a inspiré tant de bonté? quelles graces puis-je vous rendre? La bonne femme ne répondait jamais rien. Elle revint sur le soir, et n'apporta point à souper : Venez avec moi, dit-elle, et ne dites mot. Elle le prend sous le bras, et marche avec lui dans la campagne environ un quart de mille : ils arrivent à une maison isolée, entourée de jardins et de canaux. La vieille frappe à une petite porte. On ouvre; elle mène Candide, par un escalier dérobé, dans un cabinet doré, le laisse sur un canapé

[1] Sur Notre-Dame d'Atocha, voyez dans les *Mélanges*, année 1769, une des notes de Voltaire sur son *Extrait d'un journal* (ou Mémoires de Dangeau). B.

de brocart, referme la porte, et s'en va. Candide croyait rêver, et regardait toute sa vie comme un songe funeste, et le moment présent comme un songe agréable.

La vieille reparut bientôt ; elle soutenait avec peine une femme tremblante, d'une taille majestueuse, brillante de pierreries, et couverte d'un voile. Otez ce voile, dit la vieille à Candide. Le jeune homme approche; il lève le voile d'une main timide. Quel moment! quelle surprise! il croit voir mademoiselle Cunégonde; il la voyait en effet, c'était elle-même. La force lui manque, il ne peut proférer une parole, il tombe à ses pieds. Cunégonde tombe sur le canapé. La vieille les accable d'eaux spiritueuses, ils reprennent leurs sens, ils se parlent : ce sont d'abord des mots entrecoupés, des demandes et des réponses qui se croisent, des soupirs, des larmes, des cris. La vieille leur recommande de faire moins de bruit, et les laisse en liberté. Quoi! c'est vous, lui dit Candide, vous vivez! je vous retrouve en Portugal! On ne vous a donc pas violée? on ne vous a point fendu le ventre, comme le philosophe Pangloss me l'avait assuré? Si fait, dit la belle Cunégonde; mais on ne meurt pas toujours de ces deux accidents. — Mais votre père et votre mère ont-ils été tués? — Il n'est que trop vrai, dit Cunégonde en pleurant. — Et votre frère? — Mon frère a été tué aussi. — Et pourquoi êtes-vous en Portugal? et comment avez-vous su que j'y étais? et par quelle étrange aventure m'avez-vous fait conduire dans cette maison?
— Je vous dirai tout cela, répliqua la dame ; mais il faut auparavant que vous m'appreniez tout ce qui vous

est arrivé depuis le baiser innocent que vous me donnâtes, et les coups de pied que vous reçûtes.

Candide lui obéit avec un profond respect; et quoiqu'il fût interdit, quoique sa voix fût faible et tremblante, quoique l'échine lui fît encore un peu mal, il lui raconta de la manière la plus naïve tout ce qu'il avait éprouvé depuis le moment de leur séparation. Cunégonde levait les yeux au ciel : elle donna des larmes à la mort du bon anabaptiste et de Pangloss; après quoi elle parla en ces termes à Candide, qui ne perdait pas une parole, et qui la dévorait des yeux.

CHAPITRE VIII.

Histoire de Cunégonde.

J'étais dans mon lit et je dormais profondément, quand il plut au ciel d'envoyer les Bulgares dans notre beau château de Thunder-ten-tronckh; ils égorgèrent mon père et mon frère, et coupèrent ma mère par morceaux. Un grand Bulgare, haut de six pieds, voyant qu'à ce spectacle j'avais perdu connaissance, se mit à me violer; cela me fit revenir, je repris mes sens, je criai, je me débattis, je mordis, j'égratignai, je voulais arracher les yeux à ce grand Bulgare, ne sachant pas que tout ce qui arrivait dans le château de mon père était une chose d'usage : le brutal me donna un coup de couteau dans le flanc gauche dont je porte encore la marque. Hélas! j'espère bien la voir, dit le naïf Can-

dide. Vous la verrez, dit Cunégonde; mais continuons. Continuez, dit Candide.

Elle reprit ainsi le fil de son histoire: Un capitaine bulgare entra, il me vit toute sanglante, et le soldat ne se dérangeait pas. Le capitaine se mit en colère du peu de respect que lui témoignait ce brutal, et le tua sur mon corps. Ensuite il me fit panser, et m'emmena prisonnière de guerre dans son quartier. Je blanchissais le peu de chemises qu'il avait, je fesais sa cuisine; il me trouvait fort jolie, il faut l'avouer; et je ne nierai pas qu'il ne fût très bien fait, et qu'il n'eût la peau blanche et douce; d'ailleurs peu d'esprit, peu de philosophie: on voyait bien qu'il n'avait pas été élevé par le docteur Pangloss. Au bout de trois mois, ayant perdu tout son argent, et s'étant dégoûté de moi, il me vendit à un Juif nommé don Issachar, qui trafiquait en Hollande et en Portugal, et qui aimait passionnément les femmes. Ce Juif s'attacha beaucoup à ma personne, mais il ne pouvait en triompher; je lui ai mieux résisté qu'au soldat bulgare : une personne d'honneur peut être violée une fois, mais sa vertu s'en affermit. Le Juif, pour m'apprivoiser, me mena dans cette maison de campagne que vous voyez. J'avais cru jusque-là qu'il n'y avait rien sur la terre de si beau que le château de Thunder-ten-tronckh; j'ai été détrompée.

Le grand-inquisiteur m'aperçut un jour à la messe; il me lorgna beaucoup, et me fit dire qu'il avait à me parler pour des affaires secrètes. Je fus conduite à son palais; je lui appris ma naissance; il me représenta combien il était au-dessous de mon rang d'appartenir à un Israélite. On proposa de sa part à don Issachar de

me céder à monseigneur. Don Issachar, qui est le banquier de la cour, et homme de crédit, n'en voulut rien faire. L'inquisiteur le menaça d'un auto-da-fé. Enfin mon Juif intimidé conclut un marché par lequel la maison et moi leur appartiendraient à tous deux en commun; que le Juif aurait pour lui les lundis, mercredis, et le jour du sabbat, et que l'inquisiteur aurait les autres jours de la semaine. Il y a six mois que cette convention subsiste. Ce n'a pas été sans querelles; car souvent il a été indécis si la nuit du samedi au dimanche appartenait à l'ancienne loi ou à la nouvelle. Pour moi, j'ai résisté jusqu'à présent à toutes les deux; et je crois que c'est pour cette raison que j'ai toujours été aimée.

Enfin, pour détourner le fléau des tremblements de terre, et pour intimider don Issachar, il plut à monseigneur l'inquisiteur de célébrer un auto-da-fé. Il me fit l'honneur de m'y inviter. Je fus très bien placée; on servit aux dames des rafraîchissements entre la messe et l'exécution. Je fus, à la vérité, saisie d'horreur en voyant brûler ces deux Juifs et cet honnête Biscayen qui avait épousé sa commère: mais quelle fut ma surprise, mon effroi, mon trouble, quand je vis dans un san-benito, et sous une mitre, une figure qui ressemblait à celle de Pangloss! Je me frottai les yeux, je regardai attentivement, je le vis pendre; je tombai en faiblesse. A peine reprenais-je mes sens, que je vous vis dépouillé tout nu; ce fut là le comble de l'horreur, de la consternation, de la douleur, du désespoir. Je vous dirai, avec vérité, que votre peau est encore plus blanche, et d'un incarnat plus parfait que celle de mon capitaine des

CHAPITRE VIII.

Bulgares. Cette vue redoubla tous les sentiments qui m'accablaient, qui me dévoraient. Je m'écriai, je voulus dire, Arrêtez, barbares! mais la voix me manqua, et mes cris auraient été inutiles. Quand vous eûtes été bien fessé: Comment se peut-il faire, disais-je, que l'aimable Candide et le sage Pangloss se trouvent à Lisbonne, l'un pour recevoir cent coups de fouet, et l'autre pour être pendu par l'ordre de monseigneur l'inquisiteur, dont je suis la bien-aimée? Pangloss m'a donc bien cruellement trompée, quand il me disait que tout va le mieux du monde!

Agitée, éperdue, tantôt hors de moi-même, et tantôt prête de mourir de faiblesse, j'avais la tête remplie du massacre de mon père, de ma mère, de mon frère, de l'insolence de mon vilain soldat bulgare, du coup de couteau qu'il me donna, de ma servitude, de mon métier de cuisinière, de mon capitaine bulgare, de mon vilain don Issachar, de mon abominable inquisiteur, de la pendaison du docteur Pangloss, de ce grand *miserere* en faux-bourdon pendant lequel on vous fessait, et surtout du baiser que je vous avais donné derrière un paravent, le jour que je vous avais vu pour la dernière fois. Je louai Dieu, qui vous ramenait à moi par tant d'épreuves. Je recommandai à ma vieille d'avoir soin de vous, et de vous amener ici dès qu'elle le pourrait. Elle a très bien exécuté ma commission; j'ai goûté le plaisir inexprimable de vous revoir, de vous entendre, de vous parler. Vous devez avoir une faim dévorante; j'ai grand appétit; commençons par souper.

Les voilà qui se mettent tous deux à table; et, après

le souper, ils se replacent sur ce beau canapé dont on a déjà parlé; ils y étaient quand le signor don Issachar, l'un des maîtres de la maison, arriva. C'était le jour du sabbat. Il venait jouir de ses droits, et expliquer son tendre amour.

CHAPITRE IX.

Ce qui advint de Cunégonde, de Candide, du grand-inquisiteur, et d'un Juif.

Cet Issachar était le plus colérique Hébreu qu'on eût vu dans Israël, depuis la captivité en Babylone. Quoi! dit-il, chienne de galiléenne, ce n'est pas assez de monsieur l'inquisiteur? il faut que ce coquin partage aussi avec moi? En disant cela il tire un long poignard dont il était toujours pourvu, et, ne croyant pas que son adverse partie eût des armes, il se jette sur Candide; mais notre bon Vestphalien avait reçu une belle épée de la vieille avec l'habit complet. Il tire son épée, quoiqu'il eût les mœurs fort douces, et vous étend l'Israélite roide mort sur le carreau, aux pieds de la belle Cunégonde.

Sainte Vierge! s'écria-t-elle, qu'allons-nous devenir? un homme tué chez moi! si la justice vient, nous sommes perdus. Si Pangloss n'avait pas été pendu, dit Candide, il nous donnerait un bon conseil dans cette extrémité, car c'était un grand philosophe. A son défaut, consultons la vieille. Elle était fort prudente, et commençait à dire son avis quand une autre petite

porte s'ouvrit. Il était une heure après minuit, c'était le commencement du dimanche. Ce jour appartenait à monseigneur l'inquisiteur. Il entre et voit le fessé Candide, l'épée à la main, un mort étendu par terre, Cunégonde effarée, et la vieille donnant des conseils.

Voici dans ce moment ce qui se passa dans l'ame de Candide, et comment il raisonna : Si ce saint homme appelle du secours, il me fera infailliblement brûler, il pourra en faire autant de Cunégonde; il m'a fait fouetter impitoyablement; il est mon rival; je suis en train de tuer; il n'y a pas à balancer. Ce raisonnement fut net et rapide; et, sans donner le temps à l'inquisiteur de revenir de sa surprise, il le perce d'outre en outre, et le jette à côté du Juif. En voici bien d'une autre, dit Cunégonde; il n'y a plus de rémission; nous sommes excommuniés, notre dernière heure est venue! Comment avez-vous fait, vous qui êtes né si doux, pour tuer en deux minutes un Juif et un prélat? Ma belle demoiselle, répondit Candide, quand on est amoureux, jaloux, et fouetté par l'inquisition, on ne se connaît plus.

La vieille prit alors la parole, et dit : Il y a trois chevaux andalous dans l'écurie, avec leurs selles et leurs brides, que le brave Candide les prépare; madame a des moyadors et des diamants, montons vite à cheval, quoique je ne puisse me tenir que sur une fesse, et allons à Cadix; il fait le plus beau temps du monde, et c'est un grand plaisir de voyager pendant la fraîcheur de la nuit.

Aussitôt Candide selle les trois chevaux; Cunégonde, la vieille, et lui, font trente milles d'une traite. Pendant

qu'ils s'éloignaient, la sainte hermandad arrive dans la maison, on enterre monseigneur dans une belle église, on jette Issachar à la voirie.

Candide, Cunégonde, et la vieille, étaient déjà dans la petite ville d'Avacéna, au milieu des montagnes de la Sierra-Morena; et ils parlaient ainsi dans un cabaret.

CHAPITRE X.

Dans quelle détresse Candide, Cunégonde, et la vieille, arrivent à Cadix, et leur embarquement.

Qui a donc pu me voler mes pistoles et mes diamants? disait en pleurant Cunégonde; de quoi vivrons-nous? comment ferons-nous? où trouver des inquisiteurs et des Juifs qui m'en donnent d'autres? Hélas! dit la vieille, je soupçonne fort un révérend père cordelier, qui coucha hier dans la même auberge que nous à Badajos; Dieu me garde de faire un jugement téméraire! mais il entra deux fois dans notre chambre, et il partit long-temps avant nous. Hélas! dit Candide, le bon Pangloss m'avait souvent prouvé que les biens de la terre sont communs à tous les hommes, que chacun y a un droit égal. Ce cordelier devait bien, suivant ces principes, nous laisser de quoi achever notre voyage. Il ne vous reste donc rien du tout, ma belle Cunégonde? Pas un maravédis, dit-elle. Quel parti prendre? dit Candide. Vendons un des chevaux, dit la vieille; je monterai en croupe derrière

CHAPITRE X.

mademoiselle, quoique je ne puisse me tenir que sur une fesse, et nous arriverons à Cadix.

Il y avait dans la même hôtellerie un prieur de bénédictins; il acheta le cheval bon marché. Candide, Cunégonde, et la vieille, passèrent par Lucena, par Chillas, par Lebrixa, et arrivèrent enfin à Cadix. On y équipait une flotte, et on y assemblait des troupes pour mettre à la raison les révérends pères jésuites du Paraguai, qu'on accusait d'avoir fait révolter une de leurs hordes contre les rois d'Espagne et de Portugal, auprès de la ville du Saint-Sacrement [1]. Candide, ayant servi chez les Bulgares, fit l'exercice bulgarien devant le général de la petite armée avec tant de grace, de célérité, d'adresse, de fierté, d'agilité, qu'on lui donna une compagnie d'infanterie à commander. Le voilà capitaine; il s'embarque avec mademoiselle Cunégonde, la vieille, deux valets, et les deux chevaux andalous qui avaient appartenu à M. le grand-inquisiteur de Portugal.

Pendant toute la traversée ils raisonnèrent beaucoup sur la philosophie du pauvre Pangloss. Nous allons dans un autre univers, disait Candide; c'est dans celui-là, sans doute, que tout est bien : car il faut avouer qu'on pourrait gémir un peu de ce qui se passe dans le nôtre en physique et en morale. Je vous aime de tout mon cœur, disait Cunégonde; mais j'ai encore l'ame tout effarouchée de ce que j'ai vu, de ce que j'ai éprouvé. Tout ira bien, répliquait Candide; la mer de ce nouveau monde vaut déjà mieux que les mers de

[1] Voyez tome XVII, page 470; et dans les *Mélanges*, année 1759, la *Lettre* de M. Mead *aux auteurs du Journal encyclopédique.* B.

notre Europe; elle est plus calme, les vents plus constants. C'est certainement le Nouveau-Monde qui est le meilleur des univers possibles. Dieu le veuille! disait Cunégonde: mais j'ai été si horriblement malheureuse dans le mien, que mon cœur est presque fermé à l'espérance. Vous vous plaignez, leur dit la vieille; hélas! vous n'avez pas éprouvé des infortunes telles que les miennes. Cunégonde se mit presque à rire, et trouva cette bonne femme fort plaisante de prétendre être plus malheureuse qu'elle. Hélas! lui dit-elle, ma bonne, à moins que vous n'ayez été violée par deux Bulgares, que vous n'ayez reçu deux coups de couteau dans le ventre, qu'on n'ait démoli deux de vos châteaux, qu'on n'ait égorgé à vos yeux deux mères et deux pères, et que vous n'ayez vu deux de vos amants fouettés dans un auto-da-fé, je ne vois pas que vous puissiez l'emporter sur moi; ajoutez que je suis née baronne avec soixante et douze quartiers, et que j'ai été cuisinière. Mademoiselle, répondit la vieille, vous ne savez pas quelle est ma naissance; et si je vous montrais mon derrière, vous ne parleriez pas comme vous faites, et vous suspendriez votre jugement. Ce discours fit naître une extrême curiosité dans l'esprit de Cunégonde et de Candide. La vieille leur parla en ces termes.

CHAPITRE XI.

Histoire de la vieille.

Je n'ai pas eu toujours les yeux éraillés et bordés d'écarlate; mon nez n'a pas toujours touché à mon

menton, et je n'ai pas toujours été servante. Je suis la fille du pape Urbain X et de la princesse de Palestrine*. On m'éleva jusqu'à quatorze ans dans un palais auquel tous les châteaux de vos barons allemands n'auraient pas servi d'écurie ; et une de mes robes valait mieux que toutes les magnificences de la Vestphalie. Je croissais en beauté, en graces, en talents, au milieu des plaisirs, des respects, et des espérances : j'inspirais déjà de l'amour ; ma gorge se formait ; et quelle gorge ! blanche, ferme, taillée comme celle de la Vénus de Médicis ; et quels yeux ! quelles paupières ! quels sourcils noirs ! quelles flammes brillaient dans mes deux prunelles, et effaçaient la scintillation des étoiles ! comme me disaient les poëtes du quartier. Les femmes qui m'habillaient et qui me déshabillaient tombaient en extase en me regardant par-devant et par-derrière ; et tous les hommes auraient voulu être à leur place.

Je fus fiancée à un prince souverain de Massa-Carrara : quel prince ! aussi beau que moi, pétri de douceur et d'agréments, brillant d'esprit et brûlant d'amour ; je l'aimais comme on aime pour la première fois, avec idolâtrie, avec emportement. Les noces furent préparées : c'était une pompe, une magnificence inouïe ; c'étaient des fêtes, des carrousels, des opéra-

* Voyez l'extrême discrétion de l'auteur ; il n'y eut jusqu'à présent aucun pape nommé Urbain X ; il craint de donner une bâtarde à un pape connu. Quelle circonspection ! quelle délicatesse de conscience ! — Cette note de Voltaire est posthume. Elle n'était même pas dans les éditions de Kehl. Je la tiens de feu Decroix. Le dernier pape du nom d'Urbain est Urbain VIII, mort en 1644. B.

buffa continuels; et toute l'Italie fit pour moi des sonnets dont il n'y eut pas un seul de passable. Je touchais au moment de mon bonheur, quand une vieille marquise, qui avait été maîtresse de mon prince, l'invita à prendre du chocolat chez elle; il mourut en moins de deux heures avec des convulsions épouvantables; mais ce n'est qu'une bagatelle. Ma mère au désespoir, et bien moins affligée que moi, voulut s'arracher pour quelque temps à un séjour si funeste. Elle avait une très belle terre auprès de Gaïète : nous nous embarquâmes sur une galère du pays, dorée comme l'autel de Saint-Pierre de Rome. Voilà qu'un corsaire de Salé fond sur nous et nous aborde : nos soldats se défendirent comme des soldats du pape; ils se mirent tous à genoux en jetant leurs armes, et en demandant au corsaire une absolution *in articulo mortis*.

Aussitôt on les dépouilla nus comme des singes, et ma mère aussi, nos filles d'honneur aussi, et moi aussi. C'est une chose admirable que la diligence avec laquelle ces messieurs déshabillent le monde; mais ce qui me surprit davantage, c'est qu'ils nous mirent à tous le doigt dans un endroit où nous autres femmes nous ne nous laissons mettre d'ordinaire que des canules. Cette cérémonie me paraissait bien étrange : voilà comme on juge de tout quand on n'est pas sorti de son pays. J'appris bientôt que c'était pour voir si nous n'avions pas caché là quelques diamants; c'est un usage établi de temps immémorial parmi les nations policées qui courent sur mer. J'ai su que messieurs les religieux chevaliers de Malte n'y manquent

jamais quand ils prennent des Turcs et des Turques; c'est une loi du droit des gens à laquelle on n'a jamais dérogé.

Je ne vous dirai point combien il est dur pour une jeune princesse d'être menée esclave à Maroc avec sa mère: vous concevez assez tout ce que nous eûmes à souffrir dans le vaisseau corsaire. Ma mère était encore très belle: nos filles d'honneur, nos simples femmes de chambre avaient plus de charmes qu'on n'en peut trouver dans toute l'Afrique: pour moi, j'étais ravissante, j'étais la beauté, la grace même, et j'étais pucelle: je ne le fus pas long-temps; cette fleur, qui avait été réservée pour le beau prince de Massa-Carrara, me fut ravie par le capitaine corsaire; c'était un nègre abominable, qui croyait encore me faire beaucoup d'honneur. Certes il fallait que madame la princesse de Palestrine et moi fussions bien fortes pour résister à tout ce que nous éprouvâmes jusqu'à notre arrivée à Maroc! Mais passons; ce sont des choses si communes, qu'elles ne valent pas la peine qu'on en parle.

Maroc nageait dans le sang quand nous arrivâmes. Cinquante fils de l'empereur Muley Ismael [1] avaient chacun leur parti; ce qui produisait en effet cinquante guerres civiles, de noirs contre noirs, de noirs contre basanés, de basanés contre basanés, de mulâtres contre mulâtres: c'était un carnage continuel dans toute l'étendue de l'empire.

[1] Sur Muley Ismael, qui régnait en 1702, et vécut cent cinq ans, voyez tome XVI, page 197; tome XVIII, page 420; tome XX, le chapitre XVIII du *Siècle de Louis XIV;* tome XXX, page 126. B.

A peine fûmes-nous débarquées, que des noirs d'une faction ennemie de celle de mon corsaire se présentèrent pour lui enlever son butin. Nous étions, après les diamants et l'or, ce qu'il avait de plus précieux. Je fus témoin d'un combat tel que vous n'en voyez jamais dans vos climats d'Europe. Les peuples septentrionaux n'ont pas le sang assez ardent; ils n'ont pas la rage des femmes au point où elle est commune en Afrique. Il semble que vos Européans aient du lait dans les veines; c'est du vitriol, c'est du feu qui coule dans celles des habitants du mont Atlas et des pays voisins. On combattit avec la fureur des lions, des tigres, et des serpents de la contrée, pour savoir qui nous aurait. Un Maure saisit ma mère par le bras droit, le lieutenant de mon capitaine la retint par le bras gauche; un soldat maure la prit par une jambe, un de nos pirates la tenait par l'autre. Nos filles se trouvèrent presque toutes en un moment tirées ainsi à quatre soldats. Mon capitaine me tenait cachée derrière lui; il avait le cimeterre au poing, et tuait tout ce qui s'opposait à sa rage. Enfin je vis toutes nos Italiennes et ma mère déchirées, coupées, massacrées par les monstres qui se les disputaient. Les captifs, mes compagnons, ceux qui les avaient pris, soldats, matelots, noirs, basanés, blancs, mulâtres, et enfin mon capitaine, tout fut tué, et je demeurai mourante sur un tas de morts. Des scènes pareilles se passaient, comme on sait, dans l'étendue de plus de trois cents lieues, sans qu'on manquât aux cinq prières par jour ordonnées par Mahomet.

Je me débarrassai avec beaucoup de peine de la

foule de tant de cadavres sanglants entassés, et je me traînai sous un grand oranger au bord d'un ruisseau voisin; j'y tombai d'effroi, de lassitude, d'horreur, de désespoir, et de faim. Bientôt après mes sens accablés se livrèrent à un sommeil qui tenait plus de l'évanouissement que du repos. J'étais dans cet état de faiblesse et d'insensibilité, entre la mort et la vie, quand je me sentis pressée de quelque chose qui s'agitait sur mon corps; j'ouvris les yeux, je vis un homme blanc et de bonne mine qui soupirait, et qui disait entre ses dents : *O che sciagura d'essere senza coglioni!*

CHAPITRE XII.

Suite des malheurs de la vieille.

Étonnée et ravie d'entendre la langue de ma patrie, et non moins surprise des paroles que proférait cet homme, je lui répondis qu'il y avait de plus grands malheurs que celui dont il se plaignait; je l'instruisis en peu de mots des horreurs que j'avais essuyées, et je retombai en faiblesse. Il m'emporta dans une maison voisine, me fit mettre au lit, me fit donner à manger, me servit, me consola, me flatta, me dit qu'il n'avait rien vu de si beau que moi, et que jamais il n'avait tant regretté ce que personne ne pouvait lui rendre. Je suis né à Naples, me dit-il; on y chaponne deux ou trois mille enfants tous les ans; les uns en meurent, les autres acquièrent une voix plus belle que

celle des femmes, les autres vont gouverner des états [1]. On me fit cette opération avec un très grand succès, et j'ai été musicien de la chapelle de madame la princesse de Palestrine. De ma mère! m'écriai-je. De votre mère! s'écria-t-il en pleurant : quoi! vous seriez cette jeune princesse que j'ai élevée jusqu'à l'âge de six ans, et qui promettait déjà d'être aussi belle que vous êtes? — C'est moi-même ; ma mère est à quatre cents pas d'ici coupée en quartiers sous un tas de morts.....

Je lui contai tout ce qui m'était arrivé; il me conta aussi ses aventures, et m'apprit comment il avait été envoyé chez le roi de Maroc par une puissance chrétienne, pour conclure avec ce monarque un traité par lequel on lui fournirait de la poudre, des canons, et des vaisseaux, pour l'aider à exterminer le commerce des autres chrétiens. Ma mission est faite, dit cet honnête eunuque; je vais m'embarquer à Ceuta, et je vous ramènerai en Italie. *Ma che sciagura d'essere senza coglioni!*

Je le remerciai avec des larmes d'attendrissement ; et au lieu de me mener en Italie, il me conduisit à Alger, et me vendit au dey de cette province. A peine fus-je vendue, que cette peste qui a fait le tour de l'Afrique, de l'Asie, de l'Europe, se déclara dans Alger avec fureur. Vous avez vu des tremblements de terre; mais, mademoiselle, avez-vous jamais eu la peste? Jamais, répondit la baronne.

[1] Farinelli, chanteur italien, né à Naples en 1705, sans être ministre, gouvernait l'Espagne sous Ferdinand VI ; il est mort en 1782. Voltaire reparle de ce Farinelli dans la *Conversation de l'intendant des menus en exercice* : voyez les *Mélanges*, année 1761. B.

Si vous l'aviez eue, reprit la vieille, vous avoueriez qu'elle est bien au-dessus d'un tremblement de terre. Elle est fort commune en Afrique; j'en fus attaquée. Figurez-vous quelle situation pour la fille d'un pape, âgée de quinze ans, qui en trois mois de temps avait éprouvé la pauvreté, l'esclavage, avait été violée presque tous les jours, avait vu couper sa mère en quatre, avait essuyé la faim et la guerre, et mourait pestiférée dans Alger! Je n'en mourus pourtant pas; mais mon eunuque et le dey, et presque tout le sérail d'Alger périrent.

Quand les premiers ravages de cette épouvantable peste furent passés, on vendit les esclaves du dey. Un marchand m'acheta, et me mena à Tunis; il me vendit à un autre marchand qui me revendit à Tripoli; de Tripoli je fus revendue à Alexandrie, d'Alexandrie revendue à Smyrne; de Smyrne à Constantinople. J'appartins enfin à un aga des janissaires, qui fut bientôt commandé pour aller défendre Azof contre les Russes qui l'assiégeaient.

L'aga, qui était un très galant homme, mena avec lui tout son sérail, et nous logea dans un petit fort sur les Palus-Méotides, gardé par deux eunuques noirs et vingt soldats. On tua prodigieusement de Russes, mais ils nous le rendirent bien : Azof fut mis à feu et à sang [1], et on ne pardonna ni au sexe, ni à l'âge; il ne resta que notre petit fort; les enne-

[1] Les Russes prirent Azof sous Pierre-le-Grand, en 1696, et la rendirent à la paix, en 1711; la reprirent en 1739, la fortifièrent; mais à la paix de 1739, ils la rendirent après l'avoir démantelée. La prise d'Azof, sous Catherine II, est postérieure de dix ans à *Candide*. B.

mis voulurent nous prendre par famine. Les vingt janissaires avaient juré de ne se jamais rendre. Les extrémités de la faim où ils furent réduits les contraignirent à manger nos deux eunuques, de peur de violer leur serment. Au bout de quelques jours ils résolurent de manger les femmes.

Nous avions un iman très pieux et très compatissant, qui leur fit un beau sermon par lequel il leur persuada de ne nous pas tuer tout-à-fait. Coupez, dit-il, seulement une fesse à chacune de ces dames, vous ferez très bonne chère; s'il faut y revenir, vous en aurez encore autant dans quelques jours; le ciel vous saura gré d'une action si charitable, et vous serez secourus.

Il avait beaucoup d'éloquence; il les persuada : on nous fit cette horrible opération; l'iman nous appliqua le même baume qu'on met aux enfants qu'on vient de circoncire : nous étions toutes à la mort.

A peine les janissaires eurent-ils fait le repas que nous leur avions fourni, que les Russes arrivent sur des bateaux plats; pas un janissaire ne réchappa. Les Russes ne firent aucune attention à l'état où nous étions. Il y a partout des chirurgiens français : un d'eux qui était fort adroit prit soin de nous, il nous guérit; et je me souviendrai toute ma vie, que quand mes plaies furent bien fermées, il me fit des propositions. Au reste, il nous dit à toutes de nous consoler; il nous assura que dans plusieurs siéges pareille chose était arrivée, et que c'était la loi de la guerre.

Dès que mes compagnes purent marcher, on les fit aller à Moscou; j'échus en partage à un boïard qui me

fit sa jardinière, et qui me donnait vingt coups de fouet par jour; mais ce seigneur ayant été roué au bout de deux ans avec une trentaine de boïards pour quelque tracasserie de cour, je profitai de cette aventure; je m'enfuis; je traversai toute la Russie; je fus long-temps servante de cabaret à Riga, puis à Rostock, à Vismar, à Leipsick, à Cassel, à Utrecht, à Leyde, à la Haye, à Rotterdam : j'ai vieilli dans la misère et dans l'opprobre, n'ayant que la moitié d'un derrière, me souvenant toujours que j'étais fille d'un pape; je voulus cent fois me tuer, mais j'aimais encore la vie. Cette faiblesse ridicule est peut-être un de nos penchants les plus funestes; car y a-t-il rien de plus sot que de vouloir porter continuellement un fardeau qu'on veut toujours jeter par terre; d'avoir son être en horreur, et de tenir à son être; enfin de caresser le serpent qui nous dévore, jusqu'à ce qu'il nous ait mangé le cœur?

J'ai vu dans les pays que le sort m'a fait parcourir, et dans les cabarets où j'ai servi, un nombre prodigieux de personnes qui avaient leur existence en exécration; mais je n'en ai vu que douze qui aient mis volontairement fin à leur misère, trois nègres, quatre Anglais, quatre Génevois, et un professeur allemand nommé Robeck[1]. J'ai fini par être servante chez le Juif don Issachar; il me mit auprès de vous, ma belle demoiselle; je me suis attachée à votre destinée, et j'ai été plus occupée de vos aventures que des miennes.

[1] Robeck (Jean), né à Calmar en Suède, en 1672, se noya volontairement en 1739. J.-J. Rousseau parle de Robeck dans sa *Nouvelle Héloïse*, lettre vingt et unième de la troisième partie. B.

Je ne vous aurais même jamais parlé de mes malheurs, si vous ne m'aviez pas un peu piquée, et s'il n'était d'usage, dans un vaisseau, de conter des histoires pour se désennuyer. Enfin, mademoiselle, j'ai de l'expérience, je connais le monde; donnez-vous un plaisir, engagez chaque passager à vous conter son histoire, et s'il s'en trouve un seul qui n'ait souvent maudit sa vie, qui ne se soit souvent dit à lui-même qu'il était le plus malheureux des hommes, jetez-moi dans la mer la tête la première.

CHAPITRE XIII.

Comment Candide fut obligé de se séparer de la belle Cunégonde et de la vieille.

La belle Cunégonde, ayant entendu l'histoire de la vieille, lui fit toutes les politesses qu'on devait à une personne de son rang et de son mérite. Elle accepta la proposition; elle engagea tous les passagers, l'un après l'autre, à lui conter leurs aventures. Candide et elle avouèrent que la vieille avait raison. C'est bien dommage, disait Candide, que le sage Pangloss ait été pendu contre la coutume dans un auto-da-fé; il nous dirait des choses admirables sur le mal physique et sur le mal moral qui couvrent la terre et la mer, et je me sentirais assez de force pour oser lui faire respectueusement quelques objections.

A mesure que chacun racontait son histoire, le vaisseau avançait. On aborda dans Buénos-Ayres.

Cunégonde, le capitaine Candide, et la vieille, allèrent chez le gouverneur don Fernando d'Ibaraa, y Figueora, y Mascarenes, y Lampourdos, y Souza. Ce seigneur avait une fierté convenable à un homme qui portait tant de noms. Il parlait aux hommes avec le dédain le plus noble, portant le nez si haut, élevant si impitoyablement la voix, prenant un ton si imposant, affectant une démarche si altière, que tous ceux qui le saluaient étaient tentés de le battre. Il aimait les femmes à la fureur. Cunégonde lui parut ce qu'il avait jamais vu de plus beau. La première chose qu'il fit fut de demander si elle n'était point la femme du capitaine. L'air dont il fit cette question alarma Candide : il n'osa pas dire qu'elle était sa femme, parcequ'en effet elle ne l'était point; il n'osait pas dire que c'était sa sœur, parcequ'elle ne l'était pas non plus; et quoique ce mensonge officieux eût été autrefois très à la mode chez les anciens [1], et qu'il pût être utile aux modernes, son ame était trop pure pour trahir la vérité. Mademoiselle Cunégonde, dit-il, doit me faire l'honneur de m'épouser, et nous supplions votre excellence de daigner faire notre noce.

Don Fernando d'Ibaraa, y Figueora, y Mascarenes, y Lampourdos, y Souza, relevant sa moustache, sourit amèrement, et ordonna au capitaine Candide d'aller faire la revue de sa compagnie. Candide obéit; le gouverneur demeura avec mademoiselle Cunégonde. Il lui déclara sa passion, lui protesta que le lendemain il l'épouserait à la face de l'Église, ou autrement, ainsi qu'il plairait à ses charmes. Cuné-

[1] Voyez l'article ABRAHAM, tome XXVI, page 48. B.

gonde lui demanda un quart d'heure pour se recueillir, pour consulter la vieille, et pour se déterminer.

La vieille dit à Cunégonde : Mademoiselle, vous avez soixante et douze quartiers et pas une obole; il ne tient qu'à vous d'être la femme du plus grand seigneur de l'Amérique méridionale, qui a une très belle moustache; est-ce à vous de vous piquer d'une fidélité à toute épreuve ? Vous avez été violée par les Bulgares; un Juif et un inquisiteur ont eu vos bonnes graces : les malheurs donnent des droits. J'avoue que si j'étais à votre place, je ne ferais aucun scrupule d'épouser monsieur le gouverneur, et de faire la fortune de monsieur le capitaine Candide. Tandis que la vieille parlait avec toute la prudence que l'âge et l'expérience donnent, on vit entrer dans le port un petit vaisseau; il portait un alcade et des alguazils, et voici ce qui était arrivé.

La vieille avait très bien deviné que ce fut un cordelier à la grande manche qui vola l'argent et les bijoux de Cunégonde dans la ville de Badajos, lorsqu'elle fuyait en hâte avec Candide. Ce moine voulut vendre quelques unes des pierreries à un joaillier. Le marchand les reconnut pour celles du grand-inquisiteur. Le cordelier, avant d'être pendu, avoua qu'il les avait volées : il indiqua les personnes, et la route qu'elles prenaient. La fuite de Cunégonde et de Candide était déjà connue. On les suivit à Cadix : on envoya, sans perdre de temps, un vaisseau à leur poursuite. Le vaisseau était déjà dans le port de Buénos-Ayres. Le bruit se répandit qu'un alcade allait débarquer, et qu'on poursuivait les meurtriers de monseigneur le

grand-inquisiteur. La prudente vieille vit dans l'instant tout ce qui était à faire. Vous ne pouvez fuir, dit-elle à Cunégonde, et vous n'avez rien à craindre; ce n'est pas vous qui avez tué monseigneur, et d'ailleurs le gouverneur, qui vous aime, ne souffrira pas qu'on vous maltraite; demeurez. Elle court sur-le-champ à Candide: Fuyez, dit-elle, ou dans une heure vous allez être brûlé. Il n'y avait pas un moment à perdre; mais comment se séparer de Cunégonde, et où se réfugier?

CHAPITRE XIV.

Comment Candide et Cacambo furent reçus chez les jésuites du Paraguai.

Candide avait amené de Cadix un valet tel qu'on en trouve beaucoup sur les côtes d'Espagne et dans les colonies. C'était un quart d'Espagnol, né d'un métis dans le Tucuman; il avait été enfant de chœur, sacristain, matelot, moine, facteur, soldat, laquais. Il s'appelait Cacambo, et aimait fort son maître, parceque son maître était un fort bon homme. Il sella au plus vite les deux chevaux andalous. Allons, mon maître, suivons le conseil de la vieille, partons, et courons sans regarder derrière nous. Candide versa des larmes: O ma chère Cunégonde! faut-il vous abandonner dans le temps que monsieur le gouverneur va faire nos noces! Cunégonde amenée de si loin, que deviendrez-vous? Elle deviendra ce qu'elle pourra,

dit Cacambo; les femmes ne sont jamais embarrassées d'elles; Dieu y pourvoit; courons. Où me mènes-tu? où allons-nous? que ferons-nous sans Cunégonde? disait Candide. Par saint Jacques de Compostelle, dit Cacambo, vous allez faire la guerre aux jésuites, allons la faire pour eux; je sais assez les chemins, je vous mènerai dans leur royaume, ils seront charmés d'avoir un capitaine qui fasse l'exercice à la bulgare; vous ferez une fortune prodigieuse; quand on n'a pas son compte dans un monde, on le trouve dans un autre. C'est un très grand plaisir de voir et de faire des choses nouvelles.

Tu as donc été déjà dans le Paraguai? dit Candide. Eh vraiment oui! dit Cacambo; j'ai été cuistre dans le collége de l'Assomption, et je connais le gouvernement de *los padres* comme je connais les rues de Cadix. C'est une chose admirable que ce gouvernement. Le royaume a déjà plus de trois cents lieues de diamètre; il est divisé en trente provinces. Los padres y ont tout, et les peuples rien; c'est le chef-d'œuvre de la raison et de la justice. Pour moi, je ne vois rien de si divin que los padres, qui font ici la guerre au roi d'Espagne et au roi de Portugal, et qui en Europe confessent ces rois; qui tuent ici des Espagnols, et qui à Madrid les envoient au ciel; cela me ravit; avançons: vous allez être le plus heureux de tous les hommes. Quel plaisir auront los padres, quand ils sauront qu'il leur vient un capitaine qui sait l'exercice bulgare!

Dès qu'ils furent arrivés à la première barrière, Cacambo dit à la garde avancée qu'un capitaine deman-

CHAPITRE XIV.

dait à parler à monseigneur le commandant. On alla avertir la grande garde. Un officier paraguain courut aux pieds du commandant lui donner part de la nouvelle. Candide et Cacambo furent d'abord désarmés; on se saisit de leurs deux chevaux andalous. Les deux étrangers sont introduits au milieu de deux files de soldats; le commandant était au bout, le bonnet à trois cornes en tête, la robe retroussée, l'épée au côté, l'esponton à la main. Il fit un signe; aussitôt vingt-quatre soldats entourent les deux nouveaux venus. Un sergent leur dit qu'il faut attendre, que le commandant ne peut leur parler, que le révérend père provincial ne permet pas qu'aucun Espagnol ouvre la bouche qu'en sa présence, et demeure plus de trois heures dans le pays. Et où est le révérend père provincial? dit Cacambo. Il est à la parade après avoir dit sa messe, répondit le sergent, et vous ne pourrez baiser ses éperons que dans trois heures. Mais, dit Cacambo, monsieur le capitaine, qui meurt de faim comme moi, n'est point Espagnol, il est Allemand; ne pourrions-nous point déjeuner en attendant sa révérence?

Le sergent alla sur-le-champ rendre compte de ce discours au commandant. Dieu soit béni! dit ce seigneur, puisqu'il est Allemand, je peux lui parler; qu'on le mène dans ma feuillée. Aussitôt on conduit Candide dans un cabinet de verdure, orné d'une très jolie colonnade de marbre vert et or, et de treillages qui renfermaient des perroquets, des colibris, des oiseaux-mouches, des pintades, et tous les oiseaux les plus rares. Un excellent déjeuner était préparé dans

des vases d'or; et tandis que les Paraguains mangèrent du maïs dans des écuelles de bois, en plein champ, à l'ardeur du soleil, le révérend père commandant entra dans la feuillée.

C'était un très beau jeune homme, le visage plein, assez blanc, haut en couleur, le sourcil relevé, l'œil vif, l'oreille rouge, les lèvres vermeilles, l'air fier, mais d'une fierté qui n'était ni celle d'un Espagnol ni celle d'un jésuite. On rendit à Candide et à Cacambo leurs armes, qu'on leur avait saisies, ainsi que les deux chevaux andalous; Cacambo leur fit manger l'avoine auprès de la feuillée, ayant toujours l'œil sur eux, crainte de surprise.

Candide baisa d'abord le bas de la robe du commandant, ensuite ils se mirent à table. Vous êtes donc Allemand? lui dit le jésuite en cette langue. Oui, mon révérend père, dit Candide. L'un et l'autre, en prononçant ces paroles, se regardaient avec une extrême surprise, et une émotion dont ils n'étaient pas les maîtres. Et de quel pays d'Allemagne êtes-vous? dit le jésuite. De la sale province de Vestphalie, dit Candide: je suis né dans le château de Thunder-ten-tronckh. O ciel! est-il possible! s'écria le commandant. Quel miracle! s'écria Candide. Serait-ce vous? dit le commandant. Cela n'est pas possible, dit Candide. Ils se laissent tomber tous deux à la renverse, ils s'embrassent, ils versent des ruisseaux de larmes. Quoi! serait-ce vous, mon révérend père? vous, le frère de la belle Cunégonde! vous qui fûtes tué par les Bulgares! vous le fils de monsieur le baron! vous jésuite au Paraguai! Il faut avouer que ce monde est

une étrange chose. O Pangloss! Pangloss! que vous seriez aise si vous n'aviez pas été pendu!

Le commandant fit retirer les esclaves nègres et les Paraguains qui servaient à boire dans des gobelets de cristal de roche. Il remercia Dieu et saint Ignace mille fois; il serrait Candide entre ses bras, leurs visages étaient baignés de pleurs. Vous seriez bien plus étonné, plus attendri, plus hors de vous-même, dit Candide, si je vous disais que mademoiselle Cunégonde, votre sœur, que vous avez crue éventrée, est pleine de santé. — Où? — Dans votre voisinage, chez M. le gouverneur de Buénos-Ayres; et je venais pour vous faire la guerre. Chaque mot qu'ils prononcèrent dans cette longue conversation accumulait prodige sur prodige. Leur ame tout entière volait sur leur langue, était attentive dans leurs oreilles, et étincelante dans leurs yeux. Comme ils étaient Allemands, ils tinrent table long-temps, en attendant le révérend père provincial; et le commandant parla ainsi à son cher Candide.

CHAPITRE XV.

Comment Candide tua le frère de sa chère Cunégonde.

J'aurai toute ma vie présent à la mémoire le jour horrible où je vis tuer mon père et ma mère, et violer ma sœur. Quand les Bulgares furent retirés, on ne trouva point cette sœur adorable, et on mit dans une charrette ma mère, mon père, et moi, deux ser-

vantes et trois petits garçons égorgés, pour nous aller enterrer dans une chapelle de jésuites, à deux lieues du château de mes pères. Un jésuite nous jeta de l'eau bénite; elle était horriblement salée; il en entra quelques gouttes dans mes yeux: le père s'aperçut que ma paupière fesait un petit mouvement: il mit la main sur mon cœur, et le sentit palpiter; je fus secouru, et au bout de trois semaines il n'y paraissait pas. Vous savez, mon cher Candide, que j'étais fort joli; je le devins encore davantage; aussi le révérend père Croust[1], supérieur de la maison, prit pour moi la plus tendre amitié: il me donna l'habit de novice: quelque temps après je fus envoyé à Rome. Le père général avait besoin d'une recrue de jeunes jésuites allemands. Les souverains du Paraguai reçoivent le moins qu'ils peuvent de jésuites espagnols; ils aiment mieux les étrangers, dont ils se croient plus maîtres. Je fus jugé propre par le révérend père général pour aller travailler dans cette vigne. Nous partîmes, un Polonais, un Tyrolien, et moi. Je fus honoré, en arrivant, du sous-diaconat et d'une lieutenance: je suis aujourd'hui colonel et prêtre. Nous recevrons vigoureusement les troupes du roi d'Espagne; je vous réponds qu'elles seront excommuniées et battues. La Providence vous envoie ici pour nous seconder. Mais est-il bien vrai que ma chère sœur Cunégonde soit dans le voisinage, chez le gouverneur de Buénos-Ayres? Can-

[1] Dans les premières éditions, au lieu de *Croust*, on lit: *Didrie*. Mais l'édition fesant partie du volume intitulé: *Seconde suite des Mélanges*, 1761, porte déjà Croust. Il est question du révérend P. Croust, *le plus brutal de la société*, dans le tome XXX, page 429. B.

dide l'assura par serment que rien n'était plus vrai. Leurs larmes recommencèrent à couler.

Le baron ne pouvait se lasser d'embrasser Candide; il l'appelait son frère, son sauveur. Ah! peut-être, lui dit-il, nous pourrons ensemble, mon cher Candide, entrer en vainqueurs dans la ville, et reprendre ma sœur Cunégonde. C'est tout ce que je souhaite, dit Candide; car je comptais l'épouser, et je l'espère encore. Vous, insolent! répondit le baron, vous auriez l'impudence d'épouser ma sœur qui a soixante et douze quartiers! Je vous trouve bien effronté d'oser me parler d'un dessein si téméraire! Candide, pétrifié d'un tel discours, lui répondit: Mon révérend père, tous les quartiers du monde n'y font rien; j'ai tiré votre sœur des bras d'un Juif et d'un inquisiteur; elle m'a assez d'obligations, elle veut m'épouser. Maître Pangloss m'a toujours dit que les hommes sont égaux; et assurément je l'épouserai. C'est ce que nous verrons, coquin! dit le jésuite baron de Thunder-ten-tronckh; et en même temps il lui donna un grand coup du plat de son épée sur le visage. Candide dans l'instant tire la sienne, et l'enfonce jusqu'à la garde dans le ventre du baron jésuite; mais en la retirant toute fumante, il se mit à pleurer: Hélas! mon Dieu! dit-il, j'ai tué mon ancien maître, mon ami, mon beau-frère; je suis le meilleur homme du monde, et voilà déjà trois hommes que je tue; et dans ces trois il y a deux prêtres.

Cacambo, qui fesait sentinelle à la porte de la feuillée, accourut. Il ne nous reste qu'à vendre cher notre vie, lui dit son maître; on va, sans doute, entrer dans

la feuillée ; il faut mourir les armes à la main. Cacambo, qui en avait bien vu d'autres, ne perdit point la tête ; il prit la robe de jésuite que portait le baron, la mit sur le corps de Candide, lui donna le bonnet carré du mort, et le fit monter à cheval. Tout cela se fit en un clin d'œil. Galopons, mon maître ; tout le monde vous prendra pour un jésuite qui va donner des ordres ; et nous aurons passé les frontières avant qu'on puisse courir après nous. Il volait déjà en prononçant ces paroles, et en criant en espagnol : Place, place pour le révérend père colonel !

CHAPITRE XVI.

Ce qui advint aux deux voyageurs avec deux filles, deux singes, et les sauvages nommés Oreillons.

Candide et son valet furent au-delà des barrières, et personne ne savait encore dans le camp la mort du jésuite allemand. Le vigilant Cacambo avait eu soin de remplir sa valise de pain, de chocolat, de jambon, de fruits, et de quelques mesures de vin. Ils s'enfoncèrent avec leurs chevaux andalous dans un pays inconnu où ils ne découvrirent aucune route. Enfin une belle prairie entrecoupée de ruisseaux se présenta devant eux. Nos deux voyageurs font repaître leurs montures. Cacambo propose à son maître de manger, et lui en donne l'exemple. Comment veux-tu, disait Candide, que je mange du jambon, quand j'ai tué le fils de monsieur le baron, et que je me vois

condamné à ne revoir la belle Cunégonde de ma vie ? à quoi me servira de prolonger mes misérables jours, puisque je dois les traîner loin d'elle dans les remords et dans le désespoir? et que dira le Journal de Trévoux [1] ?

En parlant ainsi, il ne laissa pas de manger. Le soleil se couchait. Les deux égarés entendirent quelques petits cris qui paraissaient poussés par des femmes. Ils ne savaient si ces cris étaient de douleur ou de joie; mais ils se levèrent précipitamment avec cette inquiétude et cette alarme que tout inspire dans un pays inconnu. Ces clameurs partaient de deux filles toutes nues qui couraient légèrement au bord de la prairie, tandis que deux singes les suivaient en leur mordant les fesses. Candide fut touché de pitié; il avait appris à tirer chez les Bulgares, et il aurait abattu une noisette dans un buisson sans toucher aux feuilles. Il prend son fusil espagnol à deux coups, tire, et tue les deux singes. Dieu soit loué, mon cher Cacambo! j'ai délivré d'un grand péril ces deux pauvres créatures: si j'ai commis un péché en tuant un inquisiteur et un jésuite, je l'ai bien réparé en sauvant la vie à deux filles. Ce sont peut-être deux demoiselles de condition, et cette aventure nous peut procurer de très grands avantages dans le pays.

Il allait continuer, mais sa langue devint percluse quand il vit ces deux filles embrasser tendrement les deux singes, fondre en larmes sur leurs corps, et rem-

[1] L'ouvrage cité sous le titre de *Journal de Trévoux*, du nom de la ville où il s'imprima, est intitulé : *Mémoires pour servir à l'histoire des sciences et des beaux-arts*. Ce titre a subi plusieurs changements. B.

plir l'air des cris les plus douloureux. Je ne m'attendais pas à tant de bonté d'ame, dit-il enfin à Cacambo; lequel lui répliqua : Vous avez fait là un beau chef-d'œuvre, mon maître; vous avez tué les deux amants de ces demoiselles. Leurs amants! serait-il possible? vous vous moquez de moi, Cacambo; le moyen de vous croire? Mon cher maître, repartit Cacambo, vous êtes toujours étonné de tout; pourquoi trouvez-vous si étrange que dans quelques pays il y ait des singes qui obtiennent les bonnes graces des dames? ils sont des quarts d'homme, comme je suis un quart d'Espagnol. Hélas! reprit Candide, je me souviens d'avoir entendu dire à maître Pangloss qu'autrefois pareils accidents étaient arrivés, et que ces mélanges avaient produit des égypans, des faunes, des satyres; que plusieurs grands personnages de l'antiquité en avaient vu; mais je prenais cela pour des fables. Vous devez être convaincu à présent, dit Cacambo, que c'est une vérité, et vous voyez comment en usent les personnes qui n'ont pas reçu une certaine éducation; tout ce que je crains, c'est que ces dames ne nous fassent quelque méchante affaire.

Ces réflexions solides engagèrent Candide à quitter la prairie, et à s'enfoncer dans un bois. Il y soupa avec Cacambo; et tous deux, après avoir maudit l'inquisiteur de Portugal, le gouverneur de Buénos-Ayres, et le baron, s'endormirent sur de la mousse. A leur réveil, ils sentirent qu'ils ne pouvaient rémuer; la raison en était que pendant la nuit les Oreillons, habitants du pays, à qui les deux dames les avaient dénoncés, les avaient garrottés avec des cordes d'écorces d'arbre.

CHAPITRE XVI.

Ils étaient entourés d'une cinquantaine d'Oreillons tout nus, armés de flèches, de massues, et de haches de caillou : les uns fesaient bouillir une grande chaudière; les autres préparaient des broches, et tous criaient : C'est un jésuite, c'est un jésuite! nous serons vengés, et nous ferons bonne chère; mangeons du jésuite, mangeons du jésuite!

Je vous l'avais bien dit, mon cher maître, s'écria tristement Cacambo, que ces deux filles nous joueraient d'un mauvais tour. Candide apercevant la chaudière et les broches s'écria : Nous allons certainement être rôtis ou bouillis. Ah! que dirait maître Pangloss, s'il voyait comme la pure nature est faite? Tout est bien; soit, mais j'avoue qu'il est bien cruel d'avoir perdu mademoiselle Cunégonde, et d'être mis à la broche par des Oreillons. Cacambo ne perdait jamais la tête. Ne désespérez de rien, dit-il au désolé Candide; j'entends un peu le jargon de ces peuples, je vais leur parler. Ne manquez pas, dit Candide, de leur représenter quelle est l'inhumanité affreuse de faire cuire des hommes, et combien cela est peu chrétien.

Messieurs, dit Cacambo, vous comptez donc manger aujourd'hui un jésuite? c'est très bien fait; rien n'est plus juste que de traiter ainsi ses ennemis. En effet le droit naturel nous enseigne à tuer notre prochain, et c'est ainsi qu'on en agit dans toute la terre. Si nous n'usons pas du droit de le manger, c'est que nous avons d'ailleurs de quoi faire bonne chère; mais vous n'avez pas les mêmes ressources que nous : certainement il vaut mieux manger ses ennemis que d'abandonner aux corbeaux et aux corneilles le fruit de

sa victoire. Mais, messieurs, vous ne voudriez pas manger vos amis. Vous croyez aller mettre un jésuite en broche, et c'est votre défenseur, c'est l'ennemi de vos ennemis que vous allez rôtir. Pour moi, je suis né dans votre pays; monsieur que vous voyez est mon maître, et bien loin d'être jésuite, il vient de tuer un jésuite, il en porte les dépouilles; voilà le sujet de votre méprise. Pour vérifier ce que je vous dis, prenez sa robe, portez-la à la première barrière du royaume de los padres; informez-vous si mon maître n'a pas tué un officier jésuite. Il vous faudra peu de temps; vous pourrez toujours nous manger, si vous trouvez que je vous ai menti. Mais, si je vous ai dit la vérité, vous connaissez trop les principes du droit public, les mœurs, et les lois, pour ne nous pas faire grace.

Les Oreillons trouvèrent ce discours très raisonnable; ils députèrent deux notables pour aller en diligence s'informer de la vérité; les deux députés s'acquittèrent de leur commission en gens d'esprit, et revinrent bientôt apporter de bonnes nouvelles. Les Oreillons délièrent leurs deux prisonniers, leur firent toutes sortes de civilités, leur offrirent des filles, leur donnèrent des rafraîchissements, et les reconduisirent jusqu'aux confins de leurs états, en criant avec allégresse : Il n'est point jésuite, il n'est point jésuite!

Candide ne se lassait point d'admirer le sujet de sa délivrance. Quel peuple! disait-il, quels hommes! quelles mœurs! si je n'avais pas eu le bonheur de donner un grand coup d'épée au travers du corps du frère de mademoiselle Cunégonde, j'étais mangé sans rémission. Mais, après tout, la pure nature est bonne, puis-

que ces gens-ci, au lieu de me manger, m'ont fait mille honnêtetés, dès qu'ils ont su que je n'étais pas jésuite.

CHAPITRE XVII.

Arrivée de Candide et de son valet au pays d'Eldorado, et ce qu'ils y virent.

Quand ils furent aux frontières des Oreillons, Vous voyez, dit Cacambo à Candide, que cet hémisphère-ci ne vaut pas mieux que l'autre; croyez-moi, retournons en Europe par le plus court chemin. Comment y retourner, dit Candide; et où aller? Si je vais dans mon pays, les Bulgares et les Abares y égorgent tout; si je retourne en Portugal, j'y suis brûlé; si nous restons dans ce pays-ci, nous risquons à tout moment d'être mis en broche. Mais comment se résoudre à quitter la partie du monde que mademoiselle Cunégonde habite?

Tournons vers la Cayenne, dit Cacambo, nous y trouverons des Français qui vont par tout le monde; ils pourront nous aider. Dieu aura peut-être pitié de nous.

Il n'était pas facile d'aller à la Cayenne : ils savaient bien à peu près de quel côté il fallait marcher; mais des montagnes, des fleuves, des précipices, des brigands, des sauvages, étaient partout de terribles obstacles. Leurs chevaux moururent de fatigue; leurs provisions furent consumées; ils se nourrirent un

mois entier de fruits sauvages, et se trouvèrent enfin auprès d'une petite rivière bordée de cocotiers qui soutinrent leur vie et leurs espérances.

Cacambo, qui donnait toujours d'aussi bons conseils que la vieille, dit à Candide : Nous n'en pouvons plus, nous avons assez marché; j'aperçois un canot vide sur le rivage, emplissons-le de cocos, jetons-nous dans cette petite barque, laissons-nous aller au courant; une rivière mène toujours à quelque endroit habité. Si nous ne trouvons pas des choses agréables, nous trouverons du moins des choses nouvelles. Allons, dit Candide, recommandons-nous à la Providence.

Ils voguèrent quelques lieues entre des bords, tantôt fleuris, tantôt arides, tantôt unis, tantôt escarpés. La rivière s'élargissait toujours; enfin elle se perdait sous une voûte de rochers épouvantables qui s'élevaient jusqu'au ciel. Les deux voyageurs eurent la hardiesse de s'abandonner aux flots sous cette voûte. Le fleuve resserré en cet endroit les porta avec une rapidité et un bruit horrible. Au bout de vingt-quatre heures ils revirent le jour; mais leur canot se fracassa contre les écueils; il fallut se traîner de rocher en rocher pendant une lieue entière; enfin ils découvrirent un horizon immense, bordé de montagnes inaccessibles. Le pays était cultivé pour le plaisir comme pour le besoin; partout l'utile était agréable [1] : les chemins étaient couverts ou plutôt ornés de voitures d'une

[1] Tel est le texte de toutes les éditions données du vivant de l'auteur, et même des éditions de Kehl. Quelques éditeurs récents ont mis : *l'utile était joint à l'agréable*. B.

forme et d'une matière brillante, portant des hommes et des femmes d'une beauté singulière, traînés rapidement par de gros moutons rouges qui surpassaient en vitesse les plus beaux chevaux d'Andalousie, de Tétuan, et de Méquinez.

Voilà pourtant, dit Candide, un pays qui vaut mieux que la Vestphalie. Il mit pied à terre avec Cacambo auprès du premier village qu'il rencontra. Quelques enfants du village, couverts de brocarts d'or tout déchirés, jouaient au palet à l'entrée du bourg; nos deux hommes de l'autre monde s'amusèrent à les regarder : leurs palets étaient d'assez larges pièces rondes, jaunes, rouges, vertes, qui jetaient un éclat singulier. Il prit envie aux voyageurs d'en ramasser quelques uns; c'était de l'or, c'était des émeraudes, des rubis, dont le moindre aurait été le plus grand ornement du trône du Mogol. Sans doute, dit Cacambo, ces enfants sont les fils du roi du pays qui jouent au petit palet. Le magister du village parut dans ce moment pour les faire rentrer à l'école. Voilà, dit Candide, le précepteur de la famille royale.

Les petits gueux quittèrent aussitôt le jeu, en laissant à terre leurs palets, et tout ce qui avait servi à leurs divertissements. Candide les ramasse, court au précepteur et les lui présente humblement, lui fesant entendre par signes que leurs altesses royales avaient oublié leur or et leurs pierreries. Le magister du village, en souriant, les jeta par terre, regarda un moment la figure de Candide avec beaucoup de surprise, et continua son chemin.

Les voyageurs ne manquèrent pas de ramasser l'or,

les rubis, et les émeraudes. Où sommes-nous? s'écria Candide. Il faut que les enfants des rois de ce pays soient bien élevés, puisqu'on leur apprend à mépriser l'or et les pierreries. Cacambo était aussi surpris que Candide. Ils approchèrent enfin de la première maison du village; elle était bâtie comme un palais d'Europe. Une foule de monde s'empressait à la porte, et encore plus dans le logis; une musique très agréable se fesait entendre, et une odeur délicieuse de cuisine se fesait sentir. Cacambo s'approcha de la porte, et entendit qu'on parlait péruvien; c'était sa langue maternelle; car tout le monde sait que Cacambo était né au Tucuman, dans un village où l'on ne connaissait que cette langue. Je vous servirai d'interprète, dit-il à Candide; entrons, c'est ici un cabaret.

Aussitôt deux garçons et deux filles de l'hôtellerie, vêtus de drap d'or, et les cheveux renoués avec des rubans, les invitent à se mettre à la table de l'hôte. On servit quatre potages garnis chacun de deux perroquets, un contour bouilli qui pesait deux cents livres, deux singes rôtis d'un goût excellent, trois cents colibris dans un plat, et six cents oiseaux-mouches dans un autre; des ragoûts exquis, des pâtisseries délicieuses; le tout dans des plats d'une espèce de cristal de roche. Les garçons et les filles de l'hôtellerie versaient plusieurs liqueurs faites de cannes de sucre.

Les convives étaient pour la plupart des marchands et des voituriers, tous d'une politesse extrême, qui firent quelques questions à Cacambo avec la discrétion la plus circonspecte, et qui répondirent aux siennes d'une manière à le satisfaire.

Quand le repas fut fini, Cacambo crut, ainsi que Candide, bien payer son écot, en jetant sur la table de l'hôte deux de ces larges pièces d'or qu'il avait ramassées; l'hôte et l'hôtesse éclatèrent de rire, et se tinrent long-temps les côtés. Enfin ils se remirent. Messieurs, dit l'hôte, nous voyons bien que vous êtes des étrangers; nous ne sommes pas accoutumés à en voir. Pardonnez-nous si nous nous sommes mis à rire quand vous nous avez offert en paiement les cailloux de nos grands chemins. Vous n'avez pas sans doute de la monnaie du pays, mais il n'est pas nécessaire d'en avoir pour dîner ici. Toutes les hôtelleries établies pour la commodité du commerce sont payées par le gouvernement. Vous avez fait mauvaise chère ici, parceque c'est un pauvre village, mais partout ailleurs vous serez reçus comme vous méritez de l'être. Cacambo expliquait à Candide tous les discours de l'hôte, et Candide les écoutait avec la même admiration et le même égarement que son ami Cacambo les rendait. Quel est donc ce pays, disaient-ils l'un et l'autre, inconnu à tout le reste de la terre, et où toute la nature est d'une espèce si différente de la nôtre? C'est probablement le pays où tout va bien; car il faut absolument qu'il y en ait un de cette espèce. Et, quoi qu'en dît maître Pangloss, je me suis souvent aperçu que tout allait assez mal en Vestphalie.

CHAPITRE XVIII.

Ce qu'ils virent dans le pays d'Eldorado[1].

Cacambo témoigna à son hôte toute sa curiosité; l'hôte lui dit: Je suis fort ignorant, et je m'en trouve bien; mais nous avons ici un vieillard retiré de la cour qui est le plus savant homme du royaume, et le plus communicatif. Aussitôt il mène Cacambo chez le vieillard. Candide ne jouait plus que le second personnage, et accompagnait son valet. Ils entrèrent dans une maison fort simple, car la porte n'était que d'argent, et les lambris des appartements n'étaient que d'or, mais travaillés avec tant de goût, que les plus riches lambris ne l'effaçaient pas. L'antichambre n'était à la vérité incrustée que de rubis et d'émeraudes; mais l'ordre dans lequel tout était arrangé réparait bien cette extrême simplicité.

Le vieillard reçut les deux étrangers sur un sofa matelassé de plumes de colibri, et leur fit présenter des liqueurs dans des vases de diamant; après quoi il satisfit à leur curiosité en ces termes:

Je suis âgé de cent soixante et douze ans, et j'ai appris de feu mon père, écuyer du roi, les étonnantes révolutions du Pérou dont il avait été témoin. Le royaume où nous sommes est l'ancienne patrie des incas, qui en sortirent très imprudemment pour aller subjuguer une partie du monde, et qui furent enfin détruits par les Espagnols.

[1] Sur le pays d'Eldorado, voyez tome XVII, page 436. B.

Les princes de leur famille qui restèrent dans leur pays natal furent plus sages; ils ordonnèrent, du consentement de la nation, qu'aucun habitant ne sortirait jamais de notre petit royaume; et c'est ce qui nous a conservé notre innocence et notre félicité. Les Espagnols ont eu une connaissance confuse de ce pays, ils l'ont appelé *Eldorado*; et un Anglais, nommé le chevalier Raleigh, en a même approché il y a environ cent années; mais, comme nous sommes entourés de rochers inabordables et de précipices, nous avons toujours été jusqu'à présent à l'abri de la rapacité des nations de l'Europe, qui ont une fureur inconcevable pour les cailloux et pour la fange de notre terre, et qui, pour en avoir, nous tueraient tous jusqu'au dernier.

La conversation fut longue; elle roula sur la forme du gouvernement, sur les mœurs, sur les femmes, sur les spectacles publics, sur les arts. Enfin Candide, qui avait toujours du goût pour la métaphysique, fit demander par Cacambo si dans le pays il y avait une religion.

Le vieillard rougit un peu. Comment donc! dit-il, en pouvez-vous douter? Est-ce que vous nous prenez pour des ingrats? Cacambo demanda humblement quelle était la religion d'Eldorado. Le vieillard rougit encore: Est-ce qu'il peut y avoir deux religions? dit-il. Nous avons, je crois, la religion de tout le monde; nous adorons Dieu du soir jusqu'au matin. N'adorez-vous qu'un seul Dieu? dit Cacambo, qui servait toujours d'interprète aux doutes de Candide. Apparemment, dit le vieillard, qu'il n'y en a ni deux, ni trois,

ni quatre. Je vous avoue que les gens de votre monde font des questions bien singulières. Candide ne se lassait pas de faire interroger ce bon vieillard; il voulut savoir comment on priait Dieu dans Eldorado. Nous ne le prions point, dit le bon et respectable sage; nous n'avons rien à lui demander, il nous a donné tout ce qu'il nous faut; nous le remercions sans cesse. Candide eut la curiosité de voir des prêtres; il fit demander où ils étaient. Le bon vieillard sourit. Mes amis, dit-il, nous sommes tous prêtres; le roi et tous les chefs de famille chantent des cantiques d'actions de graces solennellement tous les matins, et cinq ou six mille musiciens les accompagnent. — Quoi! vous n'avez point de moines qui enseignent, qui disputent, qui gouvernent, qui cabalent, et qui font brûler les gens qui ne sont pas de leur avis? — Il faudrait que nous fussions fous, dit le vieillard; nous sommes tous ici du même avis, et nous n'entendons pas ce que vous voulez dire avec vos moines. Candide à tous ces discours demeurait en extase, et disait en lui-même : Ceci est bien différent de la Vestphalie et du château de monsieur le baron : si notre ami Pangloss avait vu Eldorado, il n'aurait plus dit que le château de Thunder-ten-tronckh était ce qu'il y avait de mieux sur la terre; il est certain qu'il faut voyager.

Après cette longue conversation, le bon vieillard fit atteler un carrosse à six moutons, et donna douze de ses domestiques aux deux voyageurs pour les conduire à la cour. Excusez-moi, leur dit-il, si mon âge me prive de l'honneur de vous accompagner. Le roi vous recevra d'une manière dont vous ne serez pas

mécontents, et vous pardonnerez sans doute aux usages du pays, s'il y en a quelques uns qui vous déplaisent.

Candide et Cacambo montent en carrosse; les six moutons volaient, et en moins de quatre heures on arriva au palais du roi, situé à un bout de la capitale. Le portail était de deux cent vingt pieds de haut, et de cent de large; il est impossible d'exprimer quelle en était la matière. On voit assez quelle supériorité prodigieuse elle devait avoir sur ces cailloux et sur ce sable que nous nommons or et pierreries.

Vingt belles filles de la garde reçurent Candide et Cacambo à la descente du carrosse, les conduisirent aux bains, les vêtirent de robes d'un tissu de duvet de colibri; après quoi les grands officiers et les grandes officières de la couronne les menèrent à l'appartement de sa majesté au milieu de deux files, chacune de mille musiciens, selon l'usage ordinaire. Quand ils approchèrent de la salle du trône, Cacambo demanda à un grand officier comment il fallait s'y prendre pour saluer sa majesté : si on se jetait à genoux ou ventre à terre; si on mettait les mains sur la tête ou sur le derrière; si on léchait la poussière de la salle : en un mot, quelle était la cérémonie. L'usage, dit le grand-officier, est d'embrasser le roi et de le baiser des deux côtés. Candide et Cacambo sautèrent au cou de sa majesté, qui les reçut avec toute la grace imaginable, et qui les pria poliment à souper.

En attendant, on leur fit voir la ville, les édifices publics élevés jusqu'aux nues, les marchés ornés de

mille colonnes, les fontaines d'eau pure, les fontaines d'eau-rose, celles de liqueurs de cannes de sucre qui coulaient continuellement dans de grandes places pavées d'une espèce de pierreries qui répandaient une odeur semblable à celle du girofle et de la cannelle. Candide demanda à voir la cour de justice, le parlement; on lui dit qu'il n'y en avait point, et qu'on ne plaidait jamais. Il s'informa s'il y avait des prisons, et on lui dit que non. Ce qui le surprit davantage, et qui lui fit le plus de plaisir, ce fut le palais des sciences, dans lequel il vit une galerie de deux mille pas, toute pleine d'instruments de mathématiques et de physique.

Après avoir parcouru toute l'après-dînée à peu près la millième partie de la ville, on les remena chez le roi. Candide se mit à table entre sa majesté, son valet Cacambo, et plusieurs dames. Jamais on ne fit meilleure chère, et jamais on n'eut plus d'esprit à souper qu'en eut sa majesté. Cacambo expliquait les bons mots du roi à Candide, et quoique traduits, ils paraissaient toujours des bons mots. De tout ce qui étonnait Candide, ce n'était pas ce qui l'étonna le moins.

Ils passèrent un mois dans cet hospice. Candide ne cessait de dire à Cacambo : Il est vrai, mon ami, encore une fois, que le château où je suis né ne vaut pas le pays où nous sommes; mais enfin mademoiselle Cunégonde n'y est pas, et vous avez sans doute quelque maîtresse en Europe. Si nous restons ici, nous n'y serons que comme les autres; au lieu que si nous retournons dans notre monde, seulement avec douze moutons chargés de cailloux d'Eldorado, nous serons

plus riches que tous les rois ensemble, nous n'aurons plus d'inquisiteurs à craindre, et nous pourrons aisément reprendre mademoiselle Cunégonde.

Ce discours plut à Cacambo; on aime tant à courir, à se faire valoir chez les siens, à faire parade de ce qu'on a vu dans ses voyages, que les deux heureux résolurent de ne plus l'être, et de demander leur congé à sa majesté.

Vous faites une sottise, leur dit le roi : je sais bien que mon pays est peu de chose; mais, quand on est passablement quelque part, il faut y rester. Je n'ai pas assurément le droit de retenir des étrangers; c'est une tyrannie qui n'est ni dans nos mœurs ni dans nos lois; tous les hommes sont libres ; partez quand vous voudrez, mais la sortie est bien difficile. Il est impossible de remonter la rivière rapide sur laquelle vous êtes arrivés par miracle, et qui court sous des voûtes de rochers. Les montagnes qui entourent tout mon royaume ont dix mille pieds de hauteur, et sont droites comme des murailles : elles occupent chacune en largeur un espace de plus de dix lieues; on ne peut en descendre que par des précipices. Cependant, puisque vous voulez absolument partir, je vais donner ordre aux intendants des machines d'en faire une qui puisse vous transporter commodément. Quand on vous aura conduits au revers des montagnes, personne ne pourra vous accompagner; car mes sujets ont fait vœu de ne jamais sortir de leur enceinte, et ils sont trop sages pour rompre leur vœu. Demandez-moi d'ailleurs tout ce qu'il vous plaira. Nous ne demandons à votre majesté, dit Cacambo, que quelques moutons chargés de

vivres, de cailloux, et de la boue du pays. Le roi rit:
Je ne conçois pas, dit-il, quel goût vos gens d'Europe
ont pour notre boue jaune : mais emportez-en tant que
vous voudrez, et grand bien vous fasse.

Il donna l'ordre sur-le-champ à ses ingénieurs de
faire une machine pour guinder ces deux hommes ex-
traordinaires hors du royaume. Trois mille bons phy-
siciens y travaillèrent; elle fut prête au bout de quinze
jours, et ne coûta pas plus de vingt millions de livres
sterling, monnaie du pays. On mit sur la machine
Candide et Cacambo; il y avait deux grands moutons
rouges sellés et bridés pour leur servir de monture
quand ils auraient franchi les montagnes, vingt mou-
tons de bât chargés de vivres, trente qui portaient
des présents de ce que le pays a de plus curieux, et
cinquante chargés d'or, de pierreries, et de diamants.
Le roi embrassa tendrement les deux vagabonds.

Ce fut un beau spectacle que leur départ, et la ma-
nière ingénieuse dont ils furent hissés eux et leurs
moutons au haut des montagnes. Les physiciens pri-
rent congé d'eux après les avoir mis en sûreté, et Can-
dide n'eut plus d'autre desir et d'autre objet que d'al-
ler présenter ses moutons à mademoiselle Cunégonde.
Nous avons, dit-il, de quoi payer le gouverneur de
Buénos-Ayres, si mademoiselle Cunégonde peut être
mise à prix. Marchons vers la Cayenne, embarquons-
nous, et nous verrons ensuite quel royaume nous
pourrons acheter.

CHAPITRE XIX.

Ce qui leur arriva à Surinam, et comment Candide fit connaissance avec Martin.

La première journée de nos deux voyageurs fut assez agréable. Ils étaient encouragés par l'idée de se voir possesseurs de plus de trésors que l'Asie, l'Europe, et l'Afrique, n'en pouvaient rassembler. Candide transporté écrivit le nom de Cunégonde sur les arbres. A la seconde journée deux de leurs moutons s'enfoncèrent dans des marais, et y furent abîmés avec leurs charges; deux autres moutons moururent de fatigue quelques jours après; sept ou huit périrent ensuite de faim dans un désert; d'autres tombèrent au bout de quelques jours dans des précipices. Enfin, après cent jours de marche, il ne leur resta que deux moutons. Candide dit à Cacambo: Mon ami, vous voyez comme les richesses de ce monde sont périssables; il n'y a rien de solide que la vertu et le bonheur de revoir mademoiselle Cunégonde. Je l'avoue, dit Cacambo; mais il nous reste encore deux moutons avec plus de trésors que n'en aura jamais le roi d'Espagne; et je vois bien de loin une ville que je soupçonne être Surinam, appartenante aux Hollandais. Nous sommes au bout de nos peines et au commencement de notre félicité.

En approchant de la ville, ils rencontrèrent un nègre étendu par terre, n'ayant plus que la moitié de son habit, c'est-à-dire d'un caleçon de toile bleue;

il manquait à ce pauvre homme la jambe gauche et la main droite. Eh! mon Dieu! lui dit Candide en hollandais, que fais-tu là, mon ami, dans l'état horrible où je te vois? J'attends mon maître, M. Vanderdendur, le fameux négociant, répondit le nègre. Est-ce M. Vanderdendur, dit Candide, qui t'a traité ainsi? Oui, monsieur, dit le nègre, c'est l'usage. On nous donne un caleçon de toile pour tout vêtement deux fois l'année. Quand nous travaillons aux sucreries, et que la meule nous attrape le doigt, on nous coupe la main: quand nous voulons nous enfuir, on nous coupe la jambe: je me suis trouvé dans les deux cas. C'est à ce prix que vous mangez du sucre en Europe. Cependant, lorsque ma mère me vendit dix écus patagons sur la côte de Guinée, elle me disait: Mon cher enfant, bénis nos fétiches, adore-les toujours, ils te feront vivre heureux; tu as l'honneur d'être esclave de nos seigneurs les blancs, et tu fais par là la fortune de ton père et de ta mère. Hélas! je ne sais pas si j'ai fait leur fortune, mais ils n'ont pas fait la mienne. Les chiens, les singes, et les perroquets, sont mille fois moins malheureux que nous: les fétiches hollandais qui m'ont converti me disent tous les dimanches que nous sommes tous enfants d'Adam, blancs et noirs. Je ne suis pas généalogiste; mais si ces prêcheurs disent vrai, nous sommes tous cousins issus de germain. Or vous m'avouerez qu'on ne peut pas en user avec ses parents d'une manière plus horrible.

O Pangloss! s'écria Candide, tu n'avais pas deviné cette abomination; c'en est fait, il faudra qu'à la fin je renonce à ton optimisme. Qu'est-ce qu'opti-

misme? disait Cacambo. Hélas! dit Candide, c'est la rage de soutenir que tout est bien quand on est mal; et il versait des larmes en regardant son nègre; et en pleurant, il entra dans Surinam.

La première chose dont ils s'informent, c'est s'il n'y a point au port quelque vaisseau qu'on pût envoyer à Buénos-Ayres. Celui à qui ils s'adressèrent était justement un patron espagnol qui s'offrit à faire avec eux un marché honnête. Il leur donna rendez-vous dans un cabaret. Candide et le fidèle Cacambo allèrent l'y attendre avec leurs deux moutons.

Candide, qui avait le cœur sur les lèvres, conta à l'Espagnol toutes ses aventures, et lui avoua qu'il voulait enlever mademoiselle Cunégonde. Je me garderai bien de vous passer à Buénos-Ayres, dit le patron: je serais pendu, et vous aussi; la belle Cunégonde est la maîtresse favorite de monseigneur. Ce fut un coup de foudre pour Candide, il pleura long-temps; enfin il tira à part Cacambo. Voici, mon cher ami, lui dit-il, ce qu'il faut que tu fasses. Nous avons chacun dans nos poches pour cinq ou six millions de diamants, tu es plus habile que moi; va prendre mademoiselle Cunégonde à Buénos-Ayres. Si le gouverneur fait quelque difficulté, donne-lui un million : s'il ne se rend pas, donne-lui-en deux; tu n'as point tué d'inquisiteur, on ne se défiera point de toi. J'équiperai un autre vaisseau, j'irai t'attendre à Venise: c'est un pays libre où l'on n'a rien à craindre ni des Bulgares, ni des Abares, ni des Juifs, ni des inquisiteurs. Cacambo applaudit à cette sage résolution. Il était au désespoir de se séparer d'un bon maître devenu son

ami intime; mais le plaisir de lui être utile l'emporta sur la douleur de le quitter. Ils s'embrassèrent en versant des larmes : Candide lui recommanda de ne point oublier la bonne vieille. Cacambo partit dès le jour même : c'était un très bon homme que ce Cacambo.

Candide resta encore quelque temps à Surinam, et attendit qu'un autre patron voulût le mener en Italie lui et les deux moutons qui lui restaient. Il prit des domestiques, et acheta tout ce qui lui était nécessaire pour un long voyage; enfin M. Vanderdendur, maître d'un gros vaisseau, vint se présenter à lui. Combien voulez-vous, demanda-t-il à cet homme, pour me mener en droiture à Venise, moi, mes gens, mon bagage, et les deux moutons que voilà? Le patron s'accorda à dix mille piastres : Candide n'hésita pas.

Oh! oh! dit à part soi le prudent Vanderdendur, cet étranger donne dix mille piastres tout d'un coup! il faut qu'il soit bien riche. Puis revenant un moment après, il signifia qu'il ne pouvait partir à moins de vingt mille. Eh bien! vous les aurez, dit Candide.

Ouais, se dit tout bas le marchand, cet homme donne vingt mille piastres aussi aisément que dix mille. Il revint encore, et dit qu'il ne pouvait le conduire à Venise à moins de trente mille piastres. Vous en aurez donc trente mille, répondit Candide.

Oh! oh! se dit encore le marchand hollandais, trente mille piastres ne coûtent rien à cet homme-ci; sans doute les deux moutons portent des trésors immenses; n'insistons pas davantage : fesons-nous d'abord payer les trente mille piastres, et puis nous ver-

rons. Candide vendit deux petits diamants, dont le moindre valait plus que tout l'argent que demandait le patron. Il le paya d'avance. Les deux moutons furent embarqués. Candide suivait dans un petit bateau pour joindre le vaisseau à la rade; le patron prend son temps, met à la voile, démarre; le vent le favorise. Candide éperdu et stupéfait le perd bientôt de vue. Hélas! cria-t-il, voilà un tour digne de l'Ancien Monde. Il retourne au rivage, abîmé dans la douleur; car enfin il avait perdu de quoi faire la fortune de vingt monarques.

Il se transporte chez le juge hollandais; et, comme il était un peu troublé, il frappe rudement à la porte; il entre, expose son aventure, et crie un peu plus haut qu'il ne convenait. Le juge commença par lui faire payer dix mille piastres pour le bruit qu'il avait fait: ensuite il l'écouta patiemment, lui promit d'examiner son affaire sitôt que le marchand serait revenu, et se fit payer dix mille autres piastres pour les frais de l'audience.

Ce procédé acheva de désespérer Candide; il avait à la vérité essuyé des malheurs mille fois plus douloureux; mais le sang froid du juge, et celui du patron dont il était volé, alluma sa bile, et le plongea dans une noire mélancolie. La méchanceté des hommes se présentait à son esprit dans toute sa laideur, il ne se nourrissait que d'idées tristes. Enfin un vaisseau français étant sur le point de partir pour Bordeaux, comme il n'avait plus de moutons chargés de diamants à embarquer, il loua une chambre du vaisseau à juste prix, et fit signifier dans la ville qu'il paierait le passage,

la nourriture, et donnerait deux mille piastres à un honnête homme qui voudrait faire le voyage avec lui, à condition que cet homme serait le plus dégoûté de son état, et le plus malheureux de la province.

Il se présenta une foule de prétendants qu'une flotte n'aurait pu contenir. Candide, voulant choisir entre les plus apparents, il distingua une vingtaine de personnes qui lui paraissaient sociables, et qui toutes prétendaient mériter la préférence. Il les assembla dans son cabaret, et leur donna à souper, à condition que chacun ferait serment de raconter fidèlement son histoire, promettant de choisir celui qui lui paraîtrait le plus à plaindre et le plus mécontent de son état, à plus juste titre, et de donner aux autres quelques gratifications.

La séance dura jusqu'à quatre heures du matin. Candide, en écoutant toutes leurs aventures, se ressouvenait de ce que lui avait dit la vieille en allant à Buénos-Ayres, et de la gageure qu'elle avait faite, qu'il n'y avait personne sur le vaisseau à qui il ne fût arrivé de très grands malheurs. Il songeait à Pangloss à chaque aventure qu'on lui contait. Ce Pangloss, disait-il, serait bien embarrassé à démontrer son système. Je voudrais qu'il fût ici. Certainement si tout va bien, c'est dans Eldorado, et non pas dans le reste de la terre. Enfin il se détermina en faveur d'un pauvre savant qui avait travaillé dix ans pour les libraires à Amsterdam. Il jugea qu'il n'y avait point de métier au monde dont on dût être plus dégoûté.

Ce savant, qui était d'ailleurs un bon-homme, avait

été volé par sa femme, battu par son fils, et abandonné de sa fille, qui s'était fait enlever par un Portugais. Il venait d'être privé d'un petit emploi duquel il subsistait; et les prédicants de Surinam le persécutaient, parcequ'ils le prenaient pour un socinien. Il faut avouer que les autres étaient pour le moins aussi malheureux que lui; mais Candide espérait que le savant le désennuierait dans le voyage. Tous ses autres rivaux trouvèrent que Candide leur fesait une grande injustice; mais il les apaisa en leur donnant à chacun cent piastres.

CHAPITRE XX.

Ce qui arriva sur mer à Candide et à Martin.

Le vieux savant, qui s'appelait Martin, s'embarqua donc pour Bordeaux avec Candide. L'un et l'autre avaient beaucoup vu et beaucoup souffert; et quand le vaisseau aurait dû faire voile de Surinam au Japon par le cap de Bonne-Espérance, ils auraient eu de quoi s'entretenir du mal moral et du mal physique pendant tout le voyage.

Cependant Candide avait un grand avantage sur Martin, c'est qu'il espérait toujours revoir mademoiselle Cunégonde, et que Martin n'avait rien à espérer; de plus il avait de l'or et des diamants; et, quoiqu'il eût perdu cent gros moutons rouges chargés des plus grands trésors de la terre, quoiqu'il eût toujours sur le cœur la friponnerie du patron hollandais; cepen-

dant quand il songeait à ce qui lui restait dans ses poches, et quand il parlait de Cunégonde, surtout à la fin du repas, il penchait alors pour le système de Pangloss.

Mais vous, monsieur Martin, dit-il au savant, que pensez-vous de tout cela? quelle est votre idée sur le mal moral et le mal physique? Monsieur, répondit Martin, mes prêtres m'ont accusé d'être socinien[1]; mais la vérité du fait est que je suis manichéen[2]. Vous vous moquez de moi, dit Candide; il n'y a plus de manichéens dans le monde. Il y a moi, dit Martin : je ne sais qu'y faire; mais je ne peux penser autrement. Il faut que vous ayez le diable au corps, dit Candide. Il se mêle si fort des affaires de ce monde, dit Martin, qu'il pourrait bien être dans mon corps, comme partout ailleurs : mais je vous avoue qu'en jetant la vue sur ce globe, ou plutôt sur ce globule, je pense que Dieu l'a abandonné à quelque être malfesant; j'en excepte toujours Eldorado. Je n'ai guère vu de ville qui ne desirât la ruine de la ville voisine, point de famille qui ne voulût exterminer quelque autre famille. Partout les faibles ont en exécration les puissants devant lesquels ils rampent, et les puissants les traitent comme des troupeaux dont on vend la laine et la chair. Un million d'assassins enrégimentés, courant d'un bout de l'Europe à l'autre, exerce le meurtre et le brigandage avec discipline pour gagner

[1] Les sociniens rejettent les mystères et n'admettent que l'évidence : voyez tome XXVIII, page 435. B.

[2] Les manichéens admettent un bon et un mauvais principe : voyez tome XV, pages 27, 314-315. B.

son pain, parcequ'il n'a pas de métier plus honnête ; et dans les villes qui paraissent jouir de la paix, et où les arts fleurissent, les hommes sont dévorés de plus d'envie, de soins, et d'inquiétudes, qu'une ville assiégée n'éprouve de fléaux. Les chagrins secrets sont encore plus cruels que les misères publiques. En un mot j'en ai tant vu et tant éprouvé, que je suis manichéen.

Il y a pourtant du bon, répliquait Candide. Cela peut être, disait Martin ; mais je ne le connais pas.

Au milieu de cette dispute, on entendit un bruit de canon. Le bruit redouble de moment en moment. Chacun prend sa lunette. On aperçoit deux vaisseaux qui combattaient à la distance d'environ trois milles : le vent les amena l'un et l'autre si près du vaisseau français, qu'on eut le plaisir de voir le combat tout à son aise. Enfin l'un des deux vaisseaux lâcha à l'autre une bordée si bas et si juste, qu'il le coula à fond. Candide et Martin aperçurent distinctement une centaine d'hommes sur le tillac du vaisseau qui s'enfonçait ; ils levaient tous les mains au ciel, et jetaient des clameurs effroyables : en un moment tout fut englouti.

Eh bien ! dit Martin, voilà comme les hommes se traitent les uns les autres. Il est vrai, dit Candide, qu'il y a quelque chose de diabolique dans cette affaire. En parlant ainsi, il aperçut je ne sais quoi d'un rouge éclatant, qui nageait auprès de son vaisseau. On détacha la chaloupe pour voir ce que ce pouvait être ; c'était un de ses moutons. Candide eut plus de joie de retrouver ce mouton, qu'il n'avait été affligé d'en perdre cent tous chargés de gros diamants d'Eldorado.

Le capitaine français aperçut bientôt que le capitaine du vaisseau submergeant était espagnol, et que celui du vaisseau submergé était un pirate hollandais ; c'était celui-là même qui avait volé Candide. Les richesses immenses dont ce scélérat s'était emparé furent ensevelies avec lui dans la mer, et il n'y eut qu'un mouton de sauvé. Vous voyez, dit Candide à Martin, que le crime est puni quelquefois ; ce coquin de patron hollandais a eu le sort qu'il méritait. Oui, dit Martin ; mais fallait-il que les passagers qui étaient sur son vaisseau périssent aussi ? Dieu a puni ce fripon, le diable a noyé les autres.

Cependant le vaisseau français et l'espagnol continuèrent leur route, et Candide continua ses conversations avec Martin. Ils disputèrent quinze jours de suite, et au bout de quinze jours ils étaient aussi avancés que le premier. Mais enfin ils parlaient, ils se communiquaient des idées, ils se consolaient. Candide caressait son mouton. Puisque je t'ai retrouvé, dit-il, je pourrai bien retrouver Cunégonde.

CHAPITRE XXI.

Candide et Martin approchent des côtes de France, et raisonnent.

On aperçut enfin les côtes de France. Avez-vous jamais été en France, monsieur Martin ? dit Candide. Oui, dit Martin, j'ai parcouru plusieurs provinces. Il y en a où la moitié des habitants est folle, quelques unes où l'on est trop rusé, d'autres où l'on est com-

munément assez doux et assez bête : d'autres où l'on fait le bel esprit ; et, dans toutes, la principale occupation est l'amour ; la seconde, de médire ; et la troisième, de dire des sottises. Mais, monsieur Martin, avez-vous vu Paris? Oui, j'ai vu Paris; il tient de toutes ces espèces-là ; c'est un chaos, c'est une presse dans laquelle tout le monde cherche le plaisir, et où presque personne ne le trouve, du moins à ce qu'il m'a paru. J'y ai séjourné peu ; j'y fus volé, en arrivant, de tout ce que j'avais, par des filous, à la foire Saint-Germain ; on me prit moi-même pour un voleur, et je fus huit jours en prison ; après quoi je me fis correcteur d'imprimerie pour gagner de quoi retourner à pied en Hollande. Je connus la canaille écrivante, la canaille cabalante, et la canaille convulsionnaire. On dit qu'il y a des gens fort polis dans cette ville-là : je le veux croire.

Pour moi, je n'ai nulle curiosité de voir la France, dit Candide ; vous devinez aisément que quand on a passé un mois dans Eldorado, on ne se soucie plus de rien voir sur la terre que mademoiselle Cunégonde : je vais l'attendre à Venise ; nous traverserons la France pour aller en Italie ; ne m'accompagnerez-vous pas? Très volontiers, dit Martin : on dit que Venise n'est bonne que pour les nobles vénitiens, mais que cependant on y reçoit très bien les étrangers quand ils ont beaucoup d'argent ; je n'en ai point ; vous en avez, je vous suivrai partout. A propos, dit Candide, pensez-vous que la terre ait été originairement une mer, comme on l'assure dans ce gros livre qui appartient au

capitaine du vaisseau [1]? Je n'en crois rien du tout, dit Martin, non plus que de toutes les rêveries qu'on nous débite depuis quelque temps. Mais à quelle fin ce monde a-t-il donc été formé? dit Candide. Pour nous faire enrager, répondit Martin. N'êtes-vous pas bien étonné, continua Candide, de l'amour que ces deux filles du pays des Oreillons avaient pour ces deux singes, et dont je vous ai conté l'aventure? Point du tout, dit Martin, je ne vois pas ce que cette passion a d'étrange; j'ai tant vu de choses extraordinaires, qu'il n'y a plus rien d'extraordinaire pour moi. Croyez-vous, dit Candide, que les hommes se soient toujours mutuellement massacrés comme ils font aujourd'hui? qu'ils aient toujours été menteurs, fourbes, perfides, ingrats, brigands, faibles, volages, lâches, envieux, gourmands, ivrognes, avares, ambitieux, sanguinaires, calomniateurs, débauchés, fanatiques, hypocrites, et sots? Croyez-vous, dit Martin, que les éperviers aient toujours mangé des pigeons quand ils en ont trouvé? Oui, sans doute, dit Candide. Eh bien! dit Martin, si les éperviers ont toujours eu le même caractère, pourquoi voulez-vous que les hommes aient

[1] La Bible. On lit dans la Genèse, chapitre 1er, verset 2: *Tenebræ erant super faciem abyssi*, paroles que De Maillet donne comme présentant la même idée que ce vers d'Ovide (*Métam.*, I, 15):

« Quaque erat et tellus, illic et pontus et aer. »

Voyez la première journée de *Telliamed*, où il est dit que *la mer a été supérieure d'un grand nombre de coudées à la plus haute de toutes nos montagnes*. Voltaire parle souvent de De Maillet et de son *Telliamed*. Voyez entre autres, dans les *Mélanges*, année 1768, le chapitre xviii des *Singularités de la nature*; et année 1777, le onzième des *Dialogues d'Evhémère*. B.

changé le leur? Oh! dit Candide, il y a bien de la différence, car le libre arbitre.... En raisonnant ainsi, ils arrivèrent à Bordeaux.

CHAPITRE XXII[1].

Ce qui arriva en France à Candide et à Martin.

Candide ne s'arrêta dans Bordeaux qu'autant de temps qu'il en fallait pour vendre quelques cailloux du Dorado, et pour s'accommoder d'une bonne chaise à deux places; car il ne pouvait plus se passer de son philosophe Martin; il fut seulement très fâché de se séparer de son mouton, qu'il laissa à l'académie des sciences de Bordeaux, laquelle proposa pour le sujet du prix de cette année de trouver pourquoi la laine de ce mouton était rouge; et le prix fut adjugé à un savant du Nord, qui démontra par A, plus B, moins C divisé par Z, que le mouton devait être rouge, et mourir de la clavelée[2].

Cependant tous les voyageurs que Candide rencon-

[1] Ce chapitre XXII a été beaucoup augmenté en 1761; voyez ma note, page 298. B.

[2] Quelques progrès que les sciences aient faits, il est impossible que, sur dix mille hommes qui les cultivent en Europe, et sur trois cents académies qui y sont établies, il ne se trouve point quelque académie qui propose des prix ridicules, et quelques savants qui fassent d'étranges applications des sciences les plus utiles. Ce ridicule avait frappé M. de Voltaire dans son séjour à Berlin. Les savants du Nord conservaient encore à cette époque quelques restes de l'ancienne barbarie scolastique; et la philosophie hardie, mais hypothétique et absurde de Leibnitz, n'avait pas contribué à les en dépouiller. K.

tra dans les cabarets de la route lui disaient : Nous allons à Paris. Cet empressement général lui donna enfin l'envie de voir cette capitale ; ce n'était pas beaucoup se détourner du chemin de Venise.

Il entra par le faubourg Saint-Marceau [1], et crut être dans le plus vilain village de la Vestphalie.

A peine Candide fut-il dans son auberge, qu'il fut attaqué d'une maladie légère, causée par ses fatigues. Comme il avait au doigt un diamant énorme, et qu'on avait aperçu dans son équipage une cassette prodigieusement pesante, il eut aussitôt auprès de lui deux médecins qu'il n'avait pas mandés, quelques amis intimes qui ne le quittèrent pas, et deux dévotes qui fesaient chauffer ses bouillons. Martin disait : Je me souviens d'avoir été malade aussi à Paris dans mon premier voyage ; j'étais fort pauvre : aussi n'eus-je ni amis, ni dévotes, ni médecins, et je guéris.

Cependant, à force de médecines et de saignées, la maladie de Candide devint sérieuse. Un habitué du quartier vint avec douceur lui demander un billet payable au porteur pour l'autre monde : Candide n'en voulut rien faire ; les dévotes l'assurèrent que c'était une nouvelle mode : Candide répondit qu'il n'était point homme à la mode. Martin voulut jeter l'habitué par les fenêtres. Le clerc jura qu'on n'enterrerait point Candide. Martin jura qu'il enterrerait le clerc, s'il continuait à les importuner. La querelle s'échauffa : Martin le prit par les épaules, et le chassa rudement ; ce qui causa un grand scandale, dont on fit un procès-verbal.

[1] Voyez page 6. B.

CHAPITRE XXII.

Candide guérit; et pendant sa convalescence il eut très bonne compagnie à souper chez lui. On jouait gros jeu. Candide était tout étonné que jamais les as ne lui vinssent; et Martin ne s'en étonnait pas.

Parmi ceux qui lui fesaient les honneurs de la ville, il y avait un petit abbé périgourdin, l'un de ces gens empressés, toujours alertes, toujours serviables, effrontés, caressants, accommodants, qui guettent les étrangers à leur passage, leur content l'histoire scandaleuse de la ville, et leur offrent des plaisirs à tout prix. Celui-ci mena d'abord Candide et Martin à la comédie. On y jouait une tragédie nouvelle. Candide se trouva placé auprès de quelques beaux esprits. Cela ne l'empêcha pas de pleurer à des scènes jouées parfaitement. Un des raisonneurs qui étaient à ses côtés lui dit dans un entr'acte : Vous avez grand tort de pleurer, cette actrice est fort mauvaise ; l'acteur qui joue avec elle est plus mauvais acteur encore; la pièce est encore plus mauvaise que les acteurs; l'auteur ne sait pas un mot d'arabe, et cependant la scène est en Arabie [1]; et, de plus, c'est un homme qui ne croit pas aux idées innées; je vous apporterai demain vingt

[1] La Grange Chancel adressa à Voltaire, en 1718, une *Épître à M. Arouet* de Voltaire, dans laquelle on trouve ces vers :

> Que ton exactitude à dépeindre les mœurs
> S'étende jusqu'aux noms de tes moindres acteurs,
> Et qu'en les prononçant ils nous fassent connaître
> Les pays et les temps où tu les fais renaître.
> Je vois avec dépit, pour ne produire rien,
> Chez le Thébain Œdipe, Hidaspe l'Indien.

Voltaire profita de la critique, et mit *Araspe* au lieu de *Hidaspe*. C'est peut-être à ces vers de La Grange Chancel que Voltaire fait ici allusion. B.

brochures contre lui [1]. Monsieur, combien avez-vous de pièces de théâtre en France? dit Candide à l'abbé; lequel répondit : Cinq ou six mille. C'est beaucoup, dit Candide : combien y en a-t-il de bonnes? Quinze ou seize, répliqua l'autre. C'est beaucoup, dit Martin.

Candide fut très content d'une actrice qui fesait la reine Élizabeth, dans une assez plate tragédie [2], que l'on joue quelquefois. Cette actrice, dit-il à Martin, me plaît beaucoup; elle a un faux air de mademoiselle Cunégonde; je serais bien aise de la saluer. L'abbé périgourdin s'offrit à l'introduire chez elle. Candide, élevé en Allemagne, demanda quelle était l'étiquette, et comment on traitait en France les reines d'Angleterre. Il faut distinguer, dit l'abbé: en province, on les mène au cabaret; à Paris, on les respecte quand elles sont belles, et on les jette à la voirie quand elles sont mortes. Des reines à la voirie! dit Candide. Oui vraiment, dit Martin; monsieur l'abbé a raison; j'étais à Paris quand mademoiselle Monime [3] passa, comme

[1] Dans l'édition de 1759, on lit :

« ... contre lui. Monsieur, lui dit l'abbé périgourdin, avez-vous remarqué « cette jeune personne qui a un visage si piquant et une taille si fine? Il ne « vous en coûtera que dix mille francs par mois, et pour cinquante mille « écus de diamants. Je n'ai qu'un jour ou deux à lui donner, répondit Can- « dide, parceque j'ai un rendez-vous à Venise, qui presse.

« Le soir, après souper, l'insinuant Périgourdin redoubla de politesses et « d'attentions. Vous avez donc, monsieur, lui dit-il, un rendez-vous à Ve- nise, etc.» (Voyez page 306.)

Le texte actuel existe dès 1761. B.

[2] C'est probablement *le Comte d'Essex*, tragédie de Thomas Corneille. (Note de M. Decroix.)

[3] Mademoiselle Lecouvreur. — Sur le refus de sépulture à mademoiselle Lecouvreur, en 1730, voyez, tome XII, la pièce intitulée: *La Mort de mademoiselle Lecouvreur*. B.

on dit, de cette vie à l'autre; on lui refusa ce que ces gens-ci appellent *les honneurs de la sépulture*, c'est-à-dire de pourrir avec tous les gueux du quartier dans un vilain cimetière; elle fut enterrée toute seule de sa bande au coin de la rue de Bourgogne; ce qui dut lui faire une peine extrême, car elle pensait très noblement. Cela est bien impoli, dit Candide. Que voulez-vous? dit Martin; ces gens-ci sont ainsi faits. Imaginez toutes les contradictions, toutes les incompatibilités possibles, vous les verrez dans le gouvernement, dans les tribunaux, dans les églises, dans les spectacles de cette drôle de nation. Est-il vrai qu'on rit toujours à Paris? dit Candide. Oui, dit l'abbé, mais c'est en enrageant; car on s'y plaint de tout avec de grands éclats de rire; même [1] on y fait en riant les actions les plus détestables.

Quel est, dit Candide, ce gros cochon qui me disait tant de mal de la pièce où j'ai tant pleuré, et des acteurs qui m'ont fait tant de plaisir? C'est un mal-vivant, répondit l'abbé, qui gagne sa vie à dire du mal de toutes les pièces et de tous les livres; il hait quiconque réussit, comme les eunuques haïssent les jouissants; c'est un de ces serpents de la littérature qui se nourrissent de fange et de venin; c'est un folliculaire. Qu'appelez-vous folliculaire? dit Candide. C'est, dit l'abbé, un feseur de feuilles, un Fréron.

C'est ainsi que Candide, Martin, et le Périgourdin, raisonnaient sur l'escalier, en voyant défiler le monde au sortir de la pièce. Quoique je sois très empressé de

[1] Feu Decroix proposait, au lieu de *même*, de mettre ici *comme*. Je n'ai trouvé cette version dans aucune édition. B.

revoir mademoiselle Cunégonde, dit Candide, je voudrais pourtant souper avec mademoiselle Clairon, car elle m'a paru admirable.

L'abbé n'était pas homme à approcher de mademoiselle Clairon, qui ne voyait que bonne compagnie. Elle est engagée pour ce soir, dit-il ; mais j'aurai l'honneur de vous mener chez une dame de qualité, et là vous connaîtrez Paris comme si vous y aviez été quatre ans.

Candide, qui était naturellement curieux, se laissa mener chez la dame, au fond du faubourg Saint-Honoré; on y était occupé d'un pharaon; douze tristes pontes tenaient chacun en main un petit livre de cartes, registre cornu de leurs infortunes. Un profond silence régnait, la pâleur était sur le front des pontes, l'inquiétude sur celui du banquier; et la dame du logis, assise auprès de ce banquier impitoyable, remarquait avec des yeux de lynx tous les parolis, tous les sept-et-le-va de campagne, dont chaque joueur cornait ses cartes; elle les fesait décorner avec une attention sévère, mais polie, et ne se fâchait point, de peur de perdre ses pratiques. La dame se fesait appeler la marquise de Parolignac. Sa fille, âgée de quinze ans, était au nombre des pontes, et avertissait d'un clin d'œil des friponneries de ces pauvres gens qui tâchaient de réparer les cruautés du sort. L'abbé périgourdin, Candide, et Martin, entrèrent; personne ne se leva, ni les salua, ni les regarda; tous étaient profondément occupés de leurs cartes. Madame la baronne de Thunder-ten-tronckh était plus civile, dit Candide.

Cependant l'abbé s'approcha de l'oreille de la marquise, qui se leva à moitié, honora Candide d'un sou-

rire gracieux, et Martin d'un air de tête tout-à-fait noble; elle fit donner un siége et un jeu de cartes à Candide, qui perdit cinquante mille francs en deux tailles : après quoi on soupa très gaiement; et tout le monde était étonné que Candide ne fût pas ému de sa perte; les laquais disaient entre eux, dans leur langage de laquais : Il faut que ce soit quelque milord anglais.

Le souper fut comme la plupart des soupers de Paris, d'abord du silence, ensuite un bruit de paroles qu'on ne distingue point, puis des plaisanteries dont la plupart sont insipides, de fausses nouvelles, de mauvais raisonnements, un peu de politique, et beaucoup de médisance; on parla même de livres nouveaux. Avez-vous vu, dit l'abbé périgourdin, le roman du sieur Gauchat, docteur en théologie? Oui, répondit un des convives, mais je n'ai pu l'achever. Nous avons une foule d'écrits impertinents; mais tous ensemble n'approchent pas de l'impertinence de Gauchat, docteur en théologie[1]; je suis si rassasié de cette immensité de détestables livres qui nous inondent, que je me suis mis à ponter au pharaon. Et les *Mélanges* de l'archidiacre Trublet, qu'en dites-vous? dit l'abbé. Ah! dit madame de Parolignac, l'ennuyeux mortel! comme il vous dit curieusement ce que tout le monde sait! comme il discute pesamment ce qui ne vaut pas la peine d'être remarqué légèrement! comme

[1] Il fesait un mauvais ouvrage intitulé : *Lettres sur quelques écrits de ce temps.* On lui donna une abbaye, et il fut plus richement récompensé que s'il avait fait l'*Esprit des Lois*, et résolu le problème de la précession des équinoxes. K.—C'est D'Alembert qui a résolu le problème de la précession des équinoxes : voyez, tome XXI, la note des éditeurs sur le chapitre XLIII du *Précis du Siècle de Louis XV.* B.

il s'approprie, sans esprit, l'esprit des autres! comme il gâte ce qu'il pille! comme il me dégoûte! mais il ne me dégoûtera plus; c'est assez d'avoir lu quelques pages de l'archidiacre.

Il y avait à table un homme savant et de goût qui appuya ce que disait la marquise. On parla ensuite de tragédies; la dame demanda pourquoi il y avait des tragédies qu'on jouait quelquefois, et qu'on ne pouvait lire. L'homme de goût expliqua très bien comment une pièce pouvait avoir quelque intérêt, et n'avoir presque aucun mérite; il prouva en peu de mots que ce n'était pas assez d'amener une ou deux de ces situations qu'on trouve dans tous les romans, et qui séduisent toujours les spectateurs; mais qu'il faut être neuf sans être bizarre, souvent sublime et toujours naturel, connaître le cœur humain et le faire parler; être grand poëte, sans que jamais aucun personnage de la pièce paraisse poëte; savoir parfaitement sa langue, la parler avec pureté, avec une harmonie continue, sans que jamais la rime coûte rien au sens. Quiconque, ajouta-t-il, n'observe pas toutes ces règles, peut faire une ou deux tragédies applaudies au théâtre, mais il ne sera jamais compté au rang des bons écrivains; il y a très peu de bonnes tragédies : les unes sont des idylles en dialogues bien écrits et bien rimés; les autres, des raisonnements politiques qui endorment, ou des amplifications qui rebutent; les autres, des rêves d'énergumène, en style barbare, des propos interrompus, de longues apostrophes aux dieux, parcequ'on ne sait point parler aux hommes, des maximes fausses, des lieux communs ampoulés.

Candide écouta ce propos avec attention, et conçut une grande idée du discoureur; et, comme la marquise avait eu soin de le placer à côté d'elle, il s'approcha de son oreille, et prit la liberté de lui demander qui était cet homme qui parlait si bien. C'est un savant, dit la dame, qui ne ponte point, et que l'abbé m'amène quelquefois à souper; il se connaît parfaitement en tragédies et en livres, et il a fait une tragédie sifflée, et un livre dont on n'a jamais vu hors de la boutique de son libraire qu'un exemplaire qu'il m'a dédié. Le grand homme! dit Candide, c'est un autre Pangloss.

Alors se tournant vers lui, il lui dit : Monsieur, vous pensez, sans doute, que tout est au mieux dans le monde physique et dans le moral, et que rien ne pouvait être autrement? Moi, monsieur, lui répondit le savant, je ne pense rien de tout cela; je trouve que tout va de travers chez nous; que personne ne sait ni quel est son rang, ni quelle est sa charge, ni ce qu'il fait, ni ce qu'il doit faire, et qu'excepté le souper, qui est assez gai, et où il paraît assez d'union, tout le reste du temps se passe en querelles impertinentes; jansénistes contre molinistes, gens du parlement contre gens d'église, gens de lettres contre gens de lettres, courtisans contre courtisans, financiers contre le peuple, femmes contre maris, parents contre parents; c'est une guerre éternelle.

Candide lui répliqua: J'ai vu pis; mais un sage, qui depuis a eu le malheur d'être pendu, m'apprit que tout cela est à merveille; ce sont des ombres à un beau tableau. Votre pendu se moquait du monde, dit

Martin; vos ombres sont des taches horribles. Ce sont les hommes qui font les taches, dit Candide, et ils ne peuvent pas s'en dispenser. Ce n'est donc pas leur faute, dit Martin. La plupart des pontes, qui n'entendaient rien à ce langage, buvaient; et Martin raisonna avec le savant, et Candide raconta une partie de ses aventures à la dame du logis.

Après souper, la marquise mena Candide dans son cabinet, et le fit asseoir sur un canapé. Eh bien! lui dit-elle, vous aimez donc toujours éperdument mademoiselle Cunégonde de Thunder-ten-tronckh? Oui, madame, répondit Candide. La marquise lui répliqua avec un souris tendre : Vous me répondez comme un jeune homme de Vestphalie; un Français m'aurait dit : Il est vrai que j'ai aimé mademoiselle Cunégonde ; mais en vous voyant, madame, je crains de ne la plus aimer. Hélas ! madame, dit Candide, je répondrai comme vous voudrez. Votre passion pour elle, dit la marquise, a commencé en ramassant son mouchoir ; je veux que vous ramassiez ma jarretière. De tout mon cœur, dit Candide ; et il la ramassa. Mais je veux que vous me la remettiez, dit la dame ; et Candide la lui remit. Voyez-vous, dit la dame, vous êtes étranger ; je fais quelquefois languir mes amants de Paris quinze jours, mais je me rends à vous dès la première nuit, parcequ'il faut faire les honneurs de son pays à un jeune homme de Vestphalie. La belle ayant aperçu deux énormes diamants aux deux mains de son jeune étranger, les loua de si bonne foi, que des doigts de Candide ils passèrent aux doigts de la marquise.

CHAPITRE XXII.

Candide, en s'en retournant avec son abbé périgourdin, sentit quelques remords d'avoir fait une infidélité à mademoiselle Cunégonde. M. l'abbé entra dans sa peine; il n'avait qu'une légère part aux cinquante mille livres perdues au jeu par Candide, et à la valeur des deux brillants moitié donnés, moitié extorqués. Son dessein était de profiter, autant qu'il le pourrait, des avantages que la connaissance de Candide pouvait lui procurer. Il lui parla beaucoup de Cunégonde; et Candide lui dit qu'il demanderait bien pardon à cette belle de son infidélité, quand il la verrait à Venise.

Le Périgourdin redoublait de politesses et d'attentions, et prenait un intérêt tendre à tout ce que Candide disait, à tout ce qu'il fesait, à tout ce qu'il voulait faire.

Vous avez donc, monsieur, lui dit-il, un rendez-vous à Venise? Oui, monsieur l'abbé, dit Candide; il faut absolument que j'aille trouver mademoiselle Cunégonde. Alors, engagé par le plaisir de parler de ce qu'il aimait, il conta, selon son usage, une partie de ses aventures avec cette illustre Vestphalienne.

Je crois, dit l'abbé, que mademoiselle Cunégonde a bien de l'esprit, et qu'elle écrit des lettres charmantes. Je n'en ai jamais reçu, dit Candide; car, figurez-vous qu'ayant été chassé du château pour l'amour d'elle, je ne pus lui écrire; que bientôt après j'appris qu'elle était morte, qu'ensuite je la retrouvai, et que je la perdis, et que je lui ai envoyé à deux mille cinq cents lieues d'ici un exprès dont j'attends la réponse.

L'abbé écoutait attentivement, et paraissait un peu

rêveur. Il prit bientôt congé des deux étrangers, après les avoir tendrement embrassés. Le lendemain Candide reçut à son réveil une lettre conçue en ces termes :

« Monsieur mon très cher amant, il y a huit jours « que je suis malade en cette ville; j'apprends que « vous y êtes. Je volerais dans vos bras si je pouvais « remuer. J'ai su votre passage à Bordeaux; j'y ai « laissé le fidèle Cacambo et la vieille, qui doivent « bientôt me suivre. Le gouverneur de Buénos-Ayres « a tout pris, mais il me reste votre cœur. Venez; « votre présence me rendra la vie ou me fera mourir « de plaisir. »

Cette lettre charmante, cette lettre inespérée, transporta Candide d'une joie inexprimable; et la maladie de sa chère Cunégonde l'accabla de douleur. Partagé entre ces deux sentiments, il prend son or et ses diamants, et se fait conduire avec Martin à l'hôtel où mademoiselle Cunégonde demeurait. Il entre en tremblant d'émotion, son cœur palpite, sa voix sanglote; il veut ouvrir les rideaux du lit; il veut faire apporter de la lumière. Gardez-vous-en bien, lui dit la suivante; la lumière la tue; et soudain elle referme le rideau. Ma chère Cunégonde, dit Candide en pleurant, comment vous portez-vous? si vous ne pouvez me voir, parlez-moi du moins. Elle ne peut parler, dit la suivante. La dame alors tire du lit une main potelée que Candide arrose long-temps de ses larmes, et qu'il remplit ensuite de diamants, en laissant un sac plein d'or sur le fauteuil.

Au milieu de ses transports arrive un exempt suivi de l'abbé périgourdin et d'une escouade. Voilà donc,

dit-il, ces deux étrangers suspects? Il les fait incontinent saisir, et ordonne à ses braves de les traîner en prison. Ce n'est pas ainsi qu'on traite les voyageurs dans Eldorado, dit Candide. Je suis plus manichéen que jamais, dit Martin. Mais, monsieur, où nous menez-vous? dit Candide. Dans un cul de basse-fosse, dit l'exempt.

Martin, ayant repris son sang froid, jugea que la dame qui se prétendait Cunégonde était une friponne, monsieur l'abbé périgourdin un fripon, qui avait abusé au plus vite de l'innocence de Candide, et l'exempt un autre fripon dont on pouvait aisément se débarrasser.

Plutôt que de s'exposer aux procédures de la justice, Candide, éclairé par son conseil, et d'ailleurs toujours impatient de revoir la véritable Cunégonde, propose à l'exempt trois petits diamants d'environ trois mille pistoles chacun. Ah! monsieur, lui dit l'homme au bâton d'ivoire, eussiez-vous commis tous les crimes imaginables, vous êtes le plus honnête homme du monde; trois diamants! chacun de trois mille pistoles! Monsieur! je me ferais tuer pour vous, au lieu de vous mener dans un cachot. On arrête tous les étrangers, mais laissez-moi faire; j'ai un frère à Dieppe en Normandie; je vais vous y mener; et si vous avez quelque diamant à lui donner, il aura soin de vous comme moi-même.

Et pourquoi arrête-t-on tous les étrangers? dit Candide. L'abbé périgourdin prit alors la parole, et dit: C'est parcequ'un gueux du pays d'Atrébatie[1] a entendu dire des sottises; cela seul lui a fait commettre un par-

[1] Artois. Damiens était né à Arras, capitale de l'Artois. K. — L'attentat de

ricide, non pas tel que celui de 1610 au mois de mai [1], mais tel que celui de 1594 au mois de décembre [2], et tel que plusieurs autres commis dans d'autres années et dans d'autres mois par d'autres gueux qui avaient entendu dire des sottises.

L'exempt alors expliqua de quoi il s'agissait. Ah! les monstres! s'écria Candide; quoi! de telles horreurs chez un peuple qui danse et qui chante! Ne pourrai-je sortir au plus vite de ce pays où des singes agacent des tigres? J'ai vu des ours dans mon pays; je n'ai vu des hommes que dans le Dorado. Au nom de Dieu, monsieur l'exempt, menez-moi à Venise, où je dois attendre mademoiselle Cunégonde. Je ne peux vous mener qu'en Basse-Normandie, dit le barigel [3]. Aussitôt il lui fait ôter ses fers, dit qu'il s'est mépris, renvoie ses gens, emmène à Dieppe Candide et Martin, et les laisse entre les mains de son frère. Il y avait un petit vaisseau hollandais à la rade. Le Normand, à l'aide de trois autres diamants, devenu le plus serviable des hommes, embarque Candide et ses gens dans le vaisseau qui allait faire voile pour Portsmouth en Angleterre. Ce n'était pas le chemin de Venise; mais Candide croyait être délivré de l'enfer; et il comptait bien reprendre la route de Venise à la première occasion.

Damiens est du 5 janvier 1757 : voyez, tome XXI, le chapitre XXXVII du *Précis du Siècle de Louis XV*; et tome XXII, page 339. B.

[1] Le 14 mai 1610 est le jour de l'assassinat de Henri IV par Ravaillac: voyez tome XVIII, page 152. B.

[2] Le 27 décembre 1594, Jean Châtel, élève des jésuites, donna un coup de couteau à Henri IV: voyez tome XVIII, page 147. B.

[3] Chef de sbires. B.

CHAPITRE XXIII.

Candide et Martin vont sur les côtes d'Angleterre; ce qu'ils y voient.

Ah! Pangloss! Pangloss! Ah! Martin! Martin! Ah! ma chère Cunégonde! qu'est-ce que ce monde-ci? disait Candide sur le vaisseau hollandais. Quelque chose de bien fou et de bien abominable, répondait Martin. — Vous connaissez l'Angleterre; y est-on aussi fou qu'en France? C'est une autre espèce de folie, dit Martin. Vous savez que ces deux nations sont en guerre pour quelques arpents de neige vers le Canada[1], et qu'elles dépensent pour cette belle guerre beaucoup plus que tout le Canada ne vaut. De vous dire précisément s'il y a plus de gens à lier dans un pays que dans un autre, c'est ce que mes faibles lumières ne me permettent pas; je sais seulement qu'en général les gens que nous allons voir sont fort atrabilaires.

En causant ainsi ils abordèrent à Portsmouth; une multitude de peuple couvrait le rivage, et regardait attentivement un assez gros homme qui était à genoux, les yeux bandés, sur le tillac d'un des vaisseaux de la flotte; quatre soldats, postés vis-à-vis de cet homme, lui tirèrent chacun trois balles dans le crâne, le plus paisiblement du monde; et toute

[1] Voyez, tome XXI, *Le précis du Siècle de Louis XV*, chapitre xxxv. B.

l'assemblée s'en retourna extrêmement satisfaite[1]. Qu'est-ce donc que tout ceci? dit Candide; et quel démon exerce partout son empire? Il demanda qui était ce gros homme qu'on venait de tuer en cérémonie. C'est un amiral, lui répondit-on. Et pourquoi tuer cet amiral? C'est, lui dit-on, parcequ'il n'a pas fait tuer assez de monde; il a livré un combat à un amiral français, et on a trouvé qu'il n'était pas assez près de lui. Mais, dit Candide, l'amiral français était aussi loin de l'amiral anglais que celui-ci l'était de l'autre! Cela est incontestable, lui répliqua-t-on; mais dans ce pays-ci il est bon de tuer de temps en temps un amiral pour encourager les autres.

Candide fut si étourdi et si choqué de ce qu'il voyait et de ce qu'il entendait, qu'il ne voulut pas seulement mettre pied à terre, et qu'il fit son marché avec le patron hollandais (dût-il le voler comme celui de Surinam), pour le conduire sans délai à Venise.

Le patron fut prêt au bout de deux jours. On côtoya la France; on passa à la vue de Lisbonne, et Candide frémit. On entra dans le détroit et dans la Méditerranée, enfin on aborda à Venise. Dieu soit loué! dit Candide, en embrassant Martin; c'est ici que je reverrai la belle Cunégonde. Je compte sur Cacambo comme sur moi-même. Tout est bien, tout va bien, tout va le mieux qu'il soit possible.

[1] L'amiral Byng. M. de Voltaire ne le connaissait pas, et fit des efforts pour le sauver. Il n'abhorrait pas moins les atrocités politiques que les atrocités théologiques; et il savait que Byng était une victime que les ministres anglais sacrifiaient à l'ambition de garder leurs places. K. — L'amiral Byng fut exécuté le 14 mars 1757: voyez, tome XXI, le chapitre XXXI du *Précis du Siècle de Louis XV*. B.

CHAPITRE XXIV.

De Paquette, et de frère Giroflée.

Dès qu'il fut à Venise, il fit chercher Cacambo dans tous les cabarets, dans tous les cafés, chez toutes les filles de joie, et ne le trouva point. Il envoyait tous les jours à la découverte de tous les vaisseaux et de toutes les barques : nulles nouvelles de Cacambo. Quoi! disait-il à Martin, j'ai eu le temps de passer de Surinam à Bordeaux, d'aller de Bordeaux à Paris, de Paris à Dieppe, de Dieppe à Portsmouth, de côtoyer le Portugal et l'Espagne, de traverser toute la Méditerranée, de passer quelques mois à Venise; et la belle Cunégonde n'est point venue! Je n'ai rencontré au lieu d'elle qu'une drôlesse et un abbé périgourdin! Cunégonde est morte, sans doute; je n'ai plus qu'à mourir. Ah! il valait mieux rester dans le paradis du Dorado que de revenir dans cette maudite Europe. Que vous avez raison, mon cher Martin! tout n'est qu'illusion et calamité.

Il tomba dans une mélancolie noire, et ne prit aucune part à l'opéra *alla moda*, ni aux autres divertissements du carnaval; pas une dame ne lui donna la moindre tentation. Martin lui dit : Vous êtes bien simple, en vérité, de vous figurer qu'un valet métis, qui a cinq ou six millions dans ses poches, ira chercher votre maîtresse au bout du monde, et vous l'amènera à Venise. Il la prendra pour lui, s'il la trouve;

s'il ne la trouve pas, il en prendra une autre : je vous conseille d'oublier votre valet Cacambo et votre maîtresse Cunégonde. Martin n'était pas consolant. La mélancolie de Candide augmenta, et Martin ne cessait de lui prouver qu'il y avait peu de vertu et peu de bonheur sur la terre ; excepté peut-être dans Eldorado[1], où personne ne pouvait aller.

En disputant sur cette matière importante, et en attendant Cunégonde, Candide aperçut un jeune théatin dans la place Saint-Marc, qui tenait sous le bras une fille. Le théatin paraissait frais, potelé, vigoureux ; ses yeux étaient brillants, son air assuré, sa mine haute, sa démarche fière. La fille était très jolie, et chantait ; elle regardait amoureusement son théatin, et de temps en temps lui pinçait ses grosses joues. Vous m'avouerez du moins, dit Candide à Martin, que ces gens-ci sont heureux. Je n'ai trouvé jusqu'à présent dans toute la terre habitable, excepté dans Eldorado, que des infortunés ; mais pour cette fille et ce théatin, je gage que ce sont des créatures très heureuses. Je gage que non, dit Martin. Il n'y a qu'à les prier à dîner, dit Candide, et vous verrez si je me trompe.

Aussitôt il les aborde, il leur fait son compliment, et les invite à venir à son hôtellerie manger des macaronis, des perdrix de Lombardie, des œufs d'esturgeon, et à boire du vin de Montepulciano, du lacryma-christi, du chypre, et du samos. La demoiselle rougit, le théatin accepta la partie, et la fille le suivit en regardant Candide avec des yeux de surprise et de

[1] Voyez chapitre xviii. B.

confusion, qui furent obscurcis de quelques larmes. A peine fut-elle entrée dans la chambre de Candide, qu'elle lui dit: Eh quoi! monsieur Candide ne reconnaît plus Paquette! A ces mots Candide, qui ne l'avait pas considérée jusque-là avec attention, parcequ'il n'était occupé que de Cunégonde, lui dit: Hélas! ma pauvre enfant, c'est donc vous qui avez mis le docteur Pangloss dans le bel état où je l'ai vu?

Hélas! monsieur, c'est moi-même, dit Paquette; je vois que vous êtes instruit de tout. J'ai su les malheurs épouvantables arrivés à toute la maison de madame la baronne et à la belle Cunégonde. Je vous jure que ma destinée n'a guère été moins triste. J'étais fort innocente quand vous m'avez vue. Un cordelier, qui était mon confesseur, me séduisit aisément. Les suites en furent affreuses; je fus obligée de sortir du château quelque temps après que M. le baron vous eut renvoyé à grands coups de pied dans le derrière. Si un fameux médecin n'avait pas pris pitié de moi, j'étais morte. Je fus quelque temps par reconnaissance la maîtresse de ce médecin. Sa femme, qui était jalouse à la rage, me battait tous les jours impitoyablement; c'était une furie. Ce médecin était le plus laid de tous les hommes, et moi la plus malheureuse de toutes les créatures d'être battue continuellement pour un homme que je n'aimais pas. Vous savez, monsieur, combien il est dangereux pour une femme acariâtre d'être l'épouse d'un médecin. Celui-ci, outré des procédés de sa femme, lui donna un jour, pour la guérir d'un petit rhume, une médecine si efficace, qu'elle en mourut en deux heures de temps dans des convul-

sions horribles. Les parents de madame intentèrent à monsieur un procès criminel; il prit la fuite, et moi je fus mise en prison. Mon innocence ne m'aurait pas sauvée, si je n'avais été un peu jolie. Le juge m'élargit à condition qu'il succéderait au médecin. Je fus bientôt supplantée par une rivale, chassée sans récompense, et obligée de continuer ce métier abominable qui vous paraît si plaisant à vous autres hommes, et qui n'est pour nous qu'un abîme de misère. J'allai exercer la profession à Venise. Ah! monsieur, si vous pouviez vous imaginer ce que c'est que d'être obligée de caresser indifféremment un vieux marchand, un avocat, un moine, un gondolier, un abbé; d'être exposée à toutes les insultes, à toutes les avanies; d'être souvent réduite à emprunter une jupe pour aller se la faire lever par un homme dégoûtant; d'être volée par l'un de ce qu'on a gagné avec l'autre; d'être rançonnée par les officiers de justice, et de n'avoir en perspective qu'une vieillesse affreuse, un hôpital, et un fumier, vous concluriez que je suis une des plus malheureuses créatures du monde.

Paquette ouvrait ainsi son cœur au bon Candide, dans un cabinet, en présence de Martin, qui disait à Candide: Vous voyez que j'ai déjà gagné la moitié de la gageure.

Frère Giroflée était resté dans la salle à manger, et buvait un coup en attendant le dîner. Mais, dit Candide à Paquette, vous aviez l'air si gai, si content, quand je vous ai rencontrée; vous chantiez, vous caressiez le théatin avec une complaisance naturelle; vous m'avez paru aussi heureuse que vous prétendez

CHAPITRE XXIV.

être infortunée. Ah! monsieur, répondit Paquette, c'est encore là une des misères du métier. J'ai été hier volée et battue par un officier, et il faut aujourd'hui que je paraisse de bonne humeur pour plaire à un moine.

Candide n'en voulut pas davantage; il avoua que Martin avait raison. On se mit à table avec Paquette et le théatin; le repas fut assez amusant, et sur la fin on se parla avec quelque confiance. Mon père, dit Candide au moine, vous me paraissez jouir d'une destinée que tout le monde doit envier; la fleur de la santé brille sur votre visage, votre physionomie annonce le bonheur; vous avez une très jolie fille pour votre récréation, et vous paraissez très content de votre état de théatin.

Ma foi, monsieur, dit frère Giroflée, je voudrais que tous les théatins fussent au fond de la mer. J'ai été tenté cent fois de mettre le feu au couvent, et d'aller me faire turc. Mes parents me forcèrent, à l'âge de quinze ans, d'endosser cette détestable robe, pour laisser plus de fortune à un maudit frère aîné, que Dieu confonde! La jalousie, la discorde, la rage, habitent dans le couvent. Il est vrai que j'ai prêché quelques mauvais sermons qui m'ont valu un peu d'argent dont le prieur me vole la moitié; le reste me sert à entretenir des filles : mais quand je rentre le soir dans le monastère, je suis prêt à me casser la tête contre les murs du dortoir; et tous mes confrères sont dans le même cas.

Martin se tournant vers Candide avec son sang froid ordinaire : Eh bien ! lui dit-il, n'ai-je pas gagné la ga-

geure tout entière? Candide donna deux mille piastres à Paquette, et mille piastres à frère Giroflée. Je vous réponds, dit-il, qu'avec cela ils seront heureux. Je n'en crois rien du tout, dit Martin; vous les rendrez peut-être avec ces piastres beaucoup plus malheureux encore. Il en sera ce qui pourra, dit Candide : mais une chose me console, je vois qu'on retrouve souvent les gens qu'on ne croyait jamais retrouver; il se pourra bien faire qu'ayant rencontré mon mouton rouge et Paquette, je rencontre aussi Cunégonde. Je souhaite, dit Martin, qu'elle fasse un jour votre bonheur; mais c'est de quoi je doute fort. Vous êtes bien dur, dit Candide. C'est que j'ai vécu, dit Martin.

Mais regardez ces gondoliers, dit Candide: ne chantent-ils pas sans cesse? Vous ne les voyez pas dans leur ménage, avec leurs femmes et leurs marmots d'enfants, dit Martin. Le doge a ses chagrins, les gondoliers ont les leurs. Il est vrai qu'à tout prendre le sort d'un gondolier est préférable à celui d'un doge; mais je crois la différence si médiocre, que cela ne vaut pas la peine d'être examiné.

On parle, dit Candide, du sénateur Pococurante, qui demeure dans ce beau palais sur la Brenta, et qui reçoit assez bien les étrangers. On prétend que c'est un homme qui n'a jamais eu de chagrin. Je voudrais voir une espèce si rare, dit Martin. Candide aussitôt fit demander au seigneur Pococurante la permission de venir le voir le lendemain.

CHAPITRE XXV.

Visite chez le seigneur Pococurante, noble vénitien.

Candide et Martin allèrent en gondole sur la Brenta, et arrivèrent au palais du noble Pococurante. Les jardins étaient bien entendus, et ornés de belles statues de marbre; le palais d'une belle architecture. Le maître du logis, homme de soixante ans, fort riche, reçut très poliment les deux curieux, mais avec très peu d'empressement, ce qui déconcerta Candide, et ne déplut point à Martin.

D'abord deux filles jolies et proprement mises servirent du chocolat, qu'elles firent très bien mousser. Candide ne put s'empêcher de les louer sur leur beauté, sur leur bonne grace, et sur leur adresse. Ce sont d'assez bonnes créatures, dit le sénateur Pococurante; je les fais quelquefois coucher dans mon lit; car je suis bien las des dames de la ville, de leurs coquetteries, de leurs jalousies, de leurs querelles, de leurs humeurs, de leurs petitesses, de leur orgueil, de leurs sottises, et des sonnets qu'il faut faire ou commander pour elles; mais, après tout, ces deux filles commencent fort à m'ennuyer.

Candide, après le déjeuner, se promenant dans une longue galerie, fut surpris de la beauté des tableaux. Il demanda de quel maître étaient les deux premiers. Ils sont de Raphaël, dit le sénateur; je les achetai fort cher par vanité, il y a quelques années; on dit que c'est ce qu'il y a de plus beau en Italie,

mais ils ne me plaisent point du tout: la couleur en est très rembrunie, les figures ne sont pas assez arrondies, et ne sortent point assez; les draperies ne ressemblent en rien à une étoffe : en un mot, quoi qu'on en dise, je ne trouve point là une imitation vraie de la nature. Je n'aimerai un tableau que quand je croirai voir la nature elle-même : il n'y en a point de cette espèce. J'ai beaucoup de tableaux, mais je ne les regarde plus.

Pococurante, en attendant le dîner, se fit donner un concerto. Candide trouva la musique délicieuse. Ce bruit, dit Pococurante, peut amuser une demi-heure; mais s'il dure plus long-temps, il fatigue tout le monde, quoique personne n'ose l'avouer. La musique aujourd'hui n'est plus que l'art d'exécuter des choses difficiles, et ce qui n'est que difficile ne plaît point à la longue.

J'aimerais peut être mieux l'opéra, si on n'avait pas trouvé le secret d'en faire un monstre qui me révolte. Ira voir qui voudra de mauvaises tragédies en musique, où les scènes ne sont faites que pour amener très mal à propos deux ou trois chansons ridicules qui font valoir le gosier d'une actrice; se pâmera de plaisir qui voudra ou qui pourra, en voyant un châtré fredonner le rôle de César et de Caton, et se promener d'un air gauche sur des planches : pour moi, il y a long-temps que j'ai renoncé à ces pauvretés qui font aujourd'hui la gloire de l'Italie, et que des souverains paient si chèrement. Candide disputa un peu, mais avec discrétion. Martin fut entièrement de l'avis du sénateur.

CHAPITRE XXV.

On se mit à table; et, après un excellent dîner, on entra dans la bibliothèque. Candide, en voyant un Homère magnifiquement relié, loua l'illustrissime sur son bon goût. Voilà, dit-il, un livre qui fesait les délices du grand Pangloss, le meilleur philosophe de l'Allemagne. Il ne fait pas les miennes, dit froidement Pococurante : on me fit accroire autrefois que j'avais du plaisir en le lisant; mais cette répétition continuelle de combats qui se ressemblent tous, ces dieux qui agissent toujours pour ne rien faire de décisif, cette Hélène qui est le sujet de la guerre, et qui à peine est une actrice de la pièce; cette Troie qu'on assiége et qu'on ne prend point; tout cela me causait le plus mortel ennui. J'ai demandé quelquefois à des savants s'ils s'ennuyaient autant que moi à cette lecture : tous les gens sincères m'ont avoué que le livre leur tombait des mains, mais qu'il fallait toujours l'avoir dans sa bibliothèque, comme un monument de l'antiquité, et comme ces médailles rouillées qui ne peuvent être de commerce.

Votre excellence ne pense pas ainsi de Virgile? dit Candide. Je conviens, dit Pococurante, que le second, le quatrième, et le sixième livre de son Énéide, sont excellents; mais pour son pieux Énée, et le fort Cloanthe, et l'ami Achates, et le petit Ascanius, et l'imbécile roi Latinus, et la bourgeoise Amata, et l'insipide Lavinia, je ne crois pas qu'il y ait rien de si froid et de plus désagréable. J'aime mieux le Tasse et les contes à dormir debout de l'Arioste.

Oserais-je vous demander, monsieur, dit Candide, si vous n'avez pas un grand plaisir à lire Horace? Il

y a des maximes, dit Pococurante, dont un homme du monde peut faire son profit, et qui, étant resserrées dans des vers énergiques, se gravent plus aisément dans la mémoire : mais je me soucie fort peu de son voyage à Brindes, et de sa description d'un mauvais dîner, et de la querelle de crocheteurs entre je ne sais quel Pupilus[1] dont les paroles, dit-il, *étaient pleines de pus*, et un autre dont les paroles *étaient du vinaigre*[2]. Je n'ai lu qu'avec un extrême dégoût ses vers grossiers contre des vieilles et contre des sorcières; et je ne vois pas quel mérite il peut y avoir à dire à son ami Mecenas que, s'il est mis par lui au rang des poëtes lyriques, il frappera les astres de son front sublime[3]. Les sots admirent tout dans un auteur estimé. Je ne lis que pour moi; je n'aime que ce qui est à mon usage. Candide, qui avait été élevé à ne jamais juger de rien par lui-même, était fort étonné de ce qu'il entendait; et Martin trouvait la façon de penser de Pococurante assez raisonnable.

Oh! voici un Cicéron, dit Candide : pour ce grand homme-là, je pense que vous ne vous lassez point de le lire. Je ne le lis jamais, répondit le Vénitien. Que m'importe qu'il ait plaidé pour Rabirius ou pour Cluentius? J'ai bien assez des procès que je juge; je me serais mieux accommodé de ses œuvres philosophiques; mais quand j'ai vu qu'il doutait de tout,

[1] Ce n'est pas Pupilus, mais Rupilius, que nommé Horace, livre Ier, satire vii, vers 1 :

 Rupili pus atque venenum. B.

[2] *Italo perfusus aceto*, dit Horace, dans la même pièce, vers 32. B.
[3] Horace, odes, I, 1. B.

j'ai conclu que j'en savais autant que lui, et que je n'avais besoin de personne pour être ignorant.

Ah! voilà quatre-vingts volumes de recueils d'une académie des sciences, s'écria Martin; il se peut qu'il y ait là du bon. Il y en aurait, dit Pococurante, si un seul des auteurs de ces fatras avait inventé seulement l'art de faire des épingles; mais il n'y a dans tous ces livres que de vains systèmes, et pas une seule chose utile.

Que de pièces de théâtre je vois là, dit Candide, en italien, en espagnol, en français! Oui, dit le sénateur, il y en a trois mille, et pas trois douzaines de bonnes. Pour ces recueils de sermons, qui tous ensemble ne valent pas une page de Sénèque, et tous ces gros volumes de théologie, vous pensez bien que je ne les ouvre jamais, ni moi, ni personne.

Martin aperçut des rayons chargés de livres anglais. Je crois, dit-il, qu'un républicain doit se plaire à la plupart de ces ouvrages écrits si librement. Oui, répondit Pococurante, il est beau d'écrire ce qu'on pense; c'est le privilége de l'homme. Dans toute notre Italie, on n'écrit que ce qu'on ne pense pas; ceux qui habitent la patrie des Césars et des Antonins n'osent avoir une idée sans la permission d'un jacobin. Je serais content de la liberté qui inspire les génies anglais, si la passion et l'esprit de parti ne corrompaient pas tout ce que cette précieuse liberté a d'estimable.

Candide apercevant un Milton, lui demanda s'il ne regardait pas cet auteur comme un grand homme. Qui? dit Pococurante, ce barbare, qui fait un long com-

mentaire du premier chapitre de la *Genèse*, en dix livres de vers durs? ce grossier imitateur des Grecs, qui défigure la création, et qui, tandis que Moïse représente l'Être éternel produisant le monde par la parole, fait prendre un grand compas par le Messiah dans une armoire du ciel pour tracer son ouvrage? Moi, j'estimerais celui qui a gâté l'enfer et le diable du Tasse; qui déguise Lucifer tantôt en crapaud, tantôt en pygmée; qui lui fait rebattre cent fois les mêmes discours; qui le fait disputer sur la théologie; qui, en imitant sérieusement l'invention comique des armes à feu de l'Arioste, fait tirer le canon dans le ciel par les diables? Ni moi ni personne en Italie n'a pu se plaire à toutes ces tristes extravagances. Le *Mariage du Péché et de la Mort*, et les couleuvres dont le Péché accouche, font vomir tout homme qui a le goût un peu délicat; et sa longue description d'un hôpital n'est bonne que pour un fossoyeur. Ce poëme obscur, bizarre, et dégoûtant, fut méprisé à sa naissance; je le traite aujourd'hui comme il fut traité dans sa patrie par les contemporains[1]. Au reste je dis ce que je pense, et je me soucie fort peu que les autres pensent comme moi. Candide était affligé de ces discours; il respectait Homère, il aimait un peu Milton. Hélas! dit-il tout bas à Martin, j'ai bien peur que cet homme-ci n'ait un souverain mépris pour nos poëtes allemands. Il n'y aurait pas grand mal à cela, dit Martin. Oh! quel homme su-

[1] Voyez ce que Voltaire dit du *Paradis perdu* de Milton, dans le chapitre IX de l'*Essai sur la poésie épique*; imprimé dans le tome X, à la suite de *la Henriade*. B.

périeur! disait encore Candide entre ses dents, quel grand génie que ce Pococurante! rien ne peut lui plaire.

Après avoir fait ainsi la revue de tous les livres, ils descendirent dans le jardin. Candide en loua toutes les beautés. Je ne sais rien de si mauvais goût, dit le maître; nous n'avons ici que des colifichets : mais je vais dès demain en faire planter un d'un dessin plus noble.

Quand les deux curieux eurent pris congé de son excellence : Or çà, dit Candide à Martin, vous conviendrez que voilà le plus heureux de tous les hommes, car il est au-dessus de tout ce qu'il possède. Ne voyez-vous pas, dit Martin, qu'il est dégoûté de tout ce qu'il possède? Platon a dit, il y a long-temps, que les meilleurs estomacs ne sont pas ceux qui rebutent tous les aliments. Mais, dit Candide, n'y a-t-il pas du plaisir à tout critiquer, à sentir des défauts où les autres hommes croient voir des beautés? C'est-à-dire, reprit Martin, qu'il y a du plaisir à n'avoir pas de plaisir? Oh bien! dit Candide, il n'y a donc d'heureux que moi, quand je reverrai mademoiselle Cunégonde. C'est toujours bien fait d'espérer, dit Martin.

Cependant les jours, les semaines, s'écoulaient; Cacambo ne revenait point, et Candide était si abîmé dans sa douleur, qu'il ne fit pas même réflexion que Paquette et frère Giroflée n'étaient pas venus seulement le remercier.

CHAPITRE XXVI.

D'un souper que Candide et Martin firent avec six étrangers, et qui ils étaient.

Un soir que Candide, suivi de Martin, allait se mettre à table avec les étrangers qui logeaient dans la même hôtellerie, un homme à visage couleur de suie l'aborda par derrière, et, le prenant par le bras, lui dit : Soyez prêt à partir avec nous, n'y manquez pas. Il se retourne, et voit Cacambo. Il n'y avait que la vue de Cunégonde qui pût l'étonner et lui plaire davantage. Il fut sur le point de devenir fou de joie. Il embrasse son cher ami. Cunégonde est ici, sans doute ? où est-elle ? Mène-moi vers elle, que je meure de joie avec elle. Cunégonde n'est point ici, dit Cacambo, elle est à Constantinople. Ah ciel ! à Constantinople ! mais fût-elle à la Chine, j'y vole, partons. Nous partirons après souper, reprit Cacambo; je ne peux vous en dire davantage; je suis esclave, mon maître m'attend; il faut que j'aille le servir à table : ne dites mot, soupez, et tenez-vous prêt.

Candide, partagé entre la joie et la douleur, charmé d'avoir revu son agent fidèle, étonné de le voir esclave, plein de l'idée de retrouver sa maîtresse, le cœur agité, l'esprit bouleversé, se mit à table avec Martin, qui voyait de sang froid toutes ces aventures, et avec six étrangers, qui étaient venus passer le carnaval à Venise.

Cacambo, qui versait à boire à l'un de ces six étran-

CHAPITRE XXVI.

gers, s'approcha de l'oreille de son maître, sur la fin du repas, et lui dit : Sire, votre majesté partira quand elle voudra, le vaisseau est prêt. Ayant dit ces mots, il sortit. Les convives étonnés se regardaient sans proférer une seule parole, lorsqu'un autre domestique s'approchant de son maître, lui dit : Sire, la chaise de votre majesté est à Padoue, et la barque est prête. Le maître fit un signe, et le domestique partit. Tous les convives se regardèrent encore, et la surprise commune redoubla. Un troisième valet s'approchant aussi d'un troisième étranger, lui dit : Sire, croyez-moi, votre majesté ne doit pas rester ici plus long-temps, je vais tout préparer; et aussitôt il disparut.

Candide et Martin ne doutèrent pas alors que ce ne fût une mascarade du carnaval. Un quatrième domestique dit au quatrième maître : Votre majesté partira quand elle voudra, et sortit comme les autres. Le cinquième valet en dit autant au cinquième maître. Mais le sixième valet parla différemment au sixième étranger qui était auprès de Candide; il lui dit : Ma foi, sire, on ne veut plus faire crédit à votre majesté ni à moi non plus, et nous pourrions bien être coffrés cette nuit vous et moi; je vais pourvoir à mes affaires : adieu.

Tous les domestiques ayant disparu, les six étrangers, Candide, et Martin, demeurèrent dans un profond silence. Enfin Candide le rompit : Messieurs, dit-il, voilà une singulière plaisanterie. Pourquoi êtes-vous tous rois? pour moi, je vous avoue que ni moi ni Martin nous ne le sommes.

Le maître de Cacambo prit alors gravement la parole, et dit en italien: Je ne suis point plaisant, je m'appelle Achmet III[1]; j'ai été grand-sultan plusieurs années; je détrônai mon frère; mon neveu m'a détrôné; on a coupé le cou à mes vizirs; j'achève ma vie dans le vieux sérail; mon neveu le grand-sultan Mahmoud me permet de voyager quelquefois pour ma santé; et je suis venu passer le carnaval à Venise.

Un jeune homme qui était auprès d'Achmet parla après lui, et dit: Je m'appelle Ivan[2]; j'ai été empereur de toutes les Russies; j'ai été détrôné au berceau; mon père et ma mère ont été enfermés; on m'a élevé en prison; j'ai quelquefois la permission de voyager, accompagné de ceux qui me gardent; et je suis venu passer le carnaval à Venise.

Le troisième dit: Je suis Charles-Édouard[3], roi d'Angleterre; mon père m'a cédé ses droits au royaume; j'ai combattu pour les soutenir; on a arraché le cœur à huit cents de mes partisans, et on leur en a battu les joues; j'ai été mis en prison; je vais à Rome faire une visite au roi mon père, détrôné ainsi que moi et mon grand-père; et je suis venu passer le carnaval à Venise.

Le quatrième prit alors la parole et dit: Je suis roi

[1] Achmet III, dont il est parlé dans l'*Histoire de Charles XII* et dans l'*Histoire de Russie sous Pierre-le-Grand*, avait été déposé en 1730; il est mort en 1736. B.

[2] Ivan, né en 1730, détrôné la même année, emprisonné, et enfin poignardé en 1762. B.

[3] Sur Charles-Édouard, voyez, tome XXI, le chapitre xxxv du *Précis du Siècle de Louis XV*. B.

des Polaques; le sort de la guerre m'a privé de mes états héréditaires [1]; mon père a éprouvé les mêmes revers; je me résigne à la Providence comme le sultan Achmet, l'empereur Ivan, et le roi Charles-Édouard, à qui Dieu donne une longue vie; et je suis venu passer le carnaval à Venise.

Le cinquième dit: Je suis aussi roi des Polaques [2]; j'ai perdu mon royaume deux fois; mais la Providence m'a donné un autre état dans lequel j'ai fait plus de bien que tous les rois des Sarmates ensemble n'en ont jamais pu faire sur les bords de la Vistule. Je me résigne aussi à la Providence; et je suis venu passer le carnaval à Venise.

Il restait au sixième monarque à parler. Messieurs, dit-il, je ne suis pas si grand seigneur que vous; mais enfin j'ai été roi tout comme un autre; je suis Théodore [3]; on m'a élu roi en Corse; on m'a appelé *Votre Majesté*, et à présent à peine m'appelle-t-on *Monsieur*; j'ai fait frapper de la monnaie, et je ne possède pas un denier; j'ai eu deux secrétaires d'état, et j'ai à peine un valet; je me suis vu sur un trône, et j'ai long-temps été à Londres en prison sur la paille; j'ai bien peur d'être traité de même ici, quoique je

[1] Auguste, électeur de Saxe et roi de Pologne, chassé de ses états héréditaires pendant la guerre de 1756, se réfugia en Pologne : voyez, tome XXI, le chapitre XXXII du *Précis du Siècle de Louis XV;* il est mort en 1763. B.

[2] Stanislas Leczinski, beau-père de Louis XV : voyez, tome XXI, le chapitre IV du *Précis du Siècle de Louis XV;* il est mort en 1765. B.

[3] Sur le roi de Corse, Théodore, mort le 2 décembre 1756, voyez, tome XXI, le chapitre XL du *Précis du Siècle de Louis XV*. B.

sois venu, comme vos majestés, passer le carnaval à Venise.

Les cinq autres rois écoutèrent ce discours avec une noble compassion. Chacun d'eux donna vingt sequins au roi Théodore pour avoir des habits et des chemises; Candide lui fit présent d'un diamant de deux mille sequins. Quel est donc, disaient les cinq rois, cet homme qui est en état de donner cent fois autant que chacun de nous, et qui le donne? Êtes-vous roi aussi, monsieur? — Non, messieurs, et n'en ai nulle envie.

Dans l'instant qu'on sortait de table, il arriva dans la même hôtellerie quatre altesses sérénissimes qui avaient aussi perdu leurs états par le sort de la guerre, et qui venaient passer le reste du carnaval à Venise; mais Candide ne prit pas seulement garde à ces nouveaux venus. Il n'était occupé que d'aller trouver sa chère Cunégonde à Constantinople.

CHAPITRE XXVII.

Voyage de Candide à Constantinople.

Le fidèle Cacambo avait déjà obtenu du patron turc qui allait reconduire le sultan Achmet à Constantinople qu'il recevrait Candide et Martin sur son bord. L'un et l'autre s'y rendirent après s'être prosternés devant sa misérable hautesse. Candide, chemin fesant, disait à Martin: Voilà pourtant six rois détrônés

avec qui nous avons soupé! et encore dans ces six rois il y en a un à qui j'ai fait l'aumône. Peut-être y a-t-il beaucoup d'autres princes plus infortunés. Pour moi, je n'ai perdu que cent moutons, et je vole dans les bras de Cunégonde. Mon cher Martin, encore une fois, Pangloss avait raison, tout est bien. Je le souhaite, dit Martin. Mais, dit Candide, voilà une aventure bien peu vraisemblable que nous avons eue à Venise. On n'avait jamais vu ni ouï conter que six rois détrônés soupassent ensemble au cabaret. Cela n'est pas plus extraordinaire, dit Martin, que la plupart des choses qui nous sont arrivées. Il est très commun que des rois soient détrônés; et à l'égard de l'honneur que nous avons eu de souper avec eux, c'est une bagatelle qui ne mérite pas notre attention. Qu'importe avec qui l'on soupe, pourvu qu'on fasse bonne chère?

A peine Candide fut-il dans le vaisseau, qu'il sauta au cou de son ancien valet, de son ami Cacambo. Eh bien! lui dit-il, que fait Cunégonde? est-elle toujours un prodige de beauté? m'aime-t-elle toujours? comment se porte-t-elle? Tu lui as, sans doute, acheté un palais à Constantinople?

Mon cher maître, répondit Cacambo, Cunégonde lave les écuelles sur le bord de la Propontide, chez un prince qui a très peu d'écuelles; elle est esclave dans la maison d'un ancien souverain, nommé Ragotski[1], à qui le Grand-Turc donne trois écus par jour dans son asile; mais, ce qui est bien plus triste, c'est

[1] Voltaire a parlé de Ragotski dans le chap. xxii du *Siècle de Louis XIV*; voyez tome XX. Ragotski est mort en 1735. B.

qu'elle a perdu sa beauté, et qu'elle est devenue horriblement laide. Ah! belle ou laide, dit Candide, je suis honnête homme, et mon devoir est de l'aimer toujours. Mais comment peut-elle être réduite à un état si abject avec les cinq ou six millions que tu avais emportés? Bon, dit Cacambo, ne m'en a-t-il pas fallu donner deux au senor don Fernando d'Ibaraa, y Figueora, y Mascarenès, y Lampourdos, y Souza, gouverneur de Buénos-Ayres, pour avoir la permission de reprendre mademoiselle Cunégonde? et un pirate ne nous a-t-il pas bravement dépouillés de tout le reste? Ce pirate ne nous a-t-il pas menés au cap de Matapan, à Milo, à Nicarie, à Samos, à Petra, aux Dardanelles, à Marmara, à Scutari? Cunégonde et la vieille servent chez ce prince dont je vous ai parlé, et moi je suis esclave du sultan détrôné. Que d'épouvantables calamités enchaînées les unes aux autres! dit Candide. Mais, après tout, j'ai encore quelques diamants; je délivrerai aisément Cunégonde. C'est bien dommage qu'elle soit devenue si laide.

Ensuite, se tournant vers Martin: Que pensez-vous, dit-il, qui soit le plus à plaindre, de l'empereur Achmet, de l'empereur Ivan, du roi Charles-Édouard, ou de moi? Je n'en sais rien, dit Martin; il faudrait que je fusse dans vos cœurs pour le savoir. Ah! dit Candide, si Pangloss était ici, il le saurait, et nous l'apprendrait. Je ne sais, dit Martin, avec quelles balances votre Pangloss aurait pu peser les infortunes des hommes, et apprécier leurs douleurs. Tout ce que je présume c'est qu'il y a des millions d'hommes sur

CHAPITRE XXVII.

la terre cent fois plus à plaindre que le roi Charles-Édouard, l'empereur Ivan, et le sultan Achmet. Cela pourrait bien être, dit Candide.

On arriva en peu de jours sur le canal de la mer Noire. Candide commença par racheter Cacambo fort cher; et, sans perdre de temps, il se jeta dans une galère, avec ses compagnons, pour aller sur le rivage de la Propontide chercher Cunégonde, quelque laide qu'elle pût être.

Il y avait dans la chiourme deux forçats qui ramaient fort mal, et à qui le levanti patron appliquait de temps en temps quelques coups de nerf de bœuf sur leurs épaules nues; Candide, par un mouvement naturel, les regarda plus attentivement que les autres galériens, et s'approcha d'eux avec pitié. Quelques traits de leurs visages défigurés lui parurent avoir un peu de ressemblance avec Pangloss et avec ce malheureux jésuite, ce baron, ce frère de mademoiselle Cunégonde. Cette idée l'émut et l'attrista. Il les considéra encore plus attentivement. En vérité, dit-il à Cacambo, si je n'avais pas vu pendre maître Pangloss, et si je n'avais pas eu le malheur de tuer le baron, je croirais que ce sont eux qui rament dans cette galère.

Au nom du baron et de Pangloss les deux forçats poussèrent un grand cri, s'arrêtèrent sur leur banc, et laissèrent tomber leurs rames. Le levanti patron accourait sur eux, et les coups de nerf de bœuf redoublaient. Arrêtez! arrêtez! seigneur, s'écria Candide; je vous donnerai tant d'argent que vous voudrez. Quoi! c'est Candide! disait l'un des forçats; quoi! c'est Candide! disait l'autre. Est-ce un songe? dit Can-

dide; veillé-je? suis-je dans cette galère? Est-ce là monsieur le baron, que j'ai tué? est-ce là maître Pangloss, que j'ai vu pendre?

C'est nous-mêmes, c'est nous-mêmes, répondaient-ils. Quoi! c'est là ce grand philosophe? disait Martin. Eh! monsieur le levanti patron, dit Candide, combien voulez-vous d'argent pour la rançon de M. de Thunder-ten-tronckh, un des premiers barons de l'empire, et de M. Pangloss, le plus profond métaphysicien d'Allemagne? Chien de chrétien, répondit le levanti patron, puisque ces deux chiens de forçats chrétiens sont des barons et des métaphysiciens, ce qui est sans doute une grande dignité dans leur pays, tu m'en donneras cinquante mille sequins. Vous les aurez, monsieur; remenez-moi comme un éclair à Constantinople, et vous serez payé sur-le-champ. Mais non, menez-moi chez mademoiselle Cunégonde. Le levanti patron, sur la première offre de Candide, avait déjà tourné la proue vers la ville, et il fesait ramer plus vite qu'un oiseau ne fend les airs.

Candide embrassa cent fois le baron et Pangloss. Et comment ne vous ai-je pas tué, mon cher baron? et mon cher Pangloss, comment êtes-vous en vie, après avoir été pendu? et pourquoi êtes-vous tous deux aux galères en Turquie? Est-il bien vrai que ma chère sœur soit dans ce pays? disait le baron. Oui, répondait Cacambo. Je revois donc mon cher Candide! s'écriait Pangloss. Candide leur présentait Martin et Cacambo. Ils s'embrassaient tous; ils parlaient tous à-la-fois. La galère volait, ils étaient déjà dans le port. On fit venir un Juif, à qui Candide vendit pour cin-

quante mille sequins un diamant de la valeur de cent mille, et qui lui jura par Abraham qu'il n'en pouvait donner davantage. Il paya incontinent la rançon du baron et de Pangloss. Celui-ci se jeta aux pieds de son libérateur, et les baigna de larmes; l'autre le remercia par un signe de tête, et lui promit de lui rendre cet argent à la première occasion. Mais est-il bien possible que ma sœur soit en Turquie? disait-il. Rien n'est si possible, reprit Cacambo, puisqu'elle écure la vaisselle chez un prince de Transylvanie. On fit aussitôt venir deux Juifs; Candide vendit encore des diamants; et ils repartirent tous dans une autre galère pour aller délivrer Cunégonde.

CHAPITRE XXVIII.

Ce qui arriva à Candide, à Cunégonde, à Pangloss, à Martin, etc.

Pardon, encore une fois, dit Candide au baron; pardon, mon révérend père, de vous avoir donné un grand coup d'épée au travers du corps. N'en parlons plus, dit le baron; je fus un peu trop vif, je l'avoue; mais puisque vous voulez savoir par quel hasard vous m'avez vu aux galères, je vous dirai qu'après avoir été guéri de ma blessure par le frère apothicaire du collége, je fus attaqué et enlevé par un parti espagnol; on me mit en prison à Buénos-Ayres dans le temps que ma sœur venait d'en partir. Je demandai à retourner à Rome auprès du père général. Je fus nommé pour aller servir d'aumônier à Constantinople auprès de

monsieur l'ambassadeur de France. Il n'y avait pas huit jours que j'étais entré en fonction, quand je trouvai sur le soir un jeune icoglan très bien fait. Il fesait fort chaud : le jeune homme voulut se baigner ; je pris cette occasion de me baigner aussi. Je ne savais pas que ce fût un crime capital pour un chrétien d'être trouvé tout nu avec un jeune musulman. Un cadi me fit donner cent coups de bâton sous la plante des pieds, et me condamna aux galères. Je ne crois pas qu'on ait fait une plus horrible injustice. Mais je voudrais bien savoir pourquoi ma sœur est dans la cuisine d'un souverain de Transylvanie réfugié chez les Turcs.

Mais vous, mon cher Pangloss, dit Candide, comment se peut-il que je vous revoie ? Il est vrai, dit Pangloss, que vous m'avez vu pendre ; je devais naturellement être brûlé ; mais vous vous souvenez qu'il plut à verse lorsqu'on allait me cuire : l'orage fut si violent qu'on désespéra d'allumer le feu ; je fus pendu, parcequ'on ne put mieux faire : un chirurgien acheta mon corps, m'emporta chez lui, et me disséqua. Il me fit d'abord une incision cruciale depuis le nombril jusqu'à la clavicule. On ne pouvait pas avoir été plus mal pendu que je l'avais été. L'exécuteur des hautes œuvres de la sainte inquisition, lequel était sous-diacre, brûlait à la vérité les gens à merveille, mais il n'était pas accoutumé à pendre : la corde était mouillée et glissa mal, elle fut mal nouée ; enfin je respirais encore : l'incision cruciale me fit jeter un si grand cri, que mon chirurgien tomba à la renverse ; et croyant qu'il disséquait le diable, il s'enfuit en mourant de peur, et tomba encore sur l'escalier en fuyant. Sa femme ac-

courut au bruit d'un cabinet voisin : elle me vit sur la table étendu avec mon incision cruciale ; elle eut encore plus de peur que son mari, s'enfuit, et tomba sur lui. Quand ils furent un peu revenus à eux, j'entendis la chirurgienne qui disait au chirurgien : Mon bon, de quoi vous avisez-vous aussi de disséquer un hérétique ? ne savez-vous pas que le diable est toujours dans le corps de ces gens-là ? je vais vite chercher un prêtre pour l'exorciser. Je frémis à ce propos, et je ramassai le peu de forces qui me restaient pour crier : Ayez pitié de moi ! Enfin le barbier portugais s'enhardit : il recousit ma peau ; sa femme même eut soin de moi ; je fus sur pied au bout de quinze jours. Le barbier me trouva une condition, et me fit laquais d'un chevalier de Malte qui allait à Venise : mais mon maître n'ayant pas de quoi me payer, je me mis au service d'un marchand vénitien, et je le suivis à Constantinople.

Un jour il me prit fantaisie d'entrer dans une mosquée ; il n'y avait qu'un vieux iman et une jeune dévote très jolie qui disait ses patenôtres ; sa gorge était toute découverte : elle avait entre ses deux tétons un beau bouquet de tulipes, de roses, d'anémones, de renoncules, d'hyacinthes, et d'oreilles d'ours : elle laissa tomber son bouquet ; je le ramassai, et je le lui remis avec un empressement très respectueux. Je fus si long-temps à le lui remettre, que l'iman se mit en colère, et voyant que j'étais chrétien, il cria à l'aide. On me mena chez le cadi, qui me fit donner cent coups de latte sous la plante des pieds, et m'envoya aux galères. Je fus enchaîné précisément dans la même

galère et au même banc que monsieur le baron. Il y avait dans cette galère quatre jeunes gens de Marseille, cinq prêtres napolitains, et deux moines de Corfou, qui nous dirent que de pareilles aventures arrivaient tous les jours. Monsieur le baron prétendait qu'il avait essuyé une plus grande injustice que moi : je prétendais, moi, qu'il était beaucoup plus permis de remettre un bouquet sur la gorge d'une femme que d'être tout nu avec un icoglan. Nous disputions sans cesse, et nous recevions vingt coups de nerf de bœuf par jour, lorsque l'enchaînement des événements de cet univers vous a conduit dans notre galère, et que vous nous avez rachetés.

Eh bien! mon cher Pangloss, lui dit Candide, quand vous avez été pendu, disséqué, roué de coups, et que vous avez ramé aux galères, avez-vous toujours pensé que tout allait le mieux du monde? Je suis toujours de mon premier sentiment, répondit Pangloss; car enfin je suis philosophe; il ne me convient pas de me dédire, Leibnitz ne pouvant pas avoir tort, et l'harmonie préétablie étant d'ailleurs la plus belle chose du monde, aussi bien que le plein et la matière subtile.

CHAPITRE XXIX.

Comment Candide retrouva Cunégonde et la vieille.

Pendant que Candide, le baron, Pangloss, Martin, et Cacambo, contaient leurs aventures, qu'ils raisonnaient sur les événements contingents ou non contin-

gents de cet univers, qu'ils disputaient sur les effets et les causes, sur le mal moral et sur le mal physique, sur la liberté et la nécessité, sur les consolations que l'on peut éprouver lorsqu'on est aux galères en Turquie, ils abordèrent sur le rivage de la Propontide, à la maison du prince de Transylvanie. Les premiers objets qui se présentèrent furent Cunégonde et la vieille, qui étendaient des serviettes sur des ficelles pour les faire sécher.

Le baron pâlit à cette vue. Le tendre amant Candide en voyant sa belle Cunégonde rembrunie, les yeux éraillés, la gorge sèche, les joues ridées, les bras rouges et écaillés, recula trois pas, saisi d'horreur, et avança ensuite par bon procédé. Elle embrassa Candide et son frère : on embrassa la vieille : Candide les racheta toutes deux.

Il y avait une petite métairie dans le voisinage ; la vieille proposa à Candide de s'en accommoder, en attendant que toute la troupe eût une meilleure destinée. Cunégonde ne savait pas qu'elle était enlaidie, personne ne l'en avait avertie : elle fit souvenir Candide de ses promesses avec un ton si absolu, que le bon Candide n'osa pas la refuser. Il signifia donc au baron qu'il allait se marier avec sa sœur. Je ne souffrirai jamais, dit le baron, une telle bassesse de sa part, et une telle insolence de la vôtre ; cette infamie ne me sera jamais reprochée : les enfants de ma sœur ne pourraient entrer dans les chapitres d'Allemagne. Non, jamais ma sœur n'épousera qu'un baron de l'empire. Cunégonde se jeta à ses pieds, et les baigna de larmes ; il fut inflexible. Maître fou, lui dit Candide, je

t'ai réchappé des galères, j'ai payé ta rançon, j'ai payé celle de ta sœur; elle lavait ici des écuelles, elle est laide, j'ai la bonté d'en faire ma femme; et tu prétends encore t'y opposer ! je te retuerais si j'en croyais ma colère. Tu peux me tuer encore, dit le baron, mais tu n'épouseras pas ma sœur de mon vivant.

CHAPITRE XXX.

Conclusion.

Candide, dans le fond de son cœur, n'avait aucune envie d'épouser Cunégonde; mais l'impertinence extrême du baron le déterminait à conclure le mariage; et Cunégonde le pressait si vivement qu'il ne pouvait s'en dédire. Il consulta Pangloss, Martin, et le fidèle Cacambo. Pangloss fit un beau mémoire par lequel il prouvait que le baron n'avait nul droit sur sa sœur, et qu'elle pouvait, selon toutes les lois de l'empire, épouser Candide de la main gauche. Martin conclut à jeter le baron dans la mer; Cacambo décida qu'il fallait le rendre au levanti patron, et le remettre aux galères, après quoi on l'enverrait à Rome au père général par le premier vaisseau. L'avis fut trouvé fort bon; la vieille l'approuva; on n'en dit rien à sa sœur; la chose fut exécutée pour quelque argent, et on eut le plaisir d'attraper un jésuite, et de punir l'orgueil d'un baron allemand.

Il était tout naturel d'imaginer qu'après tant de désastres, Candide marié avec sa maîtresse, et vivant

avec le philosophe Pangloss, le philosophe Martin, le prudent Cacambo, et la vieille, ayant d'ailleurs rapporté tant de diamants de la patrie des anciens Incas, mènerait la vie du monde la plus agréable; mais il fut tant friponné par les Juifs, qu'il ne lui resta plus rien que sa petite métairie; sa femme devenant tous les jours plus laide devint acariâtre et insupportable : la vieille était infirme, et fut encore de plus mauvaise humeur que Cunégonde. Cacambo, qui travaillait au jardin, et qui allait vendre des légumes à Constantinople, était excédé de travail, et maudissait sa destinée. Pangloss était au désespoir de ne pas briller dans quelque université d'Allemagne. Pour Martin, il était fermement persuadé qu'on est également mal partout; il prenait les choses en patience. Candide, Martin, et Pangloss, disputaient quelquefois de métaphysique et de morale. On voyait souvent passer sous les fenêtres de la métairie des bateaux chargés d'effendis, de bachas, de cadis, qu'on envoyait en exil à Lemnos, à Mytilène, à Erzeroum : on voyait venir d'autres cadis, d'autres bachas, d'autres effendis, qui prenaient la place des expulsés, et qui étaient expulsés à leur tour : on voyait des têtes proprement empaillées qu'on allait présenter à la sublime Porte. Ces spectacles fesaient redoubler les dissertations; et quand on ne disputait pas, l'ennui était si excessif, que la vieille osa un jour leur dire : Je voudrais savoir lequel est le pire, ou d'être violée cent fois par des pirates nègres, d'avoir une fesse coupée, de passer par les baguettes chez les Bulgares, d'être fouetté et pendu dans un auto-da-fé, d'être disséqué, de ramer en galère, d'é-

prouver enfin toutes les misères par lesquelles nous avons tous passé, ou bien de rester ici à ne rien faire? C'est une grande question, dit Candide.

Ce discours fit naître de nouvelles réflexions, et Martin surtout conclut que l'homme était né pour vivre dans les convulsions de l'inquiétude, ou dans la léthargie de l'ennui. Candide n'en convenait pas, mais il n'assurait rien. Pangloss avouait qu'il avait toujours horriblement souffert; mais ayant soutenu une fois que tout allait à merveille, il le soutenait toujours, et n'en croyait rien.

Une chose acheva de confirmer Martin dans ses détestables principes, de faire hésiter plus que jamais Candide et d'embarrasser Pangloss. C'est qu'ils virent un jour aborder dans leur métairie Paquette et le frère Giroflée, qui étaient dans la plus extrême misère; ils avaient bien vite mangé leurs trois mille piastres, s'étaient quittés, s'étaient raccommodés, s'étaient brouillés, avaient été mis en prison; s'étaient enfuis, et enfin frère Giroflée s'était fait turc. Paquette continuait son métier partout, et n'y gagnait plus rien. Je l'avais bien prévu, dit Martin à Candide, que vos présents seraient bientôt dissipés, et ne les rendraient que plus misérables. Vous avez regorgé de millions de piastres, vous et Cacambo, et vous n'êtes pas plus heureux que frère Giroflée et Paquette. Ah! ah! dit Pangloss à Paquette, le ciel vous ramène donc ici parmi nous. Ma pauvre enfant! savez-vous bien que vous m'avez coûté le bout du nez, un œil, et une oreille? Comme vous voilà faite! eh! qu'est-ce que ce monde! Cette nouvelle aventure les engagea à philosopher plus que jamais.

CHAPITRE XXX.

Il y avait dans le voisinage un derviche très fameux qui passait pour le meilleur philosophe de la Turquie; ils allèrent le consulter; Pangloss porta la parole, et lui dit : Maître, nous venons vous prier de nous dire pourquoi un aussi étrange animal que l'homme a été formé.

De quoi te mêles-tu ? lui dit le derviche ; est-ce là ton affaire ? Mais, mon révérend père, dit Candide, il y a horriblement de mal sur la terre. Qu'importe, dit le derviche, qu'il y ait du mal ou du bien ? quand sa hautesse envoie un vaisseau en Égypte, s'embarrasse-t-elle si les souris qui sont dans le vaisseau sont à leur aise ou non ? Que faut-il donc faire ? dit Pangloss. Te taire, dit le derviche. Je me flattais, dit Pangloss, de raisonner un peu avec vous des effets et des causes, du meilleur des mondes possibles, de l'origine du mal, de la nature de l'ame, et de l'harmonie préétablie. Le derviche, à ces mots, leur ferma la porte au nez.

Pendant cette conversation, la nouvelle s'était répandue qu'on venait d'étrangler à Constantinople deux vizirs du banc et le muphti, et qu'on avait empalé plusieurs de leurs amis. Cette catastrophe fesait partout un grand bruit pendant quelques heures. Pangloss, Candide, et Martin, en retournant à la petite métairie, rencontrèrent un bon vieillard qui prenait le frais à sa porte sous un berceau d'orangers. Pangloss, qui était aussi curieux que raisonneur, lui demanda comment se nommait le muphti qu'on venait d'étrangler. Je n'en sais rien, répondit le bon-homme, et je n'ai jamais su

le nom d'aucun muphti ni d'aucun vizir. J'ignore absolument l'aventure dont vous me parlez ; je présume qu'en général ceux qui se mêlent des affaires publiques périssent quelquefois misérablement, et qu'ils le méritent ; mais je ne m'informe jamais de ce qu'on fait à Constantinople ; je me contente d'y envoyer vendre les fruits du jardin que je cultive. Ayant dit ces mots, il fit entrer les étrangers dans sa maison ; ses deux filles et ses deux fils leur présentèrent plusieurs sortes de sorbets qu'ils fesaient eux-mêmes, du kaïmak piqué d'écorces de cédrat confit, des oranges, des citrons, des limons, des ananas, des dattes, des pistaches, du café de Moka qui n'était point mêlé avec le mauvais café de Batavia et des îles. Après quoi les deux filles de ce bon musulman parfumèrent les barbes de Candide, de Pangloss, et de Martin.

Vous devez avoir, dit Candide au Turc, une vaste et magnifique terre ? Je n'ai que vingt arpents, répondit le Turc ; je les cultive avec mes enfants ; le travail éloigne de nous trois grands maux, l'ennui, le vice, et le besoin.

Candide en retournant dans sa métairie fit de profondes réflexions sur le discours du Turc. Il dit à Pangloss et à Martin : Ce bon vieillard me paraît s'être fait un sort bien préférable à celui des six rois avec qui nous avons eu l'honneur de souper. Les grandeurs, dit Pangloss, sont fort dangereuses, selon le rapport de tous les philosophes ; car enfin Églon, roi des Moabites, fut assassiné par Aod ; Absalon fut pendu par les cheveux et percé de trois dards ; le roi Nadab, fils de Jéro-

boam, fut tué par Baasa; le roi Éla, par Zambri; Ochosias, par Jéhu; Athalie, par Joïada; les rois Joachim, Jéchonias, Sédécias, furent esclaves. Vous savez comment périrent Crésus, Astyage, Darius, Denys de Syracuse, Pyrrhus, Persée, Annibal, Jugurtha, Arioviste, César, Pompée, Néron, Othon, Vitellius, Domitien, Richard II d'Angleterre, Édouard II, Henri VI, Richard III, Marie Stuart, Charles Ier, les trois Henri de France, l'empereur Henri IV? Vous savez..... Je sais aussi, dit Candide, qu'il faut cultiver notre jardin. Vous avez raison, dit Pangloss; car, quand l'homme fut mis dans le jardin d'Éden, il y fut mis *ut operaretur eum*, pour qu'il travaillât; ce qui prouve que l'homme n'est pas né pour le repos. Travaillons sans raisonner, dit Martin, c'est le seul moyen de rendre la vie supportable.

Toute la petite société entra dans ce louable dessein; chacun se mit à exercer ses talents. La petite terre rapporta beaucoup. Cunégonde était, à la vérité, bien laide; mais elle devint une excellente pâtissière; Paquette broda; la vieille eut soin du linge. Il n'y eut pas jusqu'à frère Giroflée qui ne rendît service; il fut un très bon menuisier, et même devint honnête homme : et Pangloss disait quelquefois à Candide : Tous les événements sont enchaînés dans le meilleur des mondes possibles; car enfin si vous n'aviez pas été chassé d'un beau château à grands coups de pied dans le derrière pour l'amour de mademoiselle Cunégonde, si vous n'aviez pas été mis à l'inquisition, si vous n'aviez pas couru l'Amérique à pied, si vous n'aviez pas donné un

bon coup d'épée au baron, si vous n'aviez pas perdu tous vos moutons du bon pays d'Eldorado, vous ne mangeriez pas ici des cédrats confits et des pistaches. Cela est bien dit, répondit Candide, mais il faut cultiver notre jardin [1].

[1] Voyez, dans les *Mélanges*, année 1759, la *Lettre aux auteurs du Journal encyclopédique*, datée du 1er avril. B.

FIN DE CANDIDE.

HISTOIRE
D'UN BON BRAMIN.
1759[1].

Je rencontrai dans mes voyages un vieux bramin, homme fort sage, plein d'esprit, et très savant : de plus il était riche, et, partant, il en était plus sage encore; car, ne manquant de rien, il n'avait besoin de tromper personne. Sa famille était très bien gouvernée par trois belles femmes qui s'étudiaient à lui plaire; et, quand il ne s'amusait pas avec ses femmes, il s'occupait à philosopher.

Près de sa maison, qui était belle, ornée et accompagnée de jardins charmants, demeurait une vieille Indienne, bigote, imbécile, et assez pauvre.

Le bramin me dit un jour : Je voudrais n'être jamais né. Je lui demandai pourquoi. Il me répondit : J'étudie depuis quarante ans, ce sont quarante années de perdues; j'enseigne les autres, et j'ignore tout; cet état porte dans mon ame tant d'humiliation et de dégoût, que la vie m'est insupportable : je suis né, je vis dans le temps, et je ne sais pas ce que c'est que le temps : je me trouve dans un point entre deux éternités[2], comme disent nos sages, et je n'ai nulle idée de l'éternité : je suis composé de matière; je pense, je n'ai

[1] Voyez ma préface en tête de ce volume. B.
[2] Voyez, tome XXIX, page 79; et dans les *Mélanges*, année 1772, le paragraphe III de l'opuscule intitulé : *Il faut prendre un parti*. B.

jamais pu m'instruire de ce qui produit la pensée : j'ignore si mon entendement est en moi une simple faculté, comme celle de marcher, de digérer, et si je pense avec ma tête comme je prends avec mes mains. Non seulement le principe de ma pensée m'est inconnu, mais le principe de mes mouvements m'est également caché : je ne sais pourquoi j'existe; cependant on me fait chaque jour des questions sur tous ces points : il faut répondre; je n'ai rien de bon à dire; je parle beaucoup, et je demeure confus et honteux de moi-même après avoir parlé.

C'est bien pis quand on me demande si Brama a été produit par Vitsnou, ou s'ils sont tous deux éternels. Dieu m'est témoin que je n'en sais pas un mot, et il y paraît bien à mes réponses. Ah! mon révérend père, me dit-on, apprenez-nous comment le mal inonde toute la terre. Je suis aussi en peine que ceux qui me font cette question : je leur dis quelquefois que tout est le mieux du monde : mais ceux qui ont été ruinés et mutilés à la guerre n'en croient rien, ni moi non plus : je me retire chez moi accablé de ma curiosité et de mon ignorance. Je lis nos anciens livres, et ils redoublent mes ténèbres. Je parle à mes compagnons : les uns me répondent qu'il faut jouir de la vie, et se moquer des hommes; les autres croient savoir quelque chose, et se perdent dans des idées extravagantes; tout augmente le sentiment douloureux que j'éprouve. Je suis prêt quelquefois de tomber dans le désespoir, quand je songe qu'après toutes mes recherches je ne sais ni d'où je viens, ni ce que je suis, ni où j'irai, ni ce que je deviendrai.

L'état de ce bon-homme me fit une vraie peine : personne n'était ni plus raisonnable ni de meilleure foi que lui. Je conçus que plus il avait de lumières dans son entendement et de sensibilité dans son cœur, plus il était malheureux.

Je vis le même jour la vieille femme qui demeurait dans son voisinage : je lui demandai si elle avait jamais été affligée de ne savoir pas comment son ame était faite. Elle ne comprit seulement pas ma question : elle n'avait jamais réfléchi un seul moment de sa vie sur un seul des points qui tourmentaient le bramin : elle croyait aux métamorphoses de Vitsnou de tout son cœur; et pourvu qu'elle pût avoir quelquefois de l'eau du Gange[1] pour se laver, elle se croyait la plus heureuse des femmes.

Frappé du bonheur de cette pauvre créature, je revins à mon philosophe, et je lui dis : N'êtes-vous pas honteux d'être malheureux, dans le temps qu'à votre porte il y a un vieil automate qui ne pense à rien, et qui vit content? Vous avez raison, me répondit-il; je me suis dit cent fois que je serais heureux si j'étais aussi sot que ma voisine, et cependant je ne voudrais pas d'un tel bonheur.

Cette réponse de mon bramin me fit une plus grande impression que tout le reste : je m'examinai moi-même, et je vis qu'en effet je n'aurais pas voulu être heureux à condition d'être imbécile.

Je proposai la chose à des philosophes, et ils furent de mon avis. Il y a pourtant, disais-je, une furieuse contradiction dans cette manière de penser : car enfin

[1] Voyez tome XV, page 27; et tome XVII, page 484. B.

de quoi s'agit-il? d'être heureux. Qu'importe d'avoir de l'esprit ou d'être sot? Il y a bien plus : ceux qui sont contents de leur être sont bien sûrs d'être contents ; ceux qui raisonnent ne sont pas si sûrs de bien raisonner. Il est donc clair, disais-je, qu'il faudrait choisir de n'avoir pas le sens commun, pour peu que ce sens commun contribue à notre mal-être. Tout le monde fut de mon avis, et cependant je ne trouvai personne qui voulût accepter le marché de devenir imbécile pour devenir content. De là je conclus que, si nous fesons cas du bonheur, nous fesons encore plus de cas de la raison.

Mais, après y avoir réfléchi, il paraît que de préférer la raison à la félicité, c'est être très insensé. Comment donc cette contradiction peut-elle s'expliquer? comme toutes les autres. Il y a là de quoi parler beaucoup.

FIN DE L'HISTOIRE D'UN BON BRAMIN.

LE BLANC ET LE NOIR.

1764[1].

Tout le monde dans la province de Candahar connaît l'aventure du jeune Rustan. Il était fils unique d'un mirza du pays ; c'est comme qui dirait marquis parmi nous, ou baron chez les Allemands. Le mirza, son père, avait un bien honnête. On devait marier le jeune Rustan à une demoiselle, ou mirzasse de sa sorte. Les deux familles le desiraient passionnément. Il devait faire la consolation de ses parents, rendre sa femme heureuse, et l'être avec elle.

Mais par malheur il avait vu la princesse de Cachemire à la foire de Cabul, qui est la foire la plus considérable du monde, et incomparablement plus fréquentée que celle de Bassora et d'Astracan ; et voici pourquoi le vieux prince de Cachemire était venu à la foire avec sa fille.

Il avait perdu les deux plus rares pièces de son trésor : l'une était un diamant gros comme le pouce, sur lequel sa fille était gravée par un art que les Indiens possédaient alors, et qui s'est perdu depuis ; l'autre était un javelot qui allait de lui-même où l'on voulait ; ce qui n'est pas une chose bien extraordinaire parmi nous, mais qui l'était à Cachemire.

Un faquir de son altesse lui vola ces deux bijoux ; il les porta à la princesse. Gardez soigneusement ces

[1] Voyez ma préface en tête de ce volume. B.

deux pièces, lui dit-il ; votre destinée en dépend. Il partit alors, et on ne le revit plus. Le duc de Cachemire au désespoir résolut d'aller voir, à la foire de Cabul, si de tous les marchands qui s'y rendent des quatre coins du monde il n'y en aurait pas un qui eût son diamant et son arme. Il menait sa fille avec lui dans tous ses voyages. Elle porta son diamant bien enfermé dans sa ceinture; mais pour le javelot qu'elle ne pouvait si bien cacher, elle l'avait enfermé soigneusement à Cachemire dans son grand coffre de la Chine.

Rustan et elle se virent à Cabul ; ils s'aimèrent avec toute la bonne foi de leur âge, et toute la tendresse de leur pays. La princesse, pour gage de son amour, lui donna son diamant, et Rustan lui promit à son départ de l'aller voir secrètement à Cachemire.

Le jeune mirza avait deux favoris qui lui servaient de secrétaires, d'écuyers, de maîtres-d'hôtel, et de valets de chambre. L'un s'appelait Topaze; il était beau, bien fait, blanc comme une Circassienne, doux et serviable comme un Arménien, sage comme un Guèbre. L'autre se nommait Ébène; c'était un nègre fort joli, plus empressé, plus industrieux que Topaze, et qui ne trouvait rien de difficile. Il leur communiqua le projet de son voyage. Topaze tâcha de l'en détourner avec le zèle circonspect d'un serviteur qui ne voulait pas lui déplaire; il lui représenta tout ce qu'il hasardait. Comment laisser deux familles au désespoir? comment mettre le couteau dans le cœur de ses parents? Il ébranla Rustan ; mais Ébène le raffermit et leva tous ses scrupules.

Le jeune homme manquait d'argent pour un si long voyage. Le sage Topaze ne lui en aurait pas fait prêter; Ébène y pourvut. Il prit adroitement le diamant de son maître, en fit faire un faux tout semblable qu'il remit à sa place, et donna le véritable en gage à un Arménien pour quelques milliers de roupies.

Quand le marquis eut ses roupies, tout fut prêt pour le départ. On chargea un éléphant de son bagage; on monta à cheval. Topaze dit à son maître: J'ai pris la liberté de vous faire des remontrances sur votre entreprise; mais, après avoir remontré, il faut obéir; je suis à vous, je vous aime, je vous suivrai jusqu'au bout du monde; mais consultons en chemin l'oracle qui est à deux parasanges d'ici. Rustan y consentit. L'oracle répondit : « Si tu vas à l'orient, tu seras à « l'occident. » Rustan ne comprit rien à cette réponse. Topaze soutint qu'elle ne contenait rien de bon. Ébène, toujours complaisant, lui persuada qu'elle était très favorable.

Il y avait encore un autre oracle dans Cabul; ils y allèrent. L'oracle de Cabul répondit en ces mots : « Si « tu possèdes, tu ne posséderas pas; si tu es vainqueur, « tu ne vaincras pas; si tu es Rustan, tu ne le seras « pas. » Cet oracle parut encore plus inintelligible que l'autre. Prenez garde à vous, disait Topaze. Ne redoutez rien, disait Ébène; et ce ministre, comme on peut le croire, avait toujours raison auprès de son maître, dont il encourageait la passion et l'espérance.

Au sortir de Cabul, on marcha par une grande forêt, on s'assit sur l'herbe pour manger, on laissa les chevaux paître. On se préparait à décharger l'éléphant

qui portait le dîner et le service, lorsqu'on s'aperçut que Topaze et Ébène n'étaient plus avec la petite caravane. On les appelle; la forêt retentit des noms d'Ébène et de Topaze. Les valets les cherchent de tous côtés, et remplissent la forêt de leurs cris; ils reviennent sans avoir rien vu, sans qu'on leur ait répondu. Nous n'avons trouvé, dirent-ils à Rustan, qu'un vautour qui se battait avec un aigle, et qui lui ôtait toutes ses plumes. Le récit de ce combat piqua la curiosité de Rustan; il alla à pied sur le lieu, il n'aperçut ni vautour ni aigle; mais il vit son éléphant, encore tout chargé de son bagage, qui était assailli par un gros rhinocéros. L'un frappait de sa corne, l'autre de sa trompe. Le rhinocéros lâcha prise à la vue de Rustan; on ramena son éléphant, mais on ne trouva plus les chevaux. Il arrive d'étranges choses dans les forêts quand on voyage! s'écriait Rustan. Les valets étaient consternés, et le maître au désespoir d'avoir perdu à-la-fois ses chevaux, son cher nègre, et le sage Topaze pour lequel il avait toujours de l'amitié, quoiqu'il ne fût jamais de son avis.

L'espérance d'être bientôt aux pieds de la belle princesse de Cachemire le consolait, quand il rencontra un grand âne rayé, à qui un rustre vigoureux et terrible donnait cent coups de bâton. Rien n'est si beau, ni si rare, ni si léger à la course que les ânes de cette espèce. Celui-ci répondait aux coups redoublés du vilain par des ruades qui auraient pu déraciner un chêne. Le jeune mirza prit, comme de raison, le parti de l'âne, qui était une créature charmante. Le rustre s'enfuit en disant à l'âne, Tu me le paieras. L'âne re-

mercia son libérateur en son langage, s'approcha, se laissa caresser, et caressa. Rustan monte dessus après avoir dîné, et prend le chemin de Cachemire avec ses domestiques, qui suivent les uns à pied, les autres montés sur l'éléphant.

A peine était-il sur son âne que cet animal tourne vers Cabul, au lieu de suivre la route de Cachemire. Son maître a beau tourner la bride, donner des saccades, serrer les genoux, appuyer des éperons, rendre la bride, tirer à lui, fouetter à droite et à gauche, l'animal opiniâtre courait toujours vers Cabul.

Rustan suait, se démenait, se désespérait, quand il rencontre un marchand de chameaux qui lui dit : Maître, vous avez là un âne bien malin qui vous mène où vous ne voulez pas aller; si vous voulez me le céder, je vous donnerai quatre de mes chameaux à choisir. Rustan remercia la Providence de lui avoir procuré un si bon marché. Topaze avait grand tort, dit-il, de me dire que mon voyage serait malheureux. Il monte sur le plus beau chameau, les trois autres suivent; il rejoint sa caravane, et se voit dans le chemin de son bonheur.

A peine a-t-il marché quatre parasanges qu'il est arrêté par un torrent profond, large, et impétueux, qui roulait des rochers blanchis d'écume. Les deux rivages étaient des précipices affreux qui éblouissaient la vue et glaçaient le courage; nul moyen de passer, nul d'aller à droite ou à gauche. Je commence à craindre, dit Rustan, que Topaze n'ait eu raison de blâmer mon voyage, et moi grand tort de l'entreprendre; encore, s'il était ici, il me pourrait donner

quelques bons avis. Si j'avais Ébène, il me consolerait, et il trouverait des expédients ; mais tout me manque. Son embarras était augmenté par la consternation de sa troupe : la nuit était noire, on la passa à se lamenter. Enfin la fatigue et l'abattement endormirent l'amoureux voyageur. Il se réveille au point du jour, et voit un beau pont de marbre élevé sur le torrent d'une rive à l'autre.

Ce furent des exclamations, des cris d'étonnement et de joie. Est-il possible? est-ce un songe? quel prodige! quel enchantement! oserons-nous passer? Toute la troupe se mettait à genoux, se relevait, allait au pont, baisait la terre, regardait le ciel, étendait les mains, posait le pied en tremblant, allait, revenait, était en extase; et Rustan disait : Pour le coup le ciel me favorise : Topaze ne savait ce qu'il disait; les oracles étaient en ma faveur; Ébène avait raison; mais pourquoi n'est-il pas ici?

A peine la troupe fut-elle au-delà du torrent que voilà le pont qui s'abîme dans l'eau avec un fracas épouvantable. Tant mieux! tant mieux! s'écria Rustan; Dieu soit loué! le ciel soit béni! il ne veut pas que je retourne dans mon pays, où je n'aurais été qu'un simple gentilhomme; il veut que j'épouse ce que j'aime. Je serai prince de Cachemire; c'est ainsi qu'en *possédant* ma maîtresse, je ne *posséderai* pas mon petit marquisat à Candahar. *Je serai Rustan, et je ne le serai pas*, puisque je deviendrai un grand prince : voilà une grande partie de l'oracle expliquée nettement en ma faveur, le reste s'expliquera de même : je suis trop heureux; mais pourquoi Ébène

n'est-il pas auprès de moi? je le regrette mille fois plus que Topaze.

Il avança encore quelques parasanges avec la plus grande allégresse; mais, sur la fin du jour, une enceinte de montagnes plus roides qu'une contrescarpe, et plus hautes que n'aurait été la tour de Babel, si elle avait été achevée, barra entièrement la caravane saisie de crainte.

Tout le monde s'écria : Dieu veut que nous périssions ici! il n'a brisé le pont que pour nous ôter tout espoir de retour; il n'a élevé la montagne que pour nous priver de tout moyen d'avancer. O Rustan! ô malheureux marquis! nous ne verrons jamais Cachemire, nous ne rentrerons jamais dans la terre de Candahar.

La plus cuisante douleur, l'abattement le plus accablant, succédaient dans l'ame de Rustan à la joie immodérée qu'il avait ressentie, aux espérances dont il s'était enivré. Il était bien loin d'interpréter les prophéties à son avantage. O ciel! ô Dieu paternel! faut-il que j'aie perdu mon ami Topaze !

Comme il prononçait ces paroles en poussant de profonds soupirs, et en versant des larmes au milieu de ses suivants désespérés, voilà la base de la montagne qui s'ouvre, une longue galerie en voûte, éclairée de cent mille flambeaux, se présente aux yeux éblouis; et Rustan de s'écrier, et ses gens de se jeter à genoux, et de tomber d'étonnement à la renverse, et de crier miracle! et de dire : Rustan est le favori de Vitsnou, le bien-aimé de Brama; il sera le maître du monde. Rustan le croyait, il était hors de lui,

élevé au-dessus de lui-même. Ah! Ébène, mon cher Ébène! où êtes-vous? que n'êtes-vous témoin de toutes ces merveilles! comment vous ai-je perdu? Belle princesse de Cachemire, quand reverrai-je vos charmes?

Il avance avec ses domestiques, son éléphant, ses chameaux, sous la voûte de la montagne, au bout de laquelle il entre dans une prairie émaillée de fleurs et bordée de ruisseaux : au bout de la prairie ce sont des allées d'arbres à perte de vue; et au bout de ces allées, une rivière, le long de laquelle sont mille maisons de plaisance, avec des jardins délicieux. Il entend partout des concerts de voix et d'instruments; il voit des danses; il se hâte de passer un des ponts de la rivière; il demande au premier homme qu'il rencontre quel est ce beau pays.

Celui auquel il s'adressait lui répondit : Vous êtes dans la province de Cachemire; vous voyez les habitants dans la joie et dans les plaisirs; nous célébrons les noces de notre belle princesse, qui va se marier avec le seigneur Barnabou, à qui son père l'a promise; que Dieu perpétue leur félicité! A ces paroles Rustan tomba évanoui, et le seigneur cachemirien crut qu'il était sujet à l'épilepsie; il le fit porter dans sa maison, où il fut long-temps sans connaissance. On alla chercher les deux plus habiles médecins du canton; ils tâtèrent le pouls du malade qui, ayant repris un peu ses esprits, poussait des sanglots, roulait les yeux, et s'écriait de temps en temps : Topaze, Topaze, vous aviez bien raison!

L'un des deux médecins dit au seigneur cachemi-

rien : Je vois à son accent que c'est un jeune homme de Candahar, à qui l'air de ce pays ne vaut rien ; il faut le renvoyer chez lui ; je vois à ses yeux qu'il est devenu fou ; confiez-le-moi, je le remènerai dans sa patrie, et je le guérirai. L'autre médecin assura qu'il n'était malade que de chagrin, qu'il fallait le mener aux noces de la princesse, et le faire danser. Pendant qu'ils consultaient, le malade reprit ses forces ; les deux médecins furent congédiés, et Rustan demeura tête à tête avec son hôte.

Seigneur, lui dit-il, je vous demande pardon de m'être évanoui devant vous, je sais que cela n'est pas poli ; je vous supplie de vouloir bien accepter mon éléphant, en reconnaissance des bontés dont vous m'avez honoré. Il lui conta ensuite toutes ses aventures, en se gardant bien de lui parler de l'objet de son voyage. Mais, au nom de Vitsnou et de Brama, lui dit-il, apprenez-moi quel est cet heureux Barbabou qui épouse la princesse de Cachemire ; pourquoi son père l'a choisi pour gendre, et pourquoi la princesse l'a accepté pour son époux.

Seigneur, lui dit le Cachemirien, la princesse n'a point du tout accepté Barbabou ; au contraire elle est dans les pleurs, tandis que toute la province célèbre avec joie son mariage ; elle s'est enfermée dans la tour de son palais ; elle ne veut voir aucune des réjouissances qu'on fait pour elle. Rustan, en entendant ces paroles, se sentit renaître ; l'éclat de ses couleurs, que la douleur avait flétries, reparut sur son visage. Dites-moi, je vous prie, continua-t-il, pourquoi le prince

de Cachemire s'obstine à donner sa fille à un Barbabou dont elle ne veut pas.

Voici le fait, répondit le Cachemirien. Savez-vous que notre auguste prince avait perdu un gros diamant et un javelot qui lui tenaient fort au cœur? Ah! je le sais très bien, dit Rustan. Apprenez donc, dit l'hôte, que notre prince, au désespoir de n'avoir point de nouvelles de ses deux bijoux, après les avoir fait longtemps chercher par toute la terre, a promis sa fille à quiconque lui rapporterait l'un ou l'autre. Il est venu un seigneur Barbabou qui était muni du diamant, et il épouse demain la princesse.

Rustan pâlit, bégaya un compliment, prit congé de son hôte, et courut sur son dromadaire à la ville capitale où se devait faire la cérémonie. Il arrive au palais du prince, il dit qu'il a des choses importantes à lui communiquer; il demande une audience; on lui répond que le prince est occupé des préparatifs de la noce : c'est pour cela même, dit-il, que je veux lui parler. Il presse tant qu'il est introduit. Monseigneur, dit-il, que Dieu couronne tous vos jours de gloire et de magnificence ! votre gendre est un fripon.

Comment un fripon ! qu'osez-vous dire? est-ce ainsi qu'on parle à un duc de Cachemire du gendre qu'il a choisi? Oui, un fripon, reprit Rustan; et pour le prouver à votre altesse, c'est que voici votre diamant que je vous rapporte.

Le duc tout étonné confronta les deux diamants; et comme il ne s'y connaissait guère, il ne put dire quel était le véritable. Voilà deux diamants, dit-il,

et je n'ai qu'une fille; me voilà dans un étrange embarras! Il fit venir Barbabou, et lui demanda s'il ne l'avait point trompé. Barbabou jura qu'il avait acheté son diamant d'un Arménien; l'autre ne disait pas de qui il tenait le sien, mais il proposa un expédient : ce fut qu'il plût à son altesse de le faire combattre sur-le-champ contre son rival. Ce n'est pas assez que votre gendre donne un diamant, disait-il, il faut aussi qu'il donne des preuves de valeur : ne trouvez-vous pas bon que celui qui tuera l'autre épouse la princesse? Très bon, répondit le prince, ce sera un fort beau spectacle pour la cour; battez-vous vite tous deux; le vainqueur prendra les armes du vaincu, selon l'usage de Cachemire, et il épousera ma fille.

Les deux prétendants descendent aussitôt dans la cour. Il y avait sur l'escalier une pie et un corbeau. Le corbeau criait, Battez-vous, battez-vous; la pie, Ne vous battez pas. Cela fit rire le prince; les deux rivaux y prirent garde à peine : ils commencent le combat; tous les courtisans fesaient un cercle autour d'eux. La princesse, se tenant toujours renfermée dans sa tour, ne voulut point assister à ce spectacle; elle était bien loin de se douter que son amant fût à Cachemire, et elle avait tant d'horreur pour Barbabou, qu'elle ne voulait rien voir. Le combat se passa le mieux du monde; Barbabou fut tué roide, et le peuple en fut charmé parcequ'il était laid, et que Rustan était fort joli : c'est presque toujours ce qui décide de la faveur publique.

Le vainqueur revêtit la cotte de maille, l'écharpe, et le casque du vaincu, et vint, suivi de toute la cour,

au son des fanfares, se présenter sous les fenêtres de sa maîtresse. Tout le monde criait : Belle princesse, venez voir votre beau mari qui a tué son vilain rival ; ses femmes répétaient ces paroles. La princesse mit par malheur la tête à la fenêtre, et voyant l'armure d'un homme qu'elle abhorrait, elle courut en désespérée à son coffre de la Chine, et tira le javelot fatal qui alla percer son cher Rustan au défaut de la cuirasse ; il jeta un grand cri, et à ce cri la princesse crut reconnaître la voix de son malheureux amant.

Elle descend échevelée, la mort dans les yeux et dans le cœur. Rustan était déjà tombé tout sanglant dans les bras de son père. Elle le voit : ô moment ! ô vue ! ô reconnaissance dont on ne peut exprimer ni la douleur, ni la tendresse, ni l'horreur ! Elle se jette sur lui, elle l'embrasse : Tu reçois, lui dit-elle, les premiers et les derniers baisers de ton amante et de ta meurtrière. Elle retire le dard de la plaie, l'enfonce dans son cœur, et meurt sur l'amant qu'elle adore. Le père épouvanté, éperdu, prêt à mourir comme elle, tâche en vain de la rappeler à la vie ; elle n'était plus. Il maudit ce dard fatal, le brise en morceaux, jette au loin ses deux diamants funestes ; et, tandis qu'on prépare les funérailles de sa fille, au lieu de son mariage, il fait transporter dans son palais Rustan ensanglanté, qui avait encore un reste de vie.

On le porte dans un lit. La première chose qu'il voit aux deux côtés de ce lit de mort, c'est Topaze et Ébène. Sa surprise lui rendit un peu de force. Ah ! cruels, dit-il, pourquoi m'avez-vous abandonné ? peut-être la princesse vivrait encore, si vous aviez été près

du malheureux Rustan. Je ne vous ai pas abandonné un seul moment, dit Topaze. J'ai toujours été près de vous, dit Ébène.

Ah! que dites-vous? pourquoi insulter à mes derniers moments? répondit Rustan d'une voix languissante. Vous pouvez m'en croire, dit Topaze; vous savez que je n'approuvai jamais ce fatal voyage dont je prévoyais les horribles suites. C'est moi qui étais l'aigle qui a combattu contre le vautour, et qu'il a déplumé; j'étais l'éléphant qui emportait le bagage, pour vous forcer à retourner dans votre patrie; j'étais l'âne rayé qui vous ramenait malgré vous chez votre père: c'est moi qui ai égaré vos chevaux; c'est moi qui ai formé le torrent qui vous empêchait de passer; c'est moi qui ai élevé la montagne qui vous fermait un chemin si funeste; j'étais le médecin qui vous conseillait l'air natal; j'étais la pie qui vous criait de ne point combattre.

Et moi, dit Ébène, j'étais le vautour qui a déplumé l'aigle; le rhinocéros qui donnait cent coups de corne à l'éléphant, le vilain qui battait l'âne rayé; le marchand qui vous donnait des chameaux pour courir à votre perte; j'ai bâti le pont sur lequel vous avez passé; j'ai creusé la caverne que vous avez traversée; je suis le médecin qui vous encourageait à marcher; le corbeau qui vous criait de vous battre.

Hélas! souviens-toi des oracles, dit Topaze: *Si tu vas à l'orient, tu seras à l'occident.* Oui, dit Ébène, on ensevelit ici les morts le visage tourné à l'occident: l'oracle était clair, que ne l'as-tu compris? *Tu as possédé, et tu ne possédais pas;* car tu avais le

diamant, mais il était faux, et tu n'en savais rien. Tu es vainqueur, et tu meurs; tu es Rustan, et tu cesses de l'être: tout a été accompli.

Comme il parlait ainsi, quatre ailes blanches couvrirent le corps de Topaze, et quatre ailes noires celui d'Ébène. Que vois-je? s'écria Rustan. Topaze et Ébène répondirent ensemble: Tu vois tes deux génies. Eh! messieurs, leur dit le malheureux Rustan, de quoi vous mêliez-vous? et pourquoi deux génies pour un pauvre homme? C'est la loi, dit Topaze; chaque homme a ses deux génies, c'est Platon qui l'a dit le premier[1], et d'autres l'ont répété ensuite; tu vois que rien n'est plus véritable: moi, qui te parle, je suis ton bon génie, et ma charge était de veiller auprès de toi jusqu'au dernier moment de ta vie; je m'en suis fidèlement acquitté.

Mais, dit le mourant, si ton emploi était de me servir, je suis donc d'une nature fort supérieure à la tienne; et puis comment oses-tu dire que tu es mon bon génie, quand tu m'as laissé tromper dans tout ce que j'ai entrepris, et que tu me laisses mourir moi et ma maîtresse misérablement? Hélas! c'était ta destinée, dit Topaze. Si c'est la destinée qui fait tout, dit le mourant, à quoi un génie est-il bon? Et toi, Ébène, avec tes quatre ailes noires, tu es apparemment mon mauvais génie? Vous l'avez dit, répondit Ébène. Mais tu étais donc aussi le mauvais génie de ma princesse? Non, elle avait le sien, et je l'ai parfaitement secondé. Ah! maudit Ébène, si tu es si méchant, tu n'appartiens donc pas au même maître que Topaze? vous avez

[1] Voyez tome XXX, page 38. B.

été formés tous deux par deux principes différents, dont l'un est bon, et l'autre méchant de sa nature? Ce n'est pas une conséquence, dit Ébène, mais c'est une grande difficulté. Il n'est pas possible, reprit l'agonisant, qu'un être favorable ait fait un génie si funeste. Possible ou non possible, repartit Ébène, la chose est comme je te le dis. Hélas ! dit Topaze, mon pauvre ami, ne vois-tu pas que ce coquin-là a encore la malice de te faire disputer pour allumer ton sang et précipiter l'heure de ta mort? Va, je ne suis guère plus content de toi que de lui, dit le triste Rustan : il avoue du moins qu'il a voulu me faire du mal ; et toi, qui prétendais me défendre, tu ne m'as servi de rien. J'en suis bien fâché, dit le bon génie. Et moi aussi, dit le mourant ; il y a quelque chose là-dessous que je ne comprends pas. Ni moi non plus, dit le pauvre bon génie. J'en serai instruit dans un moment, dit Rustan. C'est ce que nous verrons, dit Topaze. Alors tout disparut. Rustan se retrouva dans la maison de son père, dont il n'était pas sorti, et dans son lit où il avait dormi une heure.

Il se réveille en sursaut, tout en sueur, tout égaré ; il se tâte, il appelle, il crie, il sonne. Son valet de chambre, Topaze, accourt en bonnet de nuit, et tout en bâillant. Suis-je mort, suis-je en vie? s'écria Rustan; la belle princesse de Cachemire en réchappera-t-elle?.... Monseigneur rêve-t-il? répondit froidement Topaze.

Ah! s'écriait Rustan, qu'est donc devenu ce barbare Ébène avec ses quatre ailes noires? c'est lui qui me fait mourir d'une mort si cruelle. — Monseigneur, je l'ai laissé là-haut qui ronfle ; voulez-vous qu'on le

fasse descendre? — Le scélérat! il y a six mois entiers qu'il me persécute; c'est lui qui me mena à cette fatale foire de Cabul ; c'est lui qui m'escamota le diamant que m'avait donné la princesse; il est seul la cause de mon voyage, de la mort de ma princesse, et du coup de javelot dont je meurs à la fleur de mon âge.

Rassurez-vous, dit Topaze; vous n'avez jamais été à Cabul; il n'y a point de princesse de Cachemire; son père n'a jamais eu que deux garçons qui sont actuellement au collége. Vous n'avez jamais eu de diamant; la princesse ne peut être morte, puisqu'elle n'est pas née; et vous vous portez à merveille.

Comment! il n'est pas vrai que tu m'assistais à la mort dans le lit du prince de Cachemire? Ne m'as-tu pas avoué que, pour me garantir de tant de malheurs, tu avais été aigle, éléphant, âne rayé, médecin, et pie? — Monseigneur, vous avez rêvé tout cela : nos idées ne dépendent pas plus de nous dans le sommeil que dans la veille. Dieu a voulu que cette file d'idées vous ait passé par la tête, pour vous donner apparemment quelque instruction dont vous ferez votre profit.

Tu te moques de moi, reprit Rustan ; combien de temps ai-je dormi? — Monseigneur, vous n'avez encore dormi qu'une heure. — Eh bien! maudit raisonneur, comment veux-tu qu'en une heure de temps j'aie été à la foire de Cabul il y a six mois, que j'en sois revenu, que j'aie fait le voyage de Cachemire, et que nous soyons morts, Barbabou, la princesse, et moi? — Monseigneur, il n'y a rien de plus aisé et de plus ordinaire, et vous auriez pu réellement faire le

tour du monde, et avoir beaucoup plus d'aventures en bien moins de temps.

N'est-il pas vrai que vous pouvez lire en une heure l'abrégé de l'histoire des Perses, écrite par Zoroastre? cependant cet abrégé contient huit cent mille années. Tous ces événements passent sous vos yeux l'un après l'autre en une heure ; or vous m'avouerez qu'il est aussi aisé à Brama de les resserrer tous dans l'espace d'une heure que de les étendre dans l'espace de huit cent mille années ; c'est précisément la même chose. Figurez-vous que le temps tourne sur une roue dont le diamètre est infini. Sous cette roue immense est une multitude innombrable de roues les unes dans les autres ; celle du centre est imperceptible, et fait un nombre infini de tours précisément dans le même temps que la grande roue n'en achève qu'un. Il est clair que tous les événements, depuis le commencement du monde jusqu'à sa fin, peuvent arriver successivement en beaucoup moins de temps que la cent-millième partie d'une seconde ; et on peut dire même que la chose est ainsi.

Je n'y entends rien, dit Rustan. Si vous voulez, dit Topaze, j'ai un perroquet qui vous le fera aisément comprendre. Il est né quelque temps avant le déluge, il a été dans l'arche ; il a beaucoup vu ; cependant il n'a encore qu'un an et demi : il vous contera son histoire, qui est fort intéressante.

Allez vite chercher votre perroquet, dit Rustan ; il m'amusera jusqu'à ce que je puisse me rendormir. Il est chez ma sœur la religieuse, dit Topaze ; je vais le chercher, vous en serez content ; sa mémoire est

fidèle, il conte simplement, sans chercher à montrer de l'esprit à tout propos, et sans faire des phrases. Tant mieux, dit Rustan, voilà comme j'aime les contes. On lui amena le perroquet, lequel parla ainsi.

N. B. Mademoiselle Catherine Vadé n'a jamais pu trouver l'histoire du perroquet dans le portefeuille de feu son cousin Antoine Vadé, auteur de ce conte. C'est grand dommage, vu le temps auquel vivait ce perroquet.— Cette note existe dès 1764. B.

FIN DU BLANC ET LE NOIR.

JEANNOT ET COLIN.

1764¹.

¹ Voyez ma préface en tête de ce volume. B.

JEANNOT ET COLIN.

Plusieurs personnes dignes de foi ont vu Jeannot et Colin à l'école dans la ville d'Issoire, en Auvergne, ville fameuse dans tout l'univers par son collége et par ses chaudrons. Jeannot était fils d'un marchand de mulets très renommé; Colin devait le jour à un brave laboureur des environs, qui cultivait la terre avec quatre mulets, et qui, après avoir payé la taille, le taillon, les aides et gabelles, le sou pour livre, la capitation, et les vingtièmes, ne se trouvait pas puissamment riche au bout de l'année.

Jeannot et Colin étaient fort jolis pour des Auvergnats; ils s'aimaient beaucoup; et ils avaient ensemble de petites privautés, de petites familiarités, dont on se ressouvient toujours avec agrément quand on se rencontre ensuite dans le monde.

Le temps de leurs études était sur le point de finir, quand un tailleur apporta à Jeannot un habit de velours à trois couleurs, avec une veste de Lyon de fort bon goût; le tout était accompagné d'une lettre à M. de La Jeannotière. Colin admira l'habit, et ne fut point jaloux; mais Jeannot prit un air de supériorité qui affligea Colin. Dès ce moment Jeannot n'étudia plus, se regarda au miroir, et méprisa tout le monde. Quelque temps après un valet de chambre arrive en poste, et apporte une seconde lettre à monsieur le marquis

de La Jeannotière; c'était un ordre de monsieur son père de faire venir monsieur son fils à Paris. Jeannot monta en chaise en tendant la main à Colin avec un sourire de protection assez noble. Colin sentit son néant, et pleura. Jeannot partit dans toute la pompe de sa gloire.

Les lecteurs qui aiment à s'instruire doivent savoir que M. Jeannot, le père, avait acquis assez rapidement des biens immenses dans les affaires. Vous demandez comment on fait ces grandes fortunes? C'est parcequ'on est heureux. M. Jeannot était bien fait, sa femme aussi, et elle avait encore de la fraîcheur. Ils allèrent à Paris pour un procès qui les ruinait, lorsque la fortune, qui élève et qui abaisse les hommes à son gré, les présenta à la femme d'un entrepreneur des hôpitaux des armées, homme d'un grand talent, et qui pouvait se vanter d'avoir tué plus de soldats en un an que le canon n'en fait périr en dix. Jeannot plut à madame; la femme de Jeannot plut à monsieur. Jeannot fut bientôt de part dans l'entreprise; il entra dans d'autres affaires. Dès qu'on est dans le fil de l'eau, il n'y a qu'à se laisser aller; on fait sans peine une fortune immense. Les gredins, qui du rivage vous regardent voguer à pleines voiles, ouvrent des yeux étonnés; ils ne savent comment vous avez pu parvenir; ils vous envient au hasard, et font contre vous des brochures que vous ne lisez point. C'est ce qui arriva à Jeannot le père, qui fut bientôt M. de La Jeannotière, et qui, ayant acheté un marquisat au bout de six mois, retira de l'école monsieur le marquis son fils, pour le mettre à Paris dans le beau monde.

Colin, toujours tendre, écrivit une lettre de compliments à son ancien camarade, et lui fit ces lignes pour le congratuler. Le petit marquis ne lui fit point de réponse : Colin en fut malade de douleur.

Le père et la mère donnèrent d'abord un gouverneur au jeune marquis : ce gouverneur, qui était un homme du bel air, et qui ne savait rien, ne put rien enseigner à son pupille. Monsieur voulait que son fils apprît le latin, madame ne le voulait pas. Ils prirent pour arbitre un auteur qui était célèbre alors par des ouvrages agréables. Il fut prié à dîner. Le maître de la maison commença par lui dire : Monsieur, comme vous savez le latin, et que vous êtes un homme de la cour.... Moi, monsieur, du latin ! je n'en sais pas un mot, répondit le bel esprit, et bien m'en a pris : il est clair qu'on parle beaucoup mieux sa langue quand on ne partage pas son application entre elle et les langues étrangères. Voyez toutes nos dames, elles ont l'esprit plus agréable que les hommes ; leurs lettres sont écrites avec cent fois plus de grace ; elles n'ont sur nous cette supériorité que parcequ'elles ne savent pas le latin.

Eh bien ! n'avais-je pas raison ? dit madame. Je veux que mon fils soit un homme d'esprit, qu'il réussisse dans le monde ; et vous voyez bien que, s'il savait le latin, il serait perdu. Joue-t-on, s'il vous plaît, la comédie et l'opéra en latin ? plaide-t-on en latin quand on a un procès ? fait-on l'amour en latin ? Monsieur, ébloui de ces raisons, passa condamnation, et il fut conclu que le jeune marquis ne perdrait point son temps à connaître Cicéron, Horace, et Virgile. Mais

qu'apprendra-t-il donc? car encore faut-il qu'il sache quelque chose; ne pourrait-on pas lui montrer un peu de géographie? A quoi cela lui servira-t-il? répondit le gouverneur. Quand monsieur le marquis ira dans ses terres, les postillons ne sauront-ils pas les chemins? ils ne l'égareront certainement pas. On n'a pas besoin d'un quart de cercle pour voyager, et on va très commodément de Paris en Auvergne, sans qu'il soit besoin de savoir sous quelle latitude on se trouve.

Vous avez raison, répliqua le père; mais j'ai entendu parler d'une belle science qu'on appelle, je crois, l'*astronomie*. Quelle pitié! repartit le gouverneur; se conduit-on par les astres dans ce monde? et faudra-t-il que monsieur le marquis se tue à calculer une éclipse, quand il la trouve à point nommé dans l'almanach, qui lui enseigne de plus les fêtes mobiles, l'âge de la lune, et celui de toutes les princesses de l'Europe?

Madame fut entièrement de l'avis du gouverneur. Le petit marquis était au comble de la joie; le père était très indécis. Que faudra-t-il donc apprendre à mon fils? disait-il. A être aimable, répondit l'ami que l'on consultait; et s'il sait les moyens de plaire, il saura tout: c'est un art qu'il apprendra chez madame sa mère, sans que ni l'un ni l'autre se donnent la moindre peine.

Madame, à ce discours, embrassa le gracieux ignorant, et lui dit: On voit bien, monsieur, que vous êtes l'homme du monde le plus savant; mon fils vous devra toute son éducation: je m'imagine pourtant qu'il ne serait pas mal qu'il sût un peu d'histoire. Hélas!

madame, à quoi cela est-il bon? répondit-il; il n'y a certainement d'agréable et d'utile que l'histoire du jour. Toutes les histoires anciennes, comme le disait un de nos beaux esprits [1], ne sont que des fables convenues; et pour les modernes, c'est un chaos qu'on ne peut débrouiller. Qu'importe à monsieur votre fils que Charlemagne ait institué les douze pairs de France, et que son successeur ait été bègue?

Rien n'est mieux dit! s'écria le gouverneur : on étouffe l'esprit des enfants sous un amas de connaissances inutiles; mais de toutes les sciences la plus absurde, à mon avis, et celle qui est la plus capable d'étouffer toute espèce de génie, c'est la géométrie. Cette science ridicule a pour objet des surfaces, des lignes, et des points, qui n'existent pas dans la nature. On fait passer en esprit cent mille lignes courbes entre un cercle et une ligne droite qui le touche, quoique dans la réalité on n'y puisse pas passer un fétu. La géométrie, en vérité, n'est qu'une mauvaise plaisanterie.

Monsieur et madame n'entendaient pas trop ce que le gouverneur voulait dire; mais ils furent entièrement de son avis.

Un seigneur comme monsieur le marquis, continua-t-il, ne doit pas se dessécher le cerveau dans ces vaines études. Si un jour il a besoin d'un géomètre sublime, pour lever le plan de ses terres, il les fera arpenter pour son argent. S'il veut débrouiller l'antiquité de sa noblesse, qui remonte aux temps les plus reculés, il enverra chercher un bénédictin. Il en est de même de tous les arts. Un jeune seigneur heureuse-

[1] Fontenelle. B.

ment né n'est ni peintre, ni musicien, ni architecte, ni sculpteur; mais il fait fleurir tous ces arts en les encourageant par sa magnificence. Il vaut sans doute mieux les protéger que de les exercer; il suffit que monsieur le marquis ait du goût; c'est aux artistes à travailler pour lui; et c'est en quoi on a très grande raison de dire que les gens de qualité (j'entends ceux qui sont très riches) savent tout sans avoir rien appris, parcequ'en effet ils savent à la longue juger de toutes les choses qu'ils commandent et qu'ils paient.

L'aimable ignorant prit alors la parole, et dit: Vous avez très bien remarqué, madame, que la grande fin de l'homme est de réussir dans la société. De bonne foi, est-ce par les sciences qu'on obtient ce succès? s'est-on jamais avisé dans la bonne compagnie de parler de géométrie? demande-t-on jamais à un honnête homme quel astre se lève aujourd'hui avec le soleil? s'informe-t-on à souper si Clodion-le-Chevelu passa le Rhin? Non, sans doute, s'écria la marquise de La Jeannotière, que ses charmes avaient initiée quelquefois dans le beau monde, et monsieur mon fils ne doit point éteindre son génie par l'étude de tous ces fatras; mais enfin que lui apprendra-t-on? car il est bon qu'un jeune seigneur puisse briller dans l'occasion, comme dit monsieur mon mari. Je me souviens d'avoir ouï dire à un abbé que la plus agréable des sciences était une chose dont j'ai oublié le nom, mais qui commence par un *B*. — Par un *B*, madame? ne serait-ce point la botanique? — Non, ce n'était point de botanique qu'il me parlait; elle commençait, vous dis-je, par un *B*, et finissait par un *on*. — Ah! j'entends, madame;

c'est le blason : c'est, à la vérité, une science fort profonde; mais elle n'est plus à la mode depuis qu'on a perdu l'habitude de faire peindre ses armes aux portières de son carrosse; c'était la chose du monde la plus utile dans un état bien policé. D'ailleurs cette étude serait infinie; il n'y a point aujourd'hui de barbier qui n'ait ses armoiries; et vous savez que tout ce qui devient commun est peu fêté. Enfin, après avoir examiné le fort et le faible des sciences, il fut décidé que monsieur le marquis apprendrait à danser.

La nature, qui fait tout, lui avait donné un talent qui se développa bientôt avec un succès prodigieux; c'était de chanter agréablement des vaudevilles. Les graces de la jeunesse, jointes à ce don supérieur, le firent regarder comme le jeune homme de la plus grande espérance. Il fut aimé des femmes; et ayant la tête toute pleine de chansons, il en fit pour ses maîtresses. Il pillait *Bacchus et l'Amour* dans un vaudeville, *la nuit et le jour* dans un autre, *les charmes et les alarmes* dans un troisième; mais, comme il y avait toujours dans ses vers quelques pieds de plus ou de moins qu'il ne fallait, il les fesait corriger moyennant vingt louis d'or par chanson; et il fut mis dans l'*Année littéraire* au rang des La Fare, des Chaulieu, des Hamilton, des Sarrasin, et des Voiture.

Madame la marquise crut alors être la mère d'un bel esprit, et donna à souper aux beaux esprits de Paris. La tête du jeune homme fut bientôt renversée; il acquit l'art de parler sans s'entendre, et se perfectionna dans l'habitude de n'être propre à rien. Quand

son père le vit si éloquent, il regretta vivement de ne lui avoir pas fait apprendre le latin, car il lui aurait acheté une grande charge dans la robe. La mère, qui avait des sentiments plus nobles, se chargea de solliciter un régiment pour son fils; et en attendant il fit l'amour. L'amour est quelquefois plus cher qu'un régiment. Il dépensa beaucoup, pendant que ses parents s'épuisaient encore davantage à vivre en grands seigneurs.

Une jeune veuve de qualité, leur voisine, qui n'avait qu'une fortune médiocre, voulut bien se résoudre à mettre en sûreté les grands biens de monsieur et de madame de La Jeannotière, en se les appropriant, et en épousant le jeune marquis. Elle l'attira chez elle, se laissa aimer, lui fit entrevoir qu'il ne lui était pas indifférent, le conduisit par degrés, l'enchanta, le subjugua sans peine. Elle lui donnait tantôt des éloges, tantôt des conseils; elle devint la meilleure amie du père et de la mère. Une vieille voisine proposa le mariage; les parents, éblouis de la splendeur de cette alliance, acceptèrent avec joie la proposition : ils donnèrent leur fils unique à leur amie intime. Le jeune marquis allait épouser une femme qu'il adorait et dont il était aimé; les amis de la maison le félicitaient; on allait rédiger les articles, en travaillant aux habits de noce et à l'épithalame.

Il était un matin aux genoux de la charmante épouse que l'amour, l'estime, et l'amitié, allaient lui donner; ils goûtaient, dans une conversation tendre et animée, les prémices de leur bonheur; ils s'arrangeaient pour mener une vie délicieuse, lorsqu'un valet de chambre

de madame la mère arrive tout effaré. Voici bien d'autres nouvelles, dit-il; des huissiers déménagent la maison de monsieur et de madame; tout est saisi par des créanciers; on parle de prise de corps, et je vais faire mes diligences pour être payé de mes gages. Voyons un peu, dit le marquis, ce que c'est que ça, ce que c'est que cette aventure-là. Oui, dit la veuve, allez punir ces coquins-là, allez vite. Il y court, il arrive à la maison; son père était déjà emprisonné: tous les domestiques avaient fui chacun de leur côté, en emportant tout ce qu'ils avaient pu. Sa mère était seule, sans secours, sans consolation, noyée dans les larmes; il ne lui restait rien que le souvenir de sa fortune, de sa beauté, de ses fautes, et de ses folles dépenses.

Après que le fils eut long-temps pleuré avec la mère, il lui dit enfin: Ne nous désespérons pas; cette jeune veuve m'aime éperdument; elle est plus généreuse encore que riche, je réponds d'elle; je vole à elle, et je vais vous l'amener. Il retourne donc chez sa maîtresse, il la trouve tête à tête avec un jeune officier fort aimable. Quoi! c'est vous, M. de La Jeannotière; que venez-vous faire ici? abandonne-t-on ainsi sa mère? Allez chez cette pauvre femme, et dites-lui que je lui veux toujours du bien: j'ai besoin d'une femme de chambre, et je lui donnerai la préférence. Mon garçon, tu me parais assez bien tourné, lui dit l'officier; si tu veux entrer dans ma compagnie, je te donnerai un bon engagement.

Le marquis stupéfait, la rage dans le cœur, alla chercher son ancien gouverneur, déposa ses douleurs

dans son sein, et lui demanda des conseils. Celui-ci lui proposa de se faire, comme lui, gouverneur d'enfants. Hélas! je ne sais rien, vous ne m'avez rien appris, et vous êtes la première cause de mon malheur; et il sanglotait en lui parlant ainsi. Faites des romans, lui dit un bel esprit qui était là; c'est une excellente ressource à Paris.

Le jeune homme, plus désespéré que jamais, courut chez le confesseur de sa mère; c'était un théatin très accrédité, qui ne dirigeait que les femmes de la première considération; dès qu'il le vit, il se précipita vers lui. Eh! mon Dieu! monsieur le marquis, où est votre carrosse? comment se porte la respectable madame la marquise votre mère? Le pauvre malheureux lui conta le désastre de sa famille. A mesure qu'il s'expliquait, le théatin prenait une mine plus grave, plus indifférente, plus imposante: Mon fils, voilà où Dieu vous voulait; les richesses ne servent qu'à corrompre le cœur; Dieu a donc fait la grace à votre mère de la réduire à la mendicité?

Oui, monsieur. —Tant mieux, elle est sûre de son salut. — Mais, mon père, en attendant, n'y aurait-il pas moyen d'obtenir quelques secours dans ce monde? —Adieu, mon fils; il y a une dame de la cour qui m'attend.

Le marquis fut prêt à s'évanouir; il fut traité à peu près de même par tous ses amis, et apprit mieux à connaître le monde dans une demi-journée que dans tout le reste de sa vie.

Comme il était plongé dans l'accablement du désespoir, il vit avancer une chaise roulante, à l'antique,

espèce de tombereau couvert, accompagné de rideaux de cuir, suivi de quatre charrettes énormes toutes chargées. Il y avait dans la chaise un jeune homme grossièrement vêtu; c'était un visage rond et frais qui respirait la douceur et la gaieté. Sa petite femme brune, et assez grossièrement agréable, était cahotée à côté de lui. La voiture n'allait pas comme le char d'un petit-maître : le voyageur eut tout le temps de contempler le marquis immobile, abîmé dans sa douleur. Eh! mon Dieu! s'écria-t-il, je crois que c'est là Jeannot. A ce nom le marquis lève les yeux, la voiture s'arrête: C'est Jeannot lui-même, c'est Jeannot. Le petit homme rebondi ne fait qu'un saut, et court embrasser son ancien camarade. Jeannot reconnut Colin; la honte et les pleurs couvrirent son visage. Tu m'as abandonné, dit Colin; mais tu as beau être grand seigneur, je t'aimerai toujours. Jeannot, confus et attendri, lui conta, en sanglotant, une partie de son histoire. Viens dans l'hôtellerie où je loge me conter le reste, lui dit Colin; embrasse ma petite femme, et allons dîner ensemble.

Ils vont tous trois à pied, suivis du bagage. Qu'est-ce donc que tout cet attirail? vous appartient-il? — Oui, tout est à moi et à ma femme. Nous arrivons du pays; je suis à la tête d'une bonne manufacture de fer étamé et de cuivre. J'ai épousé la fille d'un riche négociant en ustensiles nécessaires aux grands et aux petits; nous travaillons beaucoup; Dieu nous bénit; nous n'avons point changé d'état, nous sommes heureux, nous aiderons notre ami Jeannot. Ne sois plus marquis; toutes les grandeurs de ce monde ne valent

pas un bon ami. Tu reviendras avec moi au pays, je t'apprendrai le métier, il n'est pas bien difficile; je te mettrai de part, et nous vivrons gaiement dans le coin de terre où nous sommes nés.

Jeannot éperdu se sentait partagé entre la douleur et la joie, la tendresse et la honte; et il se disait tout bas : Tous mes amis du bel air m'ont trahi, et Colin, que j'ai méprisé, vient seul à mon secours. Quelle instruction! La bonté d'ame de Colin développe dans le cœur de Jeannot le germe du bon naturel, que le monde n'avait pas encore étouffé. Il sentit qu'il ne pouvait abandonner son père et sa mère. Nous aurons soin de ta mère, dit Colin; et quant à ton bon-homme de père, qui est en prison, j'entends un peu les affaires; ses créanciers, voyant qu'il n'a plus rien, s'accommoderont pour peu de chose; je me charge de tout. Colin fit tant qu'il tira le père de prison. Jeannot retourna dans sa patrie avec ses parents, qui reprirent leur première profession. Il épousa une sœur de Colin, laquelle étant de même humeur que le frère, le rendit très heureux. Et Jeannot le père, et Jeannotte la mère, et Jeannot le fils, virent que le bonheur n'est pas dans la vanité.

FIN DE JEANNOT ET COLIN.

L'INGÉNU,

HISTOIRE VÉRITABLE

TIRÉE DES MANUSCRITS DU P. QUESNEL.

1767[1].

[1] Voyez ma préface en tête de ce volume. B.

L'INGÉNU.

CHAPITRE I.

Comment le prieur de Notre-Dame de la Montagne et mademoiselle sa sœur rencontrèrent un Huron.

Un jour saint Dunstan, Irlandais de nation et saint de profession, partit d'Irlande sur une petite montagne qui vogua vers les côtes de France, et arriva par cette voiture à la baie de Saint-Malo. Quand il fut à bord, il donna la bénédiction à sa montagne, qui lui fit de profondes révérences, et s'en retourna en Irlande par le même chemin qu'elle était venue.

Dunstan fonda un petit prieuré dans ces quartiers-là, et lui donna le nom de prieuré de la Montagne, qu'il porte encore, comme un chacun sait.

En l'année 1689, le 15 juillet au soir, l'abbé de Kerkabon, prieur de Notre-Dame de la Montagne, se promenait sur le bord de la mer avec mademoiselle de Kerkabon, sa sœur, pour prendre le frais. Le prieur, déjà un peu sur l'âge, était un très bon ecclésiastique, aimé de ses voisins, après l'avoir été autrefois de ses voisines. Ce qui lui avait donné surtout une grande considération, c'est qu'il était le seul bénéficier du pays qu'on ne fût pas obligé de porter dans son lit quand il avait soupé avec ses confrères. Il savait assez honnêtement de théologie; et quand il était las de lire saint

Augustin, il s'amusait avec Rabelais : aussi tout le monde disait du bien de lui.

Mademoiselle de Kerkabon, qui n'avait jamais été mariée, quoiqu'elle eût grande envie de l'être, conservait de la fraîcheur à l'âge de quarante-cinq ans; son caractère était bon et sensible; elle aimait le plaisir, et était dévote.

Le prieur disait à sa sœur, en regardant la mer : Hélas! c'est ici que s'embarqua notre pauvre frère avec notre chère belle-sœur madame de Kerkabon, sa femme, sur la frégate *l'Hirondelle*, en 1669, pour aller servir en Canada. S'il n'avait pas été tué, nous pourrions espérer de le revoir encore.

Croyez-vous, disait mademoiselle de Kerkabon, que notre belle-sœur ait été mangée par les Iroquois, comme on nous l'a dit? Il est certain que si elle n'avait pas été mangée, elle serait revenue au pays. Je la pleurerai toute ma vie; c'était une femme charmante; et notre frère qui avait beaucoup d'esprit aurait fait assurément une grande fortune.

Comme ils s'attendrissaient l'un et l'autre à ce souvenir, ils virent entrer dans la baie de Rance un petit bâtiment qui arrivait avec la marée : c'étaient des Anglais qui venaient vendre quelques denrées de leur pays. Ils sautèrent à terre, sans regarder monsieur le prieur ni mademoiselle sa sœur, qui fut très choquée du peu d'attention qu'on avait pour elle.

Il n'en fut pas de même d'un jeune homme très bien fait qui s'élança d'un saut par-dessus la tête de ses compagnons, et se trouva vis-à-vis mademoiselle. Il lui fit un signe de tête, n'étant pas dans l'usage de

CHAPITRE I.

faire la révérence. Sa figure et son ajustement attirèrent les regards du frère et de la sœur. Il était nu-tête et nu-jambes, les pieds chaussés de petites sandales, le chef orné de longs cheveux en tresses, un petit pourpoint qui serrait une taille fine et dégagée; l'air martial et doux. Il tenait dans sa main une petite bouteille d'eau des Barbades, et dans l'autre une espèce de bourse dans laquelle était un gobelet et de très bon biscuit de mer. Il parlait français fort intelligiblement. Il présenta de son eau des Barbades à mademoiselle de Kerkabon et à monsieur son frère; il en but avec eux : il leur en fit reboire encore, et tout cela d'un air si simple et si naturel, que le frère et la sœur en furent charmés. Ils lui offrirent leurs services, en lui demandant qui il était et où il allait. Le jeune homme leur répondit qu'il n'en savait rien, qu'il était curieux, qu'il avait voulu voir comment les côtes de France étaient faites, qu'il était venu, et allait s'en retourner.

Monsieur le prieur jugeant à son accent qu'il n'était pas Anglais, prit la liberté de lui demander de quel pays il était. Je suis Huron, lui répondit le jeune homme.

Mademoiselle de Kerkabon, étonnée et enchantée de voir un Huron qui lui avait fait des politesses, pria le jeune homme à souper; il ne se fit pas prier deux fois, et tous trois allèrent de compagnie au prieuré de Notre-Dame de la Montagne.

La courte et ronde demoiselle le regardait de tous ses petits yeux, et disait de temps en temps au prieur : Ce grand garçon-là a un teint de lis et de rose! qu'il

a une belle peau pour un Huron! Vous avez raison, ma sœur, disait le prieur. Elle fesait cent questions coup sur coup, et le voyageur répondait toujours fort juste.

Le bruit se répandit bientôt qu'il y avait un Huron au prieuré. La bonne compagnie du canton s'empressa d'y venir souper. L'abbé de Saint-Yves y vint avec mademoiselle sa sœur, jeune basse-brette, fort jolie et très bien élevée. Le bailli, le receveur des tailles, et leurs femmes furent du souper. On plaça l'étranger entre mademoiselle de Kerkabon et mademoiselle de Saint-Yves. Tout le monde le regardait avec admiration; tout le monde lui parlait et l'interrogeait à-la-fois; le Huron ne s'en émouvait pas. Il semblait qu'il eût pris pour sa devise celle de milord Bolingbroke, *Nihil admirari*. Mais à la fin, excédé de tant de bruit, il leur dit avec assez de douceur, mais avec un peu de fermeté: Messieurs, dans mon pays on parle l'un après l'autre; comment voulez-vous que je vous réponde quand vous m'empêchez de vous entendre? La raison fait toujours rentrer les hommes en eux-mêmes pour quelques moments: il se fit un grand silence. Monsieur le bailli, qui s'emparait toujours des étrangers dans quelque maison qu'il se trouvât, et qui était le plus grand questionneur de la province, lui dit en ouvrant la bouche d'un demi-pied: Monsieur, comment vous nommez-vous? On m'a toujours appelé l'Ingénu, reprit le Huron, et on m'a confirmé ce nom en Angleterre, parceque je dis toujours naïvement ce que je pense, comme je fais tout ce que je veux.

Comment, étant né Huron, avez-vous pu, monsieur,

venir en Angleterre ? C'est qu'on m'y a mené; j'ai été fait, dans un combat, prisonnier par les Anglais, après m'être assez bien défendu; et les Anglais, qui aiment la bravoure, parcequ'ils sont braves et qu'ils sont aussi honnêtes que nous, m'ayant proposé de me rendre à mes parents ou de venir en Angleterre, j'acceptai le dernier parti, parceque de mon naturel j'aime passionnément à voir du pays.

Mais, monsieur, dit le bailli avec son ton imposant, comment avez-vous pu abandonner ainsi père et mère ? C'est que je n'ai jamais connu ni père ni mère, dit l'étranger. La compagnie s'attendrit, et tout le monde répétait, *Ni père, ni mère !* Nous lui en servirons, dit la maîtresse de la maison à son frère le prieur : que ce monsieur le Huron est intéressant ! L'Ingénu la remercia avec une cordialité noble et fière, et lui fit comprendre qu'il n'avait besoin de rien.

Je m'aperçois, monsieur l'Ingénu, dit le grave bailli, que vous parlez mieux français qu'il n'appartient à un Huron. Un Français, dit-il, que nous avions pris dans ma grande jeunesse en Huronie, et pour qui je conçus beaucoup d'amitié, m'enseigna sa langue; j'apprends très vite ce que je veux apprendre. J'ai trouvé en arrivant à Plymouth un de vos Français réfugiés que vous appelez *huguenots*, je ne sais pourquoi; il m'a fait faire quelques progrès dans la connaissance de votre langue; et dès que j'ai pu m'exprimer intelligiblement, je suis venu voir votre pays, parceque j'aime assez les Français quand ils ne font pas trop de questions.

L'abbé de Saint-Yves, malgré ce petit avertisse-

ment, lui demanda laquelle des trois langues lui plaisait davantage, la hurone, l'anglaise, ou la française. La hurone, sans contredit, répondit l'Ingénu. Est-il possible? s'écria mademoiselle de Kerkabon; j'avais toujours cru que le français était la plus belle de toutes les langues après le bas-breton.

Alors ce fut à qui demanderait à l'Ingénu comment on disait en huron du tabac, et il répondait *taya*: comment on disait manger, et il répondait *essenten*. Mademoiselle de Kerkabon voulut absolument savoir comment on disait faire l'amour; il lui répondit *trovander*[a]; et soutint, non sans apparence de raison, que ces mots-là valaient bien les mots français et anglais qui leur correspondaient. *Trovander* parut très joli à tous les convives.

Monsieur le prieur, qui avait dans sa bibliothèque la grammaire hurone dont le révérend P. Sagar Théodat, récollet, fameux missionnaire, lui avait fait présent, sortit de table un moment pour l'aller consulter. Il revint tout haletant de tendresse et de joie; il reconnut l'Ingénu pour un vrai Huron. On disputa un peu sur la multiplicité des langues, et on convint que, sans l'aventure de la tour de Babel, toute la terre aurait parlé français.

L'interrogant bailli, qui jusque-là s'était défié un peu du personnage, conçut pour lui un profond respect; il lui parla avec plus de civilité qu'auparavant, de quoi l'Ingénu ne s'aperçut pas.

Mademoiselle de Saint-Yves était fort curieuse de savoir comment on fesait l'amour au pays des Hurons.

[a] Tous ces noms sont en effet hurons.

En fesant de belles actions, répondit-il, pour plaire aux personnes qui vous ressemblent. Tous les convives applaudirent avec étonnement. Mademoiselle de Saint-Yves rougit et fut fort aise. Mademoiselle de Kerkabon rougit aussi, mais elle n'était pas si aise; elle fut un peu piquée que la galanterie ne s'adressât pas à elle; mais elle était si bonne personne, que son affection pour le Huron n'en fut point du tout altérée. Elle lui demanda, avec beaucoup de bonté, combien il avait eu de maîtresses en Huronie. Je n'en ai jamais eu qu'une, dit l'Ingénu; c'était mademoiselle Abacaba, la bonne amie de ma chère nourrice; les joncs ne sont pas plus droits, l'hermine n'est pas plus blanche, les moutons sont moins doux, les aigles moins fiers, et les cerfs ne sont pas si légers que l'était Abacaba. Elle poursuivait un jour un lièvre dans notre voisinage, environ à cinquante lieues de notre habitation; un Algonquin mal élevé, qui habitait cent lieues plus loin, vint lui prendre son lièvre; je le sus, j'y courus, je terrassai l'Algonquin d'un coup de massue, je l'amenai aux pieds de ma maîtresse, pieds et poings liés. Les parents d'Abacaba voulurent le manger, mais je n'eus jamais de goût pour ces sortes de festins; je lui rendis sa liberté, j'en fis un ami. Abacaba fut si touchée de mon procédé qu'elle me préféra à tous ses amants. Elle m'aimerait encore si elle n'avait pas été mangée par un ours: j'ai puni l'ours, j'ai porté long-temps sa peau; mais cela ne m'a pas consolé.

Mademoiselle de Saint-Yves, à ce récit, sentait un plaisir secret d'apprendre que l'Ingénu n'avait eu qu'une maîtresse, et qu'Abacaba n'était plus; mais

elle ne démêlait pas la cause de son plaisir. Tout le monde fixait les yeux sur l'Ingénu; on le louait beaucoup d'avoir empêché ses camarades de manger un Algonquin.

L'impitoyable bailli, qui ne pouvait réprimer sa fureur de questionner, poussa enfin la curiosité jusqu'à s'informer de quelle religion était M. le Huron; s'il avait choisi la religion anglicane, ou la gallicane, ou la huguenote? Je suis de ma religion, dit-il, comme vous de la vôtre. Hélas! s'écria la Kerkabon, je vois bien que ces malheureux Anglais n'ont pas seulement songé à le baptiser. Eh! mon Dieu, disait mademoiselle de Saint-Yves, comment se peut-il que les Hurons ne soient pas catholiques? Est-ce que les révérends pères jésuites ne les ont pas tous convertis? L'Ingénu l'assura que dans son pays on ne convertissait personne; que jamais un vrai Huron n'avait changé d'opinion, et que même il n'y avait point dans sa langue de terme qui signifiât *inconstance*. Ces derniers mots plurent extrêmement à mademoiselle de Saint-Yves.

Nous le baptiserons, nous le baptiserons, disait la Kerkabon à M. le prieur; vous en aurez l'honneur, mon cher frère; je veux absolument être sa marraine: M. l'abbé de Saint-Yves le présentera sur les fonts: ce sera une cérémonie bien brillante; il en sera parlé dans toute la Basse-Bretagne, et cela nous fera un honneur infini. Toute la compagnie seconda la maîtresse de la maison; tous les convives criaient: Nous le baptiserons! L'Ingénu répondit qu'en Angleterre on laissait vivre les gens à leur fantaisie. Il témoigna que la proposition ne lui plaisait point du

tout, et que la loi des Hurons valait pour le moins la loi des Bas-Bretons; enfin il dit qu'il repartait le lendemain. On acheva de vider sa bouteille d'eau des Barbades, et chacun s'alla coucher.

Quand on eut reconduit l'Ingénu dans sa chambre, mademoiselle de Kerkabon et son amie mademoiselle de Saint-Yves ne purent se tenir de regarder par le trou d'une large serrure pour voir comment dormait un Huron. Elles virent qu'il avait étendu la couverture du lit sur le plancher, et qu'il reposait dans la plus belle attitude du monde.

CHAPITRE II.

Le Huron, nommé l'Ingénu, reconnu de ses parents.

L'Ingénu, selon sa coutume, s'éveilla avec le soleil, au chant du coq, qu'on appelle en Angleterre et en Huronie *la trompette du jour*. Il n'était pas comme la bonne compagnie, qui languit dans un lit oiseux jusqu'à ce que le soleil ait fait la moitié de son tour, qui ne peut ni dormir ni se lever, qui perd tant d'heures précieuses dans cet état mitoyen entre la vie et la mort, et qui se plaint encore que la vie est trop courte.

Il avait déjà fait deux ou trois lieues, il avait tué trente pièces de gibier à balle seule, lorsqu'en rentrant il trouva monsieur le prieur de Notre-Dame de la Montagne et sa discrète sœur, se promenant en bonnet de nuit dans leur petit jardin. Il leur présenta toute sa chasse, et en tirant de sa chemise une espèce de petit talisman qu'il portait toujours à son cou, il les

pria de l'accepter en reconnaissance de leur bonne réception. C'est ce que j'ai de plus précieux, leur dit-il; on m'a assuré que je serais toujours heureux tant que je porterais ce petit brimborion sur moi, et je vous le donne afin que vous soyez toujours heureux.

Le prieur et mademoiselle sourirent avec attendrissement de la naïveté de l'Ingénu. Ce présent consistait en deux petits portraits assez mal faits, attachés ensemble avec une courroie fort grasse.

Mademoiselle de Kerkabon lui demanda s'il y avait des peintres en Huronie. Non, dit l'Ingénu; cette rareté me vient de ma nourrice; son mari l'avait eue par conquête, en dépouillant quelques Français du Canada qui nous avaient fait la guerre; c'est tout ce que j'en ai su.

Le prieur regardait attentivement ces portraits; il changea de couleur, il s'émut, ses mains tremblèrent. Par Notre-Dame de la Montagne, s'écria-t-il, je crois que voilà le visage de mon frère le capitaine et de sa femme! Mademoiselle, après les avoir considérés avec la même émotion, en jugea de même. Tous deux étaient saisis d'étonnement et d'une joie mêlée de douleur; tous deux s'attendrissaient; tous deux pleuraient; leur cœur palpitait; ils poussaient des cris; ils s'arrachaient les portraits; chacun d'eux les prenait et les rendait vingt fois en une seconde; ils dévoraient des yeux les portraits et le Huron; ils lui demandaient l'un après l'autre, et tous deux à-la-fois, en quel lieu, en quel temps, comment ces miniatures étaient tombées entre les mains de sa nourrice; ils rapprochaient, ils comptaient les temps depuis le dé-

part du capitaine; ils se souvenaient d'avoir eu nouvelle qu'il avait été jusqu'au pays des Hurons, et que depuis ce temps ils n'en avaient jamais entendu parler.

L'Ingénu leur avait dit qu'il n'avait connu ni père ni mère. Le prieur, qui était homme de sens, remarqua que l'Ingénu avait un peu de barbe; il savait très bien que les Hurons n'en ont point. Son menton est cotonné, il est donc fils d'un homme d'Europe: mon frère et ma belle-sœur ne parurent plus après l'expédition contre les Hurons, en 1669: mon neveu devait alors être à la mamelle: la nourrice hurone lui a sauvé la vie et lui a servi de mère. Enfin, après cent questions et cent réponses, le prieur et sa sœur conclurent que le Huron était leur propre neveu. Ils l'embrassaient en versant des larmes; et l'Ingénu riait, ne pouvant s'imaginer qu'un Huron fût neveu d'un prieur bas-breton.

Toute la compagnie descendit; M. de Saint-Yves, qui était grand physionomiste, compara les deux portraits avec le visage de l'Ingénu; il fit très habilement remarquer qu'il avait les yeux de sa mère, le front et le nez de feu monsieur le capitaine de Kerkabon, et des joues qui tenaient de l'un et de l'autre.

Mademoiselle de Saint-Yves, qui n'avait jamais vu le père ni la mère, assura que l'Ingénu leur ressemblait parfaitement. Ils admiraient tous la Providence et l'enchaînement des événements de ce monde. Enfin on était si persuadé, si convaincu de la naissance de l'Ingénu, qu'il consentit lui-même à être neveu de monsieur le prieur, en disant qu'il aimait autant l'avoir pour oncle qu'un autre.

On alla rendre grace à Dieu dans l'église de Notre-Dame de la Montagne, tandis que le Huron d'un air indifférent s'amusait à boire dans la maison.

Les Anglais qui l'avaient amené, et qui étaient prêts à mettre à la voile, vinrent lui dire qu'il était temps de partir. Apparemment, leur dit-il, que vous n'avez pas retrouvé vos oncles et vos tantes ; je reste ici ; retournez à Plymouth, je vous donne toutes mes hardes, je n'ai plus besoin de rien au monde, puisque je suis le neveu d'un prieur. Les Anglais mirent à la voile, en se souciant fort peu que l'Ingénu eût des parents ou non en Basse-Bretagne.

Après que l'oncle, la tante, et la compagnie, eurent chanté le *Te Deum ;* après que le bailli eut encore accablé l'Ingénu de questions ; après qu'on eut épuisé tout ce que l'étonnement, la joie, la tendresse, peuvent faire dire, le prieur de la Montagne et l'abbé de Saint-Yves conclurent à faire baptiser l'Ingénu au plus vite. Mais il n'en était pas d'un grand Huron de vingt-deux ans, comme d'un enfant qu'on régénère sans qu'il en sache rien. Il fallait l'instruire, et cela paraissait difficile ; car l'abbé de Saint-Yves supposait qu'un homme qui n'était pas né en France n'avait pas le sens commun.

Le prieur fit observer à la compagnie que, si en effet M. l'Ingénu, son neveu, n'avait pas eu le bonheur de naître en Basse-Bretagne, il n'en avait pas moins d'esprit ; qu'on en pouvait juger par toutes ses réponses, et que sûrement la nature l'avait beaucoup favorisé, tant du côté paternel que du maternel.

On lui demanda d'abord s'il avait jamais lu quelque

CHAPITRE II.

livre. Il dit qu'il avait lu Rabelais traduit en anglais, et quelques morceaux de Shakespeare qu'il savait par cœur; qu'il avait trouvé ces livres chez le capitaine du vaisseau qui l'avait amené de l'Amérique à Plymouth, et qu'il en était fort content. Le bailli ne manqua pas de l'interroger sur ces livres. Je vous avoue, dit l'Ingénu, que j'ai cru en deviner quelque chose, et que je n'ai pas entendu le reste.

L'abbé de Saint-Yves, à ce discours, fit réflexion que c'était ainsi que lui-même avait toujours lu, et que la plupart des hommes ne lisaient guère autrement. Vous avez sans doute lu la *Bible?* dit-il au Huron. Point du tout, monsieur l'abbé; elle n'était pas parmi les livres de mon capitaine; je n'en ai jamais entendu parler. Voilà comme sont ces maudits Anglais, criait mademoiselle de Kerkabon, ils feront plus de cas d'une pièce de Shakespeare, d'un plum-pudding et d'une bouteille de rum que du Pentateuque. Aussi n'ont-ils jamais converti personne en Amérique. Certainement ils sont maudits de Dieu; et nous leur prendrons la Jamaïque et la Virginie avant qu'il soit peu de temps.

Quoi qu'il en soit, on fit venir le plus habile tailleur de Saint-Malo pour habiller l'Ingénu de pied en cap. La compagnie se sépara; le bailli alla faire ses questions ailleurs. Mademoiselle de Saint-Yves, en partant, se retourna plusieurs fois pour regarder l'Ingénu; et il lui fit des révérences plus profondes qu'il n'en avait jamais fait[1] à personne en sa vie.

Le bailli, avant de prendre congé, présenta à mademoiselle de Saint-Yves un grand nigaud de fils qui

[1] Plusieurs éditions de 1767 portent : *faites*. B.

sortait du collége; mais à peine le regarda-t-elle, tant elle était occupée de la politesse du Huron.

CHAPITRE III.

Le Huron, nommé l'Ingénu, converti.

Monsieur le prieur voyant qu'il était un peu sur l'âge, et que Dieu lui envoyait un neveu pour sa consolation, se mit en tête qu'il pourrait lui résigner son bénéfice, s'il réussissait à le baptiser, et à le faire entrer dans les ordres.

L'Ingénu avait une mémoire excellente. La fermeté des organes de Basse-Bretagne, fortifiée par le climat du Canada, avait rendu sa tête si vigoureuse, que quand on frappait dessus, à peine le sentait-il; et quand on gravait dedans, rien ne s'effaçait; il n'avait jamais rien oublié. Sa conception était d'autant plus vive, et plus nette, que son enfance n'ayant point été chargée des inutilités et des sottises qui accablent la nôtre, les choses entraient dans sa cervelle sans nuage. Le prieur résolut enfin de lui faire lire le nouveau *Testament*. L'Ingénu le dévora avec beaucoup de plaisir; mais ne sachant ni dans quel temps ni dans quel pays toutes les aventures rapportées dans ce livre étaient arrivées, il ne douta point que le lieu de la scène ne fût en Basse-Bretagne; et il jura qu'il couperait le nez et les oreilles à Caïphe et à Pilate, si jamais il rencontrait ces marauds-là.

Son oncle, charmé de ces bonnes dispositions, le

CHAPITRE III.

mit au fait en peu de temps; il loua son zèle; mais il lui apprit que ce zèle était inutile, attendu que ces gens-là étaient morts il y avait environ seize cent quatre-vingt-dix années. L'Ingénu sut bientôt presque tout le livre par cœur. Il proposait quelquefois des difficultés qui mettaient le prieur fort en peine. Il était obligé souvent de consulter l'abbé de Saint-Yves, qui, ne sachant que répondre, fit venir un jésuite bas-breton pour achever la conversion du Huron.

Enfin la grace opéra; l'Ingénu promit de se faire chrétien; il ne douta pas qu'il ne dût commencer par être circoncis; car, disait-il, je ne vois pas dans le livre qu'on m'a fait lire un seul personnage qui ne l'ait été; il est donc évident que je dois faire le sacrifice de mon prépuce; le plus tôt c'est le mieux. Il ne délibéra point : il envoya chercher le chirurgien du village, et le pria de lui faire l'opération, comptant réjouir infiniment mademoiselle de Kerkabon et toute la compagnie, quand une fois la chose serait faite. Le frater, qui n'avait point encore fait cette opération, en avertit la famille, qui jeta les hauts cris. La bonne Kerkabon trembla que son neveu, qui paraissait résolu et expéditif, ne se fît lui-même l'opération très maladroitement, et qu'il n'en résultât de tristes effets, auxquels les dames s'intéressent toujours par bonté d'ame.

Le prieur redressa les idées du Huron; il lui remontra que la circoncision n'était plus de mode; que le baptême était beaucoup plus doux et plus salutaire; que la loi de grace n'était pas comme la loi de rigueur. L'Ingénu, qui avait beaucoup de bon sens et de droi-

ture, disputa, mais reconnut son erreur; ce qui est assez rare en Europe aux gens qui disputent; enfin il promit de se faire baptiser quand on voudrait.

Il fallait auparavant se confesser; et c'était là le plus difficile. L'Ingénu avait toujours en poche le livre que son oncle lui avait donné. Il n'y trouvait pas qu'un seul apôtre se fût confessé, et cela le rendait très rétif. Le prieur lui ferma la bouche en lui montrant, dans l'épître de saint Jacques-le-Mineur, ces mots qui font tant de peine aux hérétiques : *Confessez vos péchés les uns aux autres*. Le Huron se tut, et se confessa à un récollet. Quand il eut fini, il tira le récollet du confessionnal, et saisissant son homme d'un bras vigoureux, il se mit à sa place, et le fit mettre à genoux devant lui : Allons, mon ami, il est dit : *Confessez-vous les uns aux autres*; je t'ai conté mes péchés, tu ne sortiras pas d'ici que tu ne m'aies conté les tiens. En parlant ainsi, il appuyait son large genou contre la poitrine de son adverse partie. Le récollet pousse des hurlements qui font retentir l'église. On accourt au bruit, on voit le catéchumène qui gourmait le moine au nom de saint Jacques-le-Mineur. La joie de baptiser un Bas-Breton huron et anglais était si grande, qu'on passa par-dessus ces singularités. Il y eut même beaucoup de théologiens qui pensèrent que la confession n'était pas nécessaire, puisque le baptême tenait lieu de tout.

On prit jour avec l'évêque de Saint-Malo, qui, flatté comme on peut le croire de baptiser un Huron, arriva dans un pompeux équipage, suivi de son clergé. Mademoiselle de Saint-Yves, en bénissant Dieu, mit sa plus belle robe, et fit venir une coiffeuse de Saint-

Malo, pour briller à la cérémonie. L'interrogant bailli accourut avec toute la contrée. L'église était magnifiquement parée ; mais quand il fallut prendre le Huron pour le mener aux fonts baptismaux, on ne le trouva point.

L'oncle et la tante le cherchèrent partout. On crut qu'il était à la chasse, selon sa coutume. Tous les conviés à la fête parcoururent les bois et les villages voisins : point de nouvelles du Huron.

On commençait à craindre qu'il ne fût retourné en Angleterre. On se souvenait de lui avoir entendu dire qu'il aimait fort ce pays-là. Monsieur le prieur et sa sœur étaient persuadés qu'on n'y baptisait personne, et tremblaient pour l'ame de leur neveu. L'évêque était confondu et prêt à s'en retourner; le prieur et l'abbé de Saint-Yves se désespéraient; le bailli interrogeait tous les passants avec sa gravité ordinaire; mademoiselle de Kerkabon pleurait; mademoiselle de Saint-Yves ne pleurait pas, mais elle poussait de profonds soupirs qui semblaient témoigner son goût pour les sacrements. Elles se promenaient tristement le long des saules et des roseaux qui bordent la petite rivière de Rance, lorsqu'elles aperçurent au milieu de la rivière une grande figure assez blanche, les deux mains croisées sur la poitrine. Elles jetèrent un grand cri et se détournèrent. Mais la curiosité l'emportant bientôt sur toute autre considération, elles se coulèrent doucement entre les roseaux; et quand elles furent bien sûres de n'être point vues, elles voulurent voir de quoi il s'agissait.

CHAPITRE IV.

L'Ingénu baptisé.

Le prieur et l'abbé étant accourus demandèrent à l'Ingénu ce qu'il fesait là. Eh parbleu! messieurs, j'attends le baptême : il y a une heure que je suis dans l'eau jusqu'au cou, et il n'est pas honnête de me laisser morfondre.

Mon cher neveu, lui dit tendrement le prieur, ce n'est pas ainsi qu'on baptise en Basse-Bretagne; reprenez vos habits et venez avec nous. Mademoiselle de Saint-Yves, en entendant ce discours, disait tout bas à sa compagne : Mademoiselle, croyez-vous qu'il reprenne sitôt ses habits?

Le Huron cependant repartit au prieur : Vous ne m'en ferez pas accroire cette fois-ci comme l'autre; j'ai bien étudié depuis ce temps-là, et je suis très certain qu'on ne se baptise pas autrement. L'eunuque de la reine Candace[1] fut baptisé dans un ruisseau; je vous défie de me montrer dans le livre que vous m'avez donné qu'on s'y soit jamais pris d'une autre façon. Je ne serai point baptisé du tout, ou je le serai dans la rivière. On eut beau lui remontrer que les usages avaient changé, l'Ingénu était têtu, car il était breton

[1] Dans les premières éditions on avait mis : *la reine de Candace*. En corrigeant cette faute, Voltaire mit dans l'*errata* un *N. B.*, en ces termes : « Comment le P. Quesnel aurait-il ignoré que Candace était le nom des belles « reines d'Éthiopie, comme Pharaon ou Pharon était le titre des rois d'É-« gypte? » B.

et huron. Il revenait toujours à l'eunuque de la reine Candace; et quoique mademoiselle sa tante et mademoiselle de Saint-Yves, qui l'avaient observé entre les saules, fussent en droit de lui dire qu'il ne lui appartenait pas de citer un pareil homme, elles n'en firent pourtant rien, tant était grande leur discrétion. L'évêque vint lui-même lui parler, ce qui est beaucoup; mais il ne gagna rien: le Huron disputa contre l'évêque.

Montrez-moi, lui dit-il, dans le livre que m'a donné mon oncle, un seul homme qui n'ait pas été baptisé dans la rivière, et je ferai tout ce que vous voudrez.

La tante, désespérée, avait remarqué que la première fois que son neveu avait fait la révérence, il en avait fait une plus profonde à mademoiselle de Saint-Yves qu'à aucune autre personne de la compagnie, qu'il n'avait pas même salué monsieur l'évêque avec ce respect mêlé de cordialité qu'il avait témoigné à cette belle demoiselle. Elle prit le parti de s'adresser à elle dans ce grand embarras; elle la pria d'interposer son crédit pour engager le Huron à se faire baptiser de la même manière que les Bretons, ne croyant pas que son neveu pût jamais être chrétien s'il persistait à vouloir être baptisé dans l'eau courante.

Mademoiselle de Saint-Yves rougit du plaisir secret qu'elle sentait d'être chargée d'une si importante commission. Elle s'approcha modestement de l'Ingénu, et lui serrant la main d'une manière tout-à-fait noble: Est-ce que vous ne ferez rien pour moi? lui dit-elle; et en prononçant ces mots elle baissait les yeux, et

les relevait avec une grace attendrissante. Ah! tout ce que vous voudrez, mademoiselle, tout ce que vous me commanderez; baptême d'eau, baptême de feu[1], baptême de sang, il n'y a rien que je vous refuse. Mademoiselle de Saint-Yves eut la gloire de faire en deux paroles ce que ni les empressements du prieur, ni les interrogations réitérées du bailli, ni les raisonnements même de monsieur l'évêque, n'avaient pu faire. Elle sentit son triomphe; mais elle n'en sentait pas encore toute l'étendue.

Le baptême fut administré et reçu avec toute la décence, toute la magnificence, tout l'agrément possibles. L'oncle et la tante cédèrent à monsieur l'abbé de Saint-Yves et à sa sœur l'honneur de tenir l'Ingénu sur les fonts. Mademoiselle de Saint-Yves rayonnait de joie de se voir marraine. Elle ne savait pas à quoi ce grand titre l'asservissait; elle accepta cet honneur sans en connaître les fatales conséquences.

Comme il n'y a jamais eu de cérémonie qui ne fût suivie d'un grand dîner, on se mit à table au sortir du baptême. Les goguenards de Basse-Bretagne dirent qu'il ne fallait pas baptiser son vin. Monsieur le prieur disait que le vin, selon Salomon, réjouit le cœur de l'homme. Monsieur l'évêque ajoutait que le patriarche Juda devait lier son ânon à la vigne, et tremper son manteau dans le sang du raisin, et qu'il était bien triste qu'on n'en pût faire autant en Basse-Bretagne, à laquelle Dieu avait dénié les vignes. Chacun tâchait de dire un bon mot sur le baptême de l'Ingénu, et des galanteries à la marraine. Le bailli, toujours in-

[1] Voyez tome XXVII, page 289. B.

terrogant, demandait au Huron s'il serait fidèle à ses promesses. Comment voulez-vous que je manque à mes promesses, répondit le Huron, puisque je les ai faites entre les mains de mademoiselle de Saint-Yves?

Le Huron s'échauffa; il but beaucoup à la santé de sa marraine. Si j'avais été baptisé de votre main, dit-il, je sens que l'eau froide qu'on m'a versée sur le chignon m'aurait brûlé. Le bailli trouva cela trop poétique, ne sachant pas combien l'allégorie est familière au Canada. Mais la marraine en fut extrêmement contente.

On avait donné le nom d'Hercule au baptisé. L'évêque de Saint-Malo demandait toujours quel était ce patron dont il n'avait jamais entendu parler. Le jésuite, qui était fort savant, lui dit que c'était un saint qui avait fait douze miracles. Il y en avait un treizième qui valait les douze autres, mais dont il ne convenait pas à un jésuite de parler; c'était celui d'avoir changé cinquante filles en femmes en une seule nuit. Un plaisant qui se trouva là releva ce miracle avec énergie. Toutes les dames baissèrent les yeux, et jugèrent à la physionomie de l'Ingénu qu'il était digne du saint dont il portait le nom.

CHAPITRE V.

L'Ingénu amoureux.

Il faut avouer que depuis ce baptême et ce dîner mademoiselle de Saint-Yves souhaita passionnément

que monsieur l'évêque la fît encore participante de quelque beau sacrement avec M. Hercule l'Ingénu. Cependant, comme elle était bien élevée et fort modeste, elle n'osait convenir tout-à-fait avec elle-même de ses tendres sentiments; mais, s'il lui échappait un regard, un mot, un geste, une pensée, elle enveloppait tout cela d'un voile de pudeur infiniment aimable. Elle était tendre, vive, et sage.

Dès que monsieur l'évêque fut parti, l'Ingénu et mademoiselle de Saint-Yves se rencontrèrent sans avoir fait réflexion qu'ils se cherchaient. Ils se parlèrent sans avoir imaginé ce qu'ils se diraient. L'Ingénu lui dit d'abord qu'il l'aimait de tout son cœur, et que la belle Abacaba, dont il avait été fou dans son pays, n'approchait pas d'elle. Mademoiselle lui répondit, avec sa modestie ordinaire, qu'il fallait en parler au plus vite à monsieur le prieur son oncle et à mademoiselle sa tante, et que de son côté elle en dirait deux mots à son cher frère l'abbé de Saint-Yves, et qu'elle se flattait d'un consentement commun.

L'Ingénu lui répond qu'il n'avait besoin du consentement de personne, qu'il lui paraissait extrêmement ridicule d'aller demander à d'autres ce qu'on devait faire; que, quand deux parties sont d'accord, on n'a pas besoin d'un tiers pour les accommoder. Je ne consulte personne, dit-il, quand j'ai envie de déjeuner, ou de chasser, ou de dormir : je sais bien qu'en amour il n'est pas mal d'avoir le consentement de la personne à qui on en veut : mais, comme ce n'est ni de mon oncle ni de ma tante que je suis amoureux, ce n'est pas à eux que je dois m'adresser dans cette affaire,

et, si vous m'en croyez, vous vous passerez aussi de monsieur l'abbé de Saint-Yves.

On peut juger que la belle Bretonne employa toute la délicatesse de son esprit à réduire son Huron aux termes de la bienséance. Elle se fâcha même, et bientôt se radoucit. Enfin on ne sait comment aurait fini cette conversation, si, le jour baissant, monsieur l'abbé n'avait ramené sa sœur à son abbaye. L'Ingénu laissa coucher son oncle et sa tante, qui étaient un peu fatigués de la cérémonie et de leur long dîner. Il passa une partie de la nuit à faire des vers en langue hurone pour sa bien-aimée ; car il faut savoir qu'il n'y a aucun pays de la terre où l'amour n'ait rendu les amants poëtes.

Le lendemain son oncle lui parla ainsi après le déjeuner, en présence de mademoiselle de Kerkabon, qui était tout attendrie : Le ciel soit loué de ce que vous avez l'honneur, mon cher neveu, d'être chrétien et Bas-Breton ! mais cela ne suffit pas ; je suis un peu sur l'âge ; mon frère n'a laissé qu'un petit coin de terre qui est très peu de chose ; j'ai un bon prieuré ; si vous voulez seulement vous faire sous-diacre, comme je l'espère, je vous résignerai mon prieuré, et vous vivrez fort à votre aise, après avoir été la consolation de ma vieillesse.

L'Ingénu répondit : Mon oncle, grand bien vous fasse ! vivez tant que vous pourrez. Je ne sais pas ce que c'est que d'être sous-diacre ni que de résigner ; mais tout me sera bon pourvu que j'aie mademoiselle de Saint-Yves à ma disposition. Eh ! mon Dieu, mon neveu, que me dites-vous là ? Vous aimez donc cette

belle demoiselle à la folie? — Oui, mon oncle. — Hélas! mon neveu, il est impossible que vous l'épousiez. — Cela est très possible, mon oncle; car non seulement elle m'a serré la main en me quittant, mais elle m'a promis qu'elle me demanderait en mariage; et assurément je l'épouserai. — Cela est impossible, vous dis-je, elle est votre marraine; c'est un péché épouvantable à une marraine de serrer la main de son filleul : il n'est pas permis d'épouser sa marraine; les lois divines et humaines s'y opposent. —Morbleu! mon oncle, vous vous mioquez de moi : pourquoi serait-il défendu d'épouser sa marraine, quand elle est jeune et jolie? Je n'ai point vu dans le livre que vous m'avez donné qu'il fût mal d'épouser les filles qui ont aidé les gens à être baptisés. Je m'aperçois tous les jours qu'on fait ici une infinité de choses qui ne sont point dans votre livre, et qu'on n'y fait rien de tout ce qu'il dit : je vous avoue que cela m'étonne et me fâche. Si on me prive de la belle Saint-Yves, sous prétexte de mon baptême, je vous avertis que je l'enlève, et que je me débaptise.

Le prieur fut confondu; sa sœur pleura. Mon cher frère, dit-elle, il ne faut pas que notre neveu se damne; notre saint-père le pape peut lui donner dispense, et alors il pourra être chrétiennement heureux avec ce qu'il aime. L'Ingénu embrassa sa tante. Quel est donc, dit-il, cet homme charmant qui favorise avec tant de bonté les garçons et les filles dans leurs amours? Je veux lui aller parler tout-à-l'heure.

On lui expliqua ce que c'était que le pape; et l'Ingénu fut encore plus étonné qu'auparavant. Il n'y a

pas un mot de tout cela dans votre livre, mon cher oncle; j'ai voyagé, je connais la mer; nous sommes ici sur la côte de l'océan; et je quitterais mademoiselle de Saint-Yves pour aller demander la permission de l'aimer à un homme qui demeure vers la Méditerranée, à quatre cents lieues d'ici, et dont je n'entends point la langue! cela est d'un ridicule incompréhensible. Je vais sur-le-champ chez monsieur l'abbé de Saint-Yves, qui ne demeure qu'à une lieue de vous, et je vous réponds que j'épouserai ma maîtresse dans la journée.

Comme il parlait encore, entra le bailli qui, selon sa coutume, lui demanda où il allait. Je vais me marier, dit l'Ingénu en courant; et au bout d'un quart d'heure il était déjà chez sa belle et chère basse-brette qui dormait encore. Ah! mon frère, disait mademoiselle de Kerkabon au prieur, jamais vous ne ferez un sous-diacre de notre neveu.

Le bailli fut très mécontent de ce voyage; car il prétendait que son fils épousât la Saint-Yves; et ce fils était encore plus sot et plus insupportable que son père.

CHAPITRE VI.

L'Ingénu court chez sa maîtresse, et devient furieux.

A peine l'Ingénu était arrivé, qu'ayant demandé à une vieille servante où était la chambre de sa maîtresse, il avait poussé fortement la porte mal fermée, et s'était élancé vers le lit. Mademoiselle de Saint-

Yves, se réveillant en sursaut, s'était écriée : Quoi! c'est vous! ah! c'est vous! arrêtez-vous, que faites-vous? Il avait répondu : Je vous épouse; et en effet il l'épousait, si elle ne s'était pas débattue avec toute l'honnêteté d'une personne qui a de l'éducation.

L'Ingénu n'entendait pas raillerie; il trouvait toutes ces façons-là extrêmement impertinentes. Ce n'était pas ainsi qu'en usait mademoiselle Abacaba, ma première maîtresse; vous n'avez point de probité; vous m'avez promis mariage, et vous ne voulez point faire mariage; c'est manquer aux premières lois de l'honneur; je vous apprendrai à tenir votre parole, et je vous remettrai dans le chemin de la vertu.

L'Ingénu possédait une vertu mâle et intrépide, digne de son patron Hercule, dont on lui avait donné le nom à son baptême; il allait l'exercer dans toute son étendue, lorsqu'aux cris perçants de la demoiselle plus discrètement vertueuse, accourut le sage abbé de Saint-Yves, avec sa gouvernante, un vieux domestique dévot, et un prêtre de paroisse. Cette vue modéra le courage de l'assaillant. Eh, mon Dieu! mon cher voisin, lui dit l'abbé, que faites-vous là? Mon devoir, répliqua le jeune homme; je remplis mes promesses, qui sont sacrées.

Mademoiselle de Saint-Yves se rajusta en rougissant. On emmena l'Ingénu dans un autre appartement. L'abbé lui remontra l'énormité du procédé. L'Ingénu se défendit sur les priviléges de la loi naturelle, qu'il connaissait parfaitement. L'abbé voulut prouver que la loi positive devait avoir tout l'avantage, et que, sans les conventions faites entre les hommes, la loi

de nature ne serait presque jamais qu'un brigandage naturel. Il faut, lui disait-il, des notaires, des prêtres, des témoins, des contrats, des dispenses. L'Ingénu lui répondit par la réflexion que les sauvages ont toujours faite : Vous êtes donc de bien malhonnêtes gens, puisqu'il faut entre vous tant de précautions.

L'abbé eut de la peine à résoudre cette difficulté. Il y a, dit-il, je l'avoue, beaucoup d'inconstants et de fripons parmi nous; et il y en aurait autant chez les Hurons, s'ils étaient rassemblés dans une grande ville; mais aussi il y a des ames sages, honnêtes, éclairées, et ce sont ces hommes-là qui ont fait les lois. Plus on est homme de bien, plus on doit s'y soumettre; on donne l'exemple aux vicieux, qui respectent un frein que la vertu s'est donné elle-même.

Cette réponse frappa l'Ingénu. On a déjà remarqué qu'il avait l'esprit juste. On l'adoucit par des paroles flatteuses; on lui donna des espérances : ce sont les deux piéges où les hommes des deux hémisphères se prennent; on lui présenta même mademoiselle de Saint-Yves, quand elle eut fait sa toilette. Tout se passa avec la plus grande bienséance, mais, malgré cette décence, les yeux étincelants de l'Ingénu Hercule firent toujours baisser ceux de sa maîtresse, et trembler la compagnie.

On eut une peine extrême à le renvoyer chez ses parents. Il fallut encore employer le crédit de la belle Saint-Yves; plus elle sentait son pouvoir sur lui, et plus elle l'aimait. Elle le fit partir, et en fut très affligée : enfin, quand il fut parti, l'abbé, qui non seule-

ment était le frère très aîné de mademoiselle de Saint-Yves, mais qui était aussi son tuteur, prit le parti de soustraire sa pupille aux empressements de cet amant terrible. Il alla consulter le bailli, qui, destinant toujours son fils à la sœur de l'abbé, lui conseilla de mettre la pauvre fille dans une communauté. Ce fut un coup terrible : une indifférente qu'on mettrait en couvent jetterait les hauts cris ; mais une amante, et une amante aussi sage que tendre ! c'était de quoi la mettre au désespoir.

L'Ingénu, de retour chez le prieur, raconta tout avec sa naïveté ordinaire. Il essuya les mêmes remontrances qui firent quelque effet sur son esprit, et aucun sur ses sens ; mais le lendemain, quand il voulut retourner chez sa belle maîtresse, pour raisonner avec elle sur la loi naturelle et sur la loi de convention, monsieur le bailli lui apprit avec une joie insultante qu'elle était dans un couvent. Eh bien ! dit-il, j'irai raisonner dans ce couvent. Cela ne se peut, dit le bailli : il lui expliqua fort au long ce que c'était qu'un couvent ou un convent, que ce mot venait du latin *conventus*, qui signifie assemblée ; et le Huron ne pouvait comprendre pourquoi il ne pouvait pas être admis dans l'assemblée. Sitôt qu'il fut instruit que cette assemblée était une espèce de prison où l'on tenait les filles renfermées, chose horrible, inconnue chez les Hurons et chez les Anglais, il devint aussi furieux que le fut son patron Hercule, lorsque Euryte, roi d'Œchalie ; non moins cruel que l'abbé de Saint-Yves, lui refusa la belle Iole sa fille, non moins belle que la sœur de l'abbé. Il voulait aller mettre le feu au couvent, enlever sa

maîtresse, ou se brûler avec elle. Mademoiselle de Kerkabon, épouvantée, renonçait plus que jamais à toutes les espérances de voir son neveu sous-diacre, et disait en pleurant qu'il avait le diable au corps depuis qu'il était baptisé.

CHAPITRE VII.

L'Ingénu repousse les Anglais.

L'Ingénu, plongé dans une sombre et profonde mélancolie, se promena vers le bord de la mer, son fusil à deux coups sur l'épaule, son grand coutelas au côté, tirant de temps en temps sur quelques oiseaux; et souvent tenté de tirer sur lui-même: mais il aimait encore la vie, à cause de mademoiselle de Saint-Yves. Tantôt il maudissait son oncle, sa tante, toute la Basse-Bretagne, et son baptême; tantôt il les bénissait, puisqu'ils lui avaient fait connaître celle qu'il aimait. Il prenait sa résolution d'aller brûler le couvent, et il s'arrêtait tout court, de peur de brûler sa maîtresse. Les flots de la Manche ne sont pas plus agités par les vents d'est et d'ouest que son cœur l'était par tant de mouvements contraires.

Il marchait à grands pas, sans savoir où, lorsqu'il entendit le son du tambour. Il vit de loin tout un peuple dont une moitié courait au rivage, et l'autre s'enfuyait.

Mille cris s'élèvent de tous côtés; la curiosité et le courage le précipitent à l'instant vers l'endroit d'où partaient ces clameurs, il y vole en quatre bonds. Le

commandant de la milice, qui avait soupé avec lui chez le prieur, le reconnut aussitôt; il court à lui, les bras ouverts : Ah! c'est l'Ingénu, il combattra pour nous. Et les milices, qui mouraient de peur, se rassurèrent et crièrent aussi: C'est l'Ingénu! c'est l'Ingénu!

Messieurs, dit-il, de quoi s'agit-il? pourquoi êtes-vous si effarés? a-t-on mis vos maîtresses dans des couvents? Alors cent voix confuses s'écrient: Ne voyez-vous pas les Anglais qui abordent? Eh bien! répliqua le Huron, ce sont de braves gens; ils ne m'ont point enlevé ma maîtresse.

Le commandant lui fit entendre que les Anglais venaient piller l'abbaye de la Montagne, boire le vin de son oncle, et peut-être enlever mademoiselle de Saint-Yves; que le petit vaisseau sur lequel il avait abordé en Bretagne n'était venu que pour reconnaître la côte; qu'ils fesaient des actes d'hostilité, sans avoir déclaré la guerre au roi de France, et que la province était exposée. Ah! si cela est, ils violent la loi naturelle; laissez-moi faire; j'ai demeuré long-temps parmi eux, je sais leur langue, je leur parlerai; je ne crois pas qu'ils puissent avoir un si méchant dessein.

Pendant cette conversation, l'escadre anglaise approchait; voilà le Huron qui court vers elle, se jette dans un petit bateau, arrive, monte au vaisseau amiral, et demande s'il est vrai qu'ils viennent ravager le pays sans avoir déclaré la guerre honnêtement. L'amiral et tout son bord firent de grands éclats de rire, lui firent boire du punch, et le renvoyèrent.

L'Ingénu piqué ne songea plus qu'à se bien battre

CHAPITRE VII.

contre ses anciens amis, pour ses compatriotes et pour monsieur le prieur. Les gentilshommes du voisinage accouraient de toutes parts; il se joint à eux : on avait quelques canons; il les charge, il les pointe, il les tire l'un après l'autre. Les Anglais débarquent; il court à eux, il en tue trois de sa main, il blesse même l'amiral, qui s'était moqué de lui. Sa valeur anime le courage de toute la milice; les Anglais se rembarquent, et toute la côte retentissait des cris de victoire, vive le roi, vive l'Ingénu! Chacun l'embrassait, chacun s'empressait d'étancher le sang de quelques blessures légères qu'il avait reçues. Ah! disait-il, si mademoiselle de Saint-Yves était là, elle me mettrait une compresse.

Le bailli, qui s'était caché dans sa cave pendant le combat, vint lui faire compliment comme les autres. Mais il fut bien surpris quand il entendit Hercule l'Ingénu dire à une douzaine de jeunes gens de bonne volonté, dont il était entouré : Mes amis, ce n'est rien d'avoir délivré l'abbaye de la Montagne, il faut délivrer une fille. Toute cette bouillante jeunesse prit feu à ces seules paroles. On le suivait déjà en foule, on courait au couvent. Si le bailli n'avait pas sur-le-champ averti le commandant, si on n'avait pas couru après la troupe joyeuse, c'en était fait. On ramena l'Ingénu chez son oncle et sa tante, qui le baignèrent de larmes de tendresse.

Je vois bien que vous ne serez jamais ni sous-diacre ni prieur, lui dit l'oncle; vous serez un officier encore plus brave que mon frère le capitaine, et probablement aussi gueux. Et mademoiselle de Kerkabon pleurait toujours en l'embrassant, et en disant : Il se

fera tuer comme mon frère; il vaudrait bien mieux qu'il fût sous-diacre.

L'Ingénu, dans le combat, avait ramassé une grosse bourse remplie de guinées, que probablement l'amiral avait laissé tomber. Il ne douta pas qu'avec cette bourse il ne pût acheter toute la Basse-Bretagne, et surtout faire mademoiselle de Saint-Yves grande dame. Chacun l'exhorta à faire le voyage de Versailles, pour y recevoir le prix de ses services. Le commandant, les principaux officiers, le comblèrent de certificats. L'oncle et la tante approuvèrent le voyage du neveu. Il devait être, sans difficulté, présenté au roi : cela seul lui donnerait un prodigieux relief dans la province. Ces deux bonnes gens ajoutèrent à la bourse anglaise un présent considérable de leurs épargnes. L'Ingénu disait en lui-même : Quand je verrai le roi, je lui demanderai mademoiselle de Saint-Yves en mariage, et certainement il ne me refusera pas. Il partit donc aux acclamations de tout le canton, étouffé d'embrassements, baigné des larmes de sa tante, béni par son oncle, et se recommandant à la belle Saint-Yves.

CHAPITRE VIII.

L'Ingénu va en cour. Il soupe en chemin avec des huguenots.

L'Ingénu prit le chemin de Saumur par le coche, parcequ'il n'y avait point alors d'autre commodité. Quand il fut à Saumur, il s'étonna de trouver la ville

presque déserte, et de voir plusieurs familles qui déménageaient. On lui dit que, six ans auparavant, Saumur contenait plus de quinze mille ames, et qu'à présent il n'y en avait pas six mille. Il ne manqua pas d'en parler à souper dans son hôtellerie. Plusieurs protestants étaient à table; les uns se plaignaient amèrement, d'autres frémissaient de colère, d'autres disaient en pleurant,

« Nos dulcia linquimus arva,
« Nos patriam fugimus [1].

L'Ingénu, qui ne savait pas le latin, se fit expliquer ces paroles, qui signifient : Nous abandonnons nos douces campagnes, nous fuyons notre patrie.

Et pourquoi fuyez-vous votre patrie, messieurs?— C'est qu'on veut que nous reconnaissions le pape.— Et pourquoi ne le reconnaîtriez-vous pas? Vous n'avez donc point de marraines que vous vouliez épouser? car on m'a dit que c'était lui qui en donnait la permission.—Ah! monsieur, ce pape dit qu'il est le maître du domaine des rois. — Mais, messieurs, de quelle profession êtes-vous?—Monsieur, nous sommes pour la plupart des drapiers et des fabricants. — Si votre pape dit qu'il est le maître de vos draps et de vos fabriques, vous faites très bien de ne le pas reconnaître; mais pour les rois, c'est leur affaire; de quoi vous mêlez-vous [2]?—Alors un petit homme noir prit la parole, et exposa très savamment les griefs de la compagnie. Il parla de la révocation de l'édit de Nantes avec tant

[1] Virgile, *Éclog.* I, vers 3. B.
[2] C'est la réponse de Fontenelle à un marchand de Rouen, janséniste. K.

d'énergie, il déplora d'une manière si pathétique le sort de cinquante mille familles fugitives et de cinquante mille autres converties par les dragons, que l'Ingénu à son tour versa des larmes. D'où vient donc, disait-il, qu'un si grand roi, dont la gloire s'étend jusque chez les Hurons, se prive ainsi de tant de cœurs qui l'auraient aimé, et de tant de bras qui l'auraient servi?

C'est qu'on l'a trompé comme les autres grands rois, répondit l'homme noir. On lui a fait croire que, dès qu'il aurait dit un mot, tous les hommes penseraient comme lui; et qu'il nous ferait changer de religion, comme son musicien Lulli fait changer en un moment les décorations de ses opéra. Non seulement il perd déjà cinq à six cent mille sujets très utiles, mais il s'en fait des ennemis; et le roi Guillaume, qui est actuellement maître de l'Angleterre, a composé plusieurs régiments de ces mêmes Français qui auraient combattu pour leur monarque.

Un tel désastre est d'autant plus étonnant, que le pape régnant[1], à qui Louis XIV sacrifie une partie de son peuple, est son ennemi déclaré. Ils ont encore tous deux, depuis neuf ans, une querelle violente. Elle a été poussée si loin, que la France a espéré enfin de voir briser le joug qui la soumet depuis tant de siècles à cet étranger, et surtout de ne lui plus donner d'argent; ce qui est le premier mobile des affaires de ce monde. Il paraît donc évident qu'on a trompé ce grand roi sur ses intérêts comme sur l'étendue de son pou-

[1] Innocent XI. Voyez tome XXII, page 280. B.

CHAPITRE VIII.

voir, et qu'on a donné atteinte à la magnanimité de son cœur.

L'Ingénu, attendri de plus en plus, demanda quels étaient les Français qui trompaient ainsi un monarque si cher aux Hurons. Ce sont les jésuites, lui répondit-on ; c'est surtout le P. de La Chaise, confesseur de sa majesté. Il faut espérer que Dieu les en punira un jour, et qu'ils seront chassés comme ils nous chassent. Y a-t-il un malheur égal aux nôtres? Mons de Louvois nous envoie de tous côtés des jésuites et des dragons.

Oh bien! messieurs, répliqua l'Ingénu, qui ne pouvait plus se contenir, je vais à Versailles recevoir la récompense due à mes services; je parlerai à ce mons de Louvois : on m'a dit que c'est lui qui fait la guerre de son cabinet. Je verrai le roi, je lui ferai connaître la vérité; il est impossible qu'on ne se rende pas à cette vérité quand on la sent. Je reviendrai bientôt pour épouser mademoiselle de Saint-Yves, et je vous prie à la noce. Ces bonnes gens le prirent alors pour un grand seigneur qui voyageait *incognito* par le coche. Quelques uns le prirent pour le fou du roi.

Il y avait à table un jésuite déguisé qui servait d'espion au révérend P. de La Chaise. Il lui rendait compte de tout, et le P. de La Chaise en instruisait mons de Louvois. L'espion écrivit. L'Ingénu et la lettre arrivèrent presque en même temps à Versailles.

CHAPITRE IX.

Arrivée de l'Ingénu à Versailles. Sa réception à la cour.

L'Ingénu débarque en pot-de-chambre[a] dans la cour des cuisines. Il demande aux porteurs de chaise à quelle heure on peut voir le roi. Les porteurs lui rient au nez, tout comme avait fait l'amiral anglais. Il les traita de même, il les battit; ils voulurent le lui rendre, et la scène allait être sanglante, s'il n'eût passé un garde du corps, gentilhomme breton, qui écarta la canaille. Monsieur, lui dit le voyageur, vous me paraissez un brave homme; je suis le neveu de monsieur le prieur de Notre-Dame de la Montagne; j'ai tué des Anglais, je viens parler au roi; je vous prie de me mener dans sa chambre. Le garde, ravi de trouver un brave de sa province, qui ne paraissait pas au fait des usages de la cour, lui apprit qu'on ne parlait pas ainsi au roi, et qu'il fallait être présenté par monseigneur de Louvois.—Eh bien! menez-moi donc chez ce monseigneur de Louvois, qui sans doute me conduira chez sa majesté. Il est encore plus difficile, répliqua le garde, de parler à monseigneur de Louvois qu'à sa majesté; mais je vais vous conduire chez M. Alexandre, le premier commis de la guerre; c'est comme si vous parliez au ministre. Ils vont donc chez ce M. Alexandre, premier commis, et ils ne purent être introduits; il était en affaire avec une dame de la cour,

[a] C'est une voiture de Paris à Versailles, laquelle ressemble à un petit tombereau couvert.

et il y avait ordre de ne laisser entrer personne. Eh bien! dit le garde, il n'y a rien de perdu ; allons chez le premier commis de M. Alexandre; c'est comme si vous parliez à M. Alexandre lui-même.

Le Huron tout étonné le suit; ils restent ensemble une demi-heure dans une petite antichambre. Qu'est-ce donc que tout ceci? dit l'Ingénu; est-ce que tout le monde est invisible dans ce pays-ci? il est bien plus aisé de se battre en Basse-Bretagne contre des Anglais, que de rencontrer à Versailles les gens à qui on a affaire. Il se désennuya en racontant ses amours à son compatriote. Mais l'heure en sonnant rappela le garde du corps à son poste. Ils se promirent de se revoir le lendemain, et l'Ingénu resta encore une autre demi-heure dans l'antichambre, en rêvant à mademoiselle de Saint-Yves, et à la difficulté de parler aux rois et aux premiers commis.

Enfin le patron parut. Monsieur, lui dit l'Ingénu, si j'avais attendu pour repousser les Anglais aussi long-temps que vous m'avez fait attendre mon audience, ils ravageraient actuellement la Basse-Bretagne tout à leur aise. Ces paroles frappèrent le commis. Il dit enfin au Breton: Que demandez-vous? — Récompense, dit l'autre; voici mes titres: il lui étala tous ses certificats. Le commis lut, et lui dit que probablement on lui accorderait la permission d'acheter une lieutenance. — Moi! que je donne de l'argent pour avoir repoussé les Anglais? que je paie le droit de me faire tuer pour vous, pendant que vous donnez ici vos audiences tranquillement? je crois que vous voulez rire. Je veux une compagnie de cavalerie pour rien; je

veux que le roi fasse sortir mademoiselle de Saint-Yves du couvent, et qu'il me la donne par mariage; je veux parler au roi en faveur de cinquante mille familles que je prétends lui rendre : en un mot je veux être utile ; qu'on m'emploie et qu'on m'avance.

Comment vous nommez-vous, monsieur, qui parlez si haut? Oh! oh! reprit l'Ingénu, vous n'avez donc pas lu mes certificats? c'est donc ainsi qu'on en use? Je m'appelle Hercule de Kerkabon; je suis baptisé, je loge au Cadran bleu, et je me plaindrai de vous au roi. Le commis conclut, comme les gens de Saumur, qu'il n'avait pas la tête bien saine, et n'y fit pas grande attention.

Ce même jour, le révérend P. La Chaise, confesseur de Louis XIV, avait reçu la lettre de son espion, qui accusait le breton Kerkabon de favoriser dans son cœur les huguenots, et de condamner la conduite des jésuites. M. de Louvois, de son côté, avait reçu une lettre de l'interrogant bailli, qui dépeignait l'Ingénu comme un garnement qui voulait brûler les couvents et enlever les filles.

L'Ingénu, après s'être promené dans les jardins de Versailles, où il s'ennuya, après avoir soupé en Huron et en Bas-Breton, s'était couché dans la douce espérance de voir le roi le lendemain, d'obtenir mademoiselle de Saint-Yves en mariage; d'avoir au moins une compagnie de cavalerie, et de faire cesser la persécution contre les huguenots. Il se berçait de ces flatteuses idées, quand la maréchaussée entra dans sa chambre. Elle se saisit d'abord de son fusil à deux coups et de son grand sabre.

On fit un inventaire de son argent comptant, et on le mena dans le château que fit construire le roi Charles V, fils de Jean II, auprès de la rue Saint-Antoine, à la porte des Tournelles[1]..

Quel était en chemin l'étonnement de l'Ingénu! je vous le laisse à penser. Il crut d'abord que c'était un rêve. Il resta dans l'engourdissement, puis tout-à-coup transporté d'une fureur qui redoublait ses forces, il prend à la gorge deux de ses conducteurs, qui étaient avec lui dans le carrosse, les jette par la portière, se jette après eux, et entraîne le troisième, qui voulait le retenir. Il tombe de l'effort, on le lie, on le remonte dans la voiture. Voilà donc, disait-il, ce que l'on gagne à chasser les Anglais de la Basse-Bretagne! Que dirais-tu, belle Saint-Yves, si tu me voyais dans cet état?

On arrive enfin au gîte qui lui était destiné. On le porte en silence dans la chambre où il devait être enfermé, comme un mort qu'on porte dans un cimetière. Cette chambre était déjà occupée par un vieux solitaire de Port-Royal, nommé Gordon, qui y languissait depuis deux ans. Tenez, lui dit le chef des sbires, voilà de la compagnie que je vous amène; et sur-le-champ on referma les énormes verrous de la porte épaisse, revêtue de larges barres. Les deux captifs restèrent séparés de l'univers entier.

[1] La Bastille, qui fut prise par le peuple de Paris, le 14 juillet 1789, puis démolie. B.

CHAPITRE X.

L'Ingénu enfermé à la Bastille avec un janséniste.

M. Gordon était un vieillard frais et serein, qui savait deux grandes choses: supporter l'adversité, et consoler les malheureux. Il s'avança d'un air ouvert et compatissant vers son compagnon, et lui dit en l'embrassant: Qui que vous soyez, qui venez partager mon tombeau, soyez sûr que je m'oublierai toujours moi-même pour adoucir vos tourments dans l'abîme infernal où nous sommes plongés. Adorons la Providence qui nous y a conduits, souffrons en paix, et espérons. Ces paroles firent sur l'ame de l'Ingénu l'effet des gouttes d'Angleterre, qui rappellent un mourant à la vie, et lui font entr'ouvrir des yeux étonnés.

Après les premiers compliments, Gordon, sans le presser de lui apprendre la cause de son malheur, lui inspira, par la douceur de son entretien, et par cet intérêt que prennent deux malheureux l'un à l'autre, le desir d'ouvrir son cœur et de déposer le fardeau qui l'accablait; mais il ne pouvait deviner le sujet de son malheur; cela lui paraissait un effet sans cause; et le bon-homme Gordon était aussi étonné que lui-même.

Il faut, dit le janséniste au Huron, que Dieu ait de grands desseins sur vous, puisqu'il vous a conduit du lac Ontario en Angleterre et en France, qu'il vous a fait baptiser en Basse-Bretagne, et qu'il vous a mis ici

CHAPITRE X.

pour votre salut. Ma foi, répondit l'Ingénu, je crois que le diable s'est mêlé seul de ma destinée. Mes compatriotes d'Amérique ne m'auraient jamais traité avec la barbarie que j'éprouve; ils n'en ont pas d'idée. On les appelle *sauvages*; ce sont des gens de bien grossiers, et les hommes de ce pays-ci sont des coquins raffinés. Je suis, à la vérité, bien surpris d'être venu d'un autre monde pour être enfermé dans celui-ci sous quatre verrous avec un prêtre; mais je fais réflexion au nombre prodigieux d'hommes qui partent d'un hémisphère pour aller se faire tuer dans l'autre, ou qui font naufrage en chemin, et qui sont mangés des poissons : je ne vois pas les gracieux desseins de Dieu sur tous ces gens-là.

On leur apporta à dîner par un guichet. La conversation roula sur la Providence, sur les lettres de cachet, et sur l'art de ne pas succomber aux disgraces auxquelles tout homme est exposé dans ce monde. Il y a deux ans que je suis ici, dit le vieillard, sans autre consolation que moi-même et des livres; je n'ai pas eu un moment de mauvaise humeur.

Ah! M. Gordon, s'écria l'Ingénu, vous n'aimez donc pas votre marraine? Si vous connaissiez comme moi mademoiselle de Saint-Yves, vous seriez au désespoir. A ces mots il ne put retenir ses larmes, et il se sentit alors un peu moins oppressé. Mais, dit-il, pourquoi donc les larmes soulagent-elles? Il me semble qu'elles devraient faire un effet contraire. — Mon fils, tout est physique en nous, dit le bon vieillard; toute sécrétion fait du bien au corps; et tout ce qui le soulage sou-

lage l'ame : nous sommes les machines de la Providence.

L'Ingénu, qui, comme nous l'avons dit plusieurs fois, avait un grand fonds d'esprit, fit de profondes réflexions sur cette idée, dont il semblait qu'il avait la semence en lui-même. Après quoi il demanda à son compagnon pourquoi sa machine était depuis deux ans sous quatre verrous. Par la grace efficace, répondit Gordon : je passe pour janséniste; j'ai connu Arnauld et Nicole; les jésuites nous ont persécutés. Nous croyons que le pape n'est qu'un évêque comme un autre; et c'est pour cela que le P. de La Chaise a obtenu du roi, son pénitent, un ordre de me ravir, sans aucune formalité de justice, le bien le plus précieux des hommes, la liberté. Voilà qui est bien étrange, dit l'Ingénu; tous les malheureux que j'ai rencontrés ne le sont qu'à cause du pape.

A l'égard de votre grace efficace, je vous avoue que je n'y entends rien; mais je regarde comme une grande grace que Dieu m'ait fait trouver dans mon malheur un homme comme vous, qui verse dans mon cœur des consolations dont je me croyais incapable.

Chaque jour la conversation devenait plus intéressante et plus instructive. Les ames des deux captifs s'attachaient l'une à l'autre. Le vieillard savait beaucoup, et le jeune homme voulait beaucoup apprendre. Au bout d'un mois il étudia la géométrie; il la dévorait. Gordon lui fit lire la physique de Rohault, qui était encore à la mode, et il eut le bon esprit de n'y trouver que des incertitudes.

CHAPITRE X.

Ensuite il lut le premier volume de la *Recherche de la vérité*. Cette nouvelle lumière l'éclaira. Quoi! dit-il, notre imagination et nos sens nous trompent à ce point! quoi! les objets ne forment point nos idées, et nous ne pouvons nous les donner nous-mêmes! Quand il eut lu le second volume, il ne fut plus si content, et il conclut qu'il est plus aisé de détruire que de bâtir.

Son confrère, étonné qu'un jeune ignorant fît cette réflexion, qui n'appartient qu'aux ames exercées, conçut une grande idée de son esprit, et s'attacha à lui davantage.

Votre Malebranche, lui dit un jour l'Ingénu, me paraît avoir écrit la moitié de son livre avec sa raison, et l'autre avec son imagination et ses préjugés.

Quelques jours après, Gordon lui demanda : Que pensez-vous donc de l'ame, de la manière dont nous recevons nos idées, de notre volonté, de la grace, du libre arbitre? Rien, lui repartit l'Ingénu : si je pensais quelque chose, c'est que nous sommes sous la puissance de l'Être éternel, comme les astres et les éléments; qu'il fait tout en nous, que nous sommes de petites roues de la machine immense dont il est l'ame; qu'il agit par des lois générales, et non par des vues particulières; cela seul me paraît intelligible; tout le reste est pour moi un abîme de ténèbres.

Mais, mon fils, ce serait faire Dieu auteur du péché. — Mais, mon père, votre grace efficace ferait Dieu auteur du péché aussi; car il est certain que tous ceux à qui cette grace serait refusée pécheraient; et qui nous livre au mal n'est-il pas l'auteur du mal?

Cette naïveté embarrassait fort le bon-homme; il sentait qu'il fesait de vains efforts pour se tirer de ce bourbier; et il entassait tant de paroles qui paraissaient avoir du sens et qui n'en avaient point (dans le goût de la prémotion physique), que l'Ingénu en avait pitié. Cette question tenait évidemment à l'origine du bien et du mal; et alors il fallait que le pauvre Gordon passât en revue la boîte de Pandore, l'œuf d'Orosmade percé par Arimane [1], l'inimitié entre Typhon et Osiris, et enfin le péché originel; et ils couraient l'un et l'autre dans cette nuit profonde, sans jamais se rencontrer. Mais enfin ce roman de l'ame détournait leur vue de la contemplation de leur propre misère, et, par un charme étrange, la foule des calamités répandues sur l'univers diminuait la sensation de leurs peines; ils n'osaient se plaindre quand tout souffrait.

Mais, dans le repos de la nuit, l'image de la belle Saint-Yves effaçait dans l'esprit de son amant toutes les idées de métaphysique et de morale. Il se réveillait les yeux mouillés de larmes; et le vieux janséniste oubliait sa grace efficace, et l'abbé de Saint-Cyran, et Jansénius, pour consoler un jeune homme qu'il croyait en péché mortel.

Après leurs lectures, après leurs raisonnements, ils parlaient encore de leurs aventures; et, après en avoir inutilement parlé, ils lisaient ensemble ou séparément. L'esprit du jeune homme se fortifiait de plus en plus. Il serait surtout allé très loin en mathématiques sans les distractions que lui donnait mademoiselle de Saint-Yves.

[1] Voyez tome XV, pages 314-315. B.

Il lut des histoires, elles l'attristèrent. Le monde lui parut trop méchant et trop misérable. En effet l'histoire n'est que le tableau des crimes et des malheurs. La foule des hommes innocents et paisibles disparaît toujours sur ces vastes théâtres. Les personnages ne sont que des ambitieux pervers. Il semble que l'histoire ne plaise que comme la tragédie, qui languit si elle n'est animée par les passions, les forfaits, et les grandes infortunes. Il faut armer Clio du poignard, comme Melpomène.

Quoique l'histoire de France soit remplie d'horreurs, ainsi que toutes les autres, cependant elle lui parut si dégoûtante dans ses commencements, si sèche dans son milieu, si petite enfin, même du temps de Henri IV, toujours si dépourvue de grands monuments, si étrangère à ces belles découvertes qui ont illustré d'autres nations, qu'il était obligé de lutter contre l'ennui pour lire tous ces détails de calamités obscures resserrées dans un coin du monde.

Gordon pensait comme lui. Tous deux riaient de pitié quand il était question des souverains de Fezensac[1], de Fesansaguet, et d'Astarac. Cette étude en effet ne serait bonne que pour leurs héritiers, s'ils en avaient. Les beaux siècles de la république romaine le rendirent quelque temps indifférent pour le reste de la terre. Le spectacle de Rome victorieuse et légis-

[1] Le comté de Fezensac avait sept lieues de longueur sur cinq de largeur ; il avait été, en 1140, réuni au comté d'Armagnac. Le vicomté de Fesansaguet, ou petit Fezensac, fut aussi, en 1404, réuni au comté d'Armagnac. Le comté d'Astarac avait environ treize lieues de longueur et onze de largeur. B.

latrice des nations occupait son ame entière. Il s'é-
chauffait en contemplant ce peuple qui fut gouverné
sept cents ans par l'enthousiasme de la liberté et de
la gloire.

Ainsi se passaient les jours, les semaines, les mois;
et il se serait cru heureux dans le séjour du désespoir,
s'il n'avait point aimé.

Son bon naturel s'attendrissait encore sur le prieur
de Notre-Dame de la Montagne, et sur la sensible
Kerkabon. Que penseront-ils, répétait-il souvent,
quand ils n'auront point de mes nouvelles ? Ils me
croiront un ingrat. Cette idée le tourmentait; il plai-
gnait ceux qui l'aimaient, beaucoup plus qu'il ne se
plaignait lui-même.

CHAPITRE XI.

Comment l'Ingénu développe son génie.

La lecture agrandit l'ame, et un ami éclairé la con-
sole. Notre captif jouissait de ces deux avantages qu'il
n'avait pas soupçonnés auparavant. Je serais tenté,
dit-il, de croire aux métamorphoses, car j'ai été changé
de brute en homme. Il se forma une bibliothèque choi-
sie d'une partie de son argent dont on lui permettait
de disposer. Son ami l'encouragea à mettre par écrit
ses réflexions. Voici ce qu'il écrivit sur l'histoire an-
cienne :

« Je m'imagine que les nations ont été long-temps
« comme moi, qu'elles ne se sont instruites que fort

« tard, qu'elles n'ont été occupées pendant des siècles
« que du moment présent qui coulait, très peu du
« passé, et jamais de l'avenir. J'ai parcouru cinq ou
« six cents lieues du Canada, je n'y ai pas trouvé un
« seul monument; personne n'y sait rien de ce qu'a
« fait son bisaïeul. Ne serait-ce pas là l'état naturel de
« l'homme? L'espèce de ce continent-ci me paraît su-
« périeure à celle de l'autre. Elle a augmenté son être
« depuis plusieurs siècles par les arts et par les con-
« naissances. Est-ce parcequ'elle a de la barbe au men-
« ton, et que Dieu a refusé la barbe aux Américains?
« Je ne le crois pas ; car je vois que les Chinois n'ont
« presque point de barbe, et qu'ils cultivent les arts
« depuis plus de cinq mille années. En effet, s'ils ont
« plus de quatre mille ans d'annales, il faut bien que
« la nation ait été rassemblée et florissante depuis
« plus de cinquante siècles.

« Une chose me frappe surtout dans cette ancienne
« histoire de la Chine, c'est que presque tout y est vrai-
« semblable et naturel. Je l'admire en ce qu'il n'y a
« rien de merveilleux.

« Pourquoi toutes les autres nations se sont-elles
« donné des origines fabuleuses? Les anciens chroni-
« queurs de l'histoire de France, qui ne sont pas fort
« anciens, font venir les Français d'un Francus, fils
« d'Hector : les Romains se disaient issus d'un Phry-
« gien, quoiqu'il n'y eût pas dans leur langue un seul
« mot qui eût le moindre rapport à la langue de Phry-
« gie : les dieux avaient habité dix mille ans en Égypte,
« et les diables, en Scythie, où ils avaient engendré les
« Huns. Je ne vois avant Thucydide que des romans

« semblables aux Amadis, et beaucoup moins amu-
« sants. Ce sont partout des apparitions, des oracles,
« des prodiges, des sortiléges, des métamorphoses,
« des songes expliqués, et qui font la destinée des plus
« grands empires et des plus petits états : ici des bêtes
« qui parlent, là des bêtes qu'on adore, des dieux
« transformés en hommes, et des hommes transfor-
« més en dieux. Ah! s'il nous faut des fables, que ces
« fables soient du moins l'emblème de la vérité! J'aime
« les fables des philosophes, je ris de celles des en-
« fants, et je hais celles des imposteurs. »

Il tomba un jour sur une histoire de l'empereur Justinien. On y lisait que des apédeutes [1] de Constantinople avaient donné, en très mauvais grec, un édit contre le plus grand capitaine du siècle [2], parceque ce héros avait prononcé ces paroles dans la chaleur de la conversation : « La vérité luit de sa propre lumière,
« et on n'éclaire pas les esprits avec les flammes des
« bûchers. » Les apédeutes assurèrent que cette proposition était hérétique, sentant l'hérésie, et que l'axiome contraire était catholique, universel, et grec : « On
« n'éclaire les esprits qu'avec la flamme des bûchers,
« et la vérité ne saurait luire de sa propre lumière. »
Ces linostoles [3] condamnèrent ainsi plusieurs discours du capitaine, et donnèrent un édit.

Quoi! s'écria l'Ingénu, des édits rendus par ces

[1] Ignorants, gens sans éducation. (Note de M. Decroix.)

[2] La faculté de théologie de Paris avait donné, en mauvais latin, une censure du *Bélisaire* de Marmontel. B.

[3] Couverts de longs habits de lin (tels que des surplis). L'auteur fait ici allusion à la censure du *Bélisaire* de Marmontel par la Sorbonne. (Note de M. Decroix.)

gens-là ! Ce ne sont point des édits, répliqua Gordon, ce sont des contr'édits [1] dont tout le monde se moquait à Constantinople, et l'empereur tout le premier ; c'était un sage prince, qui avait su réduire les apédeutes linostoles à ne pouvoir faire que du bien. Il savait que ces messieurs-là et plusieurs autres pastophores [2] avaient lassé de contr'édits la patience des empereurs ses prédécesseurs en matière plus grave. Il fit fort bien, dit l'Ingénu ; on doit soutenir les pastophores et les contenir.

Il mit par écrit beaucoup d'autres réflexions qui épouvantèrent le vieux Gordon. Quoi ! dit-il en lui-même, j'ai consumé cinquante ans à m'instruire, et je crains de ne pouvoir atteindre au bon sens naturel de cet enfant presque sauvage ! je tremble d'avoir laborieusement fortifié des préjugés ; il n'écoute que la simple nature.

Le bon-homme avait quelques uns de ces petits livres de critique, de ces brochures périodiques où des hommes incapables de rien produire dénigrent les productions des autres, où les Visé insultent aux Racine, et les Faydit aux Fénelon. L'Ingénu en parcourut quelques uns. Je les compare, disait-il, à certains moucherons qui vont déposer leurs œufs dans le derrière des plus beaux chevaux : cela ne les empêche pas de courir. A peine les deux philosophes

[1] L'édition encadrée de 1775 porte : *contr'édits ;* on lit de même dans les éditions de Kehl. Toutes les éditions antérieures à 1775 portent : *contredits.* Mais on ne doit pas oublier que beaucoup d'ouvrages de Voltaire ont été imprimés en pays étrangers, et quelquefois loin des yeux de l'auteur. B.

[2] Vêtus de longues robes ou manteaux. (Note de M. Decroix.)

daignèrent-ils jeter les yeux sur ces excréments de la littérature.

Ils lurent bientôt ensemble les éléments de l'astronomie ; l'Ingénu fit venir des sphères : ce grand spectacle le ravissait. Qu'il est dur, disait-il, de ne commencer à connaître le ciel que lorsqu'on me ravit le droit de le contempler ! Jupiter et Saturne roulent dans ces espaces immenses ; des millions de soleils éclairent des milliards de mondes ; et dans le coin de terre où je suis jeté, il se trouve des êtres qui me privent, moi être voyant et pensant, de tous ces mondes où ma vue pourrait atteindre, et de celui où Dieu m'a fait naître ! La lumière faite pour tout l'univers est perdue pour moi. On ne me la cachait pas dans l'horizon septentrional où j'ai passé mon enfance et ma jeunesse. Sans vous, mon cher Gordon, je serais ici dans le néant.

CHAPITRE XII.

Ce que l'Ingénu pense des pièces de théâtre.

Le jeune Ingénu ressemblait à un de ces arbres vigoureux qui, nés dans un sol ingrat, étendent en peu de temps leurs racines et leurs branches quand ils sont transplantés dans un terrain favorable ; et il était bien extraordinaire qu'une prison fût ce terrain.

Parmi les livres qui occupaient le loisir des deux captifs, il se trouva des poésies, des traductions de tragédies grecques, quelques pièces du théâtre fran-

çais. Les vers qui parlaient d'amour portèrent à-la-fois dans l'ame de l'Ingénu le plaisir et la douleur. Ils lui parlaient tous de sa chère Saint-Yves. La fable des deux Pigeons lui perça le cœur; il était bien loin de pouvoir revenir à son colombier.

Molière l'enchanta. Il lui fesait connaître les mœurs de Paris et du genre humain. — A laquelle de ses comédies donnez-vous la préférence? — Au *Tartufe*, sans difficulté. Je pense comme vous, dit Gordon; c'est un tartufe qui m'a plongé dans ce cachot, et peut-être ce sont des tartufes qui ont fait votre malheur.

Comment trouvez-vous ces tragédies grecques? — Bonnes pour des Grecs, dit l'Ingénu. Mais quand il lut l'*Iphigénie* moderne, *Phèdre*, *Andromaque*, *Athalie*, il fut en extase, il soupira, il versa des larmes, il les sut par cœur sans avoir envie de les apprendre.

Lisez *Rodogune*, lui dit Gordon; on dit que c'est le chef-d'œuvre du théâtre; les autres pièces qui vous ont fait tant de plaisir sont peu de chose en comparaison. Le jeune homme, dès la première page, lui dit: Cela n'est pas du même auteur. — A quoi le voyez-vous? — Je n'en sais rien encore; mais ces vers-là ne vont ni à mon oreille ni à mon cœur. — Oh! ce n'est rien que les vers, répliqua Gordon. L'Ingénu répondit: Pourquoi donc en faire?

Après avoir lu très attentivement la pièce, sans autre dessein que celui d'avoir du plaisir, il regardait son ami avec des yeux secs et étonnés, et ne savait que dire. Enfin, pressé de rendre compte de ce qu'il avait senti, voici ce qu'il répondit: Je n'ai guère en-

tendu le commencement; j'ai été révolté du milieu; la dernière scène m'a beaucoup ému, quoiqu'elle me paraisse peu vraisemblable : je ne me suis intéressé pour personne, et je n'ai pas retenu vingt vers, moi qui les retiens tous quand ils me plaisent.

Cette pièce passe pourtant pour la meilleure que nous ayons.— Si cela est, répliqua-t-il, elle est peut-être comme bien des gens qui ne méritent pas leurs places. Après tout; c'est ici une affaire de goût; le mien ne doit pas encore être formé: je peux me tromper; mais vous savez que je suis assez accoutumé à dire ce que je pense, ou plutôt ce que je sens. Je soupçonne qu'il y a souvent de l'illusion, de la mode, du caprice dans les jugements des hommes. J'ai parlé d'après la nature; il se peut que chez moi la nature soit très imparfaite; mais il se peut aussi qu'elle soit quelquefois peu consultée par la plupart des hommes. Alors il récita des vers d'*Iphigénie*, dont il était plein; et quoiqu'il ne déclamât pas bien, il y mit tant de vérité et d'onction, qu'il fit pleurer le vieux janséniste. Il lut ensuite *Cinna;* il ne pleura point, mais il admira.

CHAPITRE XIII.

La belle Saint-Yves va à Versailles.

Pendant que notre infortuné s'éclairait plus qu'il ne se consolait; pendant que son génie, étouffé depuis si long-temps, se déployait avec tant de rapidité

et de force; pendant que la nature, qui se perfectionnait en lui, le vengeait des outrages de la fortune, que devinrent monsieur le prieur et sa bonne sœur, et la belle recluse Saint-Yves? Le premier mois on fut inquiet, et au troisième on fut plongé dans la douleur; les fausses conjectures, les bruits mal fondés, alarmèrent : au bout de six mois on le crut mort. Enfin monsieur et mademoiselle de Kerkabon apprirent, par une ancienne lettre qu'un garde du roi avait écrite en Bretagne, qu'un jeune homme semblable à l'Ingénu était arrivé un soir à Versailles, mais qu'il avait été enlevé pendant la nuit, et que depuis ce temps personne n'en avait entendu parler.

Hélas! dit mademoiselle de Kerkabon, notre neveu aura fait quelque sottise, et se sera attiré de fâcheuses affaires. Il est jeune, il est Bas-Breton, il ne peut savoir comme on doit se comporter à la cour. Mon cher frère, je n'ai jamais vu Versailles ni Paris; voici une belle occasion, nous retrouverons peut-être notre pauvre neveu : c'est le fils de notre frère; notre devoir est de le secourir. Qui sait si nous ne pourrons point parvenir enfin à le faire sous-diacre, quand la fougue de la jeunesse sera amortie? Il avait beaucoup de dispositions pour les sciences. Vous souvenez-vous comme il raisonnait sur l'ancien et sur le nouveau *Testament*? Nous sommes responsables de son ame; c'est nous qui l'avons fait baptiser; sa chère maîtresse Saint-Yves passe les journées à pleurer. En vérité il faut aller à Paris. S'il est caché dans quelqu'une de ces vilaines maisons de joie dont on m'a fait tant de récits, nous l'en tirerons. Le prieur fut touché des

discours de sa sœur. Il alla trouver l'évêque de Saint-Malo, qui avait baptisé le Huron, et lui demanda sa protection et ses conseils. Le prélat approuva le voyage. Il donna au prieur des lettres de recommandation pour le P. de La Chaise, confesseur du roi, qui avait la première dignité du royaume, pour l'archevêque de Paris, Harlay, et pour l'évêque de Meaux, Bossuet.

Enfin le frère et la sœur partirent; mais, quand ils furent arrivés à Paris, ils se trouvèrent égarés comme dans un vaste labyrinthe, sans fil et sans issue. Leur fortune était médiocre, et il leur fallait tous les jours des voitures pour aller à la découverte, et ils ne découvraient rien.

Le prieur se présenta chez le révérend P. de La Chaise; il était avec mademoiselle Du Tron, et ne pouvait donner audience à des prieurs. Il alla à la porte de l'archevêque; le prélat[1] était enfermé avec la belle madame de Lesdiguières pour les affaires de l'Église. Il courut à la maison de campagne de l'évêque de Meaux; celui-ci examinait, avec mademoiselle de Mauléon, l'amour mystique de madame Guyon. Cependant il parvint à se faire entendre de ces deux prélats; tous deux lui déclarèrent qu'ils ne

[1] François de Harlay de Chanvalon, archevêque de Paris, de 1670 à 1695, refusa la sépulture à Molière, fit enfermer madame Guyon, donna la bénédiction nuptiale à Louis XIV et à madame de Maintenon. Il était connu par ses aventures galantes. Un jour qu'il entrait dans un salon où étaient un grand nombre de belles dames, il dit:

 Formosi pecoris custos;

l'une d'elles acheva le vers de Virgile en ajoutant:

 formosior ipse. B.

pouvaient se mêler de son neveu, attendu qu'il n'était pas sous-diacre.

Enfin il vit le jésuite; celui-ci le reçut à bras ouverts, lui protesta qu'il avait toujours eu pour lui une estime particulière, ne l'ayant jamais connu. Il jura que la Société avait toujours été attachée aux Bas-Bretons. Mais, dit-il, votre neveu n'aurait-il pas le malheur d'être huguenot? — Non, assurément, mon révérend père. — Serait-il point janséniste? — Je puis assurer à votre révérence qu'à peine est-il chrétien : il y a environ onze mois que nous l'avons baptisé. — Voilà qui est bien, voilà qui est bien, nous aurons soin de lui. Votre bénéfice est-il considérable? — Oh! fort peu de chose, et mon neveu nous coûte beaucoup. — Y a-t-il quelques jansénistes dans le voisinage? Prenez bien garde, mon cher monsieur le prieur, ils sont plus dangereux que les huguenots et les athées. — Mon révérend père, nous n'en avons point; on ne sait ce que c'est que le jansénisme à Notre-Dame de la Montagne. — Tant mieux; allez, il n'y a rien que je ne fasse pour vous. Il congédia affectueusement le prieur, et n'y pensa plus.

Le temps s'écoulait, le prieur et la bonne sœur se désespéraient.

Cependant le maudit bailli pressait le mariage de son grand benêt de fils avec la belle Saint-Yves, qu'on avait fait sortir exprès du couvent. Elle aimait toujours son cher filleul autant qu'elle détestait le mari qu'on lui présentait. L'affront d'avoir été mise dans un couvent augmentait sa passion; l'ordre d'épouser le fils du bailli y mettait le comble. Les regrets, la

tendresse, et l'horreur, bouleversaient son ame. L'amour, comme on sait, est bien plus ingénieux et plus hardi dans une jeune fille, que l'amitié ne l'est dans un vieux prieur et dans une tante de quarante-cinq ans passés. De plus, elle s'était bien formée dans son couvent par les romans qu'elle avait lus à la dérobée.

La belle Saint-Yves se souvenait de la lettre qu'un garde du corps avait écrite en Basse-Bretagne, et dont on avait parlé dans la province. Elle résolut d'aller elle-même prendre des informations à Versailles; de se jeter aux pieds des ministres, si son mari était en prison, comme on le disait, et d'obtenir justice pour lui. Je ne sais quoi l'avertissait secrètement qu'à la cour on ne refuse rien à une jolie fille; mais elle ne savait pas ce qu'il en coûtait.

Sa résolution prise, elle est consolée, elle est tranquille, elle ne rebute plus son sot prétendu; elle accueille le détestable beau-père, caresse son frère, répand l'allégresse dans la maison; puis, le jour destiné à la cérémonie, elle part secrètement à quatre heures du matin avec ses petits présents de noce, et tout ce qu'elle a pu rassembler. Ses mesures étaient si bien prises, qu'elle était déjà à plus de dix lieues lorsqu'on entra dans sa chambre, vers le midi. La surprise et la consternation furent grandes. L'interrogant bailli fit ce jour-là plus de questions qu'il n'en avait fait dans toute la semaine; le mari resta plus sot qu'il ne l'avait jamais été. L'abbé de Saint-Yves en colère prit le parti de courir après sa sœur. Le bailli et son fils voulurent l'accompagner. Ainsi la destinée conduisait à Paris presque tout ce canton de la Basse-Bretagne.

CHAPITRE XIII.

La belle Saint-Yves se doutait bien qu'on la suivrait. Elle était à cheval; elle s'informait adroitement des courriers s'ils n'avaient point rencontré un gros abbé, un énorme bailli, et un jeune benêt, qui couraient sur le chemin de Paris. Ayant appris au troisième jour qu'ils n'étaient pas loin, elle prit une route différente, et eut assez d'habileté et de bonheur pour arriver à Versailles, tandis qu'on la cherchait inutilement dans Paris.

Mais comment se conduire à Versailles? jeune, belle, sans conseil, sans appui, inconnue, exposée à tout, comment oser chercher un garde du roi? Elle imagina de s'adresser à un jésuite du bas étage; il y en avait pour toutes les conditions de la vie : comme Dieu, disaient-ils, a donné différentes nourritures aux diverses espèces d'animaux, il avait donné au roi son confesseur, que tous les solliciteurs de bénéfices appelaient *le chef de l'Église gallicane;* ensuite venaient les confesseurs des princesses; les ministres n'en avaient point; ils n'étaient pas si sots. Il y avait les jésuites du grand commun, et surtout les jésuites des femmes de chambre par lesquelles on savait les secrets des maîtresses; et ce n'était pas un petit emploi. La belle Saint-Yves s'adressa à un de ces derniers, qui s'appelait le P. Tout-à-tous. Elle se confessa à lui, lui exposa ses aventures, son état, son danger, et le conjura de la loger chez quelque bonne dévote qui la mît à l'abri des tentations.

Le P. Tout-à-tous l'introduisit chez la femme d'un officier du gobelet, l'une de ses plus affidées pénitentes. Dès qu'elle y fut, elle s'empressa de gagner

la confiance et l'amitié de cette femme; elle s'informa du garde breton, et le fit prier de venir chez elle. Ayant su de lui que son amant avait été enlevé après avoir parlé à un premier commis, elle court chez ce commis: la vue d'une belle femme l'adoucit, car il faut convenir que Dieu n'a créé les femmes que pour apprivoiser les hommes.

Le plumitif attendri lui avoua tout. Votre amant est à la Bastille depuis près d'un an, et sans vous il y serait peut-être toute sa vie. La tendre Saint-Yves s'évanouit. Quand elle eut repris ses sens, le plumitif lui dit: Je suis sans crédit pour faire du bien; tout mon pouvoir se borne à faire du mal quelquefois. Croyez-moi, allez chez M. de Saint-Pouange, qui fait le bien et le mal, cousin et favori de monseigneur de Louvois. Ce ministre a deux ames: M. de Saint-Pouange en est une; madame Dufresnoy [1], l'autre; mais elle n'est pas à présent à Versailles; il ne vous reste que de fléchir le protecteur que je vous indique.

La belle Saint-Yves, partagée entre un peu de joie et d'extrêmes douleurs, entre quelque espérance et de tristes craintes, poursuivie par son frère, adorant son amant, essuyant ses larmes et en versant encore, tremblante, affaiblie, et reprenant courage, courut vite chez M. de Saint-Pouange.

[1] Dans les éditions antérieures aux éditions de Kehl, on lit: « Madame « Du Belloy. » B.

CHAPITRE XIV.

Progrès de l'esprit de l'Ingénu.

L'Ingénu fesait des progrès rapides dans les sciences, et surtout dans la science de l'homme. La cause du développement rapide de son esprit était due à son éducation sauvage presque autant qu'à la trempe de son ame; car, n'ayant rien appris dans son enfance, il n'avait point appris de préjugés. Son entendement n'ayant point été courbé par l'erreur était demeuré dans toute sa rectitude. Il voyait les choses comme elles sont, au lieu que les idées qu'on nous donne dans l'enfance nous les font voir toute notre vie comme elles ne sont point. Vos persécuteurs sont abominables, disait-il à son ami Gordon. Je vous plains d'être opprimé, mais je vous plains d'être janséniste. Toute secte me paraît le ralliement de l'erreur. Dites-moi s'il y a des sectes en géométrie? Non, mon cher enfant, lui dit en soupirant le bon Gordon; tous les hommes sont d'accord sur la vérité quand elle est démontrée, mais ils sont trop partagés sur les vérités obscures. — Dites sur les faussetés obscures. S'il y avait eu une seule vérité cachée dans vos amas d'arguments qu'on ressasse depuis tant de siècles, on l'aurait découverte sans doute; et l'univers aurait été d'accord au moins sur ce point-là. Si cette vérité était nécessaire comme le soleil l'est à la terre, elle serait brillante comme lui. C'est une ab-

surdité, c'est un outrage au genre humain, c'est un attentat contre l'Être infini et suprême de dire : Il y a une vérité essentielle à l'homme, et Dieu l'a cachée.

Tout ce que disait ce jeune ignorant, instruit par la nature, fesait une impression profonde sur l'esprit du vieux savant infortuné. Serait-il bien vrai, s'écriat-il, que je me fusse rendu malheureux pour des chimères? Je suis bien plus sûr de mon malheur que de la grace efficace. J'ai consumé mes jours à raisonner sur la liberté de Dieu et du genre humain; mais j'ai perdu la mienne; ni saint Augustin ni saint Prosper ne me tireront de l'abîme où je suis.

L'Ingénu, livré à son caractère, dit enfin : Voulez-vous que je vous parle avec une confiance hardie? Ceux qui se font persécuter pour ces vaines disputes de l'école me semblent peu sages; ceux qui persécutent me paraissent des monstres.

Les deux captifs étaient fort d'accord sur l'injustice de leur captivité. Je suis cent fois plus à plaindre que vous, disait l'Ingénu; je suis né libre comme l'air; j'avais deux vies, la liberté et l'objet de mon amour : on me les ôte. Nous voici tous deux dans les fers, sans en savoir la raison et sans pouvoir la demander. J'ai vécu Huron vingt ans; on dit que ce sont des barbares, parcequ'ils se vengent de leurs ennemis; mais ils n'ont jamais opprimé leurs amis. A peine ai-je mis le pied en France, que j'ai versé mon sang pour elle; j'ai peut-être sauvé une province, et pour récompense je suis englouti dans ce tombeau des vivants, où je serais mort de rage sans vous. Il n'y a donc point de lois dans ce pays? on condamne

les hommes sans les entendre! Il n'en est pas ainsi en Angleterre. Ah! ce n'était pas contre les Anglais que je devais me battre. Ainsi sa philosophie naissante ne pouvait dompter la nature outragée dans le premier de ses droits, et laissait un libre cours à sa juste colère.

Son compagnon ne le contredit point. L'absence augmente toujours l'amour qui n'est pas satisfait, et la philosophie ne le diminue pas. Il parlait aussi souvent de sa chère Saint-Yves que de morale et de métaphysique. Plus ses sentiments s'épuraient, et plus il aimait. Il lut quelques romans nouveaux; il en trouva peu qui lui peignissent la situation de son ame. Il sentait que son cœur allait toujours au-delà de ce qu'il lisait. Ah! disait-il, presque tous ces auteurs-là n'ont que de l'esprit et de l'art. Enfin le bon prêtre janséniste devenait insensiblement le confident de sa tendresse. Il ne connaissait l'amour auparavant que comme un péché dont on s'accuse en confession. Il apprit à le connaître comme un sentiment aussi noble que tendre, qui peut élever l'ame autant que l'amollir, et produire même quelquefois des vertus. Enfin, pour dernier prodige, un Huron convertissait un janséniste.

CHAPITRE XV.

La belle Saint-Yves résiste à des propositions délicates.

La belle Saint-Yves, plus tendre encore que son amant, alla donc chez M. de Saint-Pouange, accom-

pagnée de l'amie chez qui elle logeait, toutes deux cachées dans leurs coiffes. La première chose qu'elle vit à la porte ce fut l'abbé de Saint-Yves, son frère, qui en sortait. Elle fut intimidée; mais la dévote amie la rassura. C'est précisément parcequ'on a parlé contre vous qu'il faut que vous parliez. Soyez sûre que dans ce pays les accusateurs ont toujours raison, si on ne se hâte de les confondre. Votre présence d'ailleurs, ou je me trompe fort, fera plus d'effet que les paroles de votre frère.

Pour peu qu'on encourage une amante passionnée, elle est intrépide. La Saint-Yves se présente à l'audience. Sa jeunesse, ses charmes, ses yeux tendres mouillés de quelques pleurs, attirèrent tous les regards. Chaque courtisan du sous-ministre oublia un moment l'idole du pouvoir pour contempler celle de la beauté. Le Saint-Pouange la fit entrer dans un cabinet; elle parla avec attendrissement et avec grace. Saint-Pouange se sentit touché. Elle tremblait, il la rassura. Revenez ce soir, lui dit-il; vos affaires méritent qu'on y pense et qu'on en parle à loisir; il y a ici trop de monde; on expédie les audiences trop rapidement: il faut que je vous entretienne à fond de tout ce qui vous regarde. Ensuite, ayant fait l'éloge de sa beauté et de ses sentiments, il lui recommanda de venir à sept heures du soir.

Elle n'y manqua pas; la dévote amie l'accompagna encore, mais elle se tint dans le salon, et lut le *Pédagogue chrétien*[1], pendant que le Saint-Pouange et la

[1] Ouvrage que Voltaire appelle *Excellent livre pour les sots* (voyez tome XXIX, page 119). L'auteur est le P. Outreman. B.

CHAPITRE XV.

belle Saint-Yves étaient dans l'arrière-cabinet. Croiriez-vous bien, mademoiselle, lui dit-il d'abord, que votre frère est venu me demander une lettre de cachet contre vous? En vérité j'en expédierais plutôt une pour le renvoyer en Basse-Bretagne. — Hélas! monsieur, on est donc bien libéral de lettres de cachet dans vos bureaux, puisqu'on en vient solliciter du fond du royaume, comme des pensions. Je suis bien loin d'en demander une contre mon frère. J'ai beaucoup à me plaindre de lui, mais je respecte la liberté des hommes; je demande celle d'un homme que je veux épouser, d'un homme à qui le roi doit la conservation d'une province, qui peut le servir utilement, et qui est le fils d'un officier tué à son service. De quoi est-il accusé? comment a-t-on pu le traiter si cruellement sans l'entendre?

Alors le sous-ministre lui montra la lettre du jésuite espion et celle du perfide bailli. — Quoi! il y a de pareils monstres sur la terre! et on veut me forcer ainsi à épouser le fils ridicule d'un homme ridicule et méchant! et c'est sur de pareils avis qu'on décide ici de la destinée des citoyens! Elle se jeta à genoux, elle demanda avec des sanglots la liberté du brave homme qui l'adorait. Ses charmes en cet état parurent dans leur plus grand avantage. Elle était si belle, que le Saint-Pouange, perdant toute honte, lui insinua qu'elle réussirait si elle commençait par lui donner les prémices de ce qu'elle réservait à son amant. La Saint-Yves, épouvantée et confuse, feignit long-temps de ne le pas entendre; il fallut s'expliquer plus clairement. Un mot lâché d'abord avec retenue en produi-

sait un plus fort suivi d'un autre plus expressif. On offrit non seulement la révocation de la lettre de cachet, mais des récompenses, de l'argent, des honneurs, des établissements; et plus on promettait, plus le desir de n'être pas refusé augmentait.

La Saint-Yves pleurait, elle était suffoquée, à demi renversée sur un sofa, croyant à peine ce qu'elle voyait, ce qu'elle entendait. Le Saint-Pouange, à son tour, se jeta à ses genoux. Il n'était pas sans agréments, et aurait pu ne pas effaroucher un cœur moins prévenu; mais Saint-Yves adorait son amant, et croyait que c'était un crime horrible de le trahir pour le servir. Saint-Pouange redoublait les prières et les promesses : enfin la tête lui tourna au point, qu'il lui déclara que c'était le seul moyen de tirer de sa prison l'homme auquel elle prenait un intérêt si violent et si tendre. Cet étrange entretien se prolongeait. La dévote de l'antichambre, en lisant son *Pédagogue chrétien*, disait : Mon Dieu ! que peuvent-ils faire là depuis deux heures ? jamais monseigneur de Saint-Pouange n'a donné une si longue audience; peut-être qu'il a tout refusé à cette pauvre fille, puisqu'elle le prie encore.

Enfin sa compagne sortit de l'arrière-cabinet, tout éperdue, sans pouvoir parler, réfléchissant profondément sur le caractère des grands et des demi-grands, qui sacrifient si légèrement la liberté des hommes et l'honneur des femmes.

Elle ne dit pas un mot pendant tout le chemin. Arrivée chez l'amie, elle éclata, elle lui conta tout. La dévote fit de grands signes de croix. Ma chère amie,

il faut consulter dès demain le P. Tout-à-tous, notre directeur; il a beaucoup de crédit auprès de M. de Saint-Pouange; il confesse plusieurs servantes de sa maison; c'est un homme pieux et accommodant, qui dirige aussi des femmes de qualité : abandonnez-vous à lui, c'est ainsi que j'en use; je m'en suis toujours bien trouvée. Nous autres pauvres femmes nous avons besoin d'être conduites par un homme. — Eh bien donc! ma chère amie, j'irai trouver demain le P. Tout-à-tous.

CHAPITRE XVI.

Elle consulte un jésuite.

Dès que la belle et désolée Saint-Yves fut avec son bon confesseur, elle lui confia qu'un homme puissant et voluptueux lui proposait de faire sortir de prison celui qu'elle devait épouser légitimement, et qu'il demandait un grand prix de son service; qu'elle avait une répugnance horrible pour une telle infidélité, et que, s'il ne s'agissait que de sa propre vie, elle la sacrifierait plutôt que de succomber.

Voilà un abominable pécheur! lui dit le P. Tout-à-tous. Vous devriez bien me dire le nom de ce vilain homme; c'est à coup sûr quelque janséniste; je le dénoncerai à sa révérence le P. de La Chaise, qui le fera mettre dans le gîte où est à présent la chère personne que vous devez épouser.

La pauvre fille, après un long embarras et de grandes irrésolutions, lui nomma enfin Saint-Pouange.

— Monseigneur de Saint-Pouange! s'écria le jésuite; ah! ma fille, c'est tout autre chose; il est cousin du plus grand ministre que nous ayons jamais eu, homme de bien, protecteur de la bonne cause, bon chrétien; il ne peut avoir eu une telle pensée; il faut que vous ayez mal entendu. — Ah! mon père, je n'ai entendu que trop bien; je suis perdue, quoi que je fasse; je n'ai que le choix du malheur et de la honte; il faut que mon amant reste enseveli tout vivant, ou que je me rende indigne de vivre. Je ne puis le laisser périr, et je ne puis le sauver.

Le P. Tout-à-tous tâcha de la calmer par ces douces paroles:

Premièrement, ma fille, ne dites jamais ce mot *mon amant*; il y a quelque chose de mondain qui pourrait offenser Dieu: dites *mon mari*; car bien qu'il ne le soit pas encore, vous le regardez comme tel; et rien n'est plus honnête.

Secondement, bien qu'il soit votre époux en idée, en espérance, il ne l'est pas en effet: ainsi vous ne commettriez pas un adultère, péché énorme qu'il faut toujours éviter autant qu'il est possible.

Troisièmement, les actions ne sont pas d'une malice de coulpe quand l'intention est pure, et rien n'est plus pur que de délivrer votre mari.

Quatrièmement, vous avez des exemples dans la sainte antiquité qui peuvent merveilleusement servir à votre conduite. Saint Augustin rapporte que sous le proconsulat de Septimius Acyndinus[1], en l'an 340 de

[1] Voyez, dans le *Dictionnaire de Bayle*, l'article ACYNDINUS. B.

CHAPITRE XVI.

notre salut, un pauvre homme ne pouvant payer à César ce qui appartenait à César, fut condamné à la mort, comme il est juste, malgré la maxime, *Où il n'y a rien le roi perd ses droits*. Il s'agissait d'une livre d'or; le condamné avait une femme en qui Dieu avait mis la beauté et la prudence. Un vieux richard promit de donner une livre d'or, et même plus, à la dame, à condition qu'il commettrait avec elle le péché immonde. La dame ne crut point faire mal en sauvant son mari. Saint Augustin approuve fort sa généreuse résignation. Il est vrai que le vieux richard la trompa, et peut-être même son mari n'en fut pas moins pendu; mais elle avait fait tout ce qui était en elle pour sauver sa vie.

Soyez sûre, ma fille, que quand un jésuite vous cite saint Augustin, il faut que ce saint ait pleinement raison. Je ne vous conseille rien, vous êtes sage; il est à présumer que vous serez utile à votre mari. Monseigneur de Saint-Pouange est un honnête homme, il ne vous trompera pas; c'est tout ce que je puis vous dire : je prierai Dieu pour vous, et j'espère que tout se passera à sa plus grande gloire.

La belle Saint-Yves, non moins effrayée des discours du jésuite que des propositions du sous-ministre, s'en retourna éperdue chez son amie. Elle était tentée de se délivrer, par la mort, de l'horreur de laisser dans une captivité affreuse l'amant qu'elle adorait, et de la honte de le délivrer au prix de ce qu'elle avait de plus cher, et qui ne devait appartenir qu'à cet amant infortuné.

CHAPITRE XVII.

Elle succombe par vertu.

Elle priait son amie de la tuer ; mais cette femme, non moins indulgente que le jésuite, lui parla plus clairement encore. Hélas! dit-elle, les affaires ne se font guère autrement dans cette cour si aimable, si galante, si renommée. Les places les plus médiocres et les plus considérables n'ont souvent été données qu'au prix qu'on exige de vous. Écoutez, vous m'avez inspiré de l'amitié et de la confiance; je vous avouerai que si j'avais été aussi difficile que vous l'êtes, mon mari ne jouirait pas du petit poste qui le fait vivre; il le sait, et loin d'en être fâché, il voit en moi sa bienfaitrice, et il se regarde comme ma créature. Pensez-vous que tous ceux qui ont été à la tête des provinces, ou même des armées, aient dû leurs honneurs et leur fortune à leurs seuls services? Il en est qui en sont redevables à mesdames leurs femmes. Les dignités de la guerre ont été sollicitées par l'amour, et la place a été donnée au mari de la plus belle.

Vous êtes dans une situation bien plus intéressante; il s'agit de rendre votre amant au jour et de l'épouser; c'est un devoir sacré qu'il vous faut remplir. On n'a point blâmé les belles et grandes dames dont je vous parle; on vous applaudira, on dira que vous ne vous êtes permis une faiblesse que par un excès de vertu.
— Ah! quelle vertu! s'écria la belle Saint-Yves; quel

CHAPITRE XVII.

labyrinthe d'iniquités ! quel pays ! et que j'apprends à connaître les hommes ! Un P. de La Chaise et un bailli ridicule font mettre mon amant en prison, ma famille me persécute, on ne me tend la main dans mon désastre que pour me déshonorer. Un jésuite a perdu un brave homme, un autre jésuite veut me perdre; je ne suis entourée que de piéges, et je touche au moment de tomber dans la misère. Il faut que je me tue, ou que je parle au roi; je me jetterai à ses pieds sur son passage, quand il ira à la messe ou à la comédie.

On ne vous laissera pas approcher, lui dit sa bonne amie ; et si vous aviez le malheur de parler, mons de Louvois et le révérend P. de La Chaise pourraient vous enterrer dans le fond d'un couvent pour le reste de vos jours.

Tandis que cette brave personne augmentait ainsi les perplexités de cette ame désespérée, et enfonçait le poignard dans son cœur, arrive un exprès de M. de Saint-Pouange avec une lettre et deux beaux pendants d'oreilles. Saint-Yves rejeta le tout en pleurant; mais l'amie s'en chargea.

Dès que le messager fut parti, la confidente lit la lettre dans laquelle on propose un petit souper aux deux amies pour le soir. Saint-Yves jure qu'elle n'ira point. La dévote veut lui essayer les deux boucles de diamants. Saint-Yves ne le put souffrir; elle combattit la journée entière. Enfin, n'ayant en vue que son amant, vaincue, entraînée, ne sachant où on la mène, elle se laisse conduire au souper fatal. Rien n'avait pu la déterminer à se parer des pendants d'oreilles ; la

confidente les apporta, elle les lui ajusta malgré elle avant qu'on se mît à table. Saint-Yves était si confuse, si troublée, qu'elle se laissait tourmenter; et le patron en tirait un augure très favorable. Vers la fin du repas, la confidente se retira discrètement. Le patron montra alors la révocation de la lettre de cachet, le brevet d'une gratification considérable, celui d'une compagnie, et n'épargna pas les promesses. Ah! lui dit Saint-Yves, que je vous aimerais si vous ne vouliez pas être tant aimé!

Enfin, après une longue résistance, après des sanglots, des cris, des larmes, affaiblie du combat, éperdue, languissante, il fallut se rendre. Elle n'eut d'autre ressource que de se promettre de ne penser qu'à l'Ingénu, tandis que le cruel jouirait impitoyablement de la nécessité où elle était réduite.

CHAPITRE XVIII.

Elle délivre son amant et un janséniste.

Au point du jour elle vole à Paris, munie de l'ordre du ministre. Il est difficile de peindre ce qui se passait dans son cœur pendant ce voyage. Qu'on imagine une ame vertueuse et noble, humiliée de son opprobre, enivrée de tendresse, déchirée des remords d'avoir trahi son amant, pénétrée du plaisir de délivrer ce qu'elle adore! Ses amertumes, ses combats, son succès, partageaient toutes ses réflexions. Ce n'était plus cette fille simple dont une éducation provinciale avait

rétréci les idées. L'amour et le malheur l'avaient formée. Le sentiment avait fait autant de progrès en elle que la raison en avait fait dans l'esprit de son amant infortuné. Les filles apprennent à sentir plus aisément que les hommes n'apprennent à penser. Son aventure était plus instructive que quatre ans de couvent.

Son habit était d'une simplicité extrême. Elle voyait avec horreur les ajustements sous lesquels elle avait paru devant son funeste bienfaiteur; elle avait laissé ses boucles de diamants à sa compagne sans même les regarder. Confuse et charmée, idolâtre de l'Ingénu, et se haïssant elle-même, elle arrive enfin à la porte de

>... cet affreux château, palais de la vengeance,
> Qui renferme souvent le crime et l'innocence [1].

Quand il fallut descendre du carrosse, les forces lui manquèrent; on l'aida; elle entra, le cœur palpitant, les yeux humides, le front consterné. On la présente au gouverneur; elle veut lui parler, sa voix expire; elle montre son ordre en articulant à peine quelques paroles. Le gouverneur aimait son prisonnier; il fut très aise de sa délivrance. Son cœur n'était pas endurci comme celui de quelques honorables geôliers ses confrères qui, ne pensant qu'à la rétribution attachée à la garde de leurs captifs, fondant leurs revenus sur leurs victimes, et vivant du malheur d'autrui, se fesaient en secret une joie affreuse des larmes des infortunés.

Il fait venir le prisonnier dans son appartement.

Henriade, chant IV, vers 456-57. B.

Les deux amants se voient, et tous deux s'évanouissent. La belle Saint-Yves resta long-temps sans mouvement et sans vie : l'autre rappela bientôt son courage. C'est apparemment là madame votre femme, lui dit le gouverneur; vous ne m'aviez point dit que vous fussiez marié. On me mande que c'est à ses soins généreux que vous devez votre délivrance. Ah! je ne suis pas digne d'être sa femme, dit la belle Saint-Yves d'une voix tremblante; et elle retomba encore en faiblesse.

Quand elle eut repris ses sens, elle présenta, toujours tremblante, le brevet de la gratification, et la promesse par écrit d'une compagnie. L'Ingénu, aussi étonné qu'attendri, s'éveillait d'un songe pour retomber dans un autre. Pourquoi ai-je été renfermé ici? comment avez-vous pu m'en tirer? où sont les monstres qui m'y ont plongé? Vous êtes une divinité qui descendez du ciel à mon secours.

La belle Saint-Yves baissait la vue, regardait son amant, rougissait, et détournait, le moment d'après, ses yeux mouillés de pleurs. Elle lui apprit enfin tout ce qu'elle savait, et tout ce qu'elle avait éprouvé, excepté ce qu'elle aurait voulu se cacher pour jamais, et ce qu'un autre que l'Ingénu, plus accoutumé au monde et plus instruit des usages de la cour, aurait deviné facilement.

Est-il possible qu'un misérable comme ce bailli ait eu le pouvoir de me ravir ma liberté? Ah! je vois bien qu'il en est des hommes comme des plus vils animaux; tous peuvent nuire. Mais est-il possible qu'un moine, un jésuite confesseur du roi, ait contribué à mon in-

fortune autant que ce bailli, sans que je puisse imaginer sous quel prétexte ce détestable fripon m'a persécuté? M'a-t-il fait passer pour un janséniste? Enfin, comment vous êtes-vous souvenue de moi? je ne le méritais pas, je n'étais alors qu'un sauvage. Quoi! vous avez pu sans conseil, sans secours, entreprendre le voyage de Versailles! Vous y avez paru, et on a brisé mes fers! Il est donc dans la beauté et dans la vertu un charme invincible qui fait tomber les portes de fer, et qui amollit les cœurs de bronze!

A ce mot de *vertu*, des sanglots échappèrent à la belle Saint-Yves. Elle ne savait pas combien elle était vertueuse dans le crime qu'elle se reprochait.

Son amant continua ainsi : Ange, qui avez rompu mes liens, si vous avez eu (ce que je ne comprends pas encore) assez de crédit pour me faire rendre justice, faites-la donc rendre aussi à un vieillard qui m'a le premier appris à penser, comme vous m'avez appris à aimer. La calamité nous a unis; je l'aime comme un père, je ne peux vivre ni sans vous ni sans lui.

Moi! que je sollicite le même homme qui.... — Oui, je veux tout vous devoir, et je ne veux devoir jamais rien qu'à vous : écrivez à cet homme puissant, comblez-moi de vos bienfaits, achevez ce que vous avez commencé, achevez vos prodiges. Elle sentait qu'elle devait faire tout ce que son amant exigeait : elle voulut écrire, sa main ne pouvait obéir. Elle recommença trois fois sa lettre, la déchira trois fois; elle écrivit enfin, et les deux amants sortirent après avoir embrassé le vieux martyr de la grace efficace.

L'heureuse et désolée Saint-Yves savait dans quelle

maison logeait son frère; elle y alla; son amant prit un appartement dans la même maison.

A peine y furent-ils arrivés que son protecteur lui envoya l'ordre de l'élargissement du bon-homme Gordon, et lui demanda un rendez-vous pour le lendemain. Ainsi, à chaque action honnête et généreuse qu'elle fesait, son déshonneur en était le prix. Elle regardait avec exécration cet usage de vendre le malheur et le bonheur des hommes. Elle donna l'ordre de l'élargissement à son amant, et refusa le rendez-vous d'un bienfaiteur qu'elle ne pouvait plus voir sans expirer de douleur et de honte. L'Ingénu ne pouvait se séparer d'elle que pour aller délivrer un ami: il y vola. Il remplit ce devoir en réfléchissant sur les étranges événements de ce monde, et en admirant la vertu courageuse d'une jeune fille à qui deux infortunés devaient plus que la vie.

CHAPITRE XIX.

L'Ingénu, la belle Saint-Yves, et leurs parents, sont rassemblés.

La généreuse et respectable infidèle était avec son frère l'abbé de Saint-Yves, le bon prieur de la Montagne, et la dame de Kerkabon. Tous étaient également étonnés; mais leur situation et leurs sentiments étaient bien différents. L'abbé de Saint-Yves pleurait ses torts aux pieds de sa sœur, qui lui pardonnait. Le prieur et sa tendre sœur pleuraient aussi, mais de joie; le vilain bailli et son insupportable fils ne trou-

CHAPITRE XIX.

blaient point cette scène touchante. Ils étaient partis au premier bruit de l'élargissement de leur ennemi; ils couraient ensevelir dans leur province leur sottise et leur crainte.

Les quatre personnages, agités de cent mouvements divers, attendaient que le jeune homme revînt avec l'ami qu'il devait délivrer. L'abbé de Saint-Yves n'osait lever les yeux devant sa sœur : la bonne Kerkabon disait : Je reverrai donc mon cher neveu ! Vous le reverrez, dit la charmante Saint-Yves, mais ce n'est plus le même homme; son maintien, son ton, ses idées, son esprit, tout est changé. Il est devenu aussi respectable qu'il était naïf et étranger à tout. Il sera l'honneur et la consolation de votre famille : que ne puis-je être aussi le bonheur de la mienne ! Vous n'êtes point non plus la même, dit le prieur; que vous est-il donc arrivé qui ait fait en vous un si grand changement ?

Au milieu de cette conversation l'Ingénu arrive, tenant par la main son janséniste. La scène alors devint plus neuve et plus intéressante. Elle commença par les tendres embrassements de l'oncle et de la tante. L'abbé de Saint-Yves se mettait presque aux genoux de l'Ingénu, qui n'était plus l'ingénu. Les deux amants se parlaient par des regards qui exprimaient tous les sentiments dont ils étaient pénétrés. On voyait éclater la satisfaction, la reconnaissance, sur le front de l'un; l'embarras était peint dans les yeux tendres et un peu égarés de l'autre. On était étonné qu'elle mêlât de la douleur à tant de joie.

Le vieux Gordon devint en peu de moments cher à

toute la famille. Il avait été malheureux avec le jeune prisonnier, et c'était un grand titre. Il devait sa délivrance aux deux amants, cela seul le réconciliait avec l'amour; l'âpreté de ses anciennes opinions sortait de son cœur : il était changé en homme, ainsi que le Huron. Chacun raconta ses aventures avant le souper. Les deux abbés, la tante, écoutaient comme des enfants qui entendent des histoires de revenants, et comme des hommes qui s'intéressaient tous à tant de désastres. Hélas! dit Gordon, il y a peut-être plus de cinq cents personnes vertueuses qui sont à présent dans les mêmes fers que mademoiselle de Saint-Yves a brisés : leurs malheurs sont inconnus. On trouve assez de mains qui frappent sur la foule des malheureux, et rarement une secourable. Cette réflexion si vraie augmentait sa sensibilité et sa reconnaissance : tout redoublait le triomphe de la belle Saint-Yves; on admirait la grandeur et la fermeté de son ame. L'admiration était mêlée de ce respect qu'on sent malgré soi pour une personne qu'on croit avoir du crédit à la cour. Mais l'abbé de Saint-Yves disait quelquefois : Comment ma sœur a-t-elle pu faire pour obtenir si tôt ce crédit?

On allait se mettre à table de très bonne heure : voilà que la bonne amie de Versailles arrive, sans rien savoir de tout ce qui s'était passé; elle était en carrosse à six chevaux, et on voit bien à qui appartient l'équipage. Elle entre avec l'air imposant d'une personne de cour qui a de grandes affaires, salue très légèrement la compagnie, et tirant la belle Saint-Yves à l'écart : Pourquoi vous faire tant attendre? Suivez-moi; voilà

vos diamants que vous aviez oubliés. Elle ne put dire ces paroles si bas que l'Ingénu ne les entendît : il vit les diamants; le frère fut interdit; l'oncle et la tante n'éprouvèrent qu'une surprise de bonnes gens qui n'avaient jamais vu une telle magnificence. Le jeune homme, qui s'était formé par un an de réflexions, en fit malgré lui, et parut troublé un moment. Son amante s'en aperçut; une pâleur mortelle se répandit sur son beau visage, un frisson la saisit, elle se soutenait à peine. Ah! madame, dit-elle à la fatale amie, vous m'avez perdue! vous me donnez la mort! Ces paroles percèrent le cœur de l'Ingénu; mais il avait déjà appris à se posséder; il ne les releva point, de peur d'inquiéter sa maîtresse devant son frère, mais il pâlit comme elle.

Saint-Yves, éperdue de l'altération qu'elle apercevait sur le visage de son amant, entraîne cette femme hors de la chambre dans un petit passage, jette les diamants à terre devant elle. Ah! ce ne sont pas eux qui m'ont séduite, vous le savez; mais celui qui les a donnés ne me reverra jamais. L'amie les ramassait, et Saint-Yves ajoutait : Qu'il les reprenne ou qu'il vous les donne; allez, ne me rendez plus honteuse de moi-même. L'ambassadrice enfin s'en retourna, ne pouvant comprendre les remords dont elle était témoin.

La belle Saint-Yves, oppressée, éprouvant dans son corps une révolution qui la suffoquait, fut obligée de se mettre au lit; mais pour n'alarmer personne elle ne parla point de ce qu'elle souffrait; et, ne prétextant que sa lassitude, elle demanda la permission de prendre du repos; mais ce fut après avoir rassuré la com-

pagnie par des paroles consolantes et flatteuses, et jeté sur son amant des regards qui portaient le feu dans son ame.

Le souper, qu'elle n'animait pas, fut triste dans le commencement, mais de cette tristesse intéressante qui fournit de ces conversations attachantes et utiles si supérieures à la frivole joie qu'on recherche, et qui n'est d'ordinaire qu'un bruit importun.

Gordon fit en peu de mots l'histoire et du jansénisme et du molinisme, et des persécutions dont un parti accablait l'autre, et de l'opiniâtreté de tous les deux. L'Ingénu en fit la critique, et plaignit les hommes qui, non contents de tant de discordes que leurs intérêts allument, se font de nouveaux maux pour des intérêts chimériques, et pour des absurdités inintelligibles. Gordon racontait, l'autre jugeait; les convives écoutaient avec émotion, et s'éclairaient d'une lumière nouvelle. On parla de la longueur de nos infortunes et de la brièveté de la vie. On remarqua que chaque profession a un vice et un danger qui lui sont attachés, et que, depuis le prince jusqu'au dernier des mendiants, tout semble accuser la nature. Comment se trouve-t-il tant d'hommes qui, pour si peu d'argent, se font les persécuteurs, les satellites, les bourreaux des autres hommes? Avec quelle indifférence inhumaine un homme en place signe la destruction d'une famille, et avec quelle joie plus barbare des mercenaires l'exécutent!

J'ai vu dans ma jeunesse, dit le bon-homme Gordon, un parent du maréchal de Marillac, qui, étant poursuivi dans sa province pour la cause de cet il-

lustre malheureux, se cachait dans Paris sous un nom supposé. C'était un vieillard de soixante et douze ans. Sa femme, qui l'accompagnait, était à peu près de son âge. Ils avaient eu un fils libertin qui, à l'âge de quatorze ans, s'était enfui de la maison paternelle; devenu soldat, puis déserteur, il avait passé par tous les degrés de la débauche et de la misère : enfin, ayant pris un nom de terre, il était dans les gardes du cardinal de Richelieu (car ce prêtre, ainsi que le Mazarin, avait des gardes); il avait obtenu un bâton d'exempt dans cette compagnie de satellites. Cet aventurier fut chargé d'arrêter le vieillard et son épouse, et s'en acquitta avec toute la dureté d'un homme qui voulait plaire à son maître. Comme il les conduisait, il entendit ces deux victimes déplorer la longue suite des malheurs qu'elles avaient éprouvés depuis leur berceau. Le père et la mère comptaient parmi leurs plus grandes infortunes les égarements et la perte de leur fils. Il les reconnut, il ne les conduisit pas moins en prison, en les assurant que son éminence devait être servie de préférence à tout. Son éminence récompensa son zèle.

J'ai vu un espion du P. de La Chaise trahir son propre frère, dans l'espérance d'un petit bénéfice qu'il n'eut point; et je l'ai vu mourir, non de remords, mais de douleur d'avoir été trompé par le jésuite.

L'emploi de confesseur, que j'ai long-temps exercé, m'a fait connaître l'intérieur des familles; je n'en ai guère vu qui ne fussent plongées dans l'amertume, tandis qu'au dehors, couvertes du masque du bonheur, elles paraissaient nager dans la joie; et j'ai tou-

jours remarqué que les grands chagrins étaient le fruit de notre cupidité effrénée.

Pour moi, dit l'Ingénu, je pense qu'une ame noble, reconnaissante, et sensible, peut vivre heureuse; et je compte bien jouir d'une félicité sans mélange avec la belle et généreuse Saint-Yves; car je me flatte, ajouta-t-il, en s'adressant à son frère avec le sourire de l'amitié, que vous ne me refuserez pas, comme l'année passée, et que je m'y prendrai d'une manière plus décente. L'abbé se confondit en excuses du passé et en protestations d'un attachement éternel.

L'oncle Kerkabon dit que ce serait le plus beau jour de sa vie. La bonne tante, en s'extasiant et en pleurant de joie, s'écriait : Je vous l'avais bien dit que vous ne seriez jamais sous-diacre! ce sacrement-ci vaut mieux que l'autre; plût à Dieu que j'en eusse été honorée! mais je vous servirai de mère. Alors ce fut à qui renchérirait sur les louanges de la tendre Saint-Yves.

Son amant avait le cœur trop plein de ce qu'elle avait fait pour lui, il l'aimait trop pour que l'aventure des diamants eût fait sur son cœur une impression dominante. Mais ces mots qu'il avait trop entendus, *vous me donnez la mort*, l'effrayaient encore en secret, et corrompaient toute sa joie, tandis que les éloges de sa belle maîtresse augmentaient encore son amour. Enfin on n'était plus occupé que d'elle; on ne parlait que du bonheur que ces deux amants méritaient; on s'arrangeait pour vivre tous ensemble dans Paris; on fesait des projets de fortune et d'agrandissement; on se livrait à toutes ces espérances que

la moindre lueur de félicité fait naître si aisément. Mais l'Ingénu, dans le fond de son cœur, éprouvait un sentiment secret qui repoussait cette illusion. Il relisait ces promesses signées Saint-Pouange, et les brevets signés Louvois; on lui dépeignit ces deux hommes tels qu'ils étaient, ou qu'on les croyait être. Chacun parla des ministres et du ministère avec cette liberté de table, regardée en France comme la plus précieuse liberté qu'on puisse goûter sur la terre.

Si j'étais roi de France, dit l'Ingénu, voici le ministre de la guerre que je choisirais : je voudrais un homme de la plus haute naissance, par la raison qu'il donne des ordres à la noblesse. J'exigerais qu'il eût été lui-même officier, qu'il eût passé par tous les grades, qu'il fût au moins lieutenant-général des armées, et digne d'être maréchal de France; car n'est-il pas nécessaire qu'il ait servi lui-même, pour mieux connaître les détails du service? et les officiers n'obéiront-ils pas avec cent fois plus d'allégresse à un homme de guerre, qui aura comme eux signalé son courage, qu'à un homme de cabinet qui ne peut que deviner tout au plus les opérations d'une campagne, quelque esprit qu'il puisse avoir? Je ne serais pas fâché que mon ministre fût généreux, quoique mon garde du trésor royal en fût quelquefois un peu embarrassé. J'aimerais qu'il eût un travail facile, et que même il se distinguât par cette gaîté d'esprit, partage d'un homme supérieur aux affaires, qui plaît tant à la nation, et qui rend tous les devoirs moins pénibles. Il desirait que ce ministre eût ce caractère, parcequ'il

avait toujours remarqué que cette belle humeur est incompatible avec la cruauté.

Mons de Louvois n'aurait peut-être pas été satisfait des souhaits de l'Ingénu; il avait une autre sorte de mérite.

Mais pendant qu'on était à table, la maladie de cette fille malheureuse prenait un caractère funeste; son sang s'était allumé, une fièvre dévorante s'était déclarée, elle souffrait, et ne se plaignait point, attentive à ne pas troubler la joie des convives.

Son frère, sachant qu'elle ne dormait pas, alla au chevet de son lit; il fut surpris de l'état où elle était. Tout le monde accourut; l'amant se présentait à la suite du frère. Il était, sans doute, le plus alarmé et le plus attendri de tous; mais il avait appris à joindre la discrétion à tous les dons heureux que la nature lui avait prodigués, et le sentiment prompt des bienséances commençait à dominer dans lui.

On fit venir aussitôt un médecin du voisinage. C'était un de ceux qui visitent leurs malades en courant, qui confondent la maladie qu'ils viennent de voir avec celle qu'ils voient, qui mettent une pratique aveugle dans une science à laquelle toute la maturité d'un discernement sain et réfléchi ne peut ôter son incertitude et ses dangers. Il redoubla le mal par sa précipitation à prescrire un remède alors à la mode. De la mode jusque dans la médecine! Cette manie était trop commune dans Paris.

La triste Saint-Yves contribuait encore plus que son médecin à rendre sa maladie dangereuse. Son ame tuait son corps. La foule des pensées qui l'agitaient

portait dans ses veines un poison plus dangereux que celui de la fièvre la plus brûlante.

CHAPITRE XX.

La belle Saint-Yves meurt, et ce qui en arrive.

On appela un autre médecin : celui-ci, au lieu d'aider la nature, et de la laisser agir dans une jeune personne dans qui tous les organes rappelaient la vie, ne fut occupé que de contrecarrer son confrère. La maladie devint mortelle en deux jours. Le cerveau, qu'on croit le siége de l'entendement, fut attaqué aussi violemment que le cœur, qui est, dit-on, le siége des passions.

Quelle mécanique incompréhensible a soumis les organes au sentiment et à la pensée ? comment une seule idée douloureuse dérange-t-elle le cours du sang ? et comment le sang à son tour porte-t-il ses irrégularités dans l'entendement humain ? quel est ce fluide inconnu et dont l'existence est certaine, qui, plus prompt, plus actif que la lumière, vole, en moins d'un clin d'œil, dans tous les canaux de la vie, produit les sensations, la mémoire, la tristesse ou la joie, la raison ou le vertige, rappelle avec horreur ce qu'on voudrait oublier, et fait d'un animal pensant ou un objet d'admiration, ou un sujet de pitié et de larmes ?

C'était là ce que disait le bon Gordon ; et cette réflexion si naturelle, que rarement font les hommes, ne dérobait rien à son attendrissement ; car il n'était

pas de ces malheureux philosophes qui s'efforcent d'être insensibles. Il était touché du sort de cette jeune fille, comme un père qui voit mourir lentement son enfant chéri. L'abbé de Saint-Yves était désespéré, le prieur et sa sœur répandaient des ruisseaux de larmes. Mais qui pourrait peindre l'état de son amant? nulle langue n'a des expressions qui répondent à ce comble de douleurs; les langues sont trop imparfaites.

La tante, presque sans vie, tenait la tête de la mourante dans ses faibles bras; son frère était à genoux au pied du lit; son amant pressait sa main qu'il baignait de pleurs, et éclatait en sanglots; il la nommait sa bienfaitrice, son espérance, sa vie, la moitié de lui-même, sa maîtresse, son épouse. A ce mot d'épouse elle soupira, le regarda avec une tendresse inexprimable, et soudain jeta un cri d'horreur; puis, dans un de ces intervalles où l'accablement, et l'oppression des sens, et les souffrances suspendues, laissent à l'ame sa liberté et sa force, elle s'écria: Moi, votre épouse! ah! cher amant, ce nom, ce bonheur, ce prix, n'étaient plus faits pour moi; je meurs, et je le mérite. O dieu de mon cœur! ô vous que j'ai sacrifié à des démons infernaux, c'en est fait, je suis punie, vivez heureux. Ces paroles tendres et terribles ne pouvaient être comprises; mais elles portaient dans tous les cœurs l'effroi et l'attendrissement; elle eut le courage de s'expliquer. Chaque mot fit frémir d'étonnement, de douleur, et de pitié, tous les assistants. Tous se réunissaient à détester l'homme puissant qui n'avait réparé une horrible injustice que par un crime, et qui avait forcé la plus respectable innocence à être sa complice.

Qui? vous coupable! lui dit son amant; non, vous ne l'êtes pas; le crime ne peut être que dans le cœur, le vôtre est à la vertu et à moi.

Il confirmait ce sentiment par des paroles qui semblaient ramener à la vie la belle Saint-Yves. Elle se sentit consolée, et s'étonnait d'être aimée encore. Le vieux Gordon l'aurait condamnée dans le temps qu'il n'était que janséniste; mais, étant devenu sage, il l'estimait, et il pleurait.

Au milieu de tant de larmes et de craintes, pendant que le danger de cette fille si chère remplissait tous les cœurs, que tout était consterné, on annonce un courrier de la cour. Un courrier! et de qui? et pourquoi? c'était de la part du confesseur du roi pour le prieur de la Montagne; ce n'était pas le P. de La Chaise qui écrivait, c'était le frère Vadbled, son valet de chambre, homme très important dans ce temps-là, lui qui mandait aux archevêques les volontés du révérend père, lui qui donnait audience, lui qui promettait des bénéfices, lui qui fesait quelquefois expédier des lettres de cachet. Il écrivait à l'abbé de la Montagne « que
« sa révérence était informée des aventures de son ne-
« veu, que sa prison n'était qu'une méprise, que ces
« petites disgraces arrivaient fréquemment, qu'il ne
« fallait pas y faire attention, qu'enfin il convenait que
« lui prieur vînt lui présenter son neveu le lendemain,
« qu'il devait amener avec lui le bon-homme Gordon,
« que lui frère Vadbled les introduirait chez sa révé-
« rence et chez mons de Louvois, lequel leur dirait
« un mot dans son antichambre. »

Il ajoutait que l'histoire de l'Ingénu et son combat

contre les Anglais avaient été contés au roi, que sûrement le roi daignerait le remarquer quand il passerait dans la galerie, et peut-être même lui ferait un signe de tête. La lettre finissait par l'espérance dont on le flattait, que toutes les dames de la cour s'empresseraient de faire venir son neveu à leur toilette, que plusieurs d'entre elles lui diraient : Bonjour, monsieur l'Ingénu ; et qu'assurément il serait question de lui au souper du roi. La lettre était signée : « Votre affectionné « Vadbled, frère jésuite. »

Le prieur ayant lu la lettre tout haut, son neveu furieux, et commandant un moment à sa colère, ne dit rien au porteur; mais se tournant vers le compagnon de ses infortunes, il lui demanda ce qu'il pensait de ce style. Gordon lui répondit : C'est donc ainsi qu'on traite les hommes comme des singes ! on les bat et on les fait danser. L'Ingénu, reprenant son caractère, qui revient toujours dans les grands mouvements de l'ame, déchira la lettre par morceaux, et les jeta au nez du courrier : Voilà ma réponse. Son oncle épouvanté crut voir le tonnerre et vingt lettres de cachet tomber sur lui. Il alla vite écrire et excuser, comme il put, ce qu'il prenait pour l'emportement d'un jeune homme, et qui était la saillie d'une grande ame.

Mais des soins plus douloureux s'emparaient de tous les cœurs. La belle et infortunée Saint-Yves sentait déjà sa fin approcher ; elle était dans le calme, mais dans ce calme affreux de la nature affaissée qui n'a plus la force de combattre. O mon cher amant! dit-elle d'une voix tombante, la mort me punit de ma faiblesse; mais j'expire avec la consolation de vous savoir libre.

CHAPITRE XX.

Je vous ai adoré en vous trahissant, et je vous adore en vous disant un éternel adieu.

Elle ne se parait pas d'une vaine fermeté; elle ne concevait pas cette misérable gloire de faire dire à quelques voisins : Elle est morte avec courage. Qui peut perdre à vingt ans son amant, sa vie, et ce qu'on appelle l'*honneur*, sans regrets et sans déchirements ? Elle sentait toute l'horreur de son état, et le fesait sentir par ces mots et par ces regards mourants qui parlent avec tant d'empire. Enfin elle pleurait comme les autres dans les moments où elle eut la force de pleurer.

Que d'autres cherchent à louer les morts fastueuses de ceux qui entrent dans la destruction avec insensibilité : c'est le sort de tous les animaux. Nous ne mourons comme eux avec indifférence, que quand l'âge ou la maladie nous rend semblables à eux par la stupidité de nos organes. Quiconque fait une grande perte a de grands regrets; s'il les étouffe, c'est qu'il porte la vanité jusque dans les bras de la mort.

Lorsque le moment fatal fut arrivé, tous les assistants jetèrent des larmes et des cris. L'Ingénu perdit l'usage de ses sens. Les ames fortes ont des sentiments bien plus violents que les autres, quand elles sont tendres. Le bon Gordon le connaissait assez pour craindre qu'étant revenu à lui il ne se donnât la mort. On écarta toutes les armes; le malheureux jeune homme s'en aperçut; il dit à ses parents et à Gordon, sans pleurer, sans gémir, sans s'émouvoir : Pensez-vous donc qu'il y ait quelqu'un sur la terre qui ait le droit et le pouvoir de m'empêcher de finir ma vie ? Gordon

se garda bien de lui étaler ces lieux communs fastidieux par lesquels on essaie de prouver qu'il n'est pas permis d'user de sa liberté pour cesser d'être quand on est horriblement mal, qu'il ne faut pas sortir de sa maison quand on ne peut plus y demeurer, que l'homme est sur la terre comme un soldat à son poste : comme s'il importait à l'Être des êtres que l'assemblage de quelques parties de matière fût dans un lieu ou dans un autre; raisons impuissantes qu'un désespoir ferme et réfléchi dédaigne d'écouter, et auxquelles Caton ne répondit que par un coup de poignard.

Le morne et terrible silence de l'Ingénu, ses yeux sombres, ses lèvres tremblantes, les frémissements de son corps, portaient dans l'ame de tous ceux qui le regardaient ce mélange de compassion et d'effroi qui enchaîne toutes les puissances de l'ame, qui exclut tout discours, et qui ne se manifeste que par des mots entrecoupés. L'hôtesse et sa famille étaient accourues; on tremblait de son désespoir, on le gardait à vue, on observait tous ses mouvements. Déjà le corps glacé de la belle Saint-Yves avait été porté dans une salle basse, loin des yeux de son amant, qui semblait la chercher encore, quoiqu'il ne fût plus en état de rien voir.

Au milieu de ce spectacle de la mort, tandis que le corps est exposé à la porte de la maison, que deux prêtres à côté d'un bénitier récitent des prières d'un air distrait, que des passants jettent quelques gouttes d'eau bénite sur la bière par oisiveté, que d'autres poursuivent leur chemin avec indifférence, que les

parents pleurent, et qu'un amant est prêt de s'arracher la vie, le Saint-Pouange arrive avec l'amie de Versailles.

Son goût passager, n'ayant été satisfait qu'une fois, était devenu de l'amour. Le refus de ses bienfaits l'avait piqué. Le P. de La Chaise n'aurait jamais pensé à venir dans cette maison; mais Saint-Pouange ayant tous les jours devant les yeux l'image de la belle Saint-Yves, brûlant d'assouvir une passion qui par une seule jouissance avait enfoncé dans son cœur l'aiguillon des desirs, ne balança pas à venir lui-même chercher celle qu'il n'aurait pas peut-être voulu revoir trois fois, si elle était venue d'elle-même.

Il descend de carrosse; le premier objet qui se présente à lui est une bière; il détourne les yeux avec ce simple dégoût d'un homme nourri dans les plaisirs, qui pense qu'on doit lui épargner tout spectacle qui pourrait le ramener à la contemplation de la misère humaine. Il veut monter. La femme de Versailles demande par curiosité qui on va enterrer; on prononce le nom de mademoiselle de Saint-Yves. A ce nom, elle pâlit et pousse[1] un cri affreux; Saint-Pouange se retourne; la surprise et la douleur remplissent son ame. Le bon Gordon était là, les yeux remplis de larmes. Il interrompt ses tristes prières pour apprendre à l'homme de cour toute cette horrible catastrophe. Il lui parle avec cet empire que donnent la douleur et la vertu. Saint-Pouange n'était point né méchant; le

[1] Toutes les éditions, depuis 1767 jusques et compris les éditions de Kehl et quelques unes de celles qui les ont suivies, portent: *poussa*. C'est un *erratum* manuscrit de feu Decroix qui a proposé de mettre *pousse*. B.

torrent des affaires et des amusements avait emporté son ame, qui ne se connaissait pas encore. Il ne touchait point à la vieillesse, qui endurcit d'ordinaire le cœur des ministres; il écoutait Gordon, les yeux baissés, et il en essuyait quelques pleurs qu'il était étonné de répandre : il connut le repentir.

Je veux voir absolument, dit-il, cet homme extraordinaire dont vous m'avez parlé; il m'attendrit presque autant que cette innocente victime dont j'ai causé la mort. Gordon le suit jusqu'à la chambre où le prieur, la Kerkabon, l'abbé de Saint-Yves, et quelques voisins, rappelaient à la vie le jeune homme retombé en défaillance.

J'ai fait votre malheur, lui dit le sous-ministre, j'emploierai ma vie à le réparer. La première idée qui vint à l'Ingénu fut de le tuer, et de se tuer lui-même après. Rien n'était plus à sa place; mais il était sans armes et veillé de près. Saint-Pouange ne se rebuta point des refus accompagnés du reproche, du mépris, et de l'horreur qu'il avait mérités, et qu'on lui prodigua. Le temps adoucit tout. Mons de Louvois vint enfin à bout de faire un excellent officier de l'Ingénu, qui a paru sous un autre nom à Paris et dans les armées, avec l'approbation de tous les honnêtes gens, et qui a été à-la-fois un guerrier et un philosophe intrépide.

Il ne parlait jamais de cette aventure sans gémir; et cependant sa consolation était d'en parler. Il chérit la mémoire de la tendre Saint-Yves jusqu'au dernier moment de sa vie. L'abbé de Saint-Yves et le prieur eurent chacun un bon bénéfice; la bonne Kerkabon

aima mieux voir son neveu dans les honneurs militaires que dans le sous-diaconat. La dévote de Versailles garda les boucles de diamants, et reçut encore un beau présent. Le P. Tout-à-tous eut des boîtes de chocolat, de café, de sucre candi, de citrons confits, avec les *Méditations du révérend P. Croiset* et *la Fleur des saints*[1] reliées en maroquin. Le bon Gordon vécut avec l'Ingénu jusqu'à sa mort dans la plus intime amitié; il eut un bénéfice aussi, et oublia pour jamais la grace efficace et le concours concomitant. Il prit pour sa devise: *Malheur est bon à quelque chose.* Combien d'honnêtes gens dans le monde ont pu dire: *Malheur n'est bon à rien!*

[1] La *Fleur des saints* est du jésuite Ribadeneira; voyez tome XXIX, page 33; et dans le tome XIV, une note du *Russe à Paris*, et une du *Marseillais et le Lion*. B.

FIN
DU TOME PREMIER DES ROMANS.

TABLE

DES MATIÈRES DU PREMIER VOLUME

DES ROMANS.

PRÉFACE du nouvel Éditeur. Page j
LE MONDE COMME IL VA, VISION DE BABOUC, écrite par lui-même. 1746. 1
LE CROCHETEUR BORGNE. 1746. 27
COSI-SANCTA. 1746. 39
ZADIG, ou LA DESTINÉE, HISTOIRE ORIENTALE. 1747. 49
 ÉPITRE DÉDICATOIRE de Zadig à la sultane Sheraa, par Sadi. Le 18 du mois de schewal, l'an 837 de l'hégire. 51
 CHAP. I. Le borgne. 54
 II. Le nez. 57
 III. Le chien et le cheval. 59
 IV. L'envieux. 64
 V. Les généreux. 70
 VI. Le ministre. 73
 VII. Les disputes et les audiences. 77
 VIII. La jalousie. 81
 IX. La femme battue. 87
 X. L'esclavage. 91
 XI. Le bûcher. 95
 XII. Le souper. 98
 XIII. Le rendez-vous. 102
 XIV. La danse. 106
 XV. Les yeux bleus. 110
 XVI. Le brigand. 114
 XVII. Le pêcheur. 118
 XVIII. Le basilic. 123
 XIX. Les combats. 132
 XX. L'ermite. 138
 XXI. Les énigmes. 145
MEMNON, ou LA SAGESSE HUMAINE. 1750. 151
 AVERTISSEMENT de l'auteur. 152
BABABEC ET LES FAKIRS. 1750. 162
MICROMÉGAS, HISTOIRE PHILOSOPHIQUE, 1752. 165
 CHAP. I. Voyage d'un habitant du monde de l'étoile Sirius dans la planète de Saturne. 167
 II. Conversation de l'habitant de Sirius avec celui de Saturne. 171

TABLE DES MATIÈRES. 475

III. Voyage des deux habitants de Sirius et de Saturne. 175
IV. Ce qui leur arrive sur le globe de la terre. 178
V. Expériences et raisonnements des deux voyageurs. 181
VI. Ce qui leur arriva avec les hommes. 184
VII. Conversation avec les hommes. 188

LES DEUX CONSOLÉS. 1756. 195
HISTOIRE DES VOYAGES DE SCARMENTADO, écrite par lui-même. 1756. 198
SONGE DE PLATON. 1756. 210
CANDIDE, ou L'OPTIMISME, traduit de l'allemand de M. le docteur Ralph, avec les additions qu'on a trouvées dans la poche du docteur lorsqu'il mourut à Minden, l'an de grace 1759. 215

Chap. I. Comment Candide fut élevé dans un beau château, et comment il fut chassé d'icelui. 217
II. Ce que devint Candide parmi les Bulgares. 220
III. Comment Candide se sauva d'entre les Bulgares, et ce qu'il devint. 223
IV. Comment Candide rencontra son ancien maître de philosophie, le docteur Pangloss, et ce qui en advint. 226
V. Tempête, naufrage, tremblement de terre, et ce qui advint du docteur Pangloss, de Candide, et de l'anabaptiste Jacques. 230
VI. Comment on fit un bel auto-da-fé pour empêcher les tremblements de terre, et comment Candide fut fessé. 234
VII. Comment une vieille prit soin de Candide, et comment il retrouva ce qu'il aimait. 235
VIII. Histoire de Cunégonde. 238
IX. Ce qui advint de Cunégonde, de Candide, du grand-inquisiteur, et d'un Juif. 242
X. Dans quelle détresse Candide, Cunégonde, et la vieille, arrivent à Cadix, et de leur embarquement. 244
XI. Histoire de la vieille. 246
XII. Suite des malheurs de la vieille. 251
XIII. Comment Candide fut obligé de se séparer de la belle Cunégonde et de la vieille. 256
XIV. Comment Candide et Cacambo furent reçus chez les jésuites du Paraguai. 259
XV. Comment Candide tua le frère de sa chère Cunégonde. 263
XVI. Ce qui advint aux deux voyageurs avec deux filles, deux singes, et les sauvages nommés Oreillons. 266
XVII. Arrivée de Candide et de son valet au pays d'Eldorado, et ce qu'ils y virent. 271
XVIII. Ce qu'ils virent dans le pays d'Eldorado. 276
XIX. Ce qui leur arriva à Surinam, et comment Candide fit connaissance avec Martin. 283
XX. Ce qui arriva sur mer à Candide et à Martin. 289

XXI. Candide et Martin approchent des côtes de France, et raisonnent. 292
XXII. Ce qui arriva en France à Candide et à Martin. 295
XXIII. Candide et Martin vont sur les côtes d'Angleterre; ce qu'ils y voient. 309
XXIV. De Paquette et de frère Giroflée. 311
XXV. Visite chez le seigneur Pococurante, noble vénitien. 317
XXVI. D'un souper que Candide et Martin firent avec six étrangers, et qui ils étaient. 324
XXVII. Voyage de Candide à Constantinople. 328
XXVIII. Ce qui arriva à Candide, à Cunégonde, à Pangloss, à Martin, etc. 333
XXIX. Comment Candide retrouva Cunégonde et la vieille. 336
XXX. Conclusion. 338

HISTOIRE D'UN BON BRAMIN. 1759. 345
LE BLANC ET LE NOIR. 1764. 349
JEANNOT ET COLIN. 1764. 367
L'INGÉNU, HIST. VÉRITABLE tirée des manuscrits du P. Quesnel. 1767. 381
CHAP. I. Comment le prieur de Notre-Dame de la Montagne et mademoiselle sa sœur rencontrèrent un Huron. 383
II. Le Huron, nommé l'Ingénu, reconnu de ses parents. 391
III. Le Huron, nommé l'Ingénu, converti. 396
IV. L'Ingénu baptisé. 400
V. L'Ingénu amoureux. 403
VI. L'Ingénu court chez sa maîtresse, et devient furieux. 407
VII. L'Ingénu repousse les Anglais. 411
VIII. L'Ingénu va en cour. Il soupe en chemin avec des huguenots. 414
IX. Arrivée de l'Ingénu à Versailles. Sa réception à la cour. 418
X. L'Ingénu enfermé à la Bastille avec un janséniste. 422
XI. Comment l'Ingénu développe son génie. 428
XII. Ce que l'Ingénu pense des pièces de théâtre. 432
XIII. La belle Saint-Yves va à Versailles. 434
XIV. Progrès de l'esprit de l'Ingénu. 441
XV. La belle Saint-Yves résiste à des propositions délicates. 443
XVI. Elle consulte un jésuite. 447
XVII. Elle succombe par vertu. 451
XVIII. Elle délivre son amant et un janséniste. 452
XIX. L'Ingénu, la belle Saint-Yves, et leurs parents, sont rassemblés. 456
XX. La belle Saint-Yves meurt, et ce qui en arrive. 465

FIN DE LA TABLE.

www.ingramcontent.com/pod-product-compliance
Lightning Source LLC
Chambersburg PA
CBHW060231230426
43664CB00011B/1615